고득점 합격의 지름길

국어

머리말

여행을 떠나는 사람에게 나침반이란!
현재 자신이 있는 곳이 어디인지, 가고자 하는 곳이 어디에 있는지,
어느 방향으로 가야 하는지, 알려 주는 길잡이!

검정고시를 준비하는 여러분에게 중졸 국어란?
변화된 교과 내용과 다년간의 기출문제 유형 분석을 바탕으로
국어 학습의 올바른 방향을 제시하는 합격의 길잡이!

　검정고시 합격이라는 관문을 통과하려고 밤낮을 가리지 않고 애쓰는 수험생 여러분을 응원합니다. 목표를 이루려면 성취하려는 의욕과 뚜렷한 의식이 무엇보다 필요합니다. 따라서 빈틈이나 부족함이 없는 계획과 준비가 있어야 합니다.

　국어는 짧은 시간 안에 외워서 고득점이 가능한 과목이 아닙니다. 공부해야 할 작품도 많고 문법이 까다롭기도 합니다. 수록된 작품을 차근차근 읽고 내용을 하나하나 이해하여 내 것으로 만들어 나아가면 좋은 점수를 얻을 수 있습니다. 이 책의 특징은 다음과 같습니다.

> **첫째,** **2021년부터 적용되는 2015 개정교육과정**과 여러 해의 기출문제를 바탕으로 주요 작품과 이론을 갈래별로 꼼꼼하게 정리하여 이해력과 독해력을 한층 더 높였습니다.
>
> **둘째,** 작품에 대한 완벽한 이해를 위해 작품의 특징, 갈래, 내용, 구성 등을 분석한 〈핵심정리〉를 수록하여 작품의 흐름과 주요 내용을 한눈에 파악할 수 있습니다. 갈래별 핵심 내용 및 해당 작품에서 꼭 짚어야 할 부분은 문제화하여 학습 내용을 되짚어보게 하였습니다.
>
> **셋째,** 문법 관련 이론을 깔끔하게 정리하고 관련 문제를 실어 실질적으로 이해를 돕고자 하였습니다.
>
> **넷째,** 기출문제를 분석하여 자주 출제되는 유형을 파악하고, 문항마다 구체적이고 분명한 해설을 달았습니다. 문제 해결력과 응용력을 길러 줄 수 있는 한 단계 더 나아간 수준의 〈단원 마무리〉 문제를 제시하였습니다.

　본 교재는 2021년부터 적용되는 최신교육과정과 그동안의 검정고시 기출문제의 철저한 분석을 통해 재구성된 책입니다. 교재의 내용을 충실히 이해하고 다양한 문제를 풀어가다 보면 국어 과목 학습에 자신감이 생길 것입니다. 모쪼록 이 책이 열심히 노력하는 수험생 여러분에게 합격의 길잡이가 되었으면 하는 바람입니다.

－ 편저자 박문교

1 시험 과목 및 합격 결정

시험 과목 (6과목)	필수	국어, 수학, 영어, 사회, 과학(5과목)
	선택	도덕, 기술·가정, 체육, 음악, 미술 과목 중 1과목
배점 및 문항	문항 수	과목별 25문항(단, 수학 20문항)
	배점	문항당 4점(단, 수학 5점)
합격 결정	고시합격	각 과목을 100점 만점으로 하여 평균 60점(소수점 셋째 자리에서 절사) 이상을 취득한 자를 합격자로 결정(단, 평균이 60점 이상이라 하더라도 결시과목이 있을 경우에는 불합격 처리)
	과목합격	고시성적 60점 이상인 과목에 대하여는 과목합격을 인정하고, 원에 의하여 차회 이후의 고시에 있어서 당해 과목의 고시를 면제하며, 그 면제되는 과목의 성적은 이를 고시성적에 합산함 ※ 과목합격자에게는 신청에 의하여 과목합격증명서 교부

2 응시 자격

① 초등학교 졸업자 및 이와 동등 이상의 학력이 있는 자
② 3년제 고등공민학교 졸업자 및 졸업예정자
③ 초·중등교육법 시행령 제29조의 규정에 의하여 학적이 정원외로 관리되는 자
④ 중학교에 준하는 각종 학교의 졸업자 또는 졸업예정자
⑤ 보호소년 등의 처우에 관한 법률 시행령 제69조 제2호에 해당하는 자

※ 졸업예정자라 함은 최종 학년에 재학 중인 자를 말함

─┤ 응시자격 제한 ├─

1. 중학교 또는 초·중등교육법시행령 제97조 제1항 제2호의 학교를 졸업한 자 또는 재학 중인 자
   ※ 응시자격은 시험시행일까지 유지하여야 함(공고일 현재 재학 중이 아닌 자여서 적법하게 응시원서를 접수하였다 하더라도, 그 이후 시험일까지 편입학 등으로 재학생의 신분을 획득한 경우에는 응시자격을 박탈함)
2. 공고일 이후 초등학교 졸업자
3. 응시원서 접수마감 익일 이후 제1의 학교에 재학 중 학적이 정원외로 관리되는 자
4. 공고일 기준으로 고시에 관하여 부정행위를 한 자로서 처분일로부터 응시자격 제한 기간이 경과되지 아니한 자

3 제출서류(현장접수)

① 응시원서(소정서식) 1부[접수처에서 교부]

② 동일한 사진(탈모 상반신 3.5cm×4.5cm, 3개월 이내 촬영) 2매

③ 본인의 해당 최종학력증명서 1부

- 졸업(졸업예정)증명서(소정서식)

 ※ 상급학교 진학여부가 표시된 검정고시용에 한함. 졸업 후 배정받은 상급학교에 진학하지 아니한 자는
  미진학사실확인서 추가 제출

- 중학교 재학 중 중퇴자는 제적증명서
- 초등학교 및 중학교 의무교육 대상자 중 정원외 관리대상자는 정원외 관리증명서
- 초등학교 및 중학교 의무교육 대상자 중 면제자는 면제증명서(소정서식)
- 초졸검정고시 합격자는 합격증서 사본(원본지참) 또는 합격증명서
- 평생교육법 제40조에 따른 학력인정 대상자는 학력인정서
- 초·중등교육법 시행령 제96조 제1항 제2호 및 제97조 제1항 제3호에 따른 학력인
 정 대상자는 학력인정증명서
- 합격과목의 시험 면제를 원하는 자는 과목합격증명서 또는 성적증명서

 ※ 과목합격자가 응시하는 경우, 학력이 직전 응시원서에 기재된 것과 같은 때에는 과목합격증명서의 제
  출로써 본인의 해당 최종학력증명서를 갈음함

- 3년제 고등공민학교, 중·고등학교에 준하는 각종학교의 졸업(예정)자는 졸업(예정)
 증명서
- 3년제 기술학교, 고등기술학교 졸업(예정)자, 3년제 직업훈련원의 수료자는 직전학
 교 졸업증명서

④ 신분증 : 주민등록증, 외국인등록증, 운전면허증, 대한민국 여권, 청소년증 중 하나

※ 온라인 접수 : 사진 1매, 본인의 해당 최종학력증명서 1부(현장접수와 동일)

시험에 관한 자세한 사항은 한국교육과정평가원 홈페이지(http://www.kice.re.kr)
또는 ARS(043-931-0603) 및 각 시·도 교육청 홈페이지에서 확인하시기 바랍니다.

구성 미리보기

◆ 알면 도움이 되는 용어 설명 ◆

1 글의 종류

* **운문**: 운율을 느낄 수 있고, 짧게 줄여진 글
  * 운문 문학: 시, 시조, 가사 등
* **산문**: 일정한 운율이 없이 길게 이어지는 글
  * 산문 문학: 소설, 수필, 희곡 등
* **논설문**: 자기의 주장을 내세워 독자를 설득하는 글
* **설명문**: 글쓴이가 알고 있는 지식, 정보를 쉽게 설명하여 독자를 이해시키려는 글
* **실용문**: 광고문, 안내문, 기사문 등 실생활에 쓰이는 글
* **서간문**: 편지글
* **기행문**: 여행을 하면서 보고 느낀 점을 쓴 글
* **전기문**: 인물의 생애를 기록한 글

2 글의 구성 요소

* **주제**: 글쓴이가 글을 통해 전달하고자 하는 중심 생각
* **소재**: 글쓴이가 주제를 드러내기 위해 사용하는 글의 재료
* **제재**: 가장 중심이 되는 소재

형태소: 뜻을 지닌 가장 작은 말의 단위
* **단어**: 실질적인 뜻을 가지고 자립하여 쓰이는 말(조사는 단어로 인정)
* **어절**: 문장을 구성하고 있는 도막도막의 마디(띄어쓰기의 단위)
* **문장**: 단어 및 어절들이 모여 이루어진 완결된 생각이 표현된 단위
* **문단**: 여러 개의 문장이 모여서 하나의 통일된 생각을 표현한 단위
* **어근**: 단어를 형성할 때, 실질적인 의미를 나타내는 중심 부분
* **접사**: 어근에 붙어 그 뜻을 제한하는 주변 부분
* **접속어**: 문장과 문장, 문단과 문단 사이를 연결시켜 주는 단어

5 문체의 종류

* 문체: 글 속에 나타나는 지은이(글)만의 독특한 문장 특징

알면 도움이 되는 용어 설명

본격적인 학습에 들어가기에 앞서 알아두면 도움이 되는 용어들을 정리하여 국어 지식을 탄탄히 쌓을 수 있도록 하였어요.

학습 point⁺

Chapter 02 운문문학
Chapter 03 산문문학
마무리 문제

문학은 문학의 특징, 작품의 내용을 완전히 이해하는 것이 중요합니다. 구체적인 학습 요소로서 비유와 상징, 해석의 다양성, 작품의 재구성 양상, 심미적 체험으로서의 문학의 이해, 개인의 성장 배경 문학이 구연, 역설, 풍자 등을 중점적으로 학습해야 합니다. 문학은 크게 운문문학과 산문문학으로 나누므로 각 갈래별 특징을 이해하고 각각의 작품들을 많이 접하면 시험상에서 어떤 문학 작품이 출제되더라도 당황하지 않을 수 있습니다.

운문 문학의 경우, 현대 시와 고전 시가의 특징, 표현 방법, 심상, 시의 분위기, 시적 화자의 정서, 시어의 상징, 감상 및 감상 방법 등의 학습 요소를 익히도록 합니다.

산문 문학의 경우, 소설, 수필, 희곡, 시나리오, 편지 등 각 갈래별 특징을 이해하고 구분할 줄 알아야 하며, 이야기의 흐름(줄거리)이나 내용을 정확히 이해하도록 합니다.

학습 point⁺

단원별로 학습 point를 분석하여 좀 더 쉽고 효율적으로 학습할 수 있는 방법을 제시하였어요.

〈제4수〉 어버이 살아 계신 제 섬기기를 다하여라
『지나간 후면 애닯다 어이하리.』
평생에 다시 못할 일 이뿐인가 하노라
　　　　　　　▶ 부모에 대한

〈제13수〉 오늘도 다 새었다 호미 메고 가자꾸나.
　　　　　　　　실천 권유(청유)
내 논 다 매거든 네 논도 좀 매어 주마.
　　협동, 상부상조, 직접 말하는 방식
올 길에 뽕 따다가 누에 먹여 보자꾸나.
　　　　　　　▶ 농사일에서의 근면과 상부상조를 권장함

？ 저 늙은이, 짐 벗어 나를 주오.
　거늘 돌이라도 무거울까?
　　라커늘 짐을 조차 지실까?』　　: 설의법
　　　　　　　▶ 노인에 대한 공경을 권장함

✔ 핵심정리

* **갈래**: 평시조, 윤리의 실천을 ⋯

① 청유형이나 명령형 어미 사용함
② 순우리말의 사용으로 백성들이 내용을 쉽게 이해할 수 있음

핵심 정리

작품의 구성 및 특징 등을 정리하여 개념을 확실하게 다질 수 있도록 하였어요.

한눈에 감 잡기

1. 작가의 창작 의
입각한 도덕⋯

배경: 조선 시대, 강원도 관찰사로 있던 작가가 백성들로 하여금 유교적 ⋯

한눈에 감 잡기

작품에 대한 완벽한 이해를 위해 핵심 내용을 한눈에 파악할 수 있도록 정리하였어요.

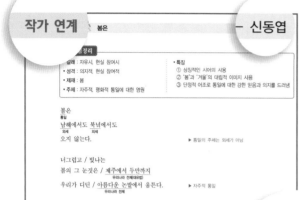

작가 연계 작품

함께 학습하면 도움이 되는 관련 작품을 수록하여 이해력을 향상 시킬 수 있도록 하였어요.

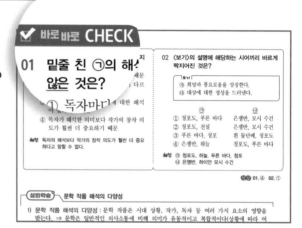

바로 바로 CHECK

핵심 내용을 얼마나 정확히 이해하였는지 스스로 점검해 보며 실력을 확인하는 시간을 가져 보세요.

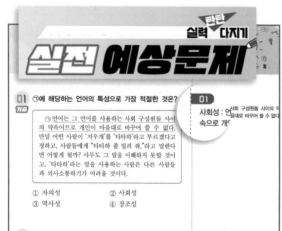

실전예상문제

실제 출제된 기출문제와 적중률이 높은 예상문제를 통해 실력을 점검해 보세요.

정답 및 해설

'왜 정답이 아닌지' 상세하게 설명한 해설을 통해 이론 학습에서 놓친 부분을 한 번 더 살펴보세요.

■■■■ **알면 도움이 되는 용어 설명** ··· 2

PART I 　**문 학**

Chapter 01 | 문학의 이해 ································· 006

Chapter 02 | 운문 문학 ································· 008
　01 시의 이해 ································· 008
　02 현대 시 작품 감상 ····················· 011
　03 고전 시가의 이해 ····················· 046
　04 고전 시가 작품 감상 ·················· 049
　✸ 실전예상문제 ·························· 064

Chapter 03 | 산문 문학 ································· 078
　01 산문 문학의 이해 ····················· 078
　02 현대 산문 작품 감상 ·················· 087
　03 고전 산문의 이해 ····················· 139
　04 고전 산문 작품 감상 ·················· 142
　✸ 실전예상문제 ·························· 169

단원 마무리 문제 ································· 186

PART II 　**읽 기**

Chapter 01 | 읽기의 이해 ······················· 204
　01 읽기의 기초 ··························· 204
　02 다양한 글 읽기 ······················· 209
　✸ 실전예상문제 ·························· 213

Chapter 02 | 읽기의 실제 ······················· 217
　01 설명하는 글 읽기의 실제 ············· 217
　02 주장하는 글 읽기의 실제 ············· 229
　✸ 실전예상문제 ·························· 246

단원 마무리 문제 ································· 254

PART Ⅲ 듣기 · 말하기 / 쓰기

Chapter 01 | 듣기 · 말하기 · 266
　　01 듣기 · 말하기의 기초 · 266
　　02 목적에 따른 담화의 유형 · · · · · · · · · · · · · · · · · · · 271
　　✱ 실전예상문제 · 275

Chapter 02 | 쓰 기 · 278
　　01 쓰기의 기초 · 278
　　02 목적에 따른 쓰기의 유형 · · · · · · · · · · · · · · · · · · · 283
　　✱ 실전예상문제 · 285

단원 마무리 문제 · 289

PART Ⅳ 문 법

Chapter 01 | 언어와 문화 · 298
　　01 언어의 본질 · 298
　　02 어휘의 체계와 양상 · 299
　　03 담화의 개념과 특성 · 302
　　04 통일 시대의 국어 · 304
　　✱ 실전예상문제 · 306

Chapter 02 | 음운 · 단어 · 문장의 이해 · · · · · · · · · · · · · · 310
　　01 한글의 창제 원리 · 310
　　02 음운의 체계와 특성 · 313
　　03 단어의 정확한 발음과 표기 · · · · · · · · · · · · · · · · · 316
　　04 품사의 종류와 특성 · 319
　　05 문장의 짜임과 양상 · 322
　　✱ 실전예상문제 · 325

단원 마무리 문제 · 328

알면 도움이 되는

용어 설명

01 글의 종류

02 글의 구성 요소

03 문장의 종류

04 문법 용어

05 문체의 종류

06 접속어

07 글의 전개 방법

08 표현 기법

09 글의 성격을 나타내는 용어

♣ 알면 도움이 되는 용어 설명 ♣

1 글의 종류

- **운문** : 운율을 느낄 수 있고, 짧게 줄여진 글
  ※ 운문 문학 : 시, 시조, 가사 등
- **산문** : 일정한 운율이 없이 길게 이어지는 글
  ※ 산문 문학 : 소설, 수필, 희곡 등
- **논설문** : 자기의 주장을 내세워 독자를 설득하는 글
- **설명문** : 글쓴이가 알고 있는 지식, 정보를 쉽게 설명하여 독자를 이해시키려는 글
- **실용문** : 광고문, 안내문, 기사문 등 실생활에 쓰이는 글
- **서간문** : 편지글
- **기행문** : 여행을 하면서 보고 느낀 점을 쓴 글
- **전기문** : 인물의 생애를 기록한 글

2 글의 구성 요소

- **주제** : 글쓴이가 글을 통해 전달하고자 하는 중심 생각
- **소재** : 글쓴이가 주제를 드러내기 위해 사용하는 글의 재료
- **제재** : 가장 중심이 되는 소재
- **핵심어** : 글의 내용을 파악할 때 중심이 되는 단어
- **화제** : 이야깃거리
- **문체** : 글쓴이의 개성이 느껴지는 문장의 방식이나 형태

3 문장의 종류

- **평서문** : 말하는 이가 듣는 이에게 어떤 내용을 설명하는 식으로 끝내는 문장
- **의문문** : 무엇을 물어서 그 답을 듣고자 하는 문장
- **명령문** : 말하는 이가 듣는 이에게 무엇을 시키거나 하기를 바라는 문장
- **청유문** : 말하는 이가 듣는 이에게 부탁하거나 함께할 것을 요청하는 문장
- **감탄문** : 기쁨, 슬픔, 놀람, 감동과 같은 느낌을 표현할 때 쓰이는 문장

4 문법 용어

- **음운** : 말의 뜻을 구별해 주는 소리의 단위(자음, 모음)
- **음절** : 한 번에 소리 낼 수 있는 가장 작은 발음의 단위

- **형태소** : 뜻을 지닌 가장 작은 말의 단위
- **단어** : 실질적인 뜻을 가지고 자립하여 쓰이는 말(조사는 단어로 인정)
- **어절** : 문장을 구성하고 있는 도막도막의 마디(띄어쓰기의 단위)
- **문장** : 단어 및 어절들이 모여 이루어진 완결된 생각이 표현된 단위
- **문단** : 여러 개의 문장이 모여서 하나의 통일된 생각을 표현한 단위
- **어근** : 단어를 형성할 때, 실질적인 의미를 나타내는 중심 부분
- **접사** : 어근에 붙어 그 뜻을 제한하는 주변 부분
- **접속어** : 문장과 문장, 문단과 문단 사이를 연결시켜 주는 단어

5 문체의 종류

※ 문체 : 글 속에 나타나는 지은이(글)만의 독특한 문장 특징

- **문장의 길이에 따라**
  ① 간결체 : 문장이 짧고 호흡이 빠른 문체
  ② 만연체 : 문장이 길고 호흡이 느린 문체
- **표현의 강도에 따라**
  ① 강건체 : 굳세고 씩씩한 기운이 느껴지는 문체
  ② 우유체 : 부드럽고 차분하며 우아한 문체
- **수식의 유무에 따라**
  ① 건조체 : 별다른 수식 없이 사실만을 담담하게 표현한 문체(논설문, 설명문)
  ② 화려체 : 수식어와 수사법을 많이 사용하여 화려하게 표현한 문체
- **문장에서 사용된 언어에 따라**
  ① 문어체 : 일상 언어에서는 쓰이지 않고 문장에서만 쓰이는 문체(고전 소설)
  ② 구어체 : 일상 대화에서 쓰는 말을 사용해서 쓴 문체
- **문장의 리듬의 유무에 따라**
  ① 산문체 : 운율(리듬)이 느껴지지 않는 문체(소설, 수필)
  ② 운문체 : 일정하게 반복되는 부분이 있어서 운율이 느껴지는 문체(시조, 판소리계 소설)

6 접속어

※ 접속어 : 문장과 문장, 문단과 문단 사이를 연결시켜 주는 단어

- **순접 관계** : 앞의 내용을 그대로 이어 줄 때
  예 그리고, 그리하여 등
- **역접 관계** : 앞의 내용과 반대로 이어 줄 때
  예 그러나, 하지만, 그렇지만 등
- **인과 관계** : 앞뒤를 원인과 결과의 관계로 이어 줄 때
  예 그러므로, 따라서, 왜냐하면 등
- **첨가 관계** : 앞의 내용에 새로운 내용을 덧붙이며 이어 줄 때 예 또, 게다가, 더구나 등
- **전환 관계** : 뒤의 내용이 앞의 내용과 달라지는 경우
  예 그런데, 한편 등

7 글의 전개 방법(진술 방식, 설명 방식)

- **시간의 흐름을 고려하는 방법**
  ① 서사 : 일정한 시간 내에서 일어나는 사건이나 행동에 초점을 두고 글을 전개하는 방법 예 나는 오늘 아침에 일어나 서울역에 갔다. 서울역에서 그녀를 만나 연극을 보는데……
  ② 과정 : 특정의 결말이나 결과를 가져오게 하는 행동, 변화, 단계, 절차 등에 초점을 두고 글을 전개하는 방법 예 라면을 끓이려면 물을 끓인 뒤, 스프를 넣고, 면을 넣은 뒤……
  ③ 인과 : 어떤 결과와 그 결과를 초래한 원인에 초점을 두고 진술하는 방법 예 나는 이번 여름 밖에서 운동하느라 얼굴이 까맣게 탔다.
- **시간의 흐름을 고려하지 않는 방법**
  ① 정의 : 어떤 대상 자체의 뜻을 밝히는 방법 예 주제란, 작가가 독자에게 전달하고 싶은 중심 생각을 말한다.
  ② 비교 : 둘 또는 그 이상의 사물이 지니고 있는 공통점이나 유사점에 초점을 맞춰 진술하는 방법 예 영화는 감독의 의도를 반영하고, 소설은 작가의 의도를 반영한다.
  ③ 대조 : 둘 또는 그 이상의 사물이 지니고 있는 차이점에 초점을 맞춰 서술하는 방법
  예 영화는 영상 매체이고, 소설은 인쇄 매체이다.
  ④ 예시 : 어떤 대상에 대하여 구체적인 예를 들어 설명하는 방법 예 조선 시대의 기녀 시인으로는 황진이, 계랑, 홍랑 등이 있다.
  ⑤ 분석 : 대상을 구성 요소로 나누어 설명하는 방법 예 컴퓨터의 본체는 중앙 처리 장치와 기억 장치로 이루어져 있다.
  ⑥ 분류 : 어떤 대상들을 일정한 기준에 따라 묶어서 설명하는 방법 예 시, 소설, 수필, 희곡은 문학으로 분류된다.
  ⑦ 유추 : 설명하고자 하는 개념이 생소하거나 어려울 때, 보다 친숙하고 단순한 어떤 개념이나 대상에 비유해 알기 쉽게 설명하는 방법 예 말을 배우는 과정은 자전거를 배우는 것과 비슷하다. 자전거를 배우는 과정에서 많이 넘어지고 고생을 하지만 일단 배우고 나면 넘어지지 않고 잊어버리지 않는 것처럼 말을 배우는 과정도 많은 어려움이 있지만 일단 터득이 된 다음에는 잊어버리지 않고 자유자재로 구사한다.
  ⑧ 묘사 : 구체적인 대상을 감각적인 인상에 의존해 그림을 그리듯이 표현하는 방법 예 그 소녀의 눈썹은 짙고 고운 선을 지녔으며 눈은 크고 반짝였다.

8 표현 기법

- **비유하기** : 원관념을 보조 관념에 빗대어 표현하는 방법
  ① 직유법 : 표현하고자 하는 사물과 비유되는 사물을 직접 마주 빗대어 나타내는 표현법(~처럼, ~같이, ~듯이 등) 예 고목 껍질 같은 어머니의 손
  ② 은유법 : 원관념과 보조 관념을 연결어 없이 암시적으로 빗대어 표현하는 방법(A는 B이다)
  예 내 마음은 호수요
  ③ 풍유법 : 속담, 격언, 우화 등을 이용하여 숨겨진 뜻을 암시적으로 드러내는 방법 예 지렁이도 밟으면 꿈틀한다.
  ④ 의인법 : 사람이 아닌 대상에 감정과 인격을 부여하여 사람처럼 표현하는 방법 예 허수아비가 바람에 춤을 춘다.
  ⑤ 활유법 : 무생물을 생물인 것처럼 표현하는 방법
  예 으르렁거리는 파도
  ⑥ 대유법 : 부분으로 전체를 나타내거나 어떤 사물의 특징을 들어서 그 사물 자체를 나타내는 표현법 예 우리에게 빵을 달라 (음식). 칼로 일어선 자는 칼로 망한다. (무력, 힘)
- **강조하기** : 작가의 의도나 내용을 강조하고자 표현하는 방법
  ① 반복법 : 같거나 비슷한 단어, 어구, 문장 등을 되풀이하여 나타내는 방법 예 해야 솟아라. 해야 솟아라.
  ② 점층법 : 작은 것, 약한 것, 좁은 것에서 큰 것, 강한 것, 넓은 것으로 확대하여 나타내는 방법 예 집, 마을, 나라와 세계 (점층법) ↔ 세계, 나라, 마을과 집 (점강법)
  ③ 영탄법 : 감탄하는 말로써 놀라움, 슬픔, 기쁨, 감동 등 감정을 강하게 나타내는 방법 예 산산히 부서진 이름이여!
  ④ 과장법 : 사물을 실제보다 지나치게 크게 또는 작게 표현하는 방법 예 산 같은 파도
  ⑤ 대조법 : 대상과 반대되는 사물이나 내용을 맞대어 표현하는 방법 예 인생은 짧고, 예술은 길다.

● **변화 주기** : 문장에 변화를 주어 표현 효과를 높이는 방법

① **반어법** : 말하고자 하는 의도와 겉으로 표현한 내용이 정반대로 나타나는 방법

　예 나 보기가 역겨워 가실 때에는 말없이 고이 보내 드리오리다.

② **역설법** : 논리적으로 이치에 맞지 않는 말이지만, 그 속에 진실이 담기도록 표현하는 방법

　예 이것은 소리 없는 아우성

③ **도치법** : 정상적인 문장 배열의 순서를 바꾸어 표현하는 방법 　예 그 길을 만들 줄도 몰랐었네, 나는

④ **설의법** : 당연한 사실이나 분명한 결론의 내용을 의문문 형식으로 표현하여 변화를 주는 방법

　예 가난하다고 해서 사랑을 모르겠는가.

⑤ **대구법** : 비슷한 문장 형식이 서로 호응하고, 짝을 이루면서 변화를 주는 방법

　예 눈길 비었거든 바람 담을지네. 바람 비었거든 인정 담을지네.

9　글의 성격을 나타내는 용어

● **객관적** ↔ **주관적**

① **객관적** : 자기와의 관계에서 벗어나 어떤 일에 직접 관계가 없는 사람의 입장에서 사물을 보거나 생각함

② **주관적** : 자신의 생각이나 의견을 중심으로 생각함

● **고백적** : 마음속에 생각하고 있거나 감추어 둔 것을 숨김없이 말함

● **교훈적** : 바른 길로 나아가도록 가르치고 깨우침

● **구체적** ↔ **추상적**

① **구체적** : 쉽게 이해할 수 있을 만큼 명확하고 자세함

② **추상적** : 직접 경험하거나 지각할 수 있는 형태와 성질을 갖추지 않음

● **낙관적** ↔ **비관적**

① **낙관적** : 앞으로의 일을 밝고 희망적으로 보는 것

② **비관적** : 일이 잘 풀리지 않고 앞날에 희망이 없는 것으로 생각함

● **낭만적** : 현실성이 적고 이상적이거나 감상적으로 사물을 대함

● **능동적** ↔ **소극적**

① **능동적** : 다른 것에 이끌리지 않고 스스로 일으키거나 움직임

② **소극적** : 자진하여 나아가려는 태도나 마음가짐이 부족하고 활동적이 아님

● **사색적** : 어떤 것에 대해 깊이 있게 생각하고 이치를 따짐

● **상징적** : 눈에 보이지 않는 것을 구체적인 사물로 연상시킴

● **서사적** : 사실, 사건, 이야기를 차례대로 서술해 나감

● **서정적** : 주로 예술 작품에서 사용, 자기의 감정이나 느낌을 담고 있음

● **설득적** : 자기의 생각이나 의견을 상대에게 전하여 따르게 함

● **설명적** : 어떤 일이나 대상의 내용을 상대편이 잘 알 수 있도록 밝혀 말함

● **애상적** : 슬퍼하거나 가슴 아파함

● **예찬적** : 대상의 훌륭함을 기리어 높임

● **우연적** ↔ **필연적**

① **우연적** : 특별한 원인이나 이유도 없이 사건이나 결과가 생겨남

② **필연적** : 반드시 그렇게 될 수밖에 없음

● **이질적** : 성질이 서로 다름 ↔ 동질적

● **일대기적** : 어떤 사람의 일생을 순서대로 기록함

● **전형적** ↔ **개성적**

① **전형적** : 같은 종류의 개체(사람) 가운데서 그것의 특성을 가장 잘 나타냄

② **개성적** : 어떤 사람이나 개체의 고유한 특성이 다른 사람이나 개체와 뚜렷하게 구별됨

● **절대적** ↔ **상대적**

① **절대적** : 비교하거나 상대될 만한 것이 없음

② **상대적** : 서로 맞서거나 비교되는 관계에 있음

● **풍자적** : 남의 결점을 다른 것에 빗대어 간접적으로 비웃으면서 드러내고 공격하는 성격을 띰

● **함축적** : 속으로 어떤 뜻을 내포하고 있음

● **해학적** : 악의 없는 익살이 나타나거나 웃음을 자아냄

● **허구적** : 있을 법한 이야기를 그럴 듯하게 지어냄

● **회고적** : 옛일을 돌이켜 생각함

● **희극적** : 웃음을 자아내는 연극의 성격

● **희화적** : 과장하여 익살스럽고 장난스럽게 함

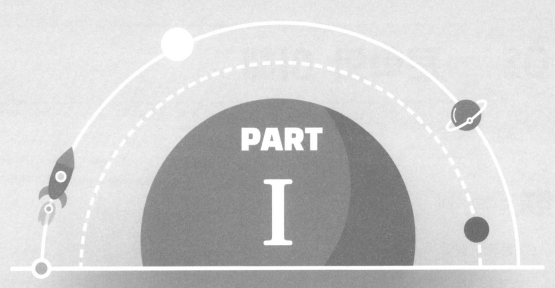

PART
I

문 학

Chapter 01 문학의 이해
Chapter 02 운문문학
Chapter 03 산문문학
단원 마무리 문제

학습 point⁺

문학은 문학의 특징, 각 갈래별 특징과 작품의 내용을 완전히 이해하는 것이 중요합니다. 구체적인 학습 요소로서 비유와 상징의 효과, 갈등의 진행과 해결, 보는 이나 말하는 이의 관점, 작품의 사회·문화적 배경, 문학의 현재적 의미, 해석의 다양성, 작품의 재구성 양상, 심미적 체험으로서의 문학의 이해, 개성적 발상과 표현(운율, 반어, 역설, 풍자) 등을 중점적으로 학습해야 합니다. 문학은 크게 운문문학과 산문문학으로 나뉘므로 각 갈래별 특징을 이해하고 각각의 작품들을 많이 접하면 시험장에서 어떤 문학 작품이 출제되더라도 당황하지 않을 수 있습니다.

운문 문학의 경우, 현대 시와 고전 시가의 특징, 표현 방법, 심상, 시의 분위기, 시적 화자의 정서, 시어의 상징, 감상 및 감상 방법 등의 학습 요소를 익히도록 합니다.

산문 문학의 경우, 소설, 수필, 희곡, 시나리오, 편지 등 각 갈래별 특징을 이해하고 구분할 줄 알아야 하며, 이야기의 흐름(줄거리)이나 내용을 정확하게 이해하도록 합니다.

01 문학의 이해

1 문학의 의의

(1) 문학의 정의

① 문학은 인간과 세계의 진실에 대한 심미적 인식이 형상화된 예술이다.

② 문학 활동은 작가와 독자, 독자와 독자가 인간의 삶에 대한 심미적 인식을 공유함으로써 세계를 깊이 이해하고 삶의 의미를 성찰하는 언어 활동이다.

(2) 문학의 특징

① 언어로 표현된다. – 형식

② 작가의 사상과 감정을 담고 있다. – 내용

③ 독자에게 감동과 교훈을 준다. – 목적

④ 작가의 상상력에 의해 창조된다. – 특성

(3) 문학의 일반성

① 항구성 : 문학 작품은 시간적으로 영속적이고, 시대를 초월하여 생명력을 지닌다.

② 보편성 : 문학 작품은 국가나 민족을 초월하여 공감을 느끼게 한다.

③ 개성 : 문학 작품에는 작가의 독특한 개성이 드러난다.

2 문학의 기능과 갈래

(1) 문학의 기능

① 쾌락적 기능 : 독자에게 즐거움과 감동을 준다.

② 교훈적 기능 : 독자에게 삶에 대한 깨달음과 가르침을 준다.

③ 종합적 기능 : 독자에게 쾌락과 교훈을 함께 준다.

(2) 문학의 갈래

① 시 : 시인의 사상과 감정을 운율이 있는 언어로 압축해서 표현한 문학이다.

② 소설 : 현실에서 있음 직한 일을 상상하여 꾸며 낸 이야기로, 허구적이며 서술자가 있다.

③ 희곡 : 무대 상연을 위한 연극의 대본으로 허구적이고 서술자가 없으며 현재형이다.

④ 수필 : 보고 듣고 느낀 것을 자유롭게 쓴 글로, 일정한 형식이나 실용적 목적이 없다.

3 문학과 현실

(1) 문학의 세계와 현실의 세계

① 문학의 현실 반영 : 문학은 작가가 현실에서 체험하고 상상한 내용을 반영한다.

② 새로운 현실 창조 : 작가는 문학적 기법과 장치를 이용하여 현실의 모습을 긴밀하고 압축되게 재구성한 새로운 세계를 창조해 낸다.

(2) 일상 언어와 문학적 언어

구 분	일상 언어		문학적 언어	
차이점	• 구체적인 의사 전달 • 자세하고 설명적임	• 사실적 표현 • 군더더기 말이 많음	• 정서적인 감정 표현 • 생략과 함축적임	• 새로운 의미 창조 • 치밀하고 조직적임
공통점	의사소통의 기능			

4 문학 작품의 감상

(1) 문학 작품을 감상하는 까닭

① 삶에 대한 지혜와 교훈을 주고, 인생을 보는 안목과 정신적 힘을 길러준다.

② 순수한 마음의 기쁨을 얻을 수 있고, 우리의 정서를 풍부하게 해 준다.

(2) 문학 작품 감상법

① 정서와 분위기를 바탕으로 작품 전체를 감상한다.

② 작품 속에서 정서와 분위기가 느껴지는 소재나 표현을 찾아본다.

Chapter 02 운문 문학

01 시의 이해

(1) 시의 개념

시는 마음속에 떠오르는 생각이나 느낌을 운율이 있는 말로 압축해서 나타낸 운문 문학이다.

(2) 시의 특징

① 운율이 있다.
② 압축된 형식으로 표현한다.
③ 심상을 사용하여 독자의 감각이나 감정에 호소한다.
④ 시적 화자의 목소리를 통해 시인의 사상과 정서를 표현한다.

(3) 시의 3요소

① **운율**(음악적 요소) : 시를 읽을 때 느껴지는 말의 가락
② **심상**(회화적 요소) : 시를 읽을 때 마음속에 떠오르는 느낌이나 모습(이미지)
③ **주제**(의미적 요소) : 시에 담겨 있는 시인의 중심 생각

(4) 시의 형식적 요소

① **시어** : 시에 쓰인 말
② **시구** : 시어가 모여서 이루어진 구절
③ **시행** : 시를 이루는 한 줄 한 줄
④ **연** : 하나 이상의 시행이 모여서 이루어진 완결된 의미 단위
⑤ **음보** : 시를 읽을 때, 한 번에 끊어 읽을 수 있는 음절 단위

(5) 시의 운율

① 의미 : 산문과는 달리 시에서 느껴지는 노래와 같은 말의 가락

② 외형률 : 시를 읽을 때 말의 가락이 겉으로 드러나는 운율 – 정형시의 음위율, 음수율, 음보율 등

③ 내재율 : 시의 가락이 겉으로 드러나지 않고 시어와 시구 속에 숨어 있어 안에서 은근히 느껴지는 운율

④ 운율 형성의 방법

　㉠ 음위율 : 일정한 위치에서 비슷한 음을 반복하는 것

　　예 원산도 앞에는 삽시도 / 삽시도 앞에는 녹도

　㉡ 음수율 : 일정한 글자 수를 한 단위로 하여 그것이 규칙적으로 반복될 때 이루어지는 율격

　　예 산 너머 남촌에는 / 누가 살길래, / 해마다 봄바람이 / 남으로 오네.

　　　→ 7자, 5자의 반복(7·5조)

　㉢ 음보율 : 시를 읽을 때, 한 번에 끊어 읽을 수 있는 음절 단위를 규칙적으로 반복하는 것

　　예 돌담에∨속삭이는∨햇발같이 / 풀 아래∨웃음짓는∨샘물같이 → 3음보

　㉣ 유사한 음운의 반복

　　예 보드레한 에메랄드 얇게 흐르는 / 실비단 하늘을 바라보고 싶다.

　　　→ 울림소리(ㄴ, ㄹ, ㅁ, ㅇ)의 반복

　㉤ 같은 단어, 어구의 반복

　　예 앞강물, 뒷강물 / 흐르는 물은 / 어서 따라오라고 따라가자고

　　　→ '강물'과 '따라'의 반복

　㉥ 유사한 문장 구조 반복

　　예 벚꽃 지는 걸 보니 / 푸른 솔이 좋아 / 푸른 솔 좋아하다 보니 / 벚꽃마저 좋아

　　　→ '~보니 ~좋아'의 문장 구조 반복

　㉦ 의성어와 의태어 사용

　　예 종알종알 어쩌다가 / 너와 다투고 / 눈물이 글썽글썽 올려 보내고
　　　　의성어　　　　　　　　　　　　　　　　　의태어

(6) 시의 심상 ^{중요⁺}

① **시각적 심상** : 색채, 명암, 모양, 움직임 등을 눈으로 보는 듯한 심상

> 예 뜰에는 반짝이는 금모래빛

② **청각적 심상** : 소리, 음성, 음향 등을 귀로 듣는 듯한 심상

> 예 눈을 뜨면 멀리 육중한 기계 굴러가는 소리

③ **후각적 심상** : 코로 냄새를 맡는 듯한 심상   예 꽃 피는 사월이면 진달래 향기

④ **미각적 심상** : 혀로 맛을 보는 듯한 심상   예 간간하고 짭조름한 미역 냄새

⑤ **촉각적 심상** : 피부를 통해 차가움, 뜨거움, 부드러움, 거침 등을 느끼는 듯한 심상

> 예 살아 생전에 따뜻했던 무릎

⑥ **공감각적 심상** : 하나의 감각을 다른 감각으로 바꾸어 표현함으로써 둘 이상의 감각이 어우러져 이루어지는 심상   예 새파란 초생달이 시리다 → 시각의 촉각화

(7) 시의 표현 방법 ^{중요⁺}

① **비유(比喩)**

㉠ 어떤 사물의 모양이나 상태 등을 보다 효과적으로 표현하기 위하여 그것과 비슷한 다른 사물에 빗대어 표현하는 방법이다.

㉡ 표현하려는 대상을 '원관념', 비교되는 사물을 '보조 관념'이라고 한다.

> 예 직유, 은유, 의인, 대유, 풍유 등

② **상징(象徵)**

㉠ 추상적인 사물이나 관념 또는 사상을 구체적인 사물로 나타내는 표현 방법이다.

㉡ 원관념은 나타나지 않으며 보조 관념 자체가 독립적으로 함축과 암시의 뜻을 갖는다.

> 예 비둘기 → 평화, 소나무 → 절개

③ **감정 이입**

㉠ 화자의 감정을 어떤 대상물에 옮겨서 표현하는 방법이다.

㉡ 생물이나 무생물에다 감정을 불어넣어 그 대상과 일체감을 나타낸다.

> 예 모가지가 길어서 슬픈 짐승이여 → 화자의 슬픔을 이입시킴

④ **시적 허용** : 시적 효과를 극대화하거나 운율을 맞추기 위하여 음을 늘이거나 줄이기도 하며 새로운 단어를 만드는 등 우리말의 어법에 어긋난 시어를 사용하는 것이다.

> 예 모든 순간이 다아 꽃봉오리인 것을

⑤ **시적 화자** : 시인이 자기 생각과 느낌을 효과적으로 표현하기 위하여 설정한 시 속의 말하는 이를 말한다. = 시적 자아 = 서정적 자아

02 현대 시 작품 감상

01 청포도

– 이육사

☑ 핵심정리

- **갈래** : 자유시, 서정시
- **성격** : 희망적, 미래 지향적, 희생적
- **어조** : 의지적, 강인함
- **제재** : 청포도
- **주제**
  ① 평화롭고 풍요로운 삶에 대한 소망
  ② 조국 광복에 대한 염원
- **특징**
  ① 상징적 소재의 사용
  ② 시각적 심상이 두드러짐
  ③ 푸른색과 흰색의 선명한 색채 대비
  ④ 전설 모티브를 이용해 미래의 희망을 노래함

- **선명한 색채 대비**

푸른색	흰색
청포도, 하늘, 푸른 바다, 청포	흰 돛단배, 은쟁반, 하이얀 모시 수건
↓	↓
희망, 풍요로움	정성, 순수

- **관점에 따른 주제와 해석**

작품 속 내용만을 고려할 때 (내재적 관점)	시대적 상황을 고려할 때 (외재적 관점 ⇒ 반영론)
풍요롭고 평화로운 세계에 대한 소망 ⇒ 색채 대비를 통해 '손님'을 기다리는 화자의 순수한 마음을 강조함	조국 광복에 대한 소망 ⇒ 일제 강점기라는 시대적 상황을 고려함

내 고장 칠월은

<u>청포도</u>가 익어 가는 시절.
<small>평화롭고 풍요로운 삶, 광복에 대한 희망</small>

이 마을 <u>전설</u>이 주저리주저리 열리고
<small>원관념 : 포도</small>

먼 데 <u>하늘</u>이 꿈꾸며 알알이 들어와 박혀,
<small>소망, 동경, 이상</small>

▶ 1~2연 청포도가 익어 가는 고향을 생각함

<u>하늘 밑 푸른 바다가 가슴을 열고</u>
<small>의인법</small>

흰 돛단배가 곱게 밀려서 오면,

내가 바라는 ㉠<u>손님</u>은 고달픈 몸으로
<small>평화롭고 풍요로운 세상, 조국 광복</small>

청포를 입고 찾아온다고 했으니,

▶ 3~4연 전설의 내용 : 청포를 입은 손님이 찾아올 것임

내 그를 맞아, 이 포도를 따 먹으면

두 손은 함뿍 적셔도 좋으련.
　　　　　희생적 태도

▶ 5연　손님을 기다리는 자세와 화자의 소망

아이야, 우리 식탁엔 은쟁반에
　　　　　　　　　손님을 맞이하는 정성, 순수

하이얀 모시 수건을 마련해 두렴.
시적 허용　손님을 맞이하는 정성, 순수

▶ 6연　손님에 대한 고결한 정성

✔ 바로바로 CHECK

01 밑줄 친 ㉠의 해석이 다양한 이유로 알맞지 <u>않은</u> 것은?

① 독자마다 관점이나 입장이 다르기 때문

② 독자마다 작품을 이해하는 수준이 다르기 때문

③ 시대적 상황에 따라 작품에 대한 해석이 달라지기 때문

④ 독자가 해석한 의미보다 작가의 창작 의도가 훨씬 더 중요하기 때문

해설 독자의 해석보다 작가의 창작 의도가 훨씬 더 중요하다고 말할 수 없다.

02 〈보기〉의 설명에 해당하는 시어끼리 바르게 짝지어진 것은?

> **보기**
> ㉮ 희망과 풍요로움을 상징한다.
> ㉯ 대상에 대한 정성을 드러낸다.

	㉮	㉯
①	청포도, 푸른 바다	은쟁반, 모시 수건
②	청포도, 전설	은쟁반, 모시 수건
③	푸른 바다, 청포	흰 돛단배, 청포도
④	은쟁반, 하늘	청포도, 푸른 바다

해설 ㉮ 청포도, 하늘, 푸른 바다, 청포
㉯ 은쟁반, 하이얀 모시 수건

정답 01. ④　02. ①

심화학습 〉 문학 작품 해석의 다양성

1) **문학 작품 해석의 다양성** : 문학 작품은 시대 상황, 작가, 독자 등 여러 가지 요소의 영향을 받는다. ⇒ 문학은 일반적인 의사소통에 비해 의미가 유동적이고 복합적이다(상황에 따라 여러 가지로 해석될 수 있음).

2) **관점에 따른 문학 작품의 다양한 해석**

내재적 관점	외적인 요소를 배제하고 작품 자체의 내용 요소만을 근거로 하여 작품을 감상하고 비평하는 관점
외재적 관점	작가, 독자, 현실 등의 작품 외적 요소를 근거로 하여 작품을 감상하고 비평하는 관점 • 표현론적 관점 : 작가의 창작 의도, 사상, 심리 상태 등 작가와 작품의 관계에 감상과 비평의 초점을 맞춤 • 효용론적 관점 : 작품이 독자에게 주는 감동과 교훈에 감상과 비평의 초점을 맞춤 • 반영론적 관점 : 작품과 현실의 관계에 감상과 비평의 초점을 맞춤

02 그날이 오면

– 심훈

☑ 핵심정리

- **갈래** : 자유시, 저항시
- **성격** : 의지적, 격정적
- **제재** : 조국 광복
- **주제** : 조국 광복에 대한 간절한 염원

- **특징**
  ① 격정적 감정을 직설적으로 표현
  ② '조국 광복'이라는 미래의 상황을 가정
  ③ 반복법, 과장법, 대구법의 사용으로 간절한 소망과 염원을 드러냄

『그 날이 오면, 그 날이 오면은』
　조국 광복의 날　　　　　　　『　』: 가정법, 반복법으로 화자의 소망 표현

『삼각산이 일어나 더덩실 춤이라도 추고,』
　우리나라(대유법)　　　　　　『　』: 광복의 기쁨을 의인화

한강 물이 뒤집혀 용솟음칠 그 날이

이 목숨이 끊기기 전에 와 주기만 할 양이면

나는 밤하늘에 나는 까마귀와 같이
　　　암담한 시대 상황　　　화자의 고독한 모습(자기희생의 이미지)

종로의 인경을 머리로 들이받아 울리오리다.
　　　　　자기희생의 실천적 의지 표현

두개골은 깨어져 산산조각이 나도
　　　과장법, 소망의 절대성을 강조

기뻐서 죽사오매 오히려 무슨 한이 남으오리까.
　　　　　광복에 대한 간절한 염원

▶ 조국 광복의 그날에 대한 염원과 자기희생의 의지

그날이 와서 오오 그 날이 와서

육조 앞 넓은 길을 울며 뛰며 뒹굴어도
　　　　　역동적·극한적 표현

그래도 넘치는 기쁨에 가슴이 미어질 듯하거든

『드는 칼로 이 몸의 가죽이라도 벗겨서
　　　소망의 절대성을 강조

커다란 북을 만들어 들쳐 메고는

여러분의 행렬에 앞장을 서오리다.』『　』: 자기희생의 실천적 의지 표현
광복을 기뻐하는 우리 민족

우렁찬 그 소리를 한 번이라도 듣기만 하면,

그 자리에 거꾸러져도 눈을 감겠소이다.
　　　　광복에 대한 간절한 염원

▶ 조국 광복이 찾아온 그날의 감격과 자기희생의 의지

한눈에 감 잡기

1. 시어의 의미

그날	화자가 소망하는 '조국 광복의 날'
삼각산, 한강	'우리나라'를 가리키는 대유적 표현
밤하늘	일제 강점기의 암울한 상황
까마귀	고독하게 투쟁 의지를 다지는 화자의 모습(자기희생의 이미지)

2. 시적 화자의 정서와 태도

극한적 표현을 사용하여 조국의 광복에 대한 간절한 염원을 표현함	➡	• 종로의 인경을 머리로 들이받아 울리오리다. • 두개골은 깨어져 산산조각이 나도 • 육조 앞 넓은 길을 울며 뛰며 뒹굴어도 • 드는 칼로 이 몸의 가죽이라도 벗겨서 / 커다란 북을 만들어 들쳐 메고는 • 그 자리에 거꾸러져도 눈을 감겠소이다.

3. 시대적 상황과 창작 동기

- 시대적 상황 : 일제 강점기의 암울한 시대 현실을 반영함
- 창작 동기 : 조국의 광복을 염원하는 화자의 자기희생적 태도를 격정적 어조로 노래함

✔ 바로바로 CHECK

01 이 시에 대한 설명으로 알맞지 <u>않은</u> 것은?

① 반복을 통해 화자의 소망 강조
② 시대적 상황을 바탕으로 창작됨
③ 화자의 감정이 직설적으로 드러남
④ 의문형 문장을 반복해 조국 광복의 의지를 드러냄

해설 이 시는 경어체의 종결 어미를 통해 광복의 의지를 드러내고 있다.

02 이 시의 화자의 어조로 가장 알맞은 것은?

① 밝고 경쾌한 어조
② 활기차고 명랑한 어조
③ 강하고 의지적인 어조
④ 차분하고 반성적인 어조

해설 화자는 극단적이고 격한 표현의 사용으로 광복에 대한 간절한 염원을 나타내고 있다.

03 시어의 성격이 이질적인 것은?

① 그날   ② 한강 물
③ 밤하늘   ④ 여러분

해설 '그날'은 조국 광복의 날로 '한강 물', '여러분'은 광복을 맞아 기뻐 환호한다는 의미 ↔ '밤하늘'은 암담한 현실

정답 01. ④ 02. ③ 03. ③

03 깃발
– 유치환

☑ 핵심정리

• 갈래 : 자유시, 서정시

• 성격 : 의지적, 역동적, 상징적

• 제재 : 깃발

• 주제 : 이상향에 대한 동경과 좌절

• 특징
① 색채 대비
② 다양한 보조 관념을 통해 '깃발'의 상징적 의미 표현
③ 다양한 표현법 사용(역설, 은유, 직유, 영탄, 도치 등)

이것은 ㉠소리 없는 아우성 ★'깃발'의 비유적 표현
　　　역설법

저 푸른 해원(海原)을 향하여 흔드는
　　　이상 세계, 초월적 세계

영원한 노스탤지어의 ★손수건
▶ 이상향에 대한 동경

★순정은 『물결같이』 바람에 나부끼고 『 』: 직유법
이상향에 대한 순수한 소망

오로지 맑고 곧은 이념(理念)의 푯대 끝에
　　　　깃대(은유법), 인간의 근원적 한계

★『애수(哀愁)는 백로처럼 날개를 펴다.』
　　　『 』: 이상향에 도달할 수 없는 슬픔, 직유법
▶ 깃발의 순수한 열정과 한계로 인한 애수

『아아 누구던가.
　　영탄법

이렇게 ★슬프고도 애달픈 마음을
　　　이상향에 도달할 수 없는 슬픔과 안타까움

맨 처음 공중에 달 줄을 안 그는』 『 』: 도치법, 비애감 강조
　　　　　　　　　　　이상 세계를 동경하는 사람, 절대자
▶ 이상향에 도달할 수 없는 근원적 한계

심화학습 〉 생명파 시의 특징

1) 인간의 정신적, 생명적 요소를 중시함

2) 고뇌로 가득한 삶의 문제, 인간의 생명과 우주의 근원적 문제 탐구

3) 1935년 서정주, 함형수 등이 참여한 "시인부락"의 동인들과 유치환이 중심이 됨

한눈에 감 잡기

1. '깃발'의 보조 관념과 의미

보조 관념		의미
• 소리 없는 아우성(1행)	• 노스탤지어의 손수건(3행)	이상향에 대한 동경과 지향
• 순정(4행)		
• 애수(6행)	• 슬프고 애달픈 마음(8행)	이상향에 도달하지 못하는 비애와 좌절

2. '깃대'의 보조 관념과 의미

- 보조 관념 : 이념의 푯대
- 의미 : 인간의 근원적 한계

3. 주요 표현 방법

역설법	이것은 소리 없는 아우성 ⇒ '소리 없는'과 '아우성'의 모순
은유법	깃발 ⇒ 아우성, 손수건, 순정, 애수, 마음
직유법	순정은 물결같이, 애수는 백로처럼
영탄법	아아 누구던가.
도치법	아아 누구던가. ~ 달 줄을 안 그는
색채 대비	**푸른색** 푸른 해원 ⟷ **흰색** 백로

✔ 바로바로 CHECK

01 '깃발'의 상징적 의미로 알맞은 것은?

① 이상과 현실의 조화를 추구하는 현대인
② 힘겨운 도시 생활에 지쳐 고향을 그리워하는 현대인
③ 이상을 동경하지만 인간의 근원적 한계를 벗어나지 못하는 슬픔
④ 암울한 역사적 상황 속에서 삶의 방향성을 상실한 우리 민족의 슬픔

02 다음 중 의미하는 대상이 다른 하나는?

① 아우성　　　② 손수건
③ 이념의 푯대　④ 애달픈 마음

해설 ①, ②, ④ '깃발'을 비유
③ '깃대'를 비유

03 ㉠에 사용된 표현 방법과 동일한 것은?

① 손 흔드는 풀잎
② 결별이 이룩하는 축복
③ 내 누님같이 생긴 꽃이여
④ 인생은 짧고 예술은 길다

해설 ㉠ 역설법
① 의인법　② 역설법　③ 직유법　④ 대구법

정답 01. ③　02. ③　03. ②

04 껍데기는 가라

– 신동엽

✔️ 핵심정리

- **갈래** : 자유시, 현실 참여시
- **성격** : 저항적, 의지적, 상징적
- **제재** : 불의와 거짓, 외세가 지배하는 현실
- **주제** : 순수하고 정의로운 삶이 보장되는 민주 사회에 대한 열망

- **특징**
  ① 반복을 통한 주제 강조('껍데기는 가라')
  ② 대조적 시어의 사용을 통한 주제 강조

㉠ **껍데기는 가라.** ★ 불의와 부정
불의와 부정　　명령형 – 화자의 의지 강조

사월(四月)도 ㉡**알맹이**만 남고 ☆ 순수와 순결
　　　　　4 · 19 혁명의 순수한 정신

껍데기는 가라.

▶ 4 · 19 혁명의 순수한 정신 추구

껍데기는 가라.

동학년(東學年) 곰나루의, 그 ㉢**아우성**만 살고
　　　　　　　동학 혁명의 순수한 정신

껍데기는 가라.

▶ 동학 농민 운동의 순수한 정신 추구

그리하여, 다시 / 껍데기는 가라.

이곳에선, 두 가슴과 그곳까지 내논
　　　　허위와 가식을 벗어 버린 순수한 모습

아사달 아사녀가
순수한 우리 민족 상징

중립(中立)의 초례청 앞에 서서
　　이념의 대립을 넘어선 화합의 장

부끄럼 빛내며 / ⓐ **맞절할지니**

▶ 우리 민족의 순수함 강조와 통일의 소망

4 · 19 혁명	▼ 검색

- 1960년 4월 19일에 절정을 이룬 한국 학생의 '반부정, 반정부 항쟁 운동'
- 정부 수립 이후 정치 파동을 일으키고 영구 집권을 꾀했던 이승만과 자유당 정권의 12년간에 걸친 장기 집권을 종식시키고 제2공화국의 출범을 보게 한 역사적 전환점이 되는 사건

껍데기는 가라. / 한라에서 백두까지
　　　　　　　　우리나라(대유법)

㉣**향그러운 흙가슴**만 남고
　순수하고 깨끗한 민족애

그, 모오든 ★**쇠붙이**는 가라.
　　　　군사적 대립, 부정한 세력

▶ 분단 현실의 극복에 대한 소망

현실 참여시의 특징

1) 정치 문제나 사회 문제에 의도적으로 참여하는 의식적으로 쓰인 목적시
2) 1960년대 비민주적 정권 등의 부조리한 현실을 비판하고 고발함
3) 1970년대에 들어 더욱 암담해진 정치 상황에 더 적극적으로 저항하여 민중시로 발전
4) 대표적 시인 : 신동엽, 김수영, 김지하 등

한눈에 감 잡기

1. 대조적 의미의 시어

'껍데기'	'알맹이'
= '쇠붙이'	= '아우성', '아사달 아사녀' = '향그러운 흙가슴'

• 불의와 부정 • 거짓, 가식, 외세, 군사적 대립	• 순수와 순결 • 시적 자아가 지향하는 긍정적 의미

2. 표현상 특징
• '껍데기는 가라'라는 동일한 시구 반복 ⇒ 주제 강조
• '~라' 명령의 종결 어미 반복 ⇒ 시인의 단호한 의지 표현
• 대조적 의미의 시어 사용 : 부정과 불의 ⇔ 순수와 순결

✔ 바로바로 CHECK

01 이 시에 대한 설명으로 알맞지 않은 것은?
① 강렬하고 신념에 찬 어조
② 내적 성찰을 통한 자기 반성
③ 부정적 현실에 대한 저항 의지
④ 명령형의 어조로 화자의 생각을 직설적으로 표현

해설 내적 성찰을 통한 자기 반성은 드러나지 않는다.

02 ㉠~㉣ 중 의미상 성격이 이질적인 것은?
① ㉠ 껍데기　　② ㉡ 알맹이
③ ㉢ 아우성　　④ ㉣ 향그러운 흙가슴

해설 ㉠ 부정과 불의
㉡, ㉢, ㉣ 순수와 순결

03 ⓐ의 상징적 의미로 가장 알맞은 것은?
① 이산가족의 아픔을 치유하자.
② 민족의 화합과 통일을 이룩하자.
③ 남북한이 서로의 존재를 인정하자.
④ 사회적 약자를 배려하는 마음을 갖자.

정답 01. ② 02. ① 03. ②

작가 연계 🎭 봄은

－ 신동엽

✔ 핵심정리

- **갈래** : 자유시, 현실 참여시
- **성격** : 의지적, 현실 참여적
- **제재** : 봄
- **주제** : 자주적, 평화적 통일에 대한 염원

- **특징**
  ① 상징적인 시어의 사용
  ② '봄'과 '겨울'의 대립적 이미지 사용
  ③ 단정적 어조로 통일에 대한 강한 믿음과 의지를 드러냄

봄은
ㅤ통일
남해에서도 북녘에서도
ㅤ외세ㅤㅤㅤ외세
오지 않는다.

▶ 통일의 주체는 외세가 아님

너그럽고 / 빛나는
봄의 그 눈짓은 / 제주에서 두만까지
ㅤㅤㅤㅤㅤㅤㅤ우리나라 전체(대유법)
우리가 디딘 / 아름다운 논밭에서 움튼다.
ㅤㅤㅤㅤㅤ우리나라 전체

▶ 자주적 통일

겨울은,
ㅤ분단의 현실
바다와 대륙 밖에서
ㅤ외세ㅤㅤ외세
그 매서운 눈보라 몰고 왔지만
ㅤㅤㅤㅤ분단으로 인한 고통
이제 올
너그러운 봄은, 삼천리 마을마다
ㅤㅤㅤㅤㅤㅤㅤ우리나라 전체
우리들 가슴 속에서 / 움트리라.
통일의 주체 : 우리 민족

▶ 분단의 원인과 해결책

움터서,
㉠강산을 덮은 그 미움의 쇠붙이들
ㅤ우리나라 전체ㅤㅤㅤ군사적 대립과 긴장
눈 녹이듯 흐물흐물
녹여 버리겠지.

▶ 통일된 우리나라의 미래 예언

✔ 바로바로 CHECK

㉠과 의미가 **다르게** 쓰인 시구는?
① 제주에서 두만
② 아름다운 논밭
③ 바다와 대륙 밖
④ 삼천리 마을

해설 ㉠ 강산 : 우리 국토(나라)

우리 국토(나라)를 나타내는 시어	외세를 나타내는 시어
제주에서 두만까지, 아름다운 논밭, 삼천리 마을, 강산	남해, 북녘, 바다, 대륙 밖

정답 ③

05 낙화

– 이형기

핵심정리

* **갈래** : 자유시, 서정시
* **성격** : 애상적, 서정적
* **제재** : 낙화
* **주제** : 이별을 통한 내적 성숙

* **특징**
  ① 자연 현상에서 인생사의 의미를 발견함
  ② 이별에 대한 긍정적 수용을 역설적으로 표현
  ③ 하강적 시어의 사용을 통해 쓸쓸한 분위기 형성

★ 하강적 이미지의 시어
『가야 할 때가 언제인가를 / 분명히 알고 가는 이의
　이별의 시간

뒷모습은 얼마나 아름다운가.』『』: 미련을 두지 않고 떠나는 아름다움　　▶ 아름다운 이별의 모습
　　　　　　설의법

봄 한 철
꽃이 한창인 시절, 젊음, 사랑의 시간
『격정을 인내한 / 나의 사랑』은 지고 있다.　　　　▶ 이별의 순간
『 』: 의인법　　　　　꽃(은유법)

분분한 낙화……
여럿이 뒤섞여 어수선한　여운

㉠ 결별이 이룩하는 축복에 싸여 / 지금은 가야 할 때,　　▶ 이별(낙화)의 인식
　　　　역설법

무성한 녹음과 그리고 / 머지않아 열매 맺는
　　　여름　　　　　　　　　　성숙

가을을 향하여 / 『나의 청춘은 꽃답게 죽는다.』『 』: 의인법　　▶ 이별(낙화)의 의미
　　　　　　　꽃(은유법)

『헤어지자 / 섬세한 손길을 흔들며』『 』: 주체 – 꽃잎, 의인법

하롱하롱 꽃잎이 지는 어느 날　　　　　▶ 이별(낙화)의 모습

나의 사랑, 나의 결별
　꽃(은유법)　낙화(은유법)

샘터에 물 고이듯 성숙하는 / 내 영혼의 슬픈 눈.　　▶ 이별을 통해 더욱 성숙해지는 영혼
순수하고 깨끗한(직유법)

기초학습 · 역 설

1) 역설 : 겉으로 모순된 구조와 표현을 가지고 있지만 그 내면에는 삶의 중요한 진실을 담아 진실성, 정당성을 띤다.

2) 역설적 표현의 효과
 ① 독자의 주의를 환기하는 역할
 ② 문장이 단조로워지는 것을 방지함
 ③ 모순되는 표현이지만 그 속에 진실을 담고 있기 때문에 작가의 의도를 더욱 강조하여 전달함

한눈에 감 잡기

1. 자연 현상과 인생사의 대응

자연 현상	인생사
꽃	사랑, 청춘
낙화	이별, 죽음, 자기희생
녹음, 열매	영혼의 성숙, 자기희생의 결과

2. 표현 방법
 • 역설법 : '결별이 이룩하는 축복'
 • 은유법 : '나의 사랑', '나의 청춘', '나의 결별' ⇒ 자연 현상을 인간사에 빗댐
 • 직유법 : '샘터에 물 고이듯 성숙하는'

3. '결별이 이룩하는 축복'의 의미

낙화의 의미	꽃이 지는 것은 슬프지만 이를 통해 무성한 녹음과 열매를 맺는다.
이별(결별)의 의미	결별은 고통스럽고 힘들지만 성숙한 만남을 위해서는 헤어짐이 필요하다.

➡ 꽃이 지는 것이 무성한 녹음과 열매를 위한 일이듯, 이별의 아픈 체험은 삶을 성숙시킴을 의미하는 역설적 표현

✔ 바로바로 CHECK

01 다음 중 의미하는 바가 다른 하나는?

 ① 가야 할 때 ② 봄 한 철
 ③ 꽃답게 죽는다 ④ 꽃잎이 지는 어느 날

해설 ①, ③, ④ 이별의 상황
 ② 젊음, 사랑

02 이 시에 주로 사용된 심상은?

 ① 시각적 심상 ② 촉각적 심상
 ③ 미각적 심상 ④ 공감각적 심상

03 ㉠의 설명으로 알맞지 않은 것은?

 ① 꽃잎이 아름답게 떨어지는 모습을 비유
 ② 글의 단조로움에서 벗어나 신선함과 생동감을 주는 표현
 ③ 결별을 아쉬워하고 안타까워하는 마음을 은유적으로 표현
 ④ 꽃이 떨어짐으로 인해 풍성한 결실을 맺을 수 있음을 의미

정답 01. ② 02. ① 03. ③

06 돌담에 속삭이는 햇발

– 김영랑

☑ 핵심정리

- 갈래 : 자유시, 서정시, 순수시
- 성격 : 서정적, 감각적, 음악적
- 주제 : 봄 하늘에 대한 동경과 갈망

- 특징
  ① 섬세하고 감각적인 표현
  ② 우리말의 아름다움을 잘 살림
  ③ 시각적·촉각적 심상 사용
  ④ 직유법, 대구법, 의인법 등의 사용

『돌담에 속삭이는 햇발같이
　　　의인법　　　　　직유법

풀 아래 웃음 짓는 샘물같이』『 』: 대구법
　　　의인법　　　　직유법

내 마음 고요히 고운 봄 길 위에
　　　　　　　　　　계절·공간적 배경

『오늘 하루 ㉠하늘을 우러르고 싶다.』『 』: 주제 행
　　　　　　화자의 소망, 이상을 상징　　　　　　　　　　　　　　　　　▶ 봄 하늘을 우러르고 싶은 소망

『새악시 볼에 떠오르는 부끄럼같이
'새색시'의 방언(시적 허용)　　　　직유법

시의 가슴에 살포시 젖는 물결같이』『 』: 대구법
은유법, 시적 정서를 지닌 곱고 순수한 마음　직유법

보드레한 에메랄드 얇게 흐르는
　　　촉각적·시각적 심상

『실비단 하늘을 바라보고 싶다.』『 』: 주제 행　　　　　　　　　　　　　　▶ 봄 하늘을 바라보고 싶은 소망

심화학습 ─ 김영랑 시의 특징

- 음악성 중시
- 시문학파(순수시)
- 언어의 아름다움과 서정성 중시
- 울림소리 사용
- 시어의 조탁(갈고 다듬음)

한눈에 감 잡기

1. 운율을 형성하는 요소
- 대체로 3음보의 율격 사용
- 울림소리(ㄴ, ㄹ, ㅁ, ㅇ)를 사용하여 부드러운 느낌을 줌
- 일정한 위치에서 '-는', '-같이', '-고 싶다.' 등을 반복함

2. 시어의 함축적 의미
- 하늘 : 화자가 소망하는 대상, 평화롭고 순수한 이상 세계
- 시의 가슴 : 곱고 순수한 마음, 시의 정서가 가득한 마음

3. 시의 분위기와 정서

분위기	• 밝고 평화로운 분위기 • 부드럽고 따스한 분위기	분위기와 정서를 만드는 시어	돌담, 햇발, 풀, 고운, 새악시, 부끄럼, 살포시, 보드레한, 하늘 등
정서	희망의 정서		

✔ 바로바로 CHECK

01 이 시에 대한 감상으로 알맞지 않은 것은?

① 밝고 순수한 분위기가 느껴짐
② 도시적이고 세련된 분위기가 느껴짐
③ 아름답고 고운 느낌의 시어를 사용함
④ 아름다운 우리말의 사용으로 곱고 순수한 정서를 표현함

02 ㉠에 대한 설명으로 가장 알맞은 것은?

① 문명에 의해 훼손된 공간
② 순수하고 깨끗한 이상적 공간
③ 복잡하고 냉정한 도시의 공간
④ 인정과 생동감이 넘치는 농촌

03 이 시에 사용된 주된 심상과 같은 것은?

① 푸른 휘파람 소리
② 서느런 칼바람의 손길
③ 내 등 위에 터지던 네 울음
④ 애수는 백로처럼 날개를 펴다

해설 이 시의 주된 심상은 시각적 심상이다.
① 공감각적 심상
② 촉각적 심상
③ 청각적 심상
④ 시각적 심상

정답 01. ② 02. ② 03. ④

07 먼 후일

– 김소월

☑ 핵심정리

- **갈래** : 자유시, 서정시
- **성격** : 민요적, 애상적
- **제재** : 임과의 이별
- **주제** : 떠난 임에 대한 간절한 그리움

- **특징**
  ① 부드러운 어조의 사용
  ② 민족적 정서인 이별의 정한을 다룸
  ③ 3음보의 시어 배열에서 전통적인 율격이 느껴짐
  ④ '잊었노라'라는 반어적 표현의 반복을 통해 임에 대한 그리움을 간절하게 표현

먼 훗날 당신이 찾으시면
<small>가정적 상황의 제시</small>
그 때에 내 말이 ㉠'잊었노라.' ▶ 먼 훗날 임과 만날 때 '나'의 반응
<small>반어법, 반복을 통한 율율 형성</small>

당신이 속으로 나무라면
<small>자신을 왜 잊었냐고 원망한다면</small>
'무척 그리다가 잊었노라.' ▶ 임의 원망에 대한 '나'의 반응
<small>주된 정서</small>

그래도 당신이 나무라면
'믿기지 않아서 잊었노라.' ▶ 임의 계속되는 비난에 대한 '나'의 반응

오늘도 어제도 아니 잊고
<small>영원히 잊지 못함</small>
㉡ 먼 훗날 그때에 '잊었노라.' ▶ 임을 잊지 못하는 '나'의 애절한 마음
<small>먼 훗날 당신을 만날 그때에 잊었노라고 대답하겠다.</small>

심화학습 김소월 시의 특징

- 슬픔과 애상적 분위기
- 부드러운 어조
- 민족의 전통적 정서인 이별의 정한 노래

- 임에 대한 그리움 표현
- 민요적 리듬인 7·5조, 3음보 율격

한눈에 감 잡기

1. 이 시의 화자

- 부드러운 어조를 보임
- 떠나간 당신을 잊지 못하는 '나'
- 일어나지 않은 일을 가정하여 임을 잊지 못하는 마음을 드러냄
- 반어적 표현을 통해 '당신'에 대한 간절한 그리움을 효과적으로 드러냄

2. 표현 방법

대구법	'~면, ~잊었노라.' 등의 비슷한 문장 구조의 반복과 대구
가정법	'먼 훗날 당신이 찾으시면', '당신이 나무라면' 등 일어나지 않은 일을 가정함
반어법	'잊었노라'는 사랑하는 '당신'을 절대로 잊을 수 없다는 화자의 마음을 반대로 표현함
반복법	'먼 훗날', '당신이', '잊었노라'의 반복으로 운율을 형성하고 화자의 간절함을 드러냄

✔ 바로바로 CHECK

01 이 시에 나타난 화자의 정서와 유사한 것은?

① 날러는 어찌 살라 하고 / 버리고 가시리
    잇고
② 우리가 눈발이라면 / 허공에서 쭈빗쭈빗
    흩날리는 / 진눈깨비는 되지 말자
③ 얼굴 하나야 / 손바닥 둘로 / 폭 가리지만,
    // 보고픈 마음 / 호수만하니 / 눈 감을
    밖에
④ 죽는 날까지 하늘을 우러러 / 한 점 부
    끄럼이 없기를, / 잎새에 이는 바람에도 /
    나는 괴로워했다.

해설 이 시는 사랑하는 사람에 대한 간절한 그리움을 드러내고 있다.

02 ㉠에 대한 설명으로 알맞은 것은?

① 화자의 반성과 좌절이 드러남
② 화자의 심정이 반어적으로 드러남
③ 속세에 대한 화자의 무관심이 드러남
④ 안타까운 사랑을 잊으려는 화자의 노력
    이 드러남

해설 사랑하는 사람을 결코 잊을 수 없다는 화자의 마음이 반어적으로 드러남

03 ㉡의 표현 방법과 동일한 것은?

① 결별이 이룩하는 축복
② 하늘은 호수처럼 푸르다.
③ 시의 가슴에 살포시 젖는 물결같이
④ 나 보기가 역겨워 / 가실 때에는 / 죽어도
    아니 눈물 흘리오리다.

해설 ㉡은 화자의 심정을 반어적으로 드러내고 있다.
① 역설법   ② 직유법
③ 은유법, 직유법   ④ 반어법

정답 01. ③ 02. ② 03. ④

작가 연계 ♬ 진달래꽃 — 김소월

✔ 핵심정리

- **갈래** : 자유시, 서정시
- **성격** : 전통적, 향토적, 민요적
- **주제** : 승화된 이별의 정한(情恨)

- **특징**
  ① 이별의 상황을 가정하는 형식
  ② 수미 상관법의 사용
  ③ 민요조의 3음보(7·5조) 율격
  ④ 부드러운 어조

나 보기가 역겨워 / 가실 때에는
<u>가정적 이별의 상황</u>
말없이 고이 보내 드리우리다.

▶ 이별의 상황에 대한 체념

영변(寧邊)에 약산(藥山) / 진달래꽃
정성과 사랑의 표상(시적 화자의 분신)
아름 따다 가실 길에 뿌리우리다.
산화공덕(散花功德)

▶ 떠나는 임에 대한 축복

가시는 걸음 걸음 / 놓인 그 꽃을
사뿐히 즈려 밟고 가시옵소서.
자기희생을 통해 이별의 정한을 숭고한 사랑으로 승화

▶ 원망을 초극한 희생적 사랑

나 보기가 역겨워 / 가실 때에는
죽어도 아니 눈물 흘리우리다.
반어법, 애이불비

▶ 인고를 통한 슬픔의 극복

기초학습 — 수미 상관법

1) 의 미
   수미 상관법은 시의 첫 부분과 끝 부분이 같거나 비슷한 표현으로 반복되는 구성 방식이다.

2) 효 과
   ① 구조상 안정감을 주고 운율을 형성한다.
   ② 전하려는 의미를 강조한다.
   ③ 여운과 감동을 준다.

08 봄 길

– 정호승

☑ 핵심정리

• **갈래** : 자유시, 서정시

• **성격** : 희망적, 의지적

• **제재** : 봄 길

• **주제** : 시련을 극복하고 스스로 사랑을 개척하는 삶의 태도

• **특징**

① 단정적인 어조를 통해 확신에 찬 태도를 드러냄

② 비슷한 문장 구조와 단어 등을 반복하여 운율을 형성함

③ 추상적인 관념(희망을 잃지 않고 어려움을 극복하는 태도)을 구체적으로(봄 길을 걸어가는 사람) 형상화함 ⇒ 희망적·낙관적 태도

㉠『길이 끝나는 곳에서도
  절망적 상황

길이 있다』『 』: 역설적 표현(절망적 상황에도 희망은 있음)

길이 끝나는 곳에서도

길이 되는 사람이 있다
믿음과 희망을 가지고 절망적 상황을 개척해 가는 사람, 의지와 사랑을 지닌 사람

스스로 봄 길이 되어
        희망과 사랑에 대한 믿음

끝없이 걸어가는 사람이 있다   ▶ (1~6행) 절망을 극복하고 새로운 봄길을 찾음
      자기희생적, 의지적, 지속적 실천

『강물은 흐르다가 멈추고

새들은 날아가 돌아오지 않고

하늘과 땅 사이의 모든 꽃잎은 흩어져도』   ▶ (7~9행) 사랑이 소멸된 절망적 현실
                『 』: 절망적 상황

보라
시상 전환, 화자의 의지 강조

사랑이 끝난 곳에서도

사랑으로 남아 있는 사람이 있다

『스스로 사랑이 되어』『 』: 스스로 희망을 만들어 감

한없이 봄 길을 걸어가는 사람이 있다   ▶ (10~14행) 사랑마저 소멸된 극한 상황에서도 사랑을 찾음
      자기희생적, 의지적, 지속적 실천

한눈에 감 잡기

1. '봄 길'의 의미 : 절망을 극복하는 희망과 긍정에 대한 믿음

2. 화자가 생각하는 바람직한 삶의 태도

시에 나타난 표현		바람직한 삶의 태도
• 길이 되는 사람이 있다. • 끝없이 걸어가는 사람이 있다. • 사랑으로 남아 있는 사람이 있다. • 한없이 봄 길을 걸어가는 사람이 있다.	⇒	• 희망과 믿음으로 절망적 상황을 극복하는 삶의 태도 • 타인에 대한 애정과 희생의 마음으로 사랑을 실천하려는 태도

3. 표현상의 특징

비슷한 문장 구조의 반복	'~이 끝나는 곳에서도 / ~이 있다 / 스스로 ~이 되어 / ~ 걸어가는 사람이 있다' ⇒ 운율 형성, 의미 강조
역설적 표현	'길이 끝나는 곳에서도 / 길이 있다' ⇒ 절망적인 상황에서도 희망을 찾을 수 있음을 강조
대조적 이미지의 시구 사용	'끝없이 걸어가는 사람, 한없이 봄 길을 걸어가는 사람' ⟷ '강물은 흐르다가 멈추고 ~ 모든 꽃잎은 흩어져도' 지속적, 희망적 소멸적, 부정적

✔ 바로바로 CHECK

01 '길이 되는 사람'에 대한 설명으로 알맞지 <u>않은</u> 것은?

① 스스로 길을 개척하는 선구자적인 모습
② 힘겨운 고통의 순간을 끝내고 평화를 찾은 사람
③ 절망적인 상황에서도 포기하지 않고 희망을 찾는 사람
④ 절망적인 상황에서도 남을 위해 희생하고 봉사할 줄 아는 사람

해설 '길이 되는 사람'은 절망적 상황에서도 긍정적 마음을 가지며 타인을 위해 희생하는 사람이다.

02 이 시의 성격으로 가장 알맞은 것은?

① 희망적, 의지적   ② 비관적, 비판적
③ 비관적, 절망적   ④ 긍정적, 애상적

03 ㉠의 표현 방법이 드러나지 <u>않은</u> 것은?

① 사랑도 눈물도 없는 사랑이 어디 있는가
② 괴로웠던 사나이,
   행복한 예수 그리스도
③ 결별이 이룩하는 축복에 싸여
   지금은 가야 할 때
④ 나는 아직 기다리고 있을 테요
   찬란한 슬픔의 봄을

해설 ㉠은 역설적 표현이다.
① 설의법
②, ③, ④ 역설법

정답 01. ②   02. ①   03. ①

09 봄은 고양이로다

– 이장희

✔ 핵심정리

• **갈래** : 자유시, 서정시

• **성격** : 비유적, 감각적, 즉물적

• **제재** : 봄과 고양이

• **주제** : 고양이를 통해 드러나는 봄의 생명력

• **특징**
① 정적 이미지와 동적 이미지의 교차 제시
② 각운과 문장 구조 반복을 통한 운율 형성
③ 봄의 속성과 분위기를 고양이의 특징적인 모습에 빗댐

꽃가루와 같이 부드러운 고양이의 털에　★ 각운 반복
　직유법　　　　촉각적 심상　　　　　　(운율 형성, 형식의 통일)

고운 봄의 향기가 어리우도다.　☆ 영탄적 어조　　　▶ 고양이의 털 – 봄의 향기

금방울과 같이 호동그란 고양이의 눈에
　　　　　　시각적 심상

미친 봄의 불길이 흐르도다.　　　　　　　　▶ 고양이의 눈 – 봄의 불길

고요히 다물은 고양이의 입술에
　청각적·시각적 심상

포근한 봄 졸음이 떠돌아라.　　　　　　　　▶ 고양이의 입술 – 봄의 졸음
　　시각적 심상

날카롭게 쭉 뻗은 고양이의 수염에
　　　시각적 심상

푸른 봄의 생기가 뛰놀아라.　　　　　　　　▶ 고양이의 수염 – 봄의 생기
　　시각적 심상

✔ 바로바로 CHECK

01 이와 같은 글의 특징으로 가장 알맞은 것은?

① 논리적이고 체계적임
② 자신의 체험을 고백함
③ 함축적 의미가 두드러짐
④ 대사와 행동으로 내용을 전개함

해설 시의 언어는 어떤 내용이나 요소를 깊이 압축하여 담고 있는 함축적 의미가 두드러진다.

02 이 시에 대한 설명으로 알맞지 <u>않은</u> 것은?

① 화자가 드러나지 않는다.
② 봄의 속성을 고양이에 빗대고 있다.
③ 봄의 분위기를 감각적으로 전달한다.
④ 봄의 특징을 파악하여 객관적으로 전달한다.

해설 봄의 속성을 고양이에 빗대고 있다(비유적).

03 고양이의 모습에 따른 봄의 속성과 정서를 바르게 나타내지 <u>못한</u> 것은?

① 고양이의 털 – 봄의 향기 – 부드러움
② 고양이의 눈 – 봄의 불길 – 나른함
③ 고양이의 입술 – 봄의 졸음 – 포근함
④ 고양이의 수염 – 봄의 생기 – 생동감

해설 고양이의 눈 – 봄의 불길 – 정열, 생명력

정답 01. ③ 02. ④ 03. ②

한눈에 감 잡기

1. 시의 화자

- 드러나 있지 않음
- 상황 : 봄날에 따뜻한 햇볕을 쬐고 있는 고양이를 바라봄
- 정서·태도 : 봄의 다양한 이미지를 느낌

2. 고양이의 특징에 따른 봄의 정서

고양이의 특징	봄의 정서
고양이의 털	부드러움, 향긋함(정적)
고양이의 눈	정열, 생명력(동적)
고양이의 입술	나른함, 포근함, 고요함(정적)
고양이의 수염	생동감, 역동적(동적)

3. 비유적 표현

은유법	봄은 고양이로다	원관념	봄
		보조 관념	고양이
직유법	꽃가루와 같이 부드러운 고양이의 털에	원관념	고양이의 털
		보조 관념	꽃가루
	금방울과 같이 호동그란 고양이의 눈에	원관념	고양이의 눈
		보조 관념	금방울

10 사랑하는 까닭

– 한용운

✔ 핵심정리

• **갈래** : 자유시, 서정시

• **성격** : 상징적, 대조적

• **제재** : 당신을 사랑하는 이유

• **주제** : 상대의 모든 것을 조건 없이 받아들이는 진정한 사랑

• **특징**

① 비슷한 문장 구조의 반복

② 다른 사람들과 당신의 태도를 대조

③ 경어체의 사용 ⇒ 진지하고 엄숙한 분위기 형성

내가 당신을 사랑하는 것은 까닭이 없는 것이 아닙니다.
　　　　　　　　　　　　　　　　　　　　　경어체

다른 사람들은 나의 ㉠홍안만을 사랑하지마는 당신은 나의
　　　　　　　　　　　젊음 ↔ 백발

㉡백발도 사랑하는 까닭입니다.　　　　　　　　　▶ '나'의 백발까지도 사랑하는 '당신'을 사랑함
늙음 ↔ 홍안　　　경어체(부드럽고 진지한 분위기 형성)

내가 당신을 그리워하는 것은 까닭이 없는 것이 아닙니다.

다른 사람들은 나의 ㉢미소만을 사랑하지마는 당신은 나의
　　　　　　　　　　　기쁨 ↔ 눈물

㉣눈물까지도 사랑하는 까닭입니다.　　　　　　　▶ '나'의 눈물까지도 사랑하는 '당신'을 사랑함
슬픔 ↔ 미소

내가 당신을 기다리는 것은 까닭이 없는 것이 아닙니다.

다른 사람들은 나의 ㉤건강만을 사랑하지마는 당신은 나의
　　　　　　　　　　　존재 ↔ 죽음

㉥죽음도 사랑하는 까닭입니다.　　　　　　　　　▶ '나'의 죽음까지도 사랑하는 '당신'을 사랑함
소멸 ↔ 건강

한눈에 감 잡기

1. '나'에 대한 '다른 사람'과 '당신'의 태도

'다른 사람들'		'당신'
• 나의 '홍안, 미소, 건강'만을 사랑함 • 나의 긍정적이고 좋은 것만을 사랑함	대조	• 나의 '백발, 눈물, 죽음'까지도 사랑함 • 나의 부정적이고 나쁜 것까지 사랑함

2. '당신'의 다양한 의미와 해석

의미	해석
연인	임에 대한 조건 없는 사랑
부처, 절대자	부처(절대자)의 조건 없는 사랑
조국, 민족	조국의 독립을 위한 희생 의지

✔ 바로바로 CHECK

01 이 시를 가장 바르게 감상한 사람은?

① 성진 – 누군가를 사랑한다는 것은 그와 즐거움을 함께하는 것이겠군.

② 시은 – 상대의 모든 것을 받아들이는 것이 진정한 사랑이라고 할 수 있군.

③ 수민 – 다른 사람과 자신의 상황을 비교하는 것은 옳지 못한 행동이라 할 수 있군.

④ 예현 – 신은 인간의 모든 죄악과 부정을 받아들이고 용서하는 유일한 존재라 할 수 있겠군.

해설 이 시는 상대의 모든 것을 조건 없이 받아들이는 진정한 사랑에 대해 말하고 있다.

02 ㉠~㉡에 드러난 상징적 의미가 유사한 것끼리 바르게 묶인 것은?

① ㉠, ㉡, ㉢ / ㉣, ㉤, ㉡

② ㉠, ㉢, ㉤ / ㉡, ㉣, ㉡

③ ㉠, ㉡, ㉣ / ㉢, ㉤, ㉡

④ ㉠, ㉤, ㉡ / ㉡, ㉢, ㉣

해설

㉠ 홍안, ㉢ 미소, ㉤ 건강	㉡ 백발, ㉣ 눈물, ㉡ 죽음
'나'의 긍정적이고 좋은 것	'나'의 부정적이고 나쁜 것

정답 01. ② 02. ②

작가 연계 **나룻배와 행인**

– 한용운

✔ 핵심정리

- **갈래** : 자유시, 서정시
- **성격** : 상징적, 헌신적, 불교적
- **화자** : 당신을 기다리는 '나'('나룻배'에 비유)
- **제재** : 나룻배와 행인
- **주제** : 인내와 희생을 통한 참된 사랑의 실천
- **특징**
  ① 비유적 표현의 사용으로 함축적 의미를 전달
  ② 경어체를 사용하여 주제를 전달하고 분위기를 형성
  ③ 수미 상관 구조를 통해 안정감을 주고, 운율을 살리며 의미를 강조함
  ④ 불교적 세계관을 바탕으로 함

- **시적 화자 = '나'**
  경어체를 사용, '당신'에 대해 헌신적·희생적 태도를 보임, 떠난 당신이 언젠가 돌아올 것을 믿고 있음 ⇒ 참된 사랑의 본질인 희생과 믿음을 보여 줌

- **'나'와 '당신'의 상징적 의미와 태도**

구분	'나'	'당신'
상징적 의미	= '나룻배'에 비유 • 사랑하는 사람을 위해 희생하며 헌신적으로 믿고 기다리는 사람 • 조국의 광복을 애타게 바라는 사람(독립운동가) • 불교적 진리를 인내와 확신을 가지고 탐구하는 구도자(승려)	= '행인'에 비유 • 사랑하는 이를 두고 매정하게 떠나는 사람 • 조국, 민족 • 도달하기 힘든 불교적 진리, 절대자(부처), 중생
태도	희생적, 인고적, 헌신적, 의지적	무심함, 무관심함

나는 나룻배
당신은 행인. ▶ '나'와 '당신'의 관계

당신은 흙발로 나를 짓밟습니다.
㉠ 나는 당신을 안고 물을 건너갑니다.
㉡ 나는 당신을 안으면 깊으나 옅으나 급한 여울이나 건너갑니다. ▶ '당신'의 무심함과 '나'의 희생

만일 당신이 아니 오시면 나는 바람을 쐬고 눈비를 맞으며 밤에서 낮까지 당신을 기다리고
_{고난과 시련}   _{고난과 시련}
있습니다.
㉢ 당신은 물만 건너면 나를 돌아보지도 않고 가십니다그려.
㉣ 그러나 당신이 언제든지 오실 줄만은 알아요.
  _{주제 행 → 거자필반(去者必返) : 불교적 사상}
나는 당신을 기다리면서 날마다 날마다 낡아 갑니다. ▶ '당신'이 올 것을 확신
      _{희생적, 기다림, 인내}

나는 나룻배
당신은 행인. ▶ '나'와 '당신'의 관계

✔ 바로바로 **CHECK**

01 이 시의 시적 화자에 대한 설명으로 알맞지 <u>않은</u> 것은?

① 자신의 처지를 '나룻배'에 빗댐

② '당신'이 꼭 돌아올 것이라고 믿음

③ '당신'을 사랑하며 늘 희생하고 헌신함

④ '당신'을 사랑하지만 '당신'을 위해 떠남

해설 '나'는 당신이 올 것을 확신하며 기다리고 있다.

02 이 시에 드러나는 시적 화자의 태도로 알맞은 것은?

① 설득적   ② 비판적

③ 반항적   ④ 희생적

해설 '나'는 '당신'에게 헌신적이고 희생적이다.

03 ㉠~㉣ 중 '나룻배'를 대하는 '행인'의 태도를 나타낸 것은?

① ㉠   ② ㉡

③ ㉢   ④ ㉣

해설 ㉢은 '나룻배'를 대하는 '행인'의 무심한 태도

정답 01. ④   02. ④   03. ③

11 서시

– 윤동주

☑ 핵심정리

- **갈래** : 자유시, 서정시
- **성격** : 성찰적, 고백적, 의지적, 상징적
- **제재** : 별
- **주제** : 부끄러움 없는 순결한 삶에 대한 소망과 의지

- **특징**
① '과거 – 미래 – 현재'의 시간적 흐름에 따른 시상 전개
② 대조적 이미지의 시어 사용으로 시적 상황과 주제 부각

밝음, 긍정적	⟷	어둠, 부정적
하늘, 별		바람, 밤

죽는 날까지 하늘을 우러러
　　　　　　양심, 윤리적 삶의 기준
한 점 부끄럼 없기를,

잎새에 이는 ㉠바람에도
　　　　　　화자의 내면적 갈등
나는 괴로워했다.
이상과 현실 사이의 갈등에서 오는 고뇌

▶ 부끄러움 없는 삶에 대한 소망(과거)

별을 노래하는 마음으로
희망, 이상적인 것, 순수한 소망과 사랑
모든 죽어가는 것을 사랑해야지.

그리고 나한테 주어진 길을 / 걸어가야겠다.
　　　　사랑의 실천, 부끄럼 없는 삶

▶ 미래의 삶에 대한 의지(미래)

오늘 밤에도 별이 ㉡바람에 스치운다.
　어두운 현실　　　　현실의 시련, 고난

▶ 어두운 현실과 화자의 의지(현재)

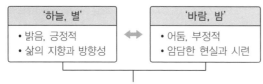

1. 대립적 의미의 시어

'하늘, 별'		'바람, 밤'
• 밝음, 긍정적 • 삶의 지향과 방향성	⟷	• 어둠, 부정적 • 암담한 현실과 시련

밝음과 어둠, 긍정과 부정의 의미가 대립되어
암담한 현실에서도 희망을 갖고 살아가려는 화자의 의지가 드러나고 있다.

2. '바람'의 의미

- '잎새에 이는 바람에도 나는 괴로워했다' ⇒ 화자의 양심을 흔드는 내적 갈등
- '오늘 밤에도 별이 바람에 스치운다' ⇒ 암울한 시대와 역사적 현실

3. '과거 – 미래 – 현재'의 시상 전개

과거	반성	부끄럼, 괴로워했다.
미래	다짐	사랑해야지, 걸어가야겠다.
현재	현실 인식	스치운다.

→ 화자는 지나온 과거에 대한 반성에서 출발하여 자신이 걸어가야 할 미래를 떠올리는 가운데, 억압적인 현실을 직시하며 순수하고 외로운 양심을 지키겠다고 다짐하고 있다.

✔ 바로바로 CHECK

01 이 시에 대한 설명으로 알맞지 않은 것은?

① 화자는 부끄러움 없는 삶을 소망한다.
② 화자는 현실의 고난을 완전히 극복했다.
③ '과거 – 미래 – 현재'의 시상 전개가 나타난다.
④ 대립적인 시어를 통해 주제가 드러나고 있다.

해설 화자는 마지막 행에서 암담한 현실을 인식하고 있다.

02 ㉠, ㉡을 비교한 것으로 가장 알맞은 것은?

	㉠	㉡
①	주관적 의지	객관적 사실
②	이상적 가치	현실적 한계
③	과거의 좌절	현재의 희망
④	내면적 갈등	외부의 시련

03 '별'의 상징적 의미로 알맞지 않은 것은?

① 순수   ② 죽음
③ 이상적 삶   ④ 외로운 양심

해설 '별'은 어떠한 시련에도 불구하고 화자가 목표로 삼고 살아가야 할 도덕적이고 이상적인 삶의 목표이며 양심이다.

정답 01. ② 02. ④ 03. ②

12 성탄제

– 김종길

☑ 핵심정리

- **갈래** : 자유시, 서정시
- **성격** : 회상적, 고백적, 감각적, 문명 비판적
- **화자** : 어른이 된 '나'
- **제재** : 아버지의 사랑
- **주제**
  ① 어린 시절 아버지의 사랑에 대한 그리움
  ② 인정이 사라진 현실에 대한 안타까움

- **특징**
  ① 상징적 시어의 사용
  ② 시간적 순서에 따른 시상 전개
  ③ 과거(시골) – 현재(도시)로 시상의 전환이 나타남
  ④ 시각적·촉각적 심상의 대비를 통해 주제를 효과적으로 드러냄

어두운 방 안엔
바알간 숯불이 피고,   ▶ 과거 시골집 방 안의 모습

외로이 늙으신 할머니가
애처로이 잦아드는 <u>어린 목숨</u>을 지키고 계시었다.   ▶ 할머니의 정성스러운 간호
어리고 연약한 존재

이윽고 <u>눈</u> 속을
시련, 고난
아버지가 약을 가지고 돌아오시었다.   ▶ 약을 구해 오신 아버지

아, 아버지가 <u>눈</u>을 헤치고 따 오신
시련, 고난
그 <u>붉은 산수유 열매</u> ―   ▶ 아버지의 사랑
아들에 대한 아버지의 사랑

나는 한 마리 <u>어린 짐승,</u>
보호가 필요한 연약한 존재
젊은 아버지의 ㉠ <u>서느런</u> 옷자락에
열(熱)로 상기한 볼을 말없이 부비는 것이었다.   ▶ 아버지의 사랑에 감동한 '나'

이따금 뒷문을 <u>눈</u>이 치고 있었다.
과거 회상의 매개체
그날 밤이 어쩌면 <u>성탄제</u>의 밤이었을지도 모른다.   ▶ 성탄제의 성스러움이 느껴지던 밤
사랑을 느낄 수 있는 시간

어느새 나도
그때의 아버지만큼 나이를 먹었다.　　　　　　▶ 어른이 된 현재의 '나'(화자)

옛것이라곤 찾아볼 길 없는
과거 '산수유 열매'와 같은 사랑
성탄제(聖誕祭) 가까운 도시에는
이제 반가운 그 옛날의 것이 내리는데,　　　　▶ 삭막한 현실에 대한 안타까움
'눈' : 과거와 현재를 이어 주는 매개체

서러운 서른 살 나의 이마에
삭막한 현실을 살아가는 서러움
불현듯 아버지의 서느런 옷자락을 느끼는 것은,　　▶ 아버지의 사랑을 그리워함
그리운 아버지의 사랑

눈 속에 따 오신 산수유 붉은 알알이
아직도 내 혈액 속에 녹아 흐르는 까닭일까.　　　▶ 아버지의 사랑을 간직함
아버지의 사랑이 영원히 지속됨을 깨달음

한눈에 감 잡기

1. 시상 전개

1연~6연 1행	6연 2행 ~ 10연
• 과거(시골) • 어린 시절의 '나' • 아버지의 따뜻한 사랑을 느낌	• 현재(도시) • 어른이 된 '나' • 옛것을 찾아볼 수 없는 현실에 삭막함을 느낌

2. 대비적 심상

시각적 심상	촉각적 심상
• 어두운 방(검은색) ↔ 바알간 숯불(붉은색) • 눈(흰색) ↔ 붉은 산수유 열매(붉은색) • 눈(흰색) ↔ 혈액(붉은색)	서느런 옷자락(서늘함) ↔ 열로 상기된 볼(뜨거움)

3. 제목 '성탄제'의 의미
　　• 지시적 의미 : 시간적 배경
　　• 함축적 의미 : 아버지의 헌신적 사랑을 인류에 대한 예수의 보편적이고 숭고한 사랑으로 승화

✔ 바로바로 CHECK

01 밑줄 친 ㉠과 심상이 같은 것은?

① 밥티처럼 따스한 별들이
② 먼 해안선과 다정한 형제 섬
③ 푸른 휘파람 소리가 나거든요.
④ 밀 익는 오월이면 보리 내음새

해설 ㉠ '서느런 옷자락'은 촉각적 심상
① 촉각적 심상　② 시각적 심상
③ 공감각적 심상　④ 후각적 심상

02 이 시에서 아버지의 사랑을 나타내는 시어끼리 바르게 묶인 것은?

① 산수유 열매 – 눈
② 성탄제 – 서러운 서른 살
③ 어린 짐승 – 서느런 옷자락
④ 서느런 옷자락 – 산수유 붉은 알알

해설 아버지의 사랑 : '산수유 열매', '아버지의 서느런 옷자락', '산수유 붉은 알알'

정답 01. ①　02. ④

기초학습 ─ 시의 심상(心象)

1) 개 념
　① 시를 읽을 때 마음속에 떠오르는 감각적인 영상
　② 시인이 전달하려는 감각과 인상을 독자에게 더 생생하게 느끼게 하는 기능

2) 종 류

시각적 심상	모양이나 빛깔 등을 나타내는 시각적인 시어에서 떠오르는 심상 예 구겨진 넥타이처럼 풀어진 길
미각적 심상	맛을 나타내는 시어에서 떠오르는 심상　예 짭조름한 물새알
청각적 심상	구체적인 소리를 나타내는 시어에서 떠오르는 심상 예 발자국 소리 호르락 소리 문 두드리는 소리
후각적 심상	냄새를 나타내는 시어에서 떠오르는 심상　예 달은 과일보다 향그럽다.
촉각적 심상	촉감을 나타내는 시어에서 떠오르는 심상 예 불현듯 아버지의 서느런 옷자락을 느끼는 것은
공감각적 심상	하나의 감각적 대상을 다른 종류의 감각으로 전이시켜 표현하는 심상 예 푸른 종소리가 울려 퍼진다(청각의 시각화)

13 엄마 걱정

– 기형도

☑ 핵심정리

- **갈래** : 자유시, 서정시
- **성격** : 애상적, 회상적, 감각적
- **주제** : 시장에 간 엄마를 걱정하고 기다리던 어린 시절의 외로움

- **특징**
  ① 외롭고 슬픈 어린 시절의 기억을 섬세하고 솔직하게 표현
  ② 어린 시절을 회상하는 형식으로 '과거 → 현재'로 시간의 변화를 보임
  ③ 시구의 반복, 비유적 표현 등을 통해 화자의 처지와 심정을 잘 드러냄

㉠열무 삼십 단을 이고
_{엄마가 느꼈을 삶의 무게}

시장에 간 ㉡우리 엄마

안 오시네, 해는 시든 지 오래
_{해가 지는 상황을 열무가 시드는 것에 비유}

나는 ㉢찬밥처럼 방에 담겨
_{혼자 남아 외롭고 슬픈 '나'의 모습을 형상화함}

아무리 천천히 숙제를 해도

엄마 안 오시네, 배추잎 같은 발소리 타박타박
_{삶에 지친 엄마의 모습}

안 들리네, 어둡고 무서워

금간 창 틈으로 고요한 빗소리

㉣빈 방에 혼자 엎드려 훌쩍거리던   ▶ 장사 나가신 엄마를 늦도록 혼자 기다림(과거 회상 – 유년기)

아주 먼 옛날
_{말하는 이가 과거 기억을 떠올리고 있다는 것을 알 수 있음}

지금도 내 눈시울을 뜨겁게 하는

그 시절, 내 유년의 윗목   ▶ 어른이 된 지금, 외로웠던 유년 시절의 기억을 떠올림(현재)
_{서럽고 쓸쓸한 신세를 나타냄, '찬밥'과 같은 의미}

✔ 바로바로 CHECK

01 이 시에서 느껴지는 주된 정서로 알맞은 것은?

① 서글픔　　　② 그리움

③ 섭섭함　　　④ 부끄러움

해설 어린 시절 혼자 엄마를 기다리며 외롭고 서글펐던 기억을 회상하고 있다.

02 ㉠~㉣ 중 〈보기〉의 설명에 해당하는 것은?

┌─ 보기 ─────────────────┐
• 비유적 표현의 사용
• 화자의 불쌍하고 외로운 처지를 드러냄
└──────────────────────┘

① ㉠ 열무 삼십 단　② ㉡ 우리 엄마

③ ㉢ 찬밥　　　　　④ ㉣ 빈 방

해설 화자의 처지를 찬밥에 빗대어 표현하여 불쌍하고 외로운 이미지를 강조하였다.

정답 01. ①　02. ③

한눈에 감 잡기

1. 이 시에 드러난 심상

시각적 심상	금간 창 틈으로
촉각적 심상	찬밥처럼, 내 눈시울을 뜨겁게 하는, 내 유년의 윗목
청각적 심상	발소리 타박타박, 고요한 빗소리

2. 비유적 표현

• 활유법 : 해는 시든 지 오래

• 직유법 : 나는 찬밥처럼 방에 담겨, 배추잎 같은 발소리

3. 운율 형성의 요소

안 오시네, 엄마 안 오시네, 안 들리네 ⇒ 유사한 시구의 반복으로 운율을 형성하고 의미를 심화시킨다.

4. 정서와 분위기를 살려 주는 소재

찬밥, 금간 창, 빗소리, 빈 방, 윗목	• 온기가 사라져 춥고 을씨년스러운 분위기 • 쓸쓸하고 외로운 느낌 • 슬프고 허전하고 외로운 느낌

14 해

– 박두진

✔ 핵심정리

- **갈래** : 산문시, 서정시
- **성격** : 상징적, 미래 지향적
- **제재** : 해
- **주제** : 화합과 평화의 세계에 대한 소망

- **특징**
  ① 강렬한 의지적 어조
  ② 밝음과 어둠의 대립적 구도
  ③ 의성어와 의태어의 적절한 사용

해야 솟아라. 해야 솟아라. 말갛게 씻은 얼굴 고운 해야 솟아라. 산 넘어 산 넘어서 어둠을
<small>광명의 상징   맑고 순수한 세계   조국의 앞날에 가로놓인 역경</small>
살라 먹고, 산 넘어서 밤새도록 어둠을 살라 먹고, 이글이글 애띤 얼굴 고운 해야 솟아라.
<small>불태워 없애 버리고   일제 강점기 암담한 현실</small>

▶ 새로운 광명(해)의 세계에 대한 소망

달밤이 싫어, 달밤이 싫어, 눈물 같은 골짜기에 달밤이 싫어, 아무도 없는 뜰에 달밤이 싫
<small>암울한 현실   고통스러운 현실</small>
어…….

▶ 절망적 세계(달밤)에 대한 거부

해야 고운 해야, 늬가 오면, 늬가사 오면, 나는 나는 청산이 좋아라.
<small>화합과 공존의 세계</small>
휠휠휠 깃을 치는 청산이 좋아라. 청산이 있으면 홀로래도 좋아라.
<small>활유법</small>

▶ 새로운 세계(청산)에 대한 소망

사슴을 따라 사슴을 따라, 양지로 양지로 사슴을 따라, 사슴을 만나면 사슴과 놀고,
<small>약자</small>
칡범을 따라 칡범을 따라, 칡범을 만나면 칡범과 놀고…….
<small>강자</small>

▶ 4~5연 청산 속에서의 화합과 공존의 모습

해야, 고운 해야, 해야 솟아라. 꿈이 아니래도 너를 만나면, 꽃도 새도 짐승도 한자리에
앉아, 워어이 워어이 모두 불러 한자리 앉아 ㉠애띠고 고운 날을 누려 보리라.

▶ 화합과 공존의 세계에 대한 소망

한눈에 감 잡기

1. '해'와 '청산'의 상징적 의미

해	• 광명 • 조국의 밝고 원대한 이상	• 새로운 탄생과 창조의 근원
청산	• 자연과 인간이 합일되는 이상향 • 역사적 전환기에 선 민족의 벅찬 이상이 실현된 조화로운 세계	

2. '밝음'과 '어둠'의 대립

어둠의 세계	밝음의 세계
어둠, 달밤, 골짜기, 칡범, 짐승 아무도 없는 뜰	해, 청산, 사슴, 꽃, 새

⬇

'청산'에서의 화합과 평화

바로바로 CHECK

01 시어의 함축적 의미가 다른 하나는?

① 어둠   ② 달밤

③ 골짜기   ④ 청산

해설 • '어둠, 달밤, 골짜기' : 어둠의 세계
     • '청산' : 밝음의 세계

02 밑줄 친 ㉠의 설명으로 알맞은 것은?

① 불교적 이상 세계

② 대립과 갈등의 세계

③ 화합과 공존의 이상 세계

④ 인간과 자연이 동화되는 세계

정답 01. ④   02. ③

15 해바라기 씨

– 정지용

☑ 핵심정리

- **갈래** : 자유시, 서정시
- **성격** : 서정적, 향토적, 동시적
- **제재** : 해바라기 씨
- **주제** : 해바라기 씨를 심고 싹이 트기를 기다리는 순수한 마음

- **특징**
  ① 일상의 경험을 시적으로 표현
  ② 반복과 대구를 통한 운율 형성
  ③ 생명 탄생을 준비하는 인간과 동물, 자연의 모습이 나타남
  ④ 향토적 정서를 느끼게 하는 시어의 사용 ⇒ '담 모롱이, 괭이, 시약시' 등

해바라기 씨를 심자.
반복(1행, 3행), 청유형
담 모롱이 참새 눈 숨기고
참새의 눈을 피해(부정적 존재) ↔ ①, ②, ③, ④, ⑤
해바라기 씨를 심자.　　　　　　　　　　　　　　▶ 참새의 눈을 피해 해바라기 씨를 심음

『누나가 손으로 다지고 나면 / 바둑이가 앞발로 다지고
　　①　　　　　　　　　　　②
괭이가 꼬리로 다진다.』『　』: 비슷한 문장 구조 반복(대구)　　▶ 누나, 바둑이, 괭이와 함께
　　③　　　　　　　　　　　　　　　　　　　　　　　　　해바라기 씨를 심을 땅을 다짐

『우리가 눈 감고 한 밤 자고 나면
이슬이 나려와 같이 자고 가고』『　』: 대구법　　　　▶ 해바라기 씨를 심을 곳에 이슬이 내림(밤)
　④　　　　　시적 허용

우리가 이웃에 간 동안에
『햇빛이 입 맞추고 가고,』『　』: 의인법　　　　　　　▶ 해바라기 씨를 심은 곳에 햇빛이 비침(낮)
　⑤　　　①, ②, ③, ④, ⑤ 해바라기 씨에 긍정적 영향을 주는 존재

『해바라기는 첫 시약시인데
　　　　　은유법
사흘이 지나도 부끄러워
고개를 아니 든다.』『　』: 의인법　　　　　　　　　　▶ 사흘이 지나도 해바라기 싹이 나지 않음

『가만히 엿보러 왔다가
소리를 깩! 지르고 간 놈이 —
　　　　청각적 심상

오오, 사철나무 잎에 숨은
_{감탄사}

청개고리 고놈이다.』『 』: 의인법
_{해바라기 씨에 관심이 있는 존재}

▶ 청개구리가 해바라기 싹을 보고 놀람

한눈에 감 잡기

1. 이 시에 사용된 표현 방법

반복법	1연	'해바라기 씨를 심자'
대구법	2연, 3연 전체	
은유법	5연	해바라기는 첫 시약시인데
의인법	4연	햇빛이 입 맞추고 가고
	5연	해바라기는 첫 시약시인데 / 사흘이 지나도 부끄러워 / 고개를 아니 든다.
	6연	가만히 엿보러 왔다가 ~ 청개고리 고놈이다.
의성법	6연	소리를 꽥! 지르고
영탄법	6연	오오, 사철나무 잎에 숨은 / 청개고리 고놈이다.

2. 소재의 의미

참새	해바라기 씨에 해를 입히는 존재	부정적 의미

⇅ 대조

바둑이, 괭이	누나, 나와 함께 해바라기 씨를 심은 땅을 다지는 존재	긍정적 존재
이슬, 햇빛	해바라기 씨가 싹을 틔우는 데 도움을 주는 자연	긍정적 존재

청개구리	해바라기 씨에 관심을 가지는 존재(관심만 가짐)

➡ 해바라기 씨의 싹을 틔우기 위해 인간과 자연이 협력하는 모습에서 아름다움을 느낄 수 있음

✔ 바로바로 CHECK

01 이 시의 화자에 대한 설명으로 알맞은 것은?
① 순수하다.　　② 악의적이다.
③ 참을성이 없다.　④ 이기적이다.

02 이 시의 주된 정서로 가장 알맞은 것은?
① 기다림　　② 그리움
③ 두려움　　④ 외로움

해설 화자는 해바라기 씨가 싹을 틔우기를 기다리고 있다.

03 시상 전개를 고려할 때, 성격이 이질적인 소재는?
① 괭이　　② 이슬
③ 햇빛　　④ 참새

해설
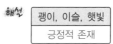
괭이, 이슬, 햇빛
긍정적 존재

⬌

참새
부정적 존재

정답 01. ① 02. ① 03. ④

03 고전 시가의 이해

1 고대 가요

(1) 개 념

고대 부족국가 시대부터 삼국시대 초기까지 향가 설립 이전에 향유된 노래를 일컫는다.

(2) 특 징

① 원시 종합 예술에서 개인적이고 서정적인 내용을 노래하는 시가가 분리되면서 발생
   집단적, 서사적
   하였다.

② 설화 속에 삽입되어 전해진다. → 서사 양식과 서정 양식이 아직 완전히 분리되지 않음

③ 문자가 없이 구전되다가 한역으로 전한다.
   한자로 번역

(3) 작 품

공무도하가, 황조가, 구지가, 해가, 정읍사 → 가사가 전해지는 고대 가요

2 향 가

(1) 개 념

6세기(삼국 통일)에서 13세기(고려 중기)까지 향찰로 표기된 우리 고유의 시가를 말한다.
   한자의 음과 뜻을 빌려 한국어를 표기하는 방식

(2) 특 징

① 표기 : 주로 한자의 음과 뜻을 이용한 향찰로 표기
② 작자 : 주로 승려, 화랑 등 귀족 계층이 중심
③ 형식 : 4구체(4줄), 8구체(8줄), 10구체(10줄)
④ 내용 : 불교, 토속 신앙, 죽은 사람을 기리는 내용 등 다양함

(3) 작 품

서동요, 처용가, 제망매가 등

3 한시(漢詩)

(1) 개 념

중국 시의 영향을 받아 삼국 시대 이후 우리나라 사람이 한문으로 지은 시를 말한다.

(2) 종 류

① 절구 : 4행시로, 5언 절구와 7언 절구가 있다.
② 율시 : 8행시로, 5언 율시와 7언 율시가 있다.

(3) 작 품

정지상의 '송인', 최치원의 '추야우중' 등

4 고려 가요(고려 속요)

(1) 개 념

고려 시대에 평민들이 부르던 민요적 시가를 말한다.

(2) 특 징

① 표기 : 고려 때 구전되다가 훈민정음 창제 이후 국문으로 표기
② 형식 : 3음보, 분연체(분절체), 후렴구 발달
③ 내용 : 주로 남녀 간의 사랑, 이별의 슬픔, 자연에 대한 예찬 등 평민들의 정서를 진솔하게 표현

(3) 작 품

가시리, 청산별곡, 서경별곡 등

5 시 조

(1) 개 념

3장 6구 45자 내외의 형식을 지닌 우리나라 고유의 시를 말한다.

(2) 형 식

① 초장, 중장, 종장 3장으로 구성되어 있다.
② 종장의 첫 음보가 3글자로 고정되어 있다.
③ 3·4조의 글자 수 반복, 4음보의 규칙적인 운율을 지닌다.

(3) 종 류

① 평시조 : 3장 6구 45자 내외의 기본 형식을 갖춘 시조
② 엇시조 : 평시조의 초장, 중장, 종장 중 어느 한 장이 한 구 길어진 형태의 시조
③ 사설시조 : 평시조보다 두 구 이상이 길어진 형태의 시조
④ 연시조 : 2수 이상의 시조를 나열하여 한 편의 작품을 완성한 시조

6 민 요

(1) 개 념

민중 속에서 생성되고 향유되어 민중들의 삶을 담고 있는 모든 구비 시가를 말한다.

(2) 형 식

① 3·4조 또는 4·4조
② 3음보 또는 4음보
③ 연속체의 긴 노래로서 대개 후렴이 붙어 있다.

(3) 내 용

생활상의 고뇌, 일하는 즐거움과 보람, 민중들이 일상생활에서 겪는 삶의 정한

04 고전 시가 작품 감상

01 서동요

– 백제 무왕

핵심정리

- **갈래** : 4구체 향가
- **성격** : 예언적, 민요적, 동요적, 참요적
- **제재** : 선화 공주의 사랑
- **주제**
  ① 표면적 : 선화 공주의 은밀한 사랑
  ② 이면적 : 선화 공주에 대한 서동의 연모의 정

- **특징**
  ① 배경 설화와 함께 전함
  ② 앞일을 예언하는 노래임(예언적)
  ③ 현전하는 향가 중 가장 오래된 노래
  ④ 선화 공주를 모함하는 노래임(참요적)
- **'서동요'에 나타난 애정관** : 적극적이고 진취적인 애정관

선화 공주님은

남몰래 시집 가두고
_{선화 공주의 은밀한 사랑}

맛둥[薯童] 도련님을
_{마 파는 아이 : 서동}

밤에 몰래 안으러 간다네.

배경 설화

백제 제30대 무왕의 어릴 적 이름은 마를 캐다 팔아 생활한다 하여 서동(薯童) 또는 맛둥이라 불렸다. 서동이 신라 진평왕의 딸 선화 공주를 연모하여 몰래 신라로 들어가 아이들에게 이 노래(동요)를 부르게 했는데, 온 나라에 퍼져 결국 선화 공주는 쫓겨나게 되고 서동은 선화 공주와 결혼하여 백제로 돌아와 훗날 왕이 되었다.

✔ 바로바로 CHECK

01 이 글에 대한 설명으로 알맞지 않은 것은?

① 향찰로 표기되었다.
② 신라 시대의 노래이다.
③ 관련 설화가 전해진다.
④ 주로 농민이나 천민이 작가이다.

해설 향가는 주로 승려나 화랑 등의 작가가 많다.

02 서동이 '서동요'를 지은 이유는?

① 신라의 미래를 위해서
② 선화 공주와 결혼하기 위해서
③ 백제와 신라의 전쟁을 막기 위해서
④ 선화 공주의 아버지 진평왕을 모함하기 위해서

해설 서동은 선화 공주를 연모해 결혼하기 위해서 이 노래를 지었다.

정답 01. ④ 02. ②

02 가시리

– 작자 미상

✔ 핵심정리

- **갈래** : 고려 가요
- **운율** : 외형률(3 · 3 · 2조의 3음보)
- **성격** : 서정적, 애상적, 민요적
- **화자** : 임과 이별하는 '나'
- **제재** : 임과의 이별
- **주제**
  ① 이별의 정한(情恨)
  ② 이별의 슬픔과 재회의 소망

- **특징**
  ① 이별의 정한을 노래한 대표작
  ② 간결하고 소박한 시어의 사용
  ③ 동일한 시구의 반복
  ④ 후렴구를 통한 음악적 효과

가시리 가시리잇고 <u>나는</u>
의미 없이 반복되는 여음
버리고 가시리잇고 나는
㉠ <u>위 증즐가 대평성대(大平盛代)</u>

▶ **1연** 이별에 대한 슬픔과 안타까움

<u>날러는</u> 어찌 살라 하고
날더러는
버리고 가시리잇고 나는
위 증즐가 대평성대(大平盛代)

▶ **2연** 떠나는 임에 대한 원망의 고조

잡사와 두어리마나는 / <u>선하면 아니 올세라</u>
화자가 임을 보내는 이유
위 증즐가 대평성대(大平盛代)

▶ **3연** 어쩔 수 없이 임을 보내는 마음

『설온 님 보내옵나니 나는
가시는 듯 돌아오소서 나는』『 』: 화자의 태도 – 소극적, 자기희생적
위 증즐가 대평성대(大平盛代)

▶ **4연** 임이 돌아오기를 바람

📎 현대어 풀이

가시렵니까? 가시렵니까? 저를 버리고 가시렵니까?
저는 어찌 살라고, 저를 버리고 가시렵니까?
님을 붙잡아 두고 싶지만, 서운하면 아니 올까 두렵습니다.
서러운 님 보내 드리오니, 가시자마자 돌아오소서.

✔ 바로바로 CHECK

01 이와 같은 글의 특징으로 알맞지 않은 것은?

① 고려 시대 귀족층의 삶이 묻어난다.

② 도막(절 또는 연)으로 나누어져 있다.

③ 거의 모든 작품에 후렴구가 곁들여져 있다.

④ 내용은 평범하고 소박하나 당시의 삶을 잘 나타내고 있다.

해설 고려 가요는 고려 시대 평민들의 삶과 진솔한 감정이 잘 드러난다.

02 밑줄 친 ㉠의 주된 효과는?

① 시의 주제를 강조함

② 시의 운율을 느끼게 함

③ 임이 빨리 돌아오기를 소망함

④ 임을 원망하는 마음을 표현함

해설 ㉠은 아무런 의미 없이 음악의 가락(운율)을 맞추기 위한 장치이다.

정답 01. ① 02. ②

한눈에 감 잡기

1. 후렴구의 기능 ─ '위 증즐가 대평성대'
- 아무런 의미 없이 음악의 가락을 맞추기 위한 장치
- '위'는 감탄사, '증즐가'는 악기의 의성어
- 이별의 정한을 노래한 내용과 어울리지 않음
- 궁중 음악으로 편입되는 과정에서 삽입된 것으로 추측 ⇒ 궁중 음악은 태평성대의 즐거움을 노래하는 것이어야 했음

2. 시적 화자의 상황과 태도
- 상황 : 임을 보내야 하는 상황 ⇒ 이별을 맞이함
- 태도 : 이별을 받아들이며, 임이 빨리 돌아오기를 기원함 ⇒ 소극적, 자기희생적

3. 시적 화자의 심리 변화 양상
- 1연 : 이별에 대한 슬픔과 안타까움
- 2연 : 떠나는 임에 대한 원망과 안타까움의 고조
- 3연 : 임이 돌아오지 않을까 하는 걱정에 체념하며 임을 보냄
- 4연 : 임이 빨리 돌아오기를 소망하고 기원함

4. '설온 님'의 의미

주체 = '임'	주체 = '화자'
임이 이별을 서러워함	임으로 인해 화자가 서러움

03 굼벵이 매미가 되어

– 작자 미상

☑ 핵심정리

• 갈래 : 평시조
• 성격 : 풍자적, 우의적
• 제재 : 벼슬살이의 처세
• 주제 : 벼슬길의 험난함에 대한 경계

• 특징
① 명령형 어미의 사용 ⇒ 주제를 직접적으로 전달
② 인간의 처세를 동물에 빗대어 우의적으로 표현

굼벵이 매미가 되어 날개 돋쳐 날아올라
_{하찮은 신분의 선비가 벼슬길에 오른 것을 비유}

『높으나 높은 나무 소리는 좋거니와』
_{「 」 : 벼슬자리에서 권세를 누리는 것을 비유}

그 위에 거미줄 있으니 그를 조심하여라.
_{벼슬길에서의 갖은 험한 일   주위를 경계할 것을 당부}

한눈에 감 잡기

1. 소통 맥락과 창작 의도

사회·문화적 상황	신분이 높아지거나 권력이 커질수록 처신을 잘못하여 손가락질 받는 사람들이 많았던 상황
전달 내용	신분 상승으로 마냥 좋아하기보다는 항상 조심하고 경계하여 처신해야 한다.
창작 의도	벼슬길에 나아갔을 때 처신을 조심하라고 경계하기 위해 창작됨

2. 시어의 함축적 의미

• 굼벵이 : 벼슬하기 전 하찮은 신분의 선비
• 날개 돋은 매미 : 벼슬길에 오른 선비
• 높은 나무에서 내는 소리 : 벼슬자리에서 권세를 누리는 모습
• 거미줄 : 벼슬길에서 겪을 수 있는 험한 일

✔ 바로바로 CHECK

01 이 시에 대한 설명으로 알맞지 않은 것은?

① 명령형 어미의 사용
② 비판적이며 풍자적 성격
③ 대상의 변화 과정을 간결하게 묘사
④ 과장을 통한 문제 상황의 심각성 강조

해설 상황을 과장되게 표현하지 않음

02 이 시에 나타난 당시 사회·문화적 상황으로 알맞은 것은?

① 관리들의 부정부패가 심각했다.
② 이웃을 경계하는 불신 풍조가 심했다.
③ 신분 차별이 사라져 모든 사람들이 평등했다.
④ 신분이 상승했을 때, 처신을 잘못하여 비난받는 사람이 많았다.

정답 01. ④ 02. ④

04 동짓달 기나긴 밤을

– 황진이

✔ 핵심정리

• **갈래** : 평시조, 단시조
• **성격** : 연정가, 낭만적

• **제재** : 연모의 마음
• **주제** : 임을 기다리는 애타는 마음

동짓달 기나긴 밤을 한 허리를 베어 내어
　　임이 없는 외로운 시간　　　추상적 시간의 개념을 구체화

춘풍 이불 안에 서리서리★ 넣었다가 ★ 우리말의 아름다움

㉠어룬 님 오신 날 밤이어든 굽이굽이★ 펴리라.　　　▶ 임을 기다리는 애타는 마음

한눈에 감 잡기

1. 표현상 특징
• 의태어를 사용해 우리말의 아름다움을 살림 ⇒ '굽이굽이, 서리서리'
• 추상적인 시간을 구체적인 사물로 형상화함 ⇒ '동짓달 기나긴 밤을 한 허리를 베어 내어'

2. 화자의 심정 파악
• 동짓달 한 허리를 베어 냄 : 임이 없는 시간을 줄이고 싶은 마음
• (잘라 낸 시간을) 임이 오신 날 밤 폄 : 임과 있는 시간을 늘리고 싶은 마음

✔ 바로바로 CHECK

01 이 시의 표현상 특징으로 알맞지 <u>않은</u> 것은?

① 구체적 사물을 추상적 관념으로 표현함
② 대립되는 이미지의 시어로 정서를 강조함
③ 계절감이 드러나는 시어를 사용하고 있음
④ 고유어를 사용하여 우리말의 아름다움을 살림

해설 추상적 시간의 개념을 구체적 사물로 표현하였다.
② '동짓달 밤' ↔ '춘풍'의 대립

02 ㉠의 의미로 가장 알맞은 것은?

① 떠난 임
② 미운 임
③ 정을 맺은 임
④ 서운한 임

정답 01. ①　02. ③

05 두꺼비 파리를 물고

– 작자 미상

☑ 핵심정리

- 갈래 : 사설시조
- 성격 : 풍자적, 우의적, 희화적, 해학적
- 주제 : 약자 앞에서 강하고, 강자 앞에서 비굴한 지배 계층에 대한 풍자와 조롱
- 특징
  ① 의인법, 상징법 등의 사용
  ② 인간들의 권력 구조에서 비롯되는 부패를 동물들의 약육강식에 빗대어 풍자

- 풍자의 대상

파리	일반 서민
두꺼비	• 부패한 지방 관리 • 양반 계층
백송골	중앙의 고위 관리 또는 외세(外勢)

⊙두꺼비 ⓒ파리를 물고 두엄 위에 치달아 앉아
　탐관오리　　힘없는 백성　　　부정하게 쌓은 재물

건넛산 바라보니 ⓒ백송골(白松鶻)이 떠 있거늘,
　　　　　　　　　　中앙 관리

가슴이 끔찍하여 풀쩍 뛰어 내닫다가 두엄 아래 자빠졌구나.

ⓔ모쳐라 날랜 내기 망정, 피멍 들 뻔했구나.
　　　두꺼비의 허장성세 → 희화화의 대상

☑ 바로바로 CHECK

⊙~ⓔ의 설명 중 알맞지 <u>않은</u> 것은?

① ⊙ 부패한 양반 계층
② ⓒ 일반 서민
③ ⓒ 양반들의 부정부패를 징벌하는 존재
④ ⓔ 두꺼비가 시적 화자가 되어 자신을 칭찬함

해설 백송골은 하위 계급을 착취하는 중앙의 고위 관리나 외세를 의미하는 풍자의 대상이다.

 정답 ③

06 묏버들 가려 꺾어

– 홍랑

☑ 핵심정리

- **갈래** : 평시조, 단시조
- **성격** : 애상적, 감상적
- **제재** : 묏버들
- **주제** : 임에 대한 순수한 사랑

- **특징**
  ① 초장에 도치법을 써서 '묏버들'을 보내는 뜻을 강조함
  ② 임에 대한 순정을 '묏버들'로 형상화함 ⇒ 자연물을 통한 사랑의 전달
- **시어의 의미**

묏버들	순정과 사랑의 상징
날인가도	나인가도, 나라고도

『묏버들 가려 꺾어 보내노라, 임에게』『　』: 도치법
　시적 화자의 분신, 사랑을 전하는 매개체

주무시는 창 밖에 심어 두고 보소서.

밤비에 새 잎 나거든 날인가도 여기소서.　　　　　　　　　▶ 임에게 보내는 사랑
　　　　청순가련한 시적 화자의 이미지

✔ 바로바로 CHECK

01 이와 같은 글에 대한 설명으로 알맞지 <u>않은</u> 것은?

① 세 마디씩 끊어 읽는다.
② 고려 시대부터 현대까지 창작되고 있다.
③ 3장 6구 45자 내외의 기본 형식이 있다.
④ 종장의 첫 음보는 글자 수를 반드시 지켜야 한다.

해설 시조는 4음보의 외형률을 지닌다.

02 이 시에 드러난 화자의 정서로 알맞은 것은?

① 두려움　　　② 그리움
③ 얄미움　　　④ 즐거움

해설 임을 잊지 못하는 화자의 그리움이 드러난다.

정답 01. ① 02. ②

07 십 년을 경영하여

– 송순

☑ 핵심정리

- **갈래** : 평시조
- **운율** : 4음보의 외형률
- **성격** : 전원적, 풍류적, 낭만적
- **제재** : 전원 생활
- **주제** : 자연 속에서 추구하는 소박한 삶,
  안빈낙도(安貧樂道)

- **특징**
  ① 동양의 자연관이 잘 드러남(자연을 소유의 대상으로 여기지 않음)
  ② 자연과 하나 되어 풍류를 즐기는 삶을 노래
  ③ 의인법(자연물을 마치 같은 집에서 살 수 있는 친근한 존재처럼 표현함)
  ④ 강호한정가(江湖閑情歌)

십 년을 경영하여 <u>초려 삼간(草廬三間)</u> 지어 내니
안분지족의 태도

<u>나 한 간 달 한 간에 청풍(淸風) 한 간</u> 맡겨 두고
자연과 하나 되는 '물아일체'의 경지

강산(江山)은 들일 데 없으니 둘러 두고 보리라.

📎 현대어 풀이

십 년을 계획하여 초가 삼간 지어 내니
나 한 칸, 달 한 칸에 청풍 한 칸 맡겨 두고
강과 산은 들여놓을 곳 없으니 병풍처럼 둘러 두고 보리라.

☑ 바로바로 CHECK

이 글에서 가장 두드러진 한국 문학의 특질은?

① 자연 친화의 문학
② 인간 중심의 문학
③ 현실 중심의 문학
④ 웃음으로 눈물 닦기

해설 자연과 하나가 되어 풍류를 즐기는 삶을 노래함

정답 ①

한눈에 감 잡기

1. 작품 속에 드러난 화자의 태도

초려 삼간(草廬三間)	• 초가 삼간 세 칸밖에 안 되는 작은 초가 • 화자의 안분지족(安分知足)의 태도가 드러남
나 한 간 달 한 간에 청풍(淸風) 한 간 맡겨 두고	• '나 – 달 – 청풍'의 삼위일체(三位一體) • 자연과 하나 되는 물아일체(物我一體)의 경지가 드러남(의인법)

2. 고전 작품 속 '자연과 함께하는 삶'

강호한정(江湖閑情)	(강호 = 자연) 자연 속에서 한가로운 정취를 느낌
물아일체(物我一體)	물건(자연물), 즉 다른 대상(자연)과 내가 하나가 되는 것(자연 친화 사상)
안빈낙도(安貧樂道)	가난하더라도 편안한 마음으로 도를 지키는 것

08 어져 내 일이야

– 황진이

☑ 핵심정리

- **갈래** : 평시조
- **성격** : 애상적, 감상적, 이별가
- **주제** : 이별의 회한과 그리움
- **특징**
  ① 고려 가요 '가시리', '서경별곡'과 현대 시 김소월의 '진달래꽃' 등과 함께 이별가의 절창으로 평가받음
  ② 영탄법을 사용하여 시적 화자의 안타까운 정서를 강조함

- **화자의 심정** : 자존심과 연정 사이에서 겪는 오묘한 심리적 갈등을 나타내고 있다. 겉으로는 강한 척하지만 속으로는 외롭고 약한 화자의 모습을 연상할 수 있다.

어져 내 일이야 그릴 줄을 모로다냐
_{감탄사}
이시라 하더면 가랴마난 제 구태여
_{중의적 표현 : ① 도치법 → 임께서 굳이, ② 행간 걸침 → 내가 굳이}
보내고 그리는 정(情)은 나도 몰라 하노라.
_{화자의 정서 : 그리움}

✎ 현대어 풀이

아아! (후회스럽구나) 내가 한 일이여 (임을) 그리워할 줄 몰랐다냐?
있으라 했더라면 굳이 가셨으랴마는 제 구태여
보내고 나서 그리워하는 마음을 나도 모르겠구나.

✔ 바로바로 CHECK

이 글에 대한 설명으로 알맞은 것은?
① 이별의 회한과 그리움을 드러낸다.
② 화자는 임이 떠나는 것을 간절히 말렸다.
③ 떠난 임에 대한 원망과 미움이 주된 정서이다.
④ 직유법을 사용하여 화자의 안타까움을 드러낸다.

해설 ② 화자는 임이 떠나는 것을 말리지 않았다.
③ 임을 떠나보내고 난 후 회한과 그리움을 드러낸다.
④ 영탄법을 사용하여 안타까움을 드러낸다.

 정답 ①

09 오우가(五友歌)

– 윤선도

☑ 핵심정리

- **갈래** : 평시조, 연시조
- **운율** : (4음보) 외형률
- **성격** : 자연 친화적, 예찬적
- **화자** : 자연을 벗 삼아 살아가는 '나'
- **제재** : 수(水), 석(石), 송(松), 죽(竹), 월(月)
- **주제** : 변함이 없는 다섯 가지 자연물의 덕을 예찬

- **특징**
  ① 여섯 수로 이루어진 연시조
  ② 자연물을 의인화하여 표현함
  ③ 대상의 속성을 예찬의 근거로 제시함
  ④ 자연이 지닌 덕성을 대조와 묘사로 표현함

내 벗이 몇이냐 하니 수석과 송죽이라.

동산에 달 오르니 그 더욱 반갑구나.

두어라 이 다섯밖에 <u>또</u> 더하여 <u>무엇하리.</u>
　　음수율을 맞추기 위한 감탄사　　다른 것은 없어도 만족할 수 있음

▶ (1수) 물, 바위, 소나무, 대나무, 달을 벗으로 소개

<u>구름</u> 빛이 <u>깨끗다</u> 하나 검기를 자주 한다.
가변성　　　　깨끗하다

<u>바람</u> 소리 맑다 하나 그칠 적이 많도다.
가변성

<u>좋고도</u> 그칠 일 없기는 ㉠<u>물</u>뿐인가 하노라.
깨끗하고도　　　　　　　불변성

▶ (2수) 물의 불변성을 예찬

꽃은 무슨 일로 피면서 쉬이 지고
순간성

㉡<u>풀</u>은 어이하여 푸르는 듯 누르나니
　순간성

아마도 변치 아닐손 <u>바위</u>뿐인가 하노라.
　　　　　　　영원성

▶ (3수) 바위의 영원성을 예찬

더우면 꽃 피고 추우면 잎 지거늘

㉢<u>솔</u>아 너는 어찌 <u>눈서리</u>를 모르느냐.
　절개와 지조 상징　시련과 고난

<u>구천(九泉)</u>의 뿌리 <u>곧은 줄</u>을 글로 하여 아노라.
　깊은 땅 속　　　　지조가 있음

▶ (4수) 소나무의 지조를 예찬

나무도 아닌 것이 풀도 아닌 것이

<u>곧기는</u> 뉘 시기며 <u>속은</u> 어이 비었느냐.
절개　　　　　　겸손함

저렇게 사시(四時)에 푸르니 그를 좋아하노라.
　　　　　　변하지 않는 절개
　　　　　　　　　　　　　　　　　　▶ 5수 대나무의 절개를 예찬

㉣작은 것이 높이 떠서 만물을 다 비추니
　　달
밤중의 광명(光明)이 ⓐ너만한 이 또 있느냐.

보고도 말 아니하니 내 벗인가 하노라.
　　　　달의 과묵함
　　　　　　　　　　　　　　　　　　▶ 6수 달의 밝음과 과묵함을 예찬

한눈에 감 잡기

1. 자연물의 특징·덕성·시적 화자가 지향하는 삶의 자세

자연물	특징	덕성	지향하는 삶의 자세
물[水]	깨끗하여 그치지 않음	불변성	깨끗하게 항상 그치지 않고 흘러가는 삶
바위[石]	변하지 않음	영원성	초연하고 달관한 군자의 삶
소나무[松]	깊은 땅 속에 곧게 뿌리를 내리고 추운 겨울에도 변하지 않음	지조	외적인 시련에도 흔들리지 않는 굳은 지조
대나무[竹]	속이 비고 곧으며 사시사철 푸름	절개	겸허함과 언제나 변하지 않는 절개
달[月]	온 세상을 다 비추면서도 과묵함	광명, 과묵함	남의 일을 쓸데없이 말하지 않고 포용하는 선비의 미덕

2. 소재의 대비

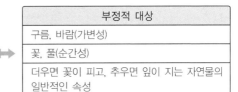

	긍정적 대상		부정적 대상
2수	물(불변성)		구름, 바람(가변성)
3수	바위(영원성)	⟺	꽃, 풀(순간성)
4수	눈서리를 이겨 내는 소나무의 특성		더우면 꽃이 피고, 추우면 잎이 지는 자연물의 일반적인 속성

3. 시적 화자의 자연관 : 자연물의 속성을 인간의 덕성과 연결 지음

소나무	눈서리에도 변하지 않고 흔들리지 않음
대나무	속이 비고, 사계절 푸름

➡ 선비들이 본받아야 하는 절개

✔ 바로바로 **CHECK**

01 이 시조에 등장하는 자연물의 속성으로 알맞지 않은 것은?

① 깨끗하면서 그치지 않는 물의 영원성

② 군건하고 의연한 바위의 불변성

③ 시련에도 꼿꼿하게 견디는 소나무의 지조

④ 사시사철 변하지 않고 푸르른 대나무의 젊음

해설 ④ 사시사철 변하지 않고 푸르른 대나무의 절개

02 밑줄 친 ㉠~㉣ 중 소재의 성격이 다른 것은?

① ㉠ 물　　　　② ㉡ 풀

③ ㉢ 솔　　　　④ ㉣ 작은 것

해설 ㉠ 물(영원성), ㉢ 솔(지조), ㉣ 작은 것(달의 광명과 과묵함) ⇒ 긍정적 속성

㉡ 풀(가변성, 세속적 삶) ⇒ 부정적 속성

03 밑줄 친 ⓐ가 가리키는 것은?

① 물　　　　② 돌

③ 달　　　　④ 소나무

해설 ⓐ는 달의 광명과 과묵함에 대해 예찬하고 있다.

정답 **01.** ④　**02.** ②　**03.** ③

10 하여가, 단심가

㉮ 하여가
– 이방원

☑ 핵심정리

- **갈래** : 정형시, 평시조
- **성격** : 설득적, 회유적, 비유적, 우회적
- **제재** : 만수산 드렁칡
- **주제** : 조선 건국에 협력하도록 유도

- **특징**
  ① 고려 말의 시대적 상황 반영
  ② 말하고자 하는 바를 비유적으로 돌려 말하고 있음

『이런들 어떠하리 저런들 어떠하리

만수산(萬壽山) 드렁칡이 얽혀진들 어떠하리』
고려의 유신과 조선의 신하를 상징　　　　　　『 』: 대구법

우리도 이같이 얽혀서 백년까지 누리리라　　　　　　　▶ 회유와 권유
조선 건국에 협력할 것을 권유

㉯ 단심가
– 정몽주

☑ 핵심정리

- **갈래** : 정형시, 평시조
- **성격** : 의지적
- **제재** : 일편단심
- **주제** : 고려에 대한 충절

- **특징**
  ① 고려 말의 시대적 상황 반영
  ② 말하고자 하는 바를 직설적으로 표현

『이 몸이 죽고 죽어 일백 번 고쳐죽어
반복법, 점층법

백골이 진토 되어 넋이라도 있고 없고』
　　　　　　『 』: 충성심 강조(과장법)

임 향한 일편단심이야 가실 줄이 있으랴　　　　　　　▶ 지조와 절개
고려 왕조　　핵심어(충성심)　　　　설의법

✎ 시조의 배경

위화도 회군으로 세력을 잡은 이성계 일파는 고려를 유지하며 천천히 개혁을 하자는 온건파(정몽주, 이색 등)와 새로운 나라를 세우자는 급진파(정도전 등)로 갈라지게 된다. 이성계는 정도전과 협력하여 온건파를 제거함으로써 고려를 장악했고, 귀족들의 재산을 신진 사대부에게 몰아주는 등의 개혁을 통해 조선의 기반을 다지게 된다.

한눈에 감 잡기

1. 현실 대응 방식

하여가		단심가
• 실리론 : 현실에 맞게 살고자 함 • 고려는 이미 기울었으니, 조선의 건국에 협력할 것을 은근히 권유하고 설득	회유, 권유 → ← 거절	• 명분론 : 원칙을 지키려 함 • 이미 기울어 가는 고려일지라도 신하로서 끝까지 충성을 다해야 한다고 직설적으로 거절

2. 시어의 의미와 표현상 특징

하여가	
'어떠하리'의 반복	대세에 따르고자 함을 강조
만수산 드렁칡	• 고려의 유신과 조선의 신하 • 이해 관계에 따라 자유롭게 얽힐 수 있는 인간 관계를 비유함

단심가	
일백 번 고쳐 죽어 넋이라도 있고 없고	과장된 표현으로 고려에 대한 충성심을 강조
일편단심	임(고려)을 향한 한결같은 마음과 변하지 않는 충성심을 드러냄

3. 창작 배경

하여가	단심가
이방원은 정도전 등과 함께 아버지 이성계를 추대해 조선 왕조를 열고자 하였다. 사냥하다가 낙마하여 드러눕게 된 이성계를 병문안 온 충신 정몽주의 마음을 떠보기 위해서 이방원은 〈하여가〉를 읊었으나 정몽주가 절대로 자기편이 될 수 없음을 확인하고 돌아가는 길인 선죽교에서 정몽주를 죽인다.	이성계가 역성혁명을 추진하고 있을 때, 고려 충신인 포은 정몽주의 마음을 떠보려고 이방원이 〈하여가〉를 그에게 보냈으나, 정몽주는 그것에 대한 화답가로서 이 〈단심가〉를 지어서 읊었다고 한다.

바로바로 CHECK

01 (가)에 대한 설명으로 알맞은 것은?

① 직설적인 표현이 드러나 있다.
② 조선 말의 시대적 상황을 반영했다.
③ 반복과 점층을 사용하여 내용을 강조했다.
④ 시대의 흐름에 맞게 자유롭게 얽혀서 살 것을 권유한다.

해설 (가)는 조선 건국에 협력할 것을 권유하는 시조이다.

02 (나)에 대한 설명으로 알맞지 <u>않은</u> 것은?

① 과장법을 통해 충성심을 강조한다.
② 한자성어를 사용하여 주제를 드러낸다.
③ 단호하고 직설적인 표현으로 화자의 의지를 드러낸다.
④ 변화하는 시대의 흐름을 따르겠다는 의지가 드러난다.

해설 (나)는 정몽주의 고려에 대한 충절을 드러내는 시조이다.

정답 01. ④ 02. ④

11 훈민가

– 정철

《제4수》 어버이 살아 계신 제 섬기기를 다하여라.

『지나간 후면 애닯다 어이하리.』「 」: 풍수지탄(風樹之嘆)

평생에 다시 못할 일 이뿐인가 하노라.
         효도

▶ 부모에 대한 효도를 권장함

《제13수》 오늘도 다 새었다 호미 메고 가자꾸나.
              실천 권유(청유)

내 논 다 매거든 네 논도 좀 매어 주마.
협동. 상부상조. 직접 말하는 방식

올 길에 뽕 따다가 누에 먹여 보자꾸나.

▶ 농사일에서의 근면과 상부상조를 권장함

《제16수》 이고 진 저 늙은이, 짐 벗어 나를 주오.

『나는 젊었거늘 돌이라도 무거울까?

늙기도 설워라커늘 짐을 조차 지실까?』「 」: 설의법

▶ 노인에 대한 공경을 권장함

☑ 핵심정리

• **갈래** : 평시조, 연시조(전 16수)
• **성격** : 교훈적, 계몽적
• **제재** : 유교 윤리
• **주제** : 유교 윤리의 실천을 권장함
• **특징**
  ① 청유형이나 명령형 어미를 많이 사용함
  ② 순우리말의 사용으로 백성들이 내용을 쉽게 이해할 수 있음

한눈에 감 잡기

1. **작가의 창작 의도** : 조선 시대, 강원도 관찰사로 있던 작가가 백성들로 하여금 유교적 원리에 입각한 도덕성을 깨우치게 하고 이웃과 상부상조하는 생활을 권장하기 위해 이 글을 지음

2. **이 시조가 창작된 시기의 사회 · 문화적 상황**

유교 사상이 생활의 바탕이 된 사회	→	• 부모에 대한 효를 중요하게 생각함 • 장유유서(長幼有序)와 노인 공경을 중요하게 생각함 • 농업이 생활의 근간, 이웃 간의 상부상조와 협동을 중요하게 생각함

☑ 바로바로 CHECK

01 이 글의 특징으로 알맞은 것은?

① 형식적 제약이 있다.
② 비판과 풍자가 목적이다.
③ 인물의 갈등이 중심이 된다.
④ 단어의 사전적 의미가 중요하다.

해설 시조의 종장 첫 구를 3음절로 고정하는 등의 형식적 제약이 있다.

02 《제4수》와 관련된 한자성어로 알맞은 것은?

① 적반하장(賊反荷杖)
② 맥수지탄(麥秀之嘆)
③ 풍수지탄(風樹之嘆)
④ 죽마고우(竹馬故友)

해설 《제4수》에서는 부모에 대한 효를 강조하고 있다. '풍수지탄'은 효도를 다하지 못한 채 어버이를 여읜 자식의 슬픔을 이르는 말이다.

정답 01. ① 02. ③

※ 다음을 읽고, 물음에 답하시오. (1~3)

[A] ┌ 내 ㉠고장 칠월은
    └ 청포도가 익어 가는 시절.

[B] ┌ 이 마을 전설이 주저리주저리 열리고
    └ 먼 데 하늘이 꿈꾸며 알알이 들어와 박혀,

하늘 밑 푸른 바다가 가슴을 열고
흰 돛단배가 곱게 밀려서 오면,

[C] ┌ 내가 바라는 ㉡손님은 고달픈 몸으로
    └ 청포를 입고 찾아온다고 했으니,

[D] ┌ 내 그를 맞아, 이 포도를 따 먹으면
    └ 두 손을 흠뻑 적셔도 좋으련.

㉢아이야, 우리 ㉣식탁엔 은쟁반에
하이얀 모시 수건을 마련해 두렴.

이육사, 「청포도」

01
[A]~[D]에 대한 설명으로 적절하지 <u>않은</u> 것은?
기출
① [A] : 계절적 배경이 드러난다.
② [B] : 모양을 나타내는 말이 들어 있다.
③ [C] : 동일한 시어를 반복하고 있다.
④ [D] : 일어나지 않은 일을 가정하고 있다.

01
① '칠월'
② '주저리주저리'
④ 미래 상황에 대한 가정

02
㉠~㉣ 중 화자가 기다리는 것은?
기출
① ㉠   ② ㉡
③ ㉢   ④ ㉣

02
㉡ 손님 : 간절한 기다림의 대상, 민족의
지도자, 조국의 광복 등

ANSWER
01. ③ 02. ②

03 **흰 돛단배**에 쓰인 감각적 심상이 나타나지 <u>않는</u> 것은?

기출
① 사랑하던 그 사람이여
② 박꽃이 하얗게 필 동안
③ 붉은 파밭의 푸른 새싹
④ 입술이 꺼멓게 숯을 바르고

03
'흰 돛단 배' : 시각적 심상(색채)
→ ②, ③, ④
① 감각적 심상이 드러나지 않는다.

※ 다음 글을 읽고, 물음에 답하시오. (4~6)

> 돌담에 속삭이는 햇발같이
> 풀 아래 웃음 짓는 샘물같이
> 내 마음 고요히 고운 봄 길 위에
> 오늘 하루 하늘을 우러르고 싶다.
>
> ㉠ <u>새악시 볼에 떠오르는 부끄럼같이</u>
> 시의 가슴에 살포시 젖는 물결같이
> 보드레한 에메랄드 얇게 흐르는
> 실비단 하늘을 바라보고 싶다.

김영랑, 「돌담에 속삭이는 햇살」

04 위 시에 대한 이해로 적절하지 <u>않은</u> 것은?

기출
① 울림소리 'ㄹ'을 많이 사용하였다.
② 다양한 감각적 표현이 두드러진다.
③ 우리말의 아름다움을 살린 시어가 쓰였다.
④ 문장을 질문 형식으로 종결하여 여운을 주었다.

04
문장을 질문 형식으로 종결하여 여운을
주는 표현 방법은 '설의법'이다. 이 시에
서는 설의법이 드러나지 않는다.

05 ㉠과 같은 표현 방법이 사용된 예로 적절한 것은?

기출
① 밥 먹자, 서준아.
② 산은 높고 물은 깊다.
③ 너는 별처럼 반짝인다.
④ 봄이 왔네, 봄이 왔어.

05
㉠ 새악시 볼에 떠오르는 부끄럼같이
→ 직유법
① 도치법   ② 대구법
③ 직유법   ④ 반복법

ⒶⓃⓈⓌⒺⓇ
03. ①   04. ④   05. ③

06 위 시에서 다음에 해당하는 시어는?

기출

> 말하는 이가 바라보고 싶은 대상

① 풀 　　　　　 ② 돌담
③ 하루 　　　　 ④ 하늘

06

하늘 : 화자가 소망하는 대상, 평화롭고 순수한 이상 세계

※ 다음 글을 읽고, 물음에 답하시오. (7~9)

> 길이 끝나는 곳에서도 / 길이 있다.
> 길이 끝나는 곳에서도 / 길이 되는 사람이 있다.
> 스스로 봄 길이 되어
> 끝없이 걸어가는 사람이 있다.
> ⊙강물은 흐르다가 멈추고
> ⓒ새들은 날아가 돌아오지 않고
> 하늘과 땅 사이의 ⓒ모든 꽃잎은 흩어져도
> 보라.
> 사랑이 끝난 곳에서도
> 사랑으로 남아 있는 사람이 있다.
> 스스로 사랑이 되어
> 한없이 ⓔ봄 길을 걸어가는 사람이 있다.

정호승, 「봄 길」

07 ⊙~ⓔ 중 시적 화자가 지향하는 대상으로 가장 적절한 것은?

기출

① ⊙ 　　　　　 ② ⓒ
③ ⓒ 　　　　　 ④ ⓔ

07

⊙, ⓒ, ⓒ 절망, 시련
ⓔ 밝음, 사랑, 희망

08 위 시에 대한 이해로 가장 적절한 것은?

기출

① 한자어의 사용이 두드러진다.
② 의성어가 규칙적으로 나타난다.
③ 동일한 언어 표현을 반복하였다.
④ 묻고 답하는 형태를 사용하였다.

08

'~도, ~있다' 등의 동일한 언어 표현을 반복

ANSWER

06. ④　07. ④　08. ③

09 '길이 끝나는 곳에서도 / 길이 있다.'에 나타난 표현 방법이 사용된 예로 가장 적절한 것은?

① 청댓잎처럼 푸른 바다
② 사랑하던 그 사람이여!
③ 내 마음은 호수요. 그대 노 저어 오오.
④ 모두 똑같이 못나서 실은 아무도 못나지 않았다.

09

'길이 끝나는 곳에서도 / 길이 있다.' (역설법)
① 직유법, ② 영탄법,
③ 은유법, ④ 역설법
※ **역설법** : 표면적으로는 모순되거나 부조리한 것 같지만 그 표면적인 진술 너머에서 진실을 드러내고 있는 수사법이다.

※ 다음 글을 읽고, 물음에 답하시오. (10~13)

㉮ 어두운 방 안엔 / 바알간 숯불이 피고,

외로이 늙으신 할머니가
애처로이 잦아드는 어린 목숨을 지키고 계시었다.

이윽고 눈 속을
아버지가 약(藥)을 가지고 돌아오시었다.

아, 아버지가 눈을 헤치고 따 오신
그 붉은 산수유(山茱萸) 열매 ―

나는 한 마리 어린 짐승
젊은 아버지의 ㉠ 서느런 옷자락에
열(熱)로 상기한 볼을 말없이 부비는 것이었다.

이따금 뒷문을 눈이 치고 있었다.
그날 밤이 어쩌면 성탄제(聖誕祭)의 밤이었을지도
모른다. 〈후략〉

㉯ 열무 삼십 단을 이고 / 시장에 간 우리 엄마
안 오시네, 해는 시든 지 오래
나는 찬밥처럼 방에 담겨
아무리 천천히 숙제를 해도
엄마 안 오시네, 배추잎 같은 발소리 타박타박
안 들리네, 어둡고 무서워
금간 창 틈으로 고요한 빗소리
빈 방에 혼자 엎드려 훌쩍거리던

아주 먼 옛날 / 지금도 ㉡내 눈시울을 뜨겁게 하는
그 시절, 내 유년의 윗목

㉮

김종길, 「성탄제」

㉯

기형도, 「엄마 걱정」

10 (가)에서 〈보기〉의 설명에 해당하는 시어로 알맞은 것은?

> ‐보기‐
> • 과거와 현재를 이어 주는 매개체
> • ‘산수유 열매’와 색채 대비를 이룸
> • 시련과 고난을 의미하며 아버지의 사랑을 강조함

① 눈   ② 약   ③ 숯불   ④ 짐승

10
‘눈’은 4연에서 ‘산수유 열매’의 붉은색과 대비를 이루고, 6연에서 화자가 과거를 회상하게 되는 매개체의 역할을 한다. 3연, 4연에서 아버지가 약을 구하기 위해 겪는 시련과 고난을 상징한다.

11 (가)의 ㉠과 시적 이미지가 가장 유사한 것은?

① 나는 향기로운 말소리에 귀먹고
② 뒷문 밖에는 갈잎의 노래
③ 차가운 하늘에 따뜻한 바람
④ 달은 넘어가고 별만 서로 반짝인다.

11
㉠ 촉각적 심상
① 공감각적 심상(청각의 후각화)
② 청각적 심상
③ 촉각적 심상
④ 시각적 심상

12 (나)에 대한 설명으로 알맞지 않은 것은?

기출
① 혼자 말하는 듯한 어조를 사용하고 있다.
② 자신의 처지를 비유적으로 표현하고 있다.
③ 수미 상관의 기법으로 운율을 형성하고 있다.
④ 유사한 구절의 반복으로 의미를 강조하고 있다.

12
수미 상관의 기법은 사용되지 않았다.
① 이 시는 독백적 어조로 어린 시절의 외로움을 말하고 있다.
② 자신의 처지를 비유한 시어 : ‘찬밥’, ‘윗목’
④ 유사한 구절의 반복 : ‘안 오시네’

13 ㉡에 드러나는 심상이 쓰인 예로 가장 적절한 것은?

기출
① 향그러운 꽃지짐
② 푸른 휘파람 소리
③ 내 몸에 닿는 아버지의 서늘한 옷자락
④ 저 멀리서 들려오는 기계 굴러가는 소리

13
‘내 눈시울을 뜨겁게 하는/그 시절’
→ 촉각적 심상
① 후각적 심상, ② 공감각적 심상,
③ 촉각적 심상, ④ 청각적 심상

ANSWER
10. ① 11. ③ 12. ③ 13. ③

※ 다음 글을 읽고, 물음에 답하시오. (14~16)

> 우리가 눈발이라면
> 허공에서 쭈빗쭈빗 흩날리는
> ㉠진눈깨비는 되지 말자
> 세상이 바람 불고 춥고 어둡다 해도
> 사람이 사는 마을
> 가장 낮은 곳으로
> 따뜻한 ㉡함박눈이 되어 내리자
> 우리가 눈발이라면
> 잠 못 든 이의 창문가에서는
> ㉢편지가 되고
> 그이의 깊고 붉은 상처 위에 돋는
> ㉣새살이 되자

안도현, 「우리가 눈발이라면」

14 윗글에 대한 설명으로 적절하지 <u>않은</u> 것은?
① 직유법을 활용하고 있다.
② 청유형 문장을 사용하고 있다.
③ 동일한 시행을 반복하고 있다.
④ 시각적 심상을 사용하고 있다.

> **14**
> '~자'로 끝나는 청유형 문장, '우리가 눈발이라면'의 시행 반복, '쭈빗쭈빗 흩날리는, 붉은 상처 위에 돋는 새살' 등의 시각적 심상이 드러난다.

15 윗글에서 화자가 강조하는 삶의 태도로 가장 적절한 것은?
① 남의 의견에 흔들리지 말자.
② 자연과 공존하는 삶을 살자.
③ 주어진 것에 만족하는 삶을 살자.
④ 힘들고 어려운 사람들에게 관심을 갖자.

> **15**
> 화자는 힘들고 어려운 사람들에게 관심을 가지는 따뜻한 존재가 되고자 한다.

16 ㉠~㉣ 중 함축적인 의미가 다른 것은?
① ㉠ 　　　　② ㉡
③ ㉢ 　　　　④ ㉣

> **16**
> ㉠은 절망, 고통, 좌절 등의 부정적 의미를 나타낸다.
> ㉡, ㉢, ㉣은 사람들에게 기쁨, 희망, 위안을 주는 긍정적 의미의 소재이다.

> **ANSWER**
> 14. ① 15. ④ 16. ①

※ 다음 글을 읽고, 물음에 답하시오. (17~21)

> 배추에게도 마음이 있나 보다
> 씨앗 뿌리고 농약 없이 키우려니
> 하도 자라지 않아
> 가을이 되어도 헛일일 것 같더니
> 여름내 밭둑 지나며 잊지 않았던 말
> — 나는 너희로 하여 기쁠 것 같아
> — 잘 자라 기쁠 것 같아
>
> 늦가을 배추 포기 묶어 주며 보니
> 그래도 튼실하게 자라 속이 꽤 찼다
> — 혹시 배추벌레 한 마리
> 이 속에 갇혀 나오지 못하면 어떡하지?
> 꼭 동여매지도 못하는 ㉠사람 마음이나
> 배추벌레에게 반 넘어 먹히고도
> 속은 점점 순결한 잎으로 차오르는
> ㉡배추의 마음이 뭐가 다를까
> ㉮배추 풀물이 사람 소매에도 들었나 보다

나희덕, 「배추의 마음」

17 위와 같은 글의 특징으로 알맞은 것은?

① 장면 단위로 구성한다.
② 정확한 사실을 제시한다.
③ 객관적인 입장에서 서술한다.
④ 운율이 있는 언어로 표현한다.

17
시는 운율이 있는 언어로 표현한 문학이다.

18 말하는 이가 사람처럼 대하고 있는 대상은?

① 농약   ② 배추
③ 가을   ④ 밭둑

18
배추를 의인화하여 표현하였다.

ANSWER

17. ④ 18. ②

19 윗글에 대한 설명으로 적절하지 <u>않은</u> 것은?

기출
① 계절의 변화가 나타나 있다.
② 비웃는 어조가 드러나 있다.
③ 사물을 의인화하여 표현하고 있다.
④ 혼잣말로 화자의 내면 심리를 드러내고 있다.

20 ㉠과 ㉡의 공통점으로 가장 적절한 것은?

기출
① 상대방을 배려한다.
② 누군가를 그리워한다.
③ 주어진 환경을 원망한다.
④ 다른 사람의 처지를 부러워한다.

21 ㉮에서 느껴지는 감각적 심상으로 가장 적절한 것은?

기출
① 미각적 심상　　　② 시각적 심상
③ 청각적 심상　　　④ 후각적 심상

※ 다음 글을 읽고, 물음에 답하시오. (22~25)

> 나는 나룻배 / 당신은 행인.
>
> 당신은 흙발로 나를 짓밟습니다.
> 나는 당신을 안고 물을 건너갑니다.
> 나는 당신을 안으면 깊으나 옅으나 급한 여울이나 건너갑니다.
>
> 만일 당신이 아니 오시면 나는 바람을 쐬고 눈비를 맞으며 밤에서 낮까지 당신을 기다리고 있습니다.
> 당신은 물만 건너면 나를 돌아보지도 않고 가십니다그려.
> ㉠ 그러나 당신이 언제든지 오실 줄만은 알아요.
> 나는 당신을 기다리면서 날마다 날마다 낡아 갑니다.
>
> 나는 나룻배 / 당신은 행인.

19
이 시는 인간과 자연의 교감을 통한 생명 존중의 주제를 드러내고 있으며 비웃음의 어조는 나타나지 않는다.

20
㉠ 사람 마음, ㉡ 배추 마음은 모두 상대방을 배려하는 마음이다.

21
'배추 풀물이 사람 소매에 들었나 보다.'
→ 인간과 자연의 교감(물아일체)을 시각적으로 드러내고 있다.

한용운, 「나룻배와 행인」

ANSWER
19. ② 20. ① 21. ②

22 이 시에서 운율을 형성하는 요인으로 알맞은 것은?

① 의성어와 의태어의 사용

② 비슷한 문장 구조의 반복

③ '-ㅂ니다'의 반복적 사용

④ 3음보의 민요조 율격 사용

22
이 시에서는 문장의 끝에 '-ㅂ니다'를 사용하여 운율을 형성하고 있다.

23 '나'가 '당신'에게 들려줄 말로 적절하지 <u>않은</u> 것은?

① 나는 당신이 돌아올 것임을 확신하기에 기다리고 있을 거예요.

② 저를 소중하게 생각해 주신다면 저도 당신께 최선을 다할 거예요.

③ 당신은 나에게 무관심하게 대했지만 저는 정말로 당신을 사랑해요.

④ 당신을 위해서라면 저는 이 세상의 어떤 고통도 이겨 낼 수 있어요.

23
시적 화자인 '나'는 '당신'에 대해 희생적이다. 따라서 조건 없는 사랑을 하고 있다.

24 다음 중 ㉠에 드러나는 '나'의 태도와 가장 유사한 것은?

① 님은 갔습니다. 아아 사랑하는 나의 님은 갔습니다.

② 이별은 뜻밖의 일이 되고 놀란 가슴은 새로운 슬픔에 터집니다.

③ 나는 향기로운 님의 말소리에 귀 먹고, 꽃다운 님의 얼굴에 눈멀었습니다.

④ 우리는 만날 때에 떠날 것을 염려하는 것과 같이, 떠날 때에 다시 만날 것을 믿습니다.

24
㉠ '그러나 당신이 언제든지 오실 줄만은 알아요.'에서 시적 화자인 '나'는 현재 '당신'이 떠나고 없지만 언젠가는 반드시 돌아올 것이라고 확신한다. 따라서 ④의 내용이 이와 일치하는 표현이다.

25 이 시에서 현실적인 고통을 상징하는 시어로 적절하지 <u>않은</u> 것은?

① 나룻배　　　　② 흙발

③ 급한 여울　　　④ 눈비

25
현실에서 느끼는 어려움과 고통, 고난을 상징 : 당신이 나를 배려하지 않고 함부로 대하는 '흙발'이나 '급한 여울', '바람', '눈비'와 같이 삶에서 부딪칠 수 있는 고난 등을 상징하는 시어들이 대표적이다.

ANSWER

22. ③　23. ②　24. ④　25. ①

※ 다음 글을 읽고, 물음에 답하시오. (26~30)

> **가** 가시리 가시리잇고 ㉠나는
> 버리고 가시리잇고 나는 ⎤[A]
> 위 증즐가 대평성대(大平盛代)
>
> 날러는 어찌 살라 하고
> 버리고 가시리잇고 나는
> 위 증즐가 대평성대(大平盛代)
>
> 잡사와 두어리마나는
> 선하면 아니 올세라
> 위 증즐가 대평성대(大平盛代)
>
> 설온 님 보내옵나니 나는
> 가시는 듯 돌아오소서 나는
> 위 증즐가 대평성대(大平盛代)
>
> **나** 동짓달 기나긴 밤을 한 허리를 베어 내어
> 춘풍 이불 안에 서리서리 넣었다가
> 어룬 님 오신 날 밤이어든 굽이굽이 펴리라.

가
작자 미상, 「가시리」

나
황진이, 「동짓달 기나긴 밤을」

26 (가), (나)에 공통적으로 드러나는 정서로 가장 알맞은 것은?

① 원망　　　　　② 두려움
③ 기다림　　　　④ 체념

26
(가)와 (나)에는 임과 다시 재회하기를 바라는 기다림의 정서가 공통적으로 드러난다.

27 [A]와 유사한 구조의 표현이 사용된 것은?

① 산에는 꽃 피네, 꽃이 피네, 갈 봄 여름 없이 꽃이 피네
② 산에는 청청 풀잎사귀 푸르고, 해수는 중중 흰 거품 밀려든다.
③ 닭아 닭아 우지마라. 네가 울면 날이 새고, 날이 새면 나 죽는다.
④ 가정을 위해, 국가를 위해, 더 나아가 세계를 위해 열심히 노력하자.

27
[A]는 a-a-b-a의 구조이다.
산에는 꽃 피네(a) – 꽃이 피네(a) – 갈 봄 여름 없이(b) – 꽃이 피네(a)

ANSWER
26. ③ 27. ①

28 ㉠에 대한 설명으로 알맞은 것은?

① 높임의 뜻을 나타낸다.
② 반복을 통해 주제를 강조한다.
③ 화자 자신의 서러운 마음을 강조한다.
④ 특별한 의미 없이 음악적 느낌만을 준다.

28
㉠은 여음구로 음악적 리듬감을 더해 줄 뿐 특별한 의미는 없다.

29 (가)의 화자에 대한 설명으로 알맞지 <u>않은</u> 것은?

① 사랑하는 임을 떠나 보냈다.
② 임과의 재회를 바라고 있다.
③ 화자의 슬픔을 속으로 감추고만 있다.
④ 떠나는 임에 대한 원망을 드러내고 있다.

29
이 시의 화자는 떠나는 임에 대한 슬픔을 직접적으로 표현하고 있다.

30 (나)에 대한 설명으로 알맞지 <u>않은</u> 것은?

① 4음보의 율격을 지닌다.
② 우리 고유의 시가 양식이다.
③ 주로 양반 계층에서만 창작되었다.
④ 종장 첫 음보는 3음절로 고정된다.

30
시조의 작가층은 양반 계층부터 평민층까지 다양하다.

※ 다음 글을 읽고, 물음에 답하시오. (31~35)

> **가** 오늘도 다 ㉠새었다 호미 메고 ㉡가자스라.
> 내 논 다 매거든 네 논도 매어 주마.
> ㉢올 길에 뽕 따다가 누에 먹여 보자스라. 〈13수〉
>
> 이고 진 저 늙은이 짐 풀어 나를 주오.
> 나는 젊었거니 돌이라 무거울까.
> 늙기도 ㉣설워라커든 짐을조차 지실까. 〈16수〉
>
> **나** 내 벗이 몇인가 하니 수석과 송죽이라.
> 동산에 달 오르니 그 더욱 반갑구나.
> 두어라, 이 다섯밖에 또 더하여 무엇하리. 〈1수〉

가
정철, 「훈민가」

나
윤선도, 「오우가」

ANSWER
28. ④ 29. ③ 30. ③

구름 빛이 좋다 하나 검기를 자주 한다.
바람 소리 맑다 하나 그칠 때가 많구나.
좋고도 그칠 때가 없는 것은 물뿐인가 하노라. 〈2수〉

꽃은 무슨 일로 피면서 쉬이 지고
풀은 어이하여 푸르는 듯 누르나니
아마도 변치 않을 것은 바위뿐인가 하노라. 〈3수〉

31 (가)~(나)의 공통점으로 알맞지 <u>않은</u> 것은?

① 정형시이다.
② 연시조이다.
③ 도덕적인 삶을 권장한다.
④ 종장 첫 음보의 글자 수가 제한적이다.

31

(가), (나)는 두 개 이상의 평시조가 하나의 제목으로 엮어져 있는 정형시, 연시조이다. (가)는 도덕적 유교 윤리의 실천, (나)는 다섯 벗의 덕을 예찬하고 있다. ③은 (가)에 드러난다.

32 (가)에 대한 설명으로 적절하지 <u>않은</u> 것은?

① 청유형 어미를 사용하고 있다.
② 이해하기 쉬운 언어를 사용하고 있다.
③ 유교적 가치관과 관련된 내용을 담고 있다.
④ 한자어를 주로 사용하여 창의적인 표현을 하고 있다.

32

(가)는 송강 정철의 '훈민가'로 총 16수로 되어 있는 연시조이다. 이 작품은 일반 백성들의 생활 속에서 쓰이는 순수 우리말을 사용하여 당시의 인정과 세태를 생동감 있게 그리고 있다는 점에서 높이 평가받고 있다.

33 ㉠~㉣을 풀이한 내용으로 알맞지 <u>않은</u> 것은?

① ㉠ – 날이 밝았다   ② ㉡ – 가자꾸나
③ ㉢ – 올라가야 할 길에   ④ ㉣ – 서러운 것인데

33

㉢은 '올라가야 할 길에'로 보기보다는 '돌아오는 길에'로 풀이해야 한다.

34 (나)의 벗 에 해당하지 <u>않는</u> 것은?

기출

① 물   ② 바위
③ 소나무   ④ 국화

34

벗(오우) : 바위, 물, 소나무, 대나무, 달

ANSWER
31. ③ 32. ④ 33. ③ 34. ④

35 〈보기〉와 (나)에 공통적으로 드러난 화자의 태도로 알맞은 것은?

> │보기│
> 십 년을 경영하여 초려 삼간(草廬三間) 지어 내니
> 나 한 간 달 한 간에 청풍(淸風) 한 간 맡겨 두고
> 강산(江山)은 들일 데 없으니 둘러 두고 보리라.

① 현실 도피적 태도   ② 자연 친화적 태도
③ 이상 세계에 대한 동경   ④ 지조 있는 삶에 대한 염원

35
〈보기〉는 안빈낙도의 모습을 통한 자연 친화적 태도, (나)는 자연물을 다섯 벗에 비유하여 그들의 덕을 예찬하는 자연 친화적 태도가 드러난다.

※ 다음 글을 읽고, 물음에 답하시오. (36~38)

> 가 ㉠굼벵이 ㉡매미가 되어 날개 돋쳐 날아올라
> 높으나 높은 나무 소리는 좋거니와
> 그 위에 거미줄 있으니 그를 조심하여라.
>
> 나 ㉢두꺼비 ㉣파리를 물고 두엄 위에 치달아 앉아
> 건넛산 바라보니 백송골(白松鶻)이 떠 있거늘,
> 가슴이 끔찍하여 풀쩍 뛰어 내닫다가 두엄 아래 자빠졌구나.
> 모쳐라 날랜 내기 망정, 피멍 들 뻔했구나.

가
작자 미상, 「굼벵이 매미가 되어」

나
작자 미상, 「두꺼비 파리를 물고」

36 (가)~(나)의 공통된 성격으로 가장 알맞은 것은?

① 사설시조에 해당함
② 반어적 상황을 설정하여 주제를 강조함
③ 명령적 어미를 사용하여 교훈적 내용을 전달함
④ 인간의 처세를 동물에 빗대어 우의적으로 풍자함

36
(가) 평시조, 벼슬길의 험난함을 동물에 빗대어 우의적으로 풍자
(나) 사설시조, 약자 앞에서 강하고 강자 앞에서 비굴한 지배 계층을 동물에 빗대어 우의적으로 풍자

37 ㉠~㉣의 시적 의미로 바르지 않은 것은?

① ㉠ – 하찮은 신분의 선비
② ㉡ – 벼슬에 오른 선비
③ ㉢ – 백성을 도와주는 어진 관리
④ ㉣ – 힘없고 나약한 백성

37
㉢은 나약한 백성을 괴롭히는 탐관오리이다.

ANSWER
35. ② 36. ④ 37. ③

38 (나)에 대한 설명으로 알맞지 <u>않은</u> 것은?

① 주로 의인법이 사용되었다.

② 조선 후기에 창작된 사설시조이다.

③ 3장 6구 45자 내외의 형식적 제약이 강하다.

④ 약자 앞에서 강하고, 강자 앞에서 비굴한 지배 계
층에 대한 풍자와 조롱이 드러난다.

38

(나)는 조선 후기에 주로 창작되었으며 3장 6구 45자 내외의 형식적 제약에서 많이 자유로워진 사설시조이다.

※ 다음 글을 읽고, 물음에 답하시오. (39~40)

> **가** 이런들 어떠하리 저런들 어떠하리
> ㉠만수산(萬壽山) 드렁칡이 얽혀진들 어떠하리
> 우리도 이같이 얽혀서 백년까지 누리리라
>
> **나** 이 몸이 죽고 죽어 ㉡일백 번 고쳐 죽어
> 백골이 진토 되어 ㉢넋이라도 있고 없고
> 임 향한 일편단심이야 ㉣가실 줄이 있으랴

가

이방원, 「하여가」

나

정몽주, 「단심가」

39 (가)~(나)의 공통점으로 가장 적절한 것은?

기출

① 후렴구를 활용하여 흥을 돋우었다.

② 도치법을 통해 형식에 변화를 주었다.

③ 시어의 반복을 통해 의미를 강조하였다.

④ 의성어를 사용하여 생동감 있게 표현하였다.

39

- (가) '어떠하리', (나) '죽어'의 반복을 통해 의미를 강조하고 있다.
- (가) 조선 건국에 협력하여 대세에 따르라는 내용 강조
- (나) 죽음을 각오하고 고려에 대한 충성을 강조

40 ㉠~㉣이 의미하는 바로 알맞은 것은?

① ㉠ - 여러 산의 더러운 칡들

② ㉡ - 백 번의 죽을 고비를 넘겨도

③ ㉢ - 넋이라도 있든지 없든지 간에

④ ㉣ - 떠나가신 줄 알겠느냐?

40

㉠ 만수산의 칡덩굴

㉡ 백 번을 다시 죽어

㉣ 없어질 수가 있겠는가?

ANSWER

38. ③ **39.** ③ **40.** ③

Chapter

03 산문 문학

01 산문 문학의 이해

1 소 설

(1) 소설의 개념

소설은 현실 세계에서 있음직한 일을 상상하여 꾸며 쓴 산문 문학이다.

(2) 소설의 특징 중요⁺

① **허구성** : 작가가 상상을 통하여 꾸며 낸 이야기이다.

② **서사성** : 일정한 시간의 흐름에 따라 전개되는 이야기의 형식을 지닌다.

③ **예술성** : 예술의 한 형식으로 아름다움과 감동을 느낄 수 있다.

④ **진실성** : 삶의 진실을 추구하고 바람직한 인간상을 찾고자 한다.

⑤ **산문성** : 줄글로 표현하는 산문 문학이다.

⑥ **모방성** : 현실에서 있을 수 있는 일을 흉내 내어 이야기를 전개시킨다.

(3) 소설의 3요소

① **주제** : 작가가 작품을 통해 나타내려는 중심 생각이나 의견, 작가의 인생관

② **구성**

ㄱ 내용을 효과적으로 표현하기 위하여 이야기를 배열하는 것

ㄴ 인물, 사건, 배경은 소설 구성의 3요소

③ **문체** : 작가의 독특한 문장 표현

(4) 소설의 구성 단계

① 발단 : 인물과 배경이 소개되고, 사건의 실마리가 제시된다.

② 전개 : 인물 간의 갈등과 대립이 시작된다.

③ 위기 : 갈등이 심화되고, 위기감이 조성된다.

④ 절정 : 갈등이 최고조에 이르고, 사건 해결의 실마리가 제시된다.

⑤ 결말 : 갈등이 해소, 사건 마무리, 주인공의 운명이 결정된다.

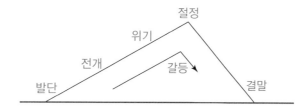

(5) 소설의 인물 유형

① 중요도에 따라

　㉠ 주요 인물 : 사건을 이끌어 가는 중심인물

　㉡ 주변 인물 : 사건의 진행을 도와주는 부수적인 인물

② 역할에 따라

　㉠ 주동 인물 : 주인공으로서 사건을 이끌어 가는 인물

　㉡ 반동 인물 : 주동 인물과 대립되는 인물

③ 성격에 따라

　㉠ 전형적 인물 : 특정한 시대의 집단이나 계층의 특성을 대표하는 인물

　㉡ 개성적 인물 : 개인으로서 독자적인 성격을 가진 인물

④ 성격 변화에 따라

　㉠ 평면적 인물 : 처음부터 끝까지 성격이 변하지 않는 인물

　㉡ 입체적 인물 : 사건이 전개됨에 따라 성격이 변하고 발전하는 인물

(6) 인물의 성격 제시 방법

① **직접 제시 방법** : 서술자가 직접 등장인물의 성격, 특성, 심리 등을 이야기한다.

　　예 그는 좀 수다스럽고 마음씨 좋은 사람이다.

② **간접 제시 방법** : 인물의 성격을 직접 말하지 않고 인물의 행동이나 대화 등을 통해 간접적으로 보여 주는 방법이다.

　　예 소년은 개울둑에 앉아 버렸다. 소녀가 비키기를 기다리자는 것이다.(소년의 소극적 성격)

(7) 소설의 시점 중요⁺

1인칭 주인공 시점	• 주인공 '나'가 자신의 이야기를 서술하는 시점(나＝주인공＝서술자) • 인물의 내면세계가 잘 드러남 　예 김유정의 '동백꽃'
1인칭 관찰자 시점	• 주변 인물인 '나'가 관찰자로 등장하여 주인공에 대한 이야기를 전개해 나 가는 시점(나＝보조인물＝서술자) • 주인공의 내면을 알 수 없어 긴장감을 줌 　예 주요섭의 '사랑손님과 어머니'
3인칭 관찰자 시점	• 서술자가 작품 밖에서 인물의 행동이나 사건을 객관적으로 관찰하여 서술 하는 시점(서술자＝관찰자) • 극적이고 객관적임 　예 황순원의 '소나기'
3인칭 전지적 작가 시점	• 서술자가 신(神)처럼 전지전능한 입장에서 모든 상황 및 인물의 심리를 서 술하는 시점(서술자＝신적인 존재) • 독자의 상상력을 제한함 　예 허균의 '홍길동전'

(8) 소설의 갈등

한 사람의 마음속이나 다른 사람과의 관계가 복잡하게 얽힌 상태를 말한다. 문학 작품에서의 갈등은 독자의 흥미를 불러일으키고, 사건을 전개하는 역할을 한다.

① **내적 갈등** : 한 인물의 마음속에서 두 가지 이상의 욕구가 동시에 일어나서 생기는 갈등

② **외적 갈등**

　　㉠ 인물과 인물 사이의 갈등 : 성격이나 생각이 대립되는 두 인물의 갈등

　　㉡ 인물과 사회 사이의 갈등 : 한 인물이 그가 몸담고 있는 사회 윤리나 제도에 의해서 겪게 되는 갈등

ⓒ 인물과 운명 사이의 갈등 : 한 인물이 자신에게 주어진 운명에 의해서 겪게 되는 갈등

ⓔ 인물과 자연 사이의 갈등 : 한 인물이 거대한 힘을 가진 자연환경과 부딪쳐 싸우면서 겪게 되는 갈등

(9) 소설의 배경 중요*

① **시간적 배경** : 작품 속에서 사건이 일어나는 시대, 계절 등의 시간 예 봄, 달밤, 1960년대

② **공간적 배경** : 사건이 일어나는 자연적 공간이나 생활공간 예 서울, 메밀밭, 시장

③ **사회적 배경** : 인물을 둘러싼 사회 현실과 역사적 상황 예 징용, 폭격, 분단

④ **배경의 구실**

　ⓐ 소설의 주제를 드러내 준다.

　ⓑ 사건이 일어나는 바탕이 된다.

　ⓒ 이야기 내용에 현실성을 부여한다.

　ⓓ 특별한 분위기와 정서를 만들어 준다.

(10) 고전 소설과 현대 소설의 비교

구 분		고전 소설	현대 소설
주 제		권선징악(勸善懲惡), 교훈적인 내용	인간과 사회에 대한 다양한 탐구
내 용		비현실적 세계, 유교적 이념	현실의 다양한 모습 및 인간 내면 의식의 세계
문 체		문어체, 운문체, 낭송체	산문체, 구어체
배 경	시간	막연함	구체적임
	공간	저승, 용궁 등 비현실적인 공간	다양, 현실적
구 성		시간 순서에 따른 구성	작품에 따른 다양한 구성
표 현		과장, 나열	치밀한 묘사
사 건		우연적	필연적
인 물		평면적, 전형적 인물	입체적, 개성적 인물
결 말		주인공의 행복한 결말(Happy Ending)	작품에 따른 다양한 결말

2 수 필

(1) 수필의 개념

글쓴이가 생활 속에서 얻은 생각과 느낌을 일정한 형식이 없이 자유롭게 적은 글이다.

(2) 수필의 특성 중요⁺

① 개성적인 글 : 글쓴이의 개성이 직접적으로 드러난다.

② 형식이 자유로운 글 : 특별히 정해진 형식 없이 자유롭게 쓴 글이다.

③ 고백적인 글 : 글쓴이의 체험과 생각을 솔직하게 표현한다.

④ 비전문적인 글 : 누구나 쉽게 쓸 수 있는 글이다.

⑤ 신변잡기적인 글 : 일상생활의 무엇이든 글감이 될 수 있다.

⑥ 사색과 통찰의 글 : 사물이나 인생에 대한 글쓴이의 깊이 있는 사색과 통찰이 담긴다.

(3) 수필의 구성 요소

① 소재 : 글의 소재, 글을 쓰기 위한 자료

② 구성 : 글의 짜임 → 수필은 자유롭게 쓰는 글이지만 일관성과 통일성이 있어야 한다.

③ 문체 : 문장에 나타나는 글쓴이의 독특한 개성

④ 주제 : 글쓴이의 주된 생각이나 느낌, 인생관, 세계관

(4) 수필의 종류

① 경수필(輕隨筆, miscellany) : 생활 속에서 일어나는 여러 가지 일들과 글쓴이의 느낌, 생각 등을 가볍게 쓴 글 → 가벼운 느낌의 문장, 자기 고백적임, '나'가 겉으로 드러남

② 중수필(重隨筆, essay) : 사회적인 문제나 공적인 문제 등 무거운 내용을 논리적·객관적으로 표현한 글 → 무거운 느낌의 문장, 논리적·실용적임, 일반적으로 '나'가 드러나지 않음

(5) 수필과 소설의 비교

구 분	수 필	소 설
세 계	실제의 세계	꾸며 낸 허구의 세계
형 식	형식이 자유로움	일정한 형식이 있음
나	지은이 자신(실제 인물)	지은이가 만들어 낸 인물(허구적 인물)
주 제	겉으로 직접 드러남	속에 숨어 있음

3 수 기

(1) 수기의 개념

수기는 어려움을 이겨 낸 자신의 뜻있는 체험을 중심으로 쓴 글이다.

(2) 수기의 특징

① 생활 속에서 경험한 감동과 깨달음을 전한다.
② 어려움을 이겨 낸 글쓴이의 의지가 드러난다.
③ 소재와 형식이 자유로운 글로, 수필에 속한다.
④ 글쓴이의 어려웠던 체험이 진솔하게 드러난다.

(3) 수필과 수기의 차이점

① 수필 : 일상생활의 경험을 바탕으로 쓴다.
② 수기 : 어려움을 이겨 낸 특정한 경험을 바탕으로 쓴다.

4 편지글

(1) 편지글의 개념

편지글은 자신이 하고 싶은 말이나 생각을 상대방에게 개인적으로 전하는 글이다.

(2) 편지글의 특징

① 일정한 형식이 있다.
② 사교적이고 실용적인 글이다.
③ 받는 대상이 정해져 있는 개인적인 글이다.
④ 대상에 따라 예의와 격식을 갖추어야 한다.
⑤ 편지의 종류나 상대에 따라 글의 표현 방법이 달라진다.

(3) 편지글의 형식

① **첫머리**(서두) : 호칭(받는 사람), 첫인사(계절 인사, 받는 사람의 안부, 자기 안부)
② **사연**(본문) : 편지를 쓴 목적과 내용
③ **끝맺음**(결미) : 끝인사, 쓴 날짜, 서명(보내는 사람)

5 기행문

(1) 기행문의 개념

기행문은 여행하는 동안에 일어난 일이나 보고 듣고 느낀 것을 주로 시간적 순서나 공간의 이동에 따라 적은 글이다.

(2) 기행문의 특징

① 여행의 경로에 따라 서술한다.
② 공간의 이동에 따라 묘사한다.
③ 낯선 세계에 대한 길잡이가 된다.
④ 여행지에서 느끼는 감회가 드러난다.
⑤ 지방 특유의 풍습, 풍물, 사투리 등을 제시한다.
⑥ 주로 현재형 문장을 사용하여 현장감과 생동감을 준다.

(3) 기행문의 3요소

① **여정** : 여행한 경로 → 언제, 어디를 거쳐 어떻게 여행하는가의 과정
② **견문** : 여행지에서 보고, 듣고, 경험한 내용
③ **감상** : 보고, 듣고, 경험한 사실에 대한 글쓴이의 생각과 느낌

6 전기문

(1) 전기문의 개념

전기문은 역사상 큰 업적이나 사회적으로 의미 있는 공헌으로 다른 사람에게 좋은 영향을 준 실존 인물의 일생을 기록한 글이다.

(2) 전기문의 특징

① **사실성** : 실존했던 인물에게 일어난 사건을 중심으로 실제로 있었던 일을 기록한다.

② **교훈성** : 인물의 삶을 통해 독자에게 감동과 교훈을 준다.

③ **서사성** : 인물의 행적을 중심으로 하여 이야기 형식으로 사건을 전개한다.

④ **문학성** : 서사, 묘사, 대화 등의 문학적인 표현과 인물, 사건, 배경 등의 요소를 사용한다.

⑤ **비평성** : 인물에 대한 글쓴이의 평가가 드러난다.

⑥ **역사성** : 한 인물의 일생을 통해 그 인물이 살았던 당시의 역사적 상황이 드러난다.

(3) 전기문의 갈래

① **전기** : 어떤 인물의 일생, 업적, 언행 등을 다른 사람이 기록한 것

② **평전** : 비평적인 전기로, 한 인물의 업적에 대해 글쓴이의 평가가 주로 담긴 것

③ **자서전** : 실제 인물이 자기 자신의 생애를 기록한 것

④ **열전** : 비슷한 일이나 업적을 남긴 사람의 개별적인 전기를 모아 놓은 것

⑤ **회고록** : 특정한 사건 등을 그 관계자가 회상하여 집필하거나 기록한 것

7 희곡

(1) 희곡의 개념

희곡은 무대 상연을 목적으로 하는 연극 대본으로, 무대 위에서 배우들의 말과 행동을 통해 관객에게 직접 보여 준다.

(2) 희곡의 특징 중요⁺

① 무대 상연을 전제로 한다.

② 막과 장을 기본 단위로 한다.

③ 시간과 공간, 등장인물 수의 제약을 받는다.

④ 등장인물의 대사와 행동을 통하여 사건을 전개한다.

⑤ 모든 사건이 배우의 행동을 통해 지금 일어나고 있는 현재형으로 진행된다.

(3) 희곡의 3요소 중요⁺

① 해설 : 막이 오르기 전에 필요한 무대 장치, 인물, 배경 등을 설명하는 부분

② 지시문 : 배경, 효과, <u>등장인물의 행동</u>을 지시하고 설명하는 글
　　　　　　　　　　　동작이나 표정 등

③ 대사 : 등장인물이 하는 말

(4) 희곡의 구성 단계

① 발단 : 시간적, 공간적 배경과 인물이 소개되고 이야기의 실마리가 제시된다.

② 전개 : 인물 사이의 갈등이 점차 드러나고 사건이 심화된다.

③ 절정 : 인물 사이의 갈등이 최고조에 이르고 극적인 장면이 나타난다.

④ 하강 : 갈등 해결의 실마리가 보이며 극의 긴장이 빠르게 풀어지고 반전이 나타난다.

⑤ 대단원 : 갈등이 해소되고 모든 사건이 종결된다.

8 시나리오

(1) 시나리오의 개념

시나리오는 영화나 드라마 제작을 목적으로 쓴 대본으로, 장면의 차례, 배우의 대사, 동작, 배경, 카메라의 작동, 화면 연결 등을 지시한다.

(2) 시나리오의 특징

① 주로 대사와 행동에 의해 전개된다.

② 내용이 장면(S#) 단위로 나뉜다.

③ 등장인물 수의 제한을 거의 받지 않는다.

④ 연극의 대본인 희곡에 비해 시간적, 공간적 제약을 덜 받는다.

02 현대 산문 작품 감상

소설 문학

01 동백꽃

– 김유정

☑ 핵심정리

- **갈래** : 단편 소설, 순수 소설, 농촌 소설
- **성격** : 향토적, 해학적, 서정적
- **시점** : 1인칭 주인공 시점
- **배경**
  ① 시간 : 1930년대 어느 봄
  ② 공간 : 강원도 산골 마을
- **주제** : 젊은 시골 남녀의 순박한 사랑
- **특징**
  ① '현재 – 과거 – 현재'의 역순행적 구조
  ② 짧고 간결한 문장을 사용하여 속도감 있게 내용 전개
  ③ '닭싸움', '동백꽃' 등의 소재와 배경을 통해 토속적이고 향토적인 분위기 형성

발단	점순이는 일부러 자기네 수탉과 '나'의 수탉을 싸움 붙여 놓고 '나'를 약 올린다. 나는 헛매질로 닭들을 떼어 놓을 뿐이다. – 현재
전개	울타리를 엮고 있는 나에게 감자를 쥐어 주며 "느 집엔 이거 없지." 하는 점순의 말에 자존심이 상한 '나'가 이를 거절한다. – 과거
위기	감자 사건 이후 점순이는 '나'의 집 닭을 괴롭히기 시작한다. '나'는 나의 수탉에게 고추장을 먹여 보기도 하지만 덩치 큰 점순이네 큰 닭을 이기지 못한다. – 과거
절정	어느 날 나무를 하고 오는 길에 점순이가 닭싸움을 시켜 놓은 것을 보고 화가 난 '나'는 점순이네 닭을 때려 죽게 한다. – 현재
결말	'나'는 겁이 나서 울음을 터뜨리고 점순이는 '나'를 달래 준다. 점순이와 '나'가 같이 동백꽃 속으로 쓰러지면서 화해가 이루어진다. – 현재

가 "느 집엔 이거 없지?"
<u>'나'의 자존심을 상하게 한 말</u>
하고 생색 있는 큰소리를 하고는, 제가 준 것을 남이 알면 큰일 날 테니 여기서 얼른 먹어 버리란다.
<u>다른 사람 앞에 당당히 나설 수 있거나 자랑할 수 있는 체면</u>
그리고 또 하는 소리가

"너 봄 감자가 맛있단다." / "난 감자 안 먹는다, 니나 먹어라."   ▶ 점순이의 호의를 거절한 '나'
<u>'나'에 대한 점순의 애정을 드러냄</u>   <u>'나'와 점순이가 갈등을 겪게 되는 원인</u>

나 그러나 점순이의 침해는 이것뿐이 아니다.
<u>침범하여 해를 끼침</u>
사람들이 없으면 틈틈이 제집 수탉을 몰고 와서 우리 수탉과 쌈을 붙여 놓는다. 제집 수탉은 썩 힘상궂게 생기고 쌈이라면 회를 치는 고로 으레 이길 것을 알기 때문이다. 그래서 툭하면 우리 수탉이 면두며

눈깔이 피로 흐드르하게 되도록 해 놓는다. 어떤 때에는 우리 수탉이 나오지를 않으니까 요놈의 계집애가 모이를 쥐고 와서 꾀어내다가 쌈을 붙인다.　　　　▶ 점순이의 보복 → 계속해서 닭싸움을 붙임

다 나는 대뜸 달려들어서 나도 모르는 사이에 큰 수탉을 단매로 때려 엎었다. 닭은 푹 엎어진 채 다리 하나 꼼짝 못하고 그대로 죽어 버렸다. 그리고 나는 <u>멍하니 섰다가</u> 점순이가 매섭게 눈을 <u>흡뜨고</u> 닥치는
　　　　　　　　　　　　　　　　　당황함　　　　　　　　　　　　　　 눈알을 위로 굴리고 눈시울을 위로 치뜨고
바람에 뒤로 벌렁 나자빠졌다.

"이놈아! 너 왜 남의 닭을 때려죽이니?" / "그럼 어때?" / 하고 일어나다가,

"뭐, 이 자식아! 누 집 닭인데?"

하고 복장을 떼미는 바람에 다시 벌렁 자빠졌다. 그러고 나서 가만히 생각을 하니 분하기도 하고 무안도 스럽고, 또 <u>한편 일을 저질렀으니 인젠 땅이 떨어지고 집도 내쫓기고 해야 될는지 모른다.</u>
　　　　　　　　　'나'의 집은 점순네에서 땅을 얻어 부치고 살아가는 소작인의 처지이기 때문에

　　　　　　　　　　　　　　　　　　　　　　　　　　　　　　　　　　▶ 점순이네 닭을 때려죽인 '나'

라 그리고 뭣에 떠다밀렸는지 나의 어깨를 짚은 채 그대로 퍽 쓰러진다. 그 바람에 나의 몸뚱이도
　　　　　　　　　　　　점순의 적극적 애정 표현
겹쳐서 쓰러지며 한창 피어 퍼드러진 ㉠<u>노란 동백꽃</u> 속으로 폭 파묻혀 버렸다.

알싸한 그리고 향긋한 그 냄새에 나는 땅이 꺼지는 듯이 온 정신이 고만 아찔하였다.

"너 말 마라." / "그래!" / 조금 있더니 요 아래서,

『"점순아! 점순아! 이년이 바느질을 하다 말구 어딜 갔어?"

✔ 바로바로 CHECK

01 이 글에서 알 수 있는 '나'의 성격으로 알맞지 <u>않은</u> 것은?

　① 눈치 없다.　　　　② 어수룩하다.

　③ 적극적이다.　　　④ 매우 순박하다.

해설 적극적인 성격을 지닌 인물은 점순이다.

02 이 글에서 '닭싸움'의 의미로 알맞지 <u>않은</u> 것은?

　① 갈등 해소의 계기

　② 갈등 표출의 매개체

　③ 점순이가 '나'를 포기하는 계기

　④ 감자 사건에 대한 점순이의 복수

해설 점순이는 '나'에 대한 자신의 불만을 닭싸움을 통해 드러내고 있지만 '나'를 포기한 것은 아니다.

03 (라)의 ㉠이 의미하는 것으로 알맞은 것은?

　① 새로운 사건을 예고한다.

　② 인물 간의 갈등을 심화시킨다.

　③ 작품의 주제 파악을 어렵게 한다.

　④ 향토적 배경으로 두 사람의 사랑을 아름답게 승화시켜 준다.

해설 '노란 동백꽃'은 향토적 배경으로 두 사람의 사랑을 아름답게 승화시켜 준다.

정답 01. ③　02. ③　03. ④

하고 어딜 갔다 온 듯싶은 그 어머니가 역정이 대단히 났다.

　점순이가 겁을 잔뜩 집어먹고 꽃 밑을 살금살금 기어서 산 아래로 내려간 다음, 나는 바위를 끼고 엉금엉금 기어서 산 위로 치빼지 않을 수 없었다.』 「 」: 해학적 상황　　　　　　　　▶ 동백꽃 속에 파묻힌 점순이와 '나'

한눈에 감 잡기

1. 등장인물의 성격과 처지

구분	'나'	점순
성격	순박하고 우직한 성격	적극적이고 집요한 성격
처지	농토를 빌려 농사를 짓는 소작인의 아들	빌려준 농토를 관리하는 마름의 딸

2. '나'와 점순의 외적 갈등

'나'	점순
• 점순이의 마음을 눈치 채지 못하고, 점순의 말에 자존심이 상해 점순이 건네준 감자를 거절함 • 점순이 아무 이유 없이 '나'의 집 닭을 괴롭힌다고 생각하여 화가 남	• '나'에 대한 관심의 표현으로 구운 감자를 줌 • 자신의 마음이 거절당한 것에 화가 나서 '나'의 집 닭을 괴롭힘

3. 소재의 상징적 의미

감자	• '나'에 대한 점순이의 애정 상징 • 점순이가 앙심을 품고 '나'를 괴롭히게 되는 계기가 됨	닭싸움	• '나'와 점순이 사이의 갈등이 심화되는 것을 보여 줌 • '나'와 점순이가 화해하는 계기를 마련함 • '나'에 대한 점순이의 애정을 반어적으로 표현
노란 동백꽃	• 갈등 해소와 사랑의 분위기 형성 • 사춘기 소년, 소녀의 사랑을 감각적으로 표현		

4. 비속어 사용의 효과　┌▶ 이년아, 배냇병신, 고자 등

　• 작품의 사실성과 현장감을 높여 줌　　　　• 향토적이고 토속적인 분위기를 조성함
　• 웃음을 유발하여 해학적인 분위기를 조성함

5. 해학성 유발의 요소

　• 어수룩한 서술자 : 독자들은 다 알고 있는 점순이 마음을 '나'만 모름
　• 애정에 대한 상반된 태도 : 점순이의 적극적 애정 표현이 '나'의 소극적 태도와 대조됨
　• 해학적 문체 : 사투리, 비속어를 적절히 사용하여 웃음을 유발하는 문체를 사용함

6. 인물의 성격 제시 방법

　• 직접 제시 : 서술자가 인물의 성격을 직접 말해 주는 방법

　　예 본시 부끄러움을 타는 계집애도 아니거니와 ⇒ 부끄러움을 타지 않는 점순의 성격을 직접 제시함

　• 간접 제시 : 인물의 행동이나 대화, 외양 묘사 등을 통해 인물의 성격을 짐작하게 하는 방법

　　예 날씨가 풀리더니 이놈의 계집애가 미쳤나 하고 의심하였다. ⇒ 점순이의 마음을 이해하지 못하는 '나'의 우둔한 성격을 간접적으로 제시함

02 소나기

– 황순원

☑ 핵심정리

- **갈래** : 현대 소설, 단편 소설, 순수 소설
- **성격** : 서정적, 향토적
- **시점** : 3인칭 작가 관찰자 시점
  (부분적으로 전지적 작가 시점)
- **배경**
  ① 시간 : 가을
  ② 공간 : 농촌
- **주제** : 소년과 소녀의 순수한 사랑
- **특징**
  ① 시간적 순서에 따른 구성
  ② 간결하고 압축적인 문장, 시적인 표현, 치밀한 구성
  ③ 인간의 내면 심리를 행동 묘사를 통해 간접적으로 제시

발단	개울가에서 소년은 소녀를 만나고, 소녀가 소년에게 던진 조약돌을 집어 주머니에 넣는다.
전개	비단조개를 계기로 소년과 소녀는 처음으로 대화를 나누게 된다. 산으로 놀러 가던 도중 소녀의 무릎에 난 상처를 소년이 치료해 주고, 소년은 송아지에 올라타고 자랑스러워한다.
위기	산에서 소나기를 만나게 되자 소년은 소녀가 비에 젖지 않게 보살펴 주고, 비를 피하던 소녀의 꽃묶음이 망그러진다. 비가 그치자 소년은 소녀를 업고 도랑을 건넌다.
절정	며칠 후 소녀는 소년에게 이사를 가게 된다는 말과 함께 대추를 건네주고, 아쉬운 마음에 소년은 호두를 서리해서 주려고 하지만 결국 만나지 못한다.
결말	소년은 아버지와 어머니가 나누는 대화를 통해 소녀가 죽으면서 '자기 입던 옷을 꼭 입혀서 묻어 달라'고 했다는 말을 잠결에 듣게 된다.

㉮ "이 바보." / 조약돌이 날아왔다. / 소년은 저도 모르게 벌떡 일어섰다.
　　　　　　　<u>소년에 대한 소녀의 관심</u>

단발머리를 나풀거리며 소녀가 막 달린다. 갈밭 사잇길로 들어섰다. 뒤에는 청량한 가을 햇살 아래 빛나는 갈꽃뿐. 〈중략〉

<u>소년은 이 갈꽃이 아주 뵈지 않게 되기까지 그대로 서 있었다.</u> 문득, 소녀가 던진 조약돌을 내려다
　　　<u>소녀와의 헤어짐에 대한 아쉬움</u>

보았다. 물기가 걷혀 있었다. <u>소년은 조약돌을 집어 주머니에 넣었다.</u>　　　　▶ 소년과 소녀의 첫 만남
　　　　　　　　　<u>소녀에 대한 소년의 관심</u>

㉯ 농부 하나가 ⓐ<u>억새풀</u> 사이로 올라왔다.

송아지 등에서 뛰어내렸다. 어린 ⓑ<u>송아지</u>를 타서 허리가 상하면 어쩌느냐고 꾸지람을 들을 것만 같다. 그런데 나룻이 긴 농부는 소녀 편을 한번 훑어보고는 그저 송아지 고삐를 풀어내면서,

"어서들 집으로 가거라. ⓒ<u>소나기가 올라.</u>"

참, <u>먹장구름</u> 한 장이 머리 위에 와 있다. 갑자기 사면이 소란스러워진 것 같다. 바람이 우수수 소리를
　　<u>긴장감, 위기감 조성</u>

내며 지나간다. 삽시간에 주위가 보랏빛으로 변했다.

산을 내려오는데, 떡갈나무 잎에서 빗방울 듣는 소리가 난다. 굵은 빗방울이었다. 목덜미가 선뜩선뜩했다. 그러자 대번에 눈앞을 가로막는 빗줄기.

비안개 속에 ⓓ원두막이 보였다.

▶ 소년과 소녀가 서로 가까워짐

다 소녀가 속삭이듯이, 이리 들어와 앉으라고 했다. 괜찮다고 했다. 소녀가 다시, 들어와 앉으라고
　　　　　　　　　소년을 걱정하는 소녀의 마음
했다. 할 수 없이 뒷걸음질을 쳤다. 그 바람에, 소녀가 안고 있는 ㉠꽃묶음이 망그러졌다. 그러나 소녀
　　　　　　　　　　　　　　　　　　　　　　　　소녀의 죽음을 암시
는 상관없다고 생각했다. 〈중략〉

소년이 등을 돌려 댔다. 소녀가 순순히 업히었다. 걷어 올린 소년의 잠방이까지 물이 올라왔다. 소녀는 "어머나!" 소리를 지르며 소년의 목을 끌어안았다.

개울가에 다다르기 전에, 가을 하늘은 언제 그랬는가 싶게 구름 한 점 없이 쪽빛으로 개어 있었다.

▶ 소년이 소녀를 업고 물이 불어난 도랑을 건넘

✔ 바로바로 **CHECK**

01 (나)의 ⓐ~ⓓ 중 다음 설명에 해당하는 소재는?

> • 비극적인 결말을 암시
> • 소년과 소녀의 짧고 순수한 사랑을 의미함

① ⓐ 억새풀　　② ⓑ 송아지
③ ⓒ 소나기　　④ ⓓ 원두막

해설 '소나기'는 위기감을 조성하고 비극적인 결말, 소년과 소녀의 짧고 순수한 사랑을 암시한다.

02 (다)의 ㉠의 구실로 알맞은 것은?

① 불행한 결말을 암시한다.
② 새로운 사건으로 전환된다.
③ 인간 간의 갈등을 예고한다.
④ 인물들을 더 친밀하게 만든다.

해설 ㉠은 불행한 결말을 암시하는 복선에 해당한다.

03 이 글에 대한 설명으로 알맞지 <u>않은</u> 것은?

① 계절적 배경은 가을이다.
② 서술자는 작품 속 인물이다.
③ 향토적 분위기를 잘 살리고 있다.
④ 비교적 간결한 문장으로 표현하였다.

해설 이 글은 3인칭 작가 관찰자 시점(부분적으로 전지적 작가 시점)이다.
②는 1인칭 시점에 대한 설명이다.

정답 01. ③　02. ①　03. ②

라 『"윤 초시 댁도 말이 아니야. 그 많던 전답(田畓)을 다 팔아 버리고, 대대로 살아오던 집마저 남의
손에 넘기더니, 또 악상(惡喪)까지 당하는 걸 보면……."』『 』: 설상가상(雪上加霜)의 상황
　　　　　　　　　　젊은이나 어린이가 어른보다 먼저 죽는 일, 소녀의 죽음을 암시

〈중략〉

"글쎄 말이지. 이번 애는 꽤 여러 날 앓는 걸 약두 변변히 못 써 봤다더군. 지금 같아선 윤 초시네
　　　　　　　　집안 형편이 매우 어려움
두 대가 끊긴 셈이지……. 그런데 참, 이번 계집애는 어린것이 여간 잔망스럽지가 않아. 글쎄, 죽기 전
　　　　　　　　　　　　　　　　　　　　　　　　　　나이에 비해 깜찍하고 엉뚱하다.
에 이런 말을 했다지 않아? 자기가 죽거든 자기 입던 옷을 꼭 그대로 입혀서 묻어 달라고……."

▶ 소년과의 추억을 간직한 채 죽은 소녀

한눈에 감 잡기

1. '소나기'의 상징적 의미
- 위기감 조성
- 비극적 결말(소녀의 죽음)의 원인
- 소년과 소녀가 친해지는 계기
- 소년과 소녀의 짧고 순수한 사랑

2. 인물의 성격 변화

소년	소극적, 내성적 → 적극적
소녀	적극적, 외향적 → 소극적

3. 소재의 상징적 의미

조약돌	• 소년에 대한 소녀의 관심을 표현 • 소년과 소녀를 이어 주는 매개체 • 소녀에 대한 소년의 그리움
비단조개	소년과 소녀의 첫 대화를 가능하게 한 매개체
도랑	소나기 때문에 물이 불어 소녀를 업고 건널 수밖에 없도록 하는 장치(복선)
소나기, 먹장구름	비극적 결말의 원인으로 위기감과 긴장감을 조성
갈림길	소년과 소녀의 이별을 암시
대추	소년에 대한 소녀의 마음, 정성
호두	소녀에 대한 소년의 마음, 정성
자기 입던 옷	소년과의 추억을 간직하고 싶어 하는 소녀의 마음

4. '소녀의 비극적 죽음'을 암시하는 복선
- "난 보랏빛이 좋아!"
- 꽃묶음이 망그러졌다.
- 소녀의 입술이 파랗게 질렸다.

5. 결말 처리 방법의 효과
- 여운과 감동을 준다.
- 비극적 분위기를 형성한다.
- 소녀의 죽음을 간접적으로 전달한다.

03 수난이대

– 하근찬

☑ 핵심정리

- **갈래** : 현대 소설, 단편 소설, 전후 소설
- **성격** : 사실적, 향토적, 상징적
- **시점** : 3인칭 전지적 작가 시점
  (부분적으로 작가 관찰자 시점)
- **배경** : (시대) 일제 강점기부터 6·25 전쟁 직후까지
- **주제** : 부자지간에 걸친 수난의 현실과 극복 의지
- **특징**
  ① '현재 – 과거 – 현재'의 역순행적 구성
  ② 비극적 상황을 해학적으로 표현하여 감정의 흐름을 조절
  ③ 사실적인 묘사와 사투리의 사용으로 작품의 사실성을 높임

발단 6·25 전쟁 때 입대한 아들 진수가 전쟁터에서 돌아온다는 소식을 들은 아버지 만도는 서둘러 기차역으로 아들을 마중 나감

전개 만도는 용머리재를 넘고 개천의 외나무다리를 건너, 읍내에 들어가 고등어를 산다. 정거장에 도착하여 아들을 기다리며, 과거 일제 강점기에 징용에 끌려가 폭발 사고로 왼팔을 잃게 된 자신의 과거를 회상한다.

위기 아들이 무사히 돌아올 것이라 생각했던 만도는 다리 한쪽이 없는 아들을 보고 충격과 분노를 느낀다. 만도는 애꿎은 진수에게 화를 낸 후 눈물을 삼키며 함께 집으로 향한다.

절정 술을 마신 만도가 한 손으로 불편하게 오줌을 눌 때, 진수는 만도가 들고 있던 고등어를 들어 준다. 잠시 후 부자(父子)는 외나무다리가 있는 시냇물을 건너게 되고, 다리 한쪽이 없는 진수는 외나무다리 앞에서 망설인다.

결말 만도가 다리 한쪽이 없는 진수를 업고, 진수는 팔 한쪽이 없는 만도의 고등어와 지팡이를 들고 힘을 합쳐 외나무다리를 건넌다.

가 진수가 돌아온다. 진수가 살아서 돌아온다. <u>아무개는 전사했다는 통지가 왔고, 아무개는 죽었는</u>
시대적 상황 암시 – 전쟁에서 살아 돌아오지 못하는 사람도 많음
<u>지 살았는지 통 소식이 없는데,</u> 우리 진수는 살아서 오늘 돌아오는 것이다. 생각할수록 <u>어깻바람이 날</u>
신이 남, 기쁨
일이다. 그래 그런지 몰라도 박만도는 여느 때 같으면 아무래도 한두 군데 앉아 쉬어야 넘어설 수 있는 용머리재를 단숨에 올라채고 만 것이다. 가슴이 펄럭거리고 허벅지가 뼈근했다.

그러나 그는 고갯마루에서도 쉴 생각을 하지 않았다.

▶ 기쁜 마음에 서둘러 아들 진수를 마중 나가는 만도

나 만도는 정신이 아찔하였다. 공습이었던 것이다. 산등성이를 넘어 달려든 비행기가 머리 위로 아슬아슬하게 지나가는 것이었다. 미처 정신을 차리기도 전에 또 한 대가 뒤따라 날아드는 것이 아닌가? 만도는 그만 넋을 잃고 굴 안으로 도로 달려들었다. 달려 들어가서 굴 바닥에 아무렇게나 팍 엎드려져 버리고 말았다. 그 순간이었다. 꽝! 굴 안이 미어지는 듯하면서 다이너마이트가 터졌다. 만도의 두 눈에서 불이 번쩍 났다.

만도가 어렴풋이 눈을 떠 보니, 바로 거기 눈앞에 누구의 것인지 모를 팔뚝이 하나 놓여 있었다. 『손가락이 시퍼렇게 굳어져서, 마치 이끼 낀 나무토막처럼 보이는 것이었다.』 만도는 그것이 자기의 어깨에 붙

『　』: 공습에 팔 한쪽을 잃은 만도

어 있던 것인 줄을 알자, 그만 "으악!" 하고 정신을 잃어버렸다. 재차 눈을 떴을 때는 그는 푹신한 담요 속에 누워 있었고, 한쪽 어깻죽지가 못 견디게 쿡쿡 쑤셔 댔다. 절단 수술(切斷手術)은 이미 끝난 뒤였다.

▶ 일제 강점기 징용에 끌려가 갑작스런 공습에 팔 한쪽을 잃게 된 만도의 과거 회상

다 "아부지!"

부르는 소리가 들렸다. 만도는 깜짝 놀라며, 얼른 뒤를 돌아보았다. 그 순간, 만도의 두 눈은 무섭도

진수를 보고 매우 놀람

록 크게 떠지고 입은 딱 벌어졌다. 틀림없는 아들이었으나, 옛날과 같은 진수는 아니었다. 양쪽 겨드랑이에 ㉠지팡이를 끼고 서 있는데, 스쳐가는 바람결에 한쪽 ㉡바짓가랑이가 펄럭거리는 것이 아닌가.

만도는 눈앞이 노래지는 것을 어쩌지 못했다. 한참 동안 그저 멍멍하기만 하다가, 코허리가 찡해지

충격, 절망

면서 두 눈에 뜨거운 것이 핑 도는 것이었다.

"에라이, 이놈아!"

만도의 입술에서 모질게 튀어나온 첫마디였다. 떨리는 목소리였다. 고등어를 든 손이 불끈 주먹을

분노와 절망, 슬픔

쥐고 있었다.

▶ 한쪽 다리를 잃은 진수를 보고 슬퍼하는 만도

라 개천 둑에 이르렀다. ㉢외나무다리가 놓여 있는 그 시냇물이다. 〈중략〉

진수는 지팡이와 고등어를 각각 한 손에 쥐고, 아버지의 등허리로 가서 슬그머니 업혔다. 만도는

서로를 의지하며 함께 협동하는 모습

팔뚝을 뒤로 돌리면서 아들의 하나뿐인 다리를 꼭 안았다. 그리고 "팔로 내 목을 감아야 될 끼다." 했다.

진수는 무척 황송한 듯 한쪽 눈을 찍 감으면서, 고등어와 지팡이를 든 두 팔로 아버지의 굵은 목줄기를 부둥켜안았다. 만도는 아랫배에 힘을 주며 '끙!' 하고 일어났다. 아랫도리가 약간 후들거렸으나 걸어갈

힘이 들지만 극복할 수 있음

만은 했다. 〈중략〉

만도는 아직 술기가 약간 있었으나, 용케 몸을 가누며 아들을 업고 외나무다리를 조심조심 건너가

협동을 통한 고난의 극복 – 작가의 주제 의식

는 것이었다. 『눈앞에 우뚝 솟은 ㉣용머리재가 이 광경을 가만히 내려다보고 있었다.』『　』: 의인화

▶ 서로 의지하고 협력하여 외나무다리를 건너는 만도와 진수

✔ 바로바로 CHECK

01 (다)에 나타난 만도의 심리로 알맞지 않은 것은?

① 즐거움   ② 참담함

③ 기가 막힘   ④ 안쓰러움

해설 아들의 다리 한쪽이 없는 것을 본 만도는 참담함, 안쓰러움, 슬픔, 절망, 기가 막힘 등의 심정을 느낀다.

02 ㉠~㉣ 중 〈보기〉의 설명에 해당하는 소재로 알맞은 것은?

보기
• 만도와 진수에게 닥친 고난과 시련
• 고난 극복과 화합의 매개체

① ㉠ 지팡이   ② ㉡ 바짓가랑이

③ ㉢ 외나무다리   ④ ㉣ 용머리재

정답 01. ① 02. ③

한눈에 감 잡기

1. '수난이대'에 드러난 시대상

일제 강점기	젊은 시절 만도는 일제의 징용에 끌려가게 되고, 공습을 피하려다 다이너마이트를 장치한 굴로 뛰어드는 바람에 한쪽 팔을 잃는다.
6·25 전쟁	진수는 6·25 전쟁에서 수류탄 쪼가리에 맞아 한쪽 다리를 잃게 된다.

2. '수난이대'라는 제목의 의미

이 작품은 아버지와 아들 두 세대가 겪은 가족사적 수난을 다룬 것이다. 아버지는 일제 강점기에 징용에 끌려가 한쪽 팔을 잃고, 아들은 6·25 전쟁에 참전하여 다리 한쪽을 잃게 된다. 이는 가족사적 수난을 통해 우리 민족이 겪어야만 했던 역사적 비극을 상징적으로 보여 주고자 한 것이다.

3. '외나무다리'의 상징적 의미

'외나무다리'는 진수와 만도 부자(父子)가 겪게 되는 고난과 시련을 상징하며, 그들이 외나무다리를 건너는 모습은 민족사의 시련을 협력하여 극복하는 모습(고난 극복의 의지)을 상징한다.

04 소음 공해

– 오정희

☑ 핵심정리

- **갈래** : 단편 소설, 현대 소설
- **성격** : 비판적, 교훈적
- **시점** : 1인칭 주인공 시점
- **배경**
  ① 시간 : 현대   ② 공간 : 아파트
- **주제** : 이웃에 무관심한 현대인의 모습 비판
- **특징**
  ① 극적 반전을 통한 주제 강조
  ② 사건 전개에 따른 주인공의 심리 변화

발단	자원 봉사를 마치고 휴식을 취하던 중 위층에서 소음이 들려옴
전개	계속되는 소음에 시달리다 경비원에게 간접적으로 항의함
위기	인터폰을 통해 위층 여자에게 직접적으로 항의함
절정	위층 여자가 장애인이라는 사실을 알게 됨
결말	이웃에 무관심했던 자신에 대해 부끄러워함

㉮ <u>위층의 소리</u>는 멈추지 않았다. 드르륵거리는 소리에 머리털이 <u>진저리</u>를 치며 곤두서는 것 같았다.
　　갈등의 근본 원인　　　　　　　　　　　　　　　　　　　　　　몹시 지긋하여 몸을 떠는 것

철없고 상식 없는 요즘 젊은 엄마들이 아이들에게 집 안에서 자전거나 스케이트보드 따위를 타게도 한다는데, 아무래도 그런 것 같았다. <u>인터폰의 수화기를 들자, 경비원의 응답이 들렸다.</u>
　　　　　　　　　　　　　　　　　갈등 해소를 위한 '나'의 행동 ① : 경비원을 통한 간접적 항의

내 목소리를 알아채자마자 길게 말꼬리를 늘이며 지레 짚었다. 귀찮고 성가셔 하는 표정이 눈앞에 역력히 떠올랐다.

"위층이 또 시끄럽습니까? 조용히 해 달라고 말씀드릴까요?" / 잠시 후 인터폰이 울렸다.

"<u>충분히 주의하고 있으니 염려 마시랍니다.</u>"　　　　　　　▶ 경비원을 통해 간접적으로 항의하는 '나'
　　불쾌한 감정이 느껴짐

㉯ 〈중략〉　<u>나는 인터폰을 들어 다짜고짜 909호를 바꿔 달라고 말했다.</u> 신호음이 서너 차례 울린
　　　　　　　　갈등 해소를 위한 '나'의 행동 ② : 인터폰을 통한 직접적 항의

후에야 신경질적인 젊은 여자의 응답이 들렸다.

"아래층인데요. 댁이 그런 식으로 말할 건 없잖아요? 나도 참을 만큼 참았다고요. <u>공동 주택</u>에는 지켜
　　　　　　　　　　　　　　　　　　　　　　　　　　　　　　　　　　　　　이웃과의 직접적인
야 할 규칙들이 있잖아요? 난 그 소리 때문에 병이 날 지경이에요."　　　　대면이 단절된 공간

"<u>여보세요, 난 날아다니는 나비나 파리가 아니에요.</u> 내 집에서 맘대로 움직이지도 못하나요? 해도
　　위층 여자가 장애인임을 암시(소리를 낼 수밖에 없음)

너무 하시네요. 이틀거리로 전화를 해대시니 저도 피가 마르는 것 같아요. 저더러 어쩌라는 거예요?"

"하여튼 아래층 사람 고통도 생각하시고 주의해 주세요."　　　　▶ 위층 여자에게 직접 인터폰으로 항의하는 '나'

다 나는 거칠게 수화기를 내려놓았다. "뻔뻔스럽긴. 이젠 순 배짱이잖아?"
_{'나'의 심리(화가 남)}

소리내어 욕설을 퍼부어도 화가 가라앉지 않았다. 그렇다고 언제까지 경비원을 사이에 두고 '하랍신다', '하신다더라' 하며 신경전을 펼 수도 없는 일이었다. 화가 날수록 침착하고 부드럽게 처신해야 한다는 것은 나이가 가르친 지혜였다. 지난 겨울 선물로 받은, 아직 쓰지 않은 실내용 슬리퍼에 생각이 미친 것은 스스로도 신통했다. 선물도 무기가 되는 법. 발소리를 죽이는 푹신한 슬리퍼를 선물함으로써 『소리
_{이웃에 대한 무관심과 단절을 상징하는 소재}
를 죽이라는 메시지와 함께 소리 때문에 고통 받는 내 심정을 간접적으로 나타낼 수 있으리라.』 사려
_{『 』: '슬리퍼'에 담긴 의미}
깊고 양식 있는 이웃으로서 공동 생활의 규범에 대해 조곤조곤 타이르리라.

▶ 위층 여자에게 슬리퍼 선물을 하기로 한 '나'

라 위층으로 올라가 벨을 눌렀다. 안쪽에서 "누구세요?" 묻는 소리가 들리고도 『십 분 가까이 지나
_{갈등 해소를 위한 '나'의 행동 ③ : 슬리퍼를 가지고 위층 여자를 타이르러 감}
문이 열렸다.』 '이웃사촌이라는데 아직 인사도 없이…….' 등등 준비했던 인사말과 함께 포장한 슬리퍼를
_{『 』: 위층 여자가 장애인임을 암시(문을 여는 데 시간이 걸림)}
내밀려던 나는 첫마디를 뗄 겨를도 없이 우두망찰했다. 좁은 현관을 꽉 채우며 휠체어에 앉은 젊은 여자
_{'나'의 심리(정신이 얼떨떨해 어쩔 줄 모름)}　　　　_{극적 반전, 소음의 원인, 갈등 해소의 매개체}
가 달갑잖은 표정으로 나를 올려다보았다.

"안 그래도 바퀴를 갈아 볼 작정이었어요. 소리가 좀 덜 나는 것으로요. 어쨌든 죄송해요. 도와주는
_{소음을 줄이기 위한 노력}
아줌마가 지금 안 계셔서 차 대접할 형편도 안 되네요."

▶ 위층 여자가 장애인임을 알게 된 '나'

마 여자의 텅 빈, 허전한 하반신을 덮은 화사한 빛깔의 담요와 휠체어에서 황급히 시선을 떼며 나는
할 말을 잃은 채 부끄러움으로 얼굴만 붉히며 슬리퍼 든 손을 등 뒤로 감추었다.
_{'나'의 심리}

▶ 부끄러워하는 '나'

한눈에 감 잡기

1. 사건 전개에 따른 '나'의 심리 변화

화가 남	소음 문제로 위층 여자와 말다툼

↓

당황함	위층 여자가 휠체어를 탄 것을 봄

↓

부끄러움	이웃에 무관심했음을 깨달음

2. 소재의 상징적 의미

인터폰	이웃에 대한 무관심과 단절
슬리퍼	이웃에 대한 무관심, 소음을 줄여 달라는 뜻을 전달하는 수단
휠체어	극적 반전의 소재, 소음의 원인, 갈등 해소의 계기

☑ 바로바로 CHECK

01 이 글에서 갈등이 생기게 된 근본적 원인은?

① 장애인을 차별하는 아파트 주민들
② 자신의 가족만을 생각하는 이기심
③ 이웃과의 단절과 이웃에 대한 무관심
④ 문제를 적극적으로 해결하지 못하는 소심함

02 이 글에서 극적 반전이 드러나는 소재로 알맞은 것은?

① 인터폰　　　② 수화기
③ 휠체어　　　④ 슬리퍼

해설 '휠체어'는 극적 반전의 소재로 소음의 원인, 갈등 해소의 계기가 된다.

03 사건 전개에 따른 '나'의 심리 변화로 가장 알맞은 것은?

① 부끄러움 → 화가 남 → 슬픔
② 애처로움 → 부끄러움 → 화가 남
③ 화가 남 → 부끄러움 → 당황함
④ 화가 남 → 당황함 → 부끄러움

정답 01. ③　02. ③　03. ④

---

05 자전거 도둑　　　　　　　　　　　　　　　　– 박완서

☑ 핵심정리

- **갈래** : 현대 소설, 단편 소설
- **성격** : 교훈적, 사회 비판적
- **시점** : 3인칭 전지적 작가 시점
- **배경**
  ① 시간 : 1970년대
  ② 공간 : 청계천 세운 상가
- **주제** : 도덕성과 양심 회복의 필요성(물질적 이익만을 추구하는 현대인의 부도덕성에 대한 비판)
- **특징**
  ① 주인공의 순수한 눈을 통해 어른들의 부도덕성이 선명하게 드러남
  ② 도덕적으로 대립되는 인물을 제시하여 도덕성과 양심 회복의 필요성을 부각시킴

발단 고향을 떠나 청계천 세운 상가의 전기용품 도매 상가에서 점원으로 일하는 수남이는 주인 영감의 속셈(수남이를 위하는 척하면서 혹사시킴)을 모르고 그에게 고마워하며 열심히 일한다.

전개 물건 대금을 주지 않으려는 상회 주인이 물건값을 치르지 않자 수남이는 버티고 기다려 물건값을 받아 낸다.

위기 자신의 자전거가 신사의 차에 부딪히고, 신사가 수리비를 요구하며 자전거에 자물쇠를 채워 버리자, 수남이는 자전거를 들고 도망친다.

절정 수남의 행동을 칭찬하며 자전거 자물쇠를 분해하는 주인 영감이 수남은 혐오스럽다. 그날 밤 수남은 자신의 행동을 되돌아보며 괴로워한다.

결말 돈만 아는 주인 할아버지와 비교되는 아버지를 떠올리며 수남이는 올곧은 양심을 일깨워 줄 아버지가 있는 시골로 돌아간다.

가 그때였다. 누군가가 나직이 속삭였다.

"도망쳐라, 도망쳐. 그까짓 자전거 들고 도망치라고."
_{자전거를 들고 도망친 계기}

그것은 악마의 속삭임처럼 은밀하고 감미로웠다. 〈중략〉

수남이는 자전거를 가볍게 옆구리에 끼고 달렸다.
_{수남이가 신사와의 갈등을 해결하기 위한 행동 – 이어지는 내적 갈등의 원인}

정말이지 조금도 안 무거웠다. 『타고 달릴 때보다 더 신나게 달렸다. 달리면서 마치 오래 참았던 오줌을 시원스레 누는 듯한 쾌감까지 느꼈다.』『 』: 후에 죄책감을 느끼게 되는 원인　▶ 자전거를 들고 도망치는 수남이

나 낮에 내가 한 짓은 옳은 짓이었을까?
_{수남이의 내적 갈등 – 이 작품의 핵심 갈등}

『옳을 것도 없지만 나쁠 것은 또 뭔가. 자가용까지 있는 처지에 나 같은 어린아이에게 오천 원을 우려내려고 그렇게 심하게 굴던 신사를 그 정도 골려 준 것이 뭐가 나쁜가?』그런데도 왜 무섭고 떨렸던가.
『 』: 자신의 행동을 변호하려는 수남이의 마음　옳지 않은 일이라는 것을 마음속으로 알고 있었기 때문에 무섭고 두려운 감정을 느낌

그때의 내 꼴이 어땠으면, 주인 영감님까지 "네놈 꼴이 꼭 도둑놈 꼴이다."라고 하였을까.

『그럼 내가 한 짓은 도둑질이었단 말인가.

그럼 나는 도둑질을 하면서 그렇게 기쁨을 느꼈더란 말인가.』『 』: 수남이가 갈등하는 근본적인 원인

수남이는 몸을 부르르 떨면서 낮에 자전거를 갖고 달리면서 맛본 공포와 함께 그 까닭 모를 쾌감을 회상한다.

마치 참았던 오줌을 시원하게 눌 때처럼 무거운 억압이 갑자기 풀리면서 온몸이 날아갈 듯이 가벼워지는 상쾌한 해방감이었다. 한 번 맛보면 도저히 잊혀질 것 같지 않은 그 짙은 쾌감…….

아아, 도둑질하면서도 나는 죄책감보다는 쾌감을 더 짙게 느꼈던 것이다.

혹시 내 피 속에 도둑놈의 피가 흐르고 있기 때문이 아닐까.
_{도둑질을 하면서 쾌감을 느낀 것이 두려움 – 과거, 형이 도둑질한 사건에 대한 회상으로 이어짐}

『순간 수남이는 방바닥에서 송곳이라도 치솟은 듯이 후닥닥 일어서서 안절부절못하고 좁은 방 안을 헤맸다.』『 』: 내적 갈등, 좌불안석(坐不安席)　▶ 자신의 행동을 돌이켜 보며 갈등하는 수남이

심화학습 갈등의 양상

내적 갈등	마음속에 둘 이상의 상반된 욕구가 동시에 존재하여 심리적 어려움을 느끼는 상태
외적 갈등	• 개인 ⇔ 개인 : 개인 사이의 가치관이나 성격의 대립으로 인해 발생하는 갈등 • 개인 ⇔ 사회 : 사회의 관습이나 제도로 인해 발생하는 갈등 • 개인 ⇔ 자연 : 자연재해를 겪거나 자연에 도전하면서 겪는 갈등 • 개인 ⇔ 운명 : 자신에게 주어진 운명으로 인해 발생하는 갈등

다 소년은 아버지가 그리웠다. 도덕적으로 자기를 견제해 줄 어른이 그리웠다. / 주인 영감님은 자기
<u>주인 영감과 대조적 인물 – 수남이를 도덕적 존재로 이끌어 줄 존재</u>

가 한 짓을 나무라기는커녕 손해 안 난 것만 좋아서 "오늘 운 텄다."라고 좋아하지 않았던가.

수남이는 짐을 꾸렸다. / '아아, 내일도 바람이 불었으면. 바람이 물결치는 보리밭을 보았으면……'
<u>갈등 해결을 위한 수남의 행동 – 고향으로 돌아감</u>

『마침내 결심을 굳힌 수남이의 얼굴은 누런 똥빛이 말끔히 가시고, 소년다운 청순함으로 빛났다.』
『 』: 수남의 마음속 갈등이 해소되었음

▶ 아버지가 계신 고향으로 돌아가기로 결심한 수남이

✔ 바로바로 CHECK

01 (나)에 두드러지게 나타나는 갈등 양상은?

① 수남의 내적 갈등
② 수남과 아버지의 갈등
③ 수남과 운명과의 갈등
④ 수남과 주인 영감의 갈등

해설 수남이는 낮에 자전거를 들고 도망쳤던 것에 대한 죄책감 때문에 갈등하고 있다.

02 (다)의 '아버지'에 대한 설명으로 알맞지 <u>않은</u> 것은?

① 수남이 그리워하는 존재
② 주인 영감과 대조되는 인물
③ 수남이를 올바르게 이끌어 줄 존재
④ 수남의 잘못을 인정하고 감싸 주는 존재

해설 아버지는 수남이에게 도둑질을 하지 말라고 가르치신 분으로 수남의 잘못을 감싸 주지는 않는다.

 정답 01. ① 02. ④

한눈에 감 잡기

1. 수남의 외적 갈등과 해결 방식

수남	자전거가 바람에 넘어져 신사의 차에 흠집이 나자 용서해 달라고 애원함	⟷	신사	오천 원을 가져와서 찾아가라며 자전거를 빼앗아 자물쇠를 채움

⬇

해결 방식	돈과 자전거를 지키기 위해 주머니에 수금한 돈이 있다는 사실을 말하지 않고, 자전거를 들고 도망침

2. 수남의 내적 갈등

부도덕한 마음		도덕적인 마음
• 자전거를 들고 도망친 것이 나쁜 것은 또 뭔가 • 죄책감보다 쾌감을 느낌	⟷	• 내가 한 짓이 도둑질이었던가 • 도둑놈의 피가 흐르고 있는 것일까

3. 수남의 심리 변화에 따른 모습 변화

갈등 해결 전	안절부절못하고 좁은 방 안을 헤맴(누런 똥빛의 얼굴)
갈등 해결 후	누런 똥빛의 얼굴이 소년다운 청순함으로 빛남

4. '아버지'의 의미 : 주인 영감(금전적 이익에만 관심)과 대조적인 인물로 수남이를 도덕적인 인물로 이끌어 줄 존재이다.

06 사랑손님과 어머니

– 주요섭

☑ 핵심정리

- **갈래** : 현대 소설, 단편 소설, 순수 소설
- **성격** : 서정적, 낭만적, 심리적
- **시점** : 1인칭 관찰자 시점
- **배경**
  ① 시간 : 1930년대
  ② 시대 : 봉건적 가치관과 개방적 가치관이 공존하는 과도기
  ③ 공간 : 시골의 작은 마을
- **주제** : 남녀 간의 사랑의 감정과 봉건적 가치관 사이의 갈등
- **특징**
  ① 시간의 흐름에 따른 사건 전개
  ② 옥희의 천진난만한 말투가 친밀감과 사실감을 줌
  ③ 주인공의 심리가 행동과 대사를 통해 간접적으로 드러남
  ④ 순수한 어린이의 시선을 통해 어른들의 통속적인 사랑 이야기가 승화되어 전달됨

발단 옥희는 어머니, 작은 외삼촌과 함께 사는 여섯 살 여자아이다. 아버지는 옥희가 태어나기 한 달 전에 돌아가시고, 어머니는 가끔씩 아버지의 사진을 보며 그를 추억한다. 어느 날 옥희네 집 사랑에 아버지의 친구 되는 아저씨가 하숙을 하게 된다.

전개 옥희와 친해진 아저씨는 옥희에게 어머니에 대해 묻고, 어머니는 옥희를 예쁘게 단장시켜 아저씨 방에 놀러 보내고, 아저씨가 좋아하는 달걀을 많이 사는 등 서로에게 조금씩 관심을 보인다.

위기 어느 날 예배당에서 마주친 옥희 어머니와 아저씨는 서로 얼굴을 붉힌다. 옥희가 유치원에서 꽃을 가지고 와 아저씨가 준 것이라고 거짓말을 하자 어머니는 당황해 하면서 그 꽃으로 인해 갈등한다.

절정 아저씨의 편지를 받고 어머니는 갈등을 하고, 결국 거절의 의미로 손수건을 보낸다. 그리고 옥희와 단둘이서만 살겠다는 결심을 한다.

결말 아저씨는 옥희네 집을 떠나고 어머니는 아저씨와의 추억을 정리하며 슬퍼한다.

㉮ "옥희는 어떤 ㉠반찬을 제일 좋아하노?"

하고 묻겠지요. 그래 삶은 달걀을 좋아한다고 했더니, 마침 상에 놓인 삶은 ㉡달걀을 한 알 집어 주면서 나더러 먹으라고 합니다.

나는 그 달걀을 벗겨 먹으면서, / "아저씨는 무슨 반찬이 제일 맛나요?"

하고 물으니까, 아저씨는 한참이나 빙그레 웃고 있더니, / "나도 <u>삶은 달걀.</u>"
<small>옥희와 친해지려는 의도</small>

하겠지요. 나는 좋아서 손뼉을 짤깍짤깍 치고, / "아, 나와 같네. 그럼 가서 어머니한테 알려야지." 〈중략〉

그러나 사랑 아저씨가 달걀을 좋아하는 것이 내게는 썩 좋게 되었어요. <u>그 다음부터는 어머니가 달걀</u>
<small>행동을 통한 심리 묘사 – 아저씨에 대한 어머니의 관심</small>

<u>을 많이씩 사게 되었으니까요.</u> 달걀 장수 노파가 오면 한 번에 열 알도 사고 스무 알도 사고, 그래선 두고두고 삶아서 아저씨 상에도 놓고, 또 으레 나도 한 알씩 주고 그래요. 그뿐만 아니라, 아저씨한테 놀러

나가면 가끔 아저씨가 ⓒ책상 서랍 속에서 달걀을 한두 알 꺼내서 먹으라고 주지요. 그래 그담부터는 나는 아주 실컷 달걀을 많이 먹었어요.

▶ 달걀을 좋아한다는 아저씨의 말에 달걀을 많이 사는 어머니

나 하루는 밤에 아저씨 방에서 놀다가 졸려서 안방으로 들어오려고 일어서니까 아저씨가 『하얀 ⓔ봉투』를 서랍에서 꺼내어 내게 주었습니다.

『 』: 어머니의 내적 갈등을 고조시키는 소재

"옥희, 이거 갖다가 엄마 드리고, 지나간 달 밥값이라고, 응."

나는 그 봉투를 갖다가 어머니에게 드렸습니다. 어머니는 그 봉투를 받아들자 갑자기 얼굴이 파랗

'나' : 아저씨와 어머니 사이에서 사랑의 감정을 전달하는 역할   놀람, 당황함

게 질렸습니다. 그 전날 달밤에 마루에 앉았을 때보다도 더 새하얗다고 생각되었습니다. 그 봉투를 들고 어쩔 줄을 모르는 듯이 어머니 얼굴에는 초조한 빛이 나타났습니다. 〈중략〉

"응, 그래. 옥희 엄마는 옥희 하나면 그뿐이야. 세상 다른 건 다 소용 없어. 우리 옥희 하나면 그만

옥희와 둘이 살아가기로 결정함   아저씨의 사랑

이야. 그렇지, 옥희야." / "응!"

▶ 아저씨의 마음을 알고, 옥희를 위해 사랑을 포기하려는 어머니

다 "이 손수건, 저 사랑 아저씨 손수건인데, 이것 아저씨 갖다 드리고 와, 응? 오래 있지 말고 손수건 만 갖다 드리고 이내 와, 응?"

하고 말씀하셨습니다.

손수건을 들고 사랑을 나가면서, 나는 접어진 손수건 속에 무슨 발각발각하는 종이가 들어 있는 것

아저씨의 사랑을 거절하는 내용의 편지

처럼 생각되었습니다마는, 그것을 펴 보지 않고 그냥 갖다가 아저씨에게 주었습니다. 〈중략〉

어머니는 풍금 앞에 앉아서 무엇을 그리 생각하는지 가만히 있더군요. 나는 풍금으로 가서 가만히 그

어머니의 슬픔을 달래 주는 소재

옆에 앉아 있었습니다. 이윽고 어머니는 조용조용히 풍금을 타십니다. 무슨 곡조인지는 몰라도 구슬픈

사랑을 포기해야 하는 어머니의 슬픈 감정이 이입됨

곡조예요.

밤이 늦도록 어머니는 풍금을 타셨습니다. 그 구슬픈 곡조를 계속하고 또 계속하면서.

▶ 어머니의 편지를 받은 아저씨와 풍금을 타는 어머니

기초학습 소설의 말하는 이 '서술자'

1) 소설에서 이야기를 전달하는 사람을 '서술자', '이야기꾼'이라 한다.
2) 소설의 서술자는 '시점'과 밀접하게 관련되어 있다.
3) 서술자는 작가의 대리인으로 작품 속의 인물일 수도 있고, 작품 밖의 인물일 수도 있다.

✔ 바로바로 CHECK

01 이 글의 서술자에 대한 설명으로 옳은 것은?

① 서술자가 '나'이다.
② 서술자가 주인공이다.
③ 서술자가 겉으로 드러나지 않는다.
④ 서술자가 등장인물의 심리를 정확히 알고 있다.

해설 이 글은 1인칭 관찰자 시점으로 서술자가 겉으로 드러나는 '나'이다.

02 〈보기〉의 역할을 하는 소재로 알맞은 것은?

┌─ 보기 ─────────────────┐
│ • 아저씨와 '나'를 더욱 가깝게 만드는 소재 │
│ • 아저씨에 대한 어머니의 관심과 정성을 드 │
│   러내는 소재 │
└────────────────────────┘

① ㉠ 반찬   ② ㉡ 달걀
③ ㉢ 책상   ④ ㉣ 봉투

03 이 글의 서술자를 어린아이로 설정하여 얻을 수 있는 효과로 가장 적절한 것은?

① 사건의 사실성을 높여 준다.
② 독자가 잘 모르는 내용을 정확하게 알려 준다.
③ 등장인물의 심리를 모두 이해하여 이를 자세하게 설명해 준다.
④ 통속적으로 흐를 수 있는 이야기를 순수한 시각을 통해 아름다운 이야기로 이끌어 간다.

해설 순수한 어린아이를 서술자로 설정하여 통속적일 수 있는 사랑 이야기가 아름답게 승화되어 전달된다.

정답 01. ① 02. ② 03. ④

한눈에 감 잡기

1. 등장인물의 성격
• 나(옥희) : 서술자로 천진난만한 어린아이
• 어머니 : 전통적 윤리 의식의 소유자, 옥희를 매우 사랑하며 자신의 사랑에 대해서는 소극적임
• 아저씨 : 소극적 성격, 옥희에게 다정하게 대하며 진심으로 귀여워함

2. 갈등의 양상
• 봉건적, 전통적 윤리관의 어머니 ⟷ 개방적, 진보적 가치관의 외삼촌
• 어머니와 아저씨(서로를 좋아함) ⟷ 봉건적 윤리관

3. 주요 소재의 의미
• 달걀 : 아저씨에 대한 어머니의 관심과 정성의 매개체
• 풍금 : 아버지와의 추억과 사랑을 상징, 어머니의 내적 갈등 형상화
• 꽃 : 어머니의 내적 갈등을 심화시키는 소재
• 손수건 : 아저씨와의 이별을 상징

4. 어린아이를 서술자로 내세운 이유
• 천진난만한 서술자로 인해 독자의 웃음 유발
• 서술자가 직접 말해 주지 못하는 내용을 상상하며 읽는 즐거움을 느끼게 함
• 어린아이의 순수한 시선과 말투로 어른들의 통속적인 사랑을 아름답게 승화시킴

07 운수 좋은 날

– 현진건

☑ 핵심정리

- **갈래** : 현대 소설, 단편 소설, 사실주의(리얼리즘) 소설
- **성격** : 사실적, 반어적, 비극적
- **시점** : 3인칭 전지적 작가 시점
- **배경**
  ① 시간 : 1920년대 겨울
  ② 공간 : 서울 도성 안
- **주제** : 일제 강점기 도시 하층민의 비극적 삶
- **특징**
  ① 반어적인 제목으로 비극을 극대화함
  ② 비속어나 욕설을 사용하여 하층민의 삶을 사실적으로 그려냄
  ③ 도시 하층민의 삶을 통해 일제 강점기의 우리 민족의 비극적인 삶을 표현

발단	한 달 넘게 앓고 있는 병든 아내를 둔 인력거꾼 김 첨지에게 오랜만에 손님을 많이 태워 돈을 벌게 되는 행운이 찾아온다.
전개	계속되는 행운에 김 첨지는 두려움과 불안감을 느끼며 귀가를 늦추고 싶어 한다.
위기	친구 치삼과 함께 선술집에서 술을 마시면서 돈에 대한 화풀이를 하고, '안 죽었어'를 외치며 아내에 대한 불안감을 떨쳐 버리려 애쓴다.
절정	아내를 위해 설렁탕을 사 가지고 집으로 돌아온 김 첨지는 집 안의 무서운 정적을 느끼며 죽은 아내에게 호통을 친다.
결말	아내의 죽음을 확인하고 비통해 하는 김 첨지

『 』: 배경 제시 – 음산하고 어두운 분위기 조성

㉮ 『새침하게 흐린 품이 눈이 올 듯하더니, 눈은 아니 오고 얼다가 만 비가 추적추적 내리었다.』
이 날이야말로 동소문 안에서 ★인력거꾼 노릇을 하는 김 ★첨지에게는 오래간만에도 닥친 운수 좋은 날이었다. 문안에(거기도 문밖은 아니지만) 들어간답시는 앞집 마나님을 ★전찻길까지 모셔다 드린 것을 비롯하여 행여나 손님이 있을까 하고 정류장에서 어정어정하며, 내리는 사람 하나하나에게 거의 비는 듯한 눈길을 보내고 있다가, 마침내 교원인 듯한 ★양복쟁이를 ★동광 학교(東光學校)까지 태워다 주기로 되었다. ★ 시대적 배경(상황)을 알 수 있는 말

▶ 오랜만에 돈을 많이 버는 운수 좋은 날이 닥침

㉯ 이윽고 끄는 이의 다리는 무거워졌다. 자기 집 가까이 다다른 까닭이다.
     ──────────────
     아내에 대한 불안과 근심
새삼스러운 염려가 그의 가슴을 눌렀다.
"오늘은 나가지 말아요. 내가 이렇게 아픈데!"

이런 말이 잉잉 그의 귀에 울렸다. 그리고 병자의 움쑥 들어간 눈이 원망하는 듯이 자기를 노리는 듯하였다. 그러자 엉엉하고 우는 개똥이의 곡성을 들은 듯싶다. 딸국딸국 하고 숨 모으는 소리도 나는 듯싶다.

〈중략〉

김 첨지는 또다시 달음질하였다. 『집이 차차 멀어 갈수록 김 첨지의 걸음에는 다시금 신이 나기 시작하였다. 다리를 재게 눌려야만 쉴새없이 자기의 머리에 떠오르는 모든 근심과 걱정을 잊을 듯이.』

『　』: 아내에 대한 걱정을 잊기 위해 달리는 일에 몰두함

▶ 인력거를 끌면서 심리적으로 갈등하는 김 첨지

다 "봐라, 봐! 이 더러운 놈들아! 내가 돈이 없나, 다리 뻑다구를 꺾어 놓을 놈들 같으니."

비속어 - 인물의 심리와 삶의 모습에 사실감을 높임

하고 치삼이 주워 주는 돈을 받아, / ㉠"이 원수엣돈! 이 육시를 할 돈!"

가난에 대한 극도의 원망, 울분 표출

하면서 팔매질을 친다. 벽에 맞아 떨어진 돈은 다시 술 끓이는 양푼에 떨어지며 정당한 매를 맞는다는 듯이 쨍 하고 울었다.

돈에 대해 부정적으로 바라보는 작가의 의식

▶ 돈에 대한 원망을 드러내는 김 첨지

✔ 바로바로 CHECK

01 이 글의 배경인 '비'의 역할로 가장 적절한 것은?
① 추운 겨울 날씨를 사실적으로 보여 준다.
② 아내의 아픔을 더 심하게 해 주는 역할을 한다.
③ 인력거꾼으로서 일하기 힘든 상황을 보여 준다.
④ 작품의 어두운 분위기와 비극적인 결말을 암시한다.

02 (다)의 ㉠에 대해 바르게 이해하지 **못한** 사람은?
① 도윤 - 돈에 대한 김 첨지의 울분과 한이 담긴 표현이야.
② 현수 - 돈을 가볍게 여기는 김 첨지의 태도를 알 수 있어.
③ 준수 - 김 첨지는 돈이 자신의 불행의 원인이라고 생각하고 있어.
④ 민지 - 김 첨지는 아픈 아내 곁을 지키지 못하는 게 돈 때문이라고 생각하고 있어.

해설 김 첨지는 자신을 비참하게 만드는 돈에 대해 원망하는 것이지 가볍게 여기지 않는다.

03 이 글을 다음과 같이 감상하였을 때 (　　) 안에 들어갈 말이 차례대로 나열된 것은?

이 작품의 제목 '운수 좋은 날'은 가장 비극적인 날을 (　　　)으로 표현한 것이다. 이것은 외면적 행운 뒤에 (　　) 결말이 준비되어 있다는 (　　) 현실을 극적으로 제시한다.

① 반어적, 비극적, 모순된
② 반어적, 비극적, 비극적
③ 모순적, 비극적, 반어적
④ 역설적, 비극적, 비극적

정답 01. ④ 02. ② 03. ①

라 "이 눈깔! 이 눈깔! 왜 나를 바루 보지 못하고 천장만 바라보느냐, 응?"

하는 말끝엔 목이 메었다. 그러자 산 사람의 눈에서 떨어진 닭똥 같은 눈물이 죽은 이의 뻣뻣한 얼굴을

아내를 잃은 슬픔, 현실에 대한 분노

어룽어룽 적시었다. 문득 김 첨지는 미친 듯이 제 얼굴을 죽은 이의 얼굴에 비비대며 중얼거렸다.

"설렁탕을 사다 놓았는데 왜 먹지를 못하니? 왜 먹지를 못하니······? 괴상하게도 『오늘은 운수가 좋더

아내에 대한 사랑, 가난한 현실, 비극성 고조

니만······.』" 『 』: 돈을 잘 벌 ↔ 아내의 죽음(반어적 상황)   ▶ 아내의 죽음 앞에 비통해 하는 김 첨지

한눈에 감 잡기

1. 제목 '운수 좋은 날'의 반어적 구조

표면적	운수 좋은 날	연이은 행운으로 큰 돈을 벌게 된 날
이면적	운수 나쁜 날	병든 아내가 죽은 가장 비참한 날

⇒ 결말의 비극성을 부각시켜 일제 강점기 하층민의 비참한 삶을 더욱 강조함

2. 시대적 배경을 나타내 주는 소재

양복쟁이, 인력거꾼, 다섯 푼, 버들고리짝, 김 첨지, 전찻길, 정거장, 망토, 동광학교, 열한 점, 우장, 삼십 전 등 ⇒ 1920년대 일제 강점기

3. 김 첨지의 전형성

- 전형적 인물 : 특정한 시대의 집단이나 계층의 특성을 대표하는 인물
- 김 첨지 : 집에 있어 달라는 아내의 부탁도 뿌리치고 먹고살기 위해 나가야 하는 궁핍한 형편
  ⇒ 1920년대 일제 강점 하에서 하루 벌어 하루 먹고사는 빈곤한 도시 하층 노동자 계급을 대표함

4. 집과의 거리에 따른 심리 변화

- 집과 가까워짐 : 다리가 무거워지고 걸음 속도가 느려짐 → 병든 아내 걱정에 불안함 → 아내에 대한 걱정과 불안감 심화
- 집과 멀어짐 : 다리가 가벼워지고 걸음 속도가 빨라짐 → 아내에 대한 걱정을 떨치고 돈을 버는 기쁨에 집중함 → 아내에 대한 불안감 해소

5. 소재의 의미

- 추적추적 내리는 비 : 음산하고 어두운 분위기 조성, 비극적 결말 암시
- 돈 : 아내를 살리고 가난을 극복할 대안, 가난과 아내의 죽음을 초래한 근본적인 원인
- 술 : 아내의 죽음에 대한 불안감 해소의 수단, 돈과 가난에 대한 혐오와 갈등을 표출하는 계기
- 설렁탕 : 김 첨지의 아내에 대한 사랑, 결말의 비극성 강조

6. 1920년대 사회·문화적 상황

- 일제가 국권을 강탈하고 토지를 점유함 ⇒ 갈 곳 잃은 소작농들이 서울로 유입되고 인력거꾼 같은 도시 하층 노동자로 전락함
- 전차가 놓이고 인력거 이용이 줄어듦 ⇒ 도시 하층민의 생활이 더욱 비참해짐

08 원미동 사람들

– 양귀자

✅ **핵심정리**

여러 작가가 나누어 쓴 것을 하나로 만들거나 한 작가가
같은 주인공의 단편 소설을 여러 편 써서 하나로 만든 소설

- **갈래** : 현대 소설, 세태 소설, 단편 소설, 연작 소설
- **성격** : 사실적, 일상적
- **시점** : 3인칭 전지적 작가 시점
- **배경**
  ① 시간 : 1980년대, 겨울
  ② 공간 : 서울 근교 소도시의 작은 동네
      – 원미동 23통 5반
- **주제** : 가난한 동네의 이웃 간에 벌어지는 갈등과 이해
- **특징**
  ① 11개 단편이 모인 연작 소설, '원미동 사람들'의 9번째
      작품으로 〈일용할 양식〉 편
  ② 구체적 배경(원미동 23통 5반)을 바탕으로 평범한 소
      시민의 삶을 사실적으로 표현
  ③ 다양한 사투리의 사용으로 인물의 성격을 구체화하고,
      현실감을 더함

발단	'김포 쌀 상회'가 '김포 슈퍼'로 새롭게 도약함
전개	'형제 슈퍼'와 '김포 슈퍼'의 가격 경쟁으로 난처해 하다가 결국 이익을 챙기는 원미동 사람들
위기	'싱싱 청과물'의 등장으로 '형제 슈퍼' 김반장과 '김포 슈퍼' 경호네가 애를 태움
절정	'형제 슈퍼' 김반장과 '김포 슈퍼' 경호네가 동맹을 맺어 '싱싱 청과물'의 문을 닫게 함
결말	먹고살기 위해 고민해야 하는 원미동 사람들의 고단한 삶

㉮ 처음에는 어떤 일이나 그렇듯 대수롭지 않았다. '김포 쌀 상회'의 상호가 '김포 슈퍼'로 바뀌었을
뿐인 것이다. 원래는 쌀과 연탄만을 취급하면서 23통 일대의 쌀과 연탄을 도맡아 배달해 주던 김포 쌀 상
회의 경호 아버지가 어지간히 돈을 모은 모양이었다. 비어 있는 옆 칸을 헐어 가게를 확장한 것이다. 김포
쌀 상회가 김포 슈퍼로 도약하였을 때에는 응당 상호에 걸맞게 온갖 생활필수품들이 진열대를 메우는 것은
당연한 노릇이었다. 한쪽에는 싸전을, 또 한쪽에다는 미니 슈퍼를, 그리고 가게 앞 공터에다는 연탄을 쟁여
놓고 있는 품이 제법 거창하기까지 해서, 김포 쌀 상회의 눈에 뜨이는 성공은 동네 사람들을 놀라게 하였다.
▶ '김포 쌀 상회'가 '김포 슈퍼'로 확장 개업함

㉯ 김 반장은 그럼 두 손을 늘어뜨리고 구경만 할 것인가? 제꺼덕 김포 슈퍼보다 10원씩 더 가격
을 내리고 저울 눈금도 마냥 후하게 달았다. 스무 개짜리 귤은 아예 스물다섯 개씩 팔아넘기니 한 박스
팔아도 본전 건지면 천만다행인 장사가 시작된 셈이었다. 새해 들면서 김포와 형제의 공방전이 여기에 이
르자, 오히려 살판난 것은 동네 여자들이었다.
▶ 두 슈퍼의 경쟁으로 신난 동네 여자들

다 남은 일은 싱싱 청과물이 어떻게 당하는지 구경하는 것뿐이었다. 고흥댁 말대로 고래가 세 마리로
_{김포 슈퍼, 형제 슈퍼, 싱싱 청과물}
불어났으니 먹을 게 더 많아지리라는 기대도 조금 있었다. 아닌 게 아니라, 주된 전략은 바로 가격 인하
_{물건 값이 더 싸지리라}
였다. 싱싱 청과물에서 취급하는 품목에 한해서만 두 가게가 모두 대폭적으로 가격을 내리기로 하였다는
것이었다. 그 외의 상품들은 동맹 이후 두 가게가 같이 정상 가격으로 환원하였다. 완도 김을 대량 입하
했던 싱싱 청과물에 맞서 김 반장은 위도 김을 들여와 집집마다 산지 가격으로 나누어 주었다. 부지런한
경호 아버지가 서울의 청과물 도매 시장에서 들여온 사과와 귤이 김 반장네 가게에도 진열되어 싼값으로
팔려 나가기 시작했다.

원미동 여자들이야 굳이 싱싱 청과물을 들러야 할 이유가 없었다.

▶ 경호네와 김반장의 동맹 전략

라 "왜들 이렇게 장삿길로만 빠지는지 몰라." / 우리 정육점 여자의 우문이었다.

"먹고 살기가 힘드니까 그렇지요."
_{갈등의 근본 원인, 소시민들의 생활상}
새댁이 즉각 현명한 답을 내놓았다.

그러고는 잠시 말이 끊겼다. 『매일매일을 살아 내야 한다는 점에서 원미동 여자들 모두는 각자 심란
_{『 』: 먹고 사는 문제에서 자유롭지 못한 평범한 소시민들의 모습}
한 표정이었다.』그중에서도 시내 엄마가 가장 울상이었다. 아이들 속에서 끼여 놀던 지물포집 막둥이
_{새로운 전파상이 등장하므로}
가 넘어졌는지 입을 크게 벌리고 앙앙 울어대는 것을 신호로 여자들은 제각각 흩어져 버렸다. 그리고 빈
자리에는 이른 봄볕만 엄청 푸졌다.
_{원미동 사람들의 삶과 대조적인 분위기 제시, 작가의 따뜻한 시선}

▶ 살아가는 일이 힘겨운 원미동 사람들

✔ 바로바로 CHECK

01 이 글에 대한 설명으로 적절하지 <u>않은</u> 것은?
① 구체적 배경을 제시해 사실감을 더한다.
② 소시민의 삶을 소재로 한 연작 소설 중 한 편이다.
③ 창작 당시의 사회·문화적 배경을 짐작할 수 있다.
④ 비현실적인 소재들을 등장시켜 글의 흥미를 더한다.

해설 이 작품은 1980년대의 사회·문화적 배경을 짐작할 수 있는 사실성 높은 소재들을 제시하고 있다.

02 이 글을 통해 작가가 말하고자 한 것과 가장 거리가 <u>먼</u> 것은?
① 더불어 사는 사회의 필요성
② 인정을 베풀고 살기에 힘든 현실
③ 사회에서 지켜야 하는 공존의 원리
④ 같은 업종을 기피하는 현실의 세태

해설 같은 업종을 기피하는 현실 세태를 말한 것은 아니다.

정답 01. ④ 02. ④

한눈에 감 잡기

1. 사회·문화적 상황을 나타내 주는 소재

유선 방송, 옥상마다 다닥다닥 붙어 있는 안테나, 쌀 상회, 연탄, 복덕방, 100원짜리 꼬마 손님, 180원 하는 과자, 신정 연휴 사흘, 전파상 등		• 1980년대 도시 서민들의 모습을 보여 줌 • 먹고사는 일이 힘겹고 치열한 소시민들의 삶이 드러남

2. 작가의 의도
- 먹고살기 힘든 가난한 동네의 이웃 간에 벌어지는 갈등과 화해
- 더불어 사는 사회에서 인간들이 지켜야 할 이해와 공존의 원리

3. 갈등 양상과 원인
- 외적 갈등 (1)

김포 슈퍼 (경호네 내외)	⬌ • 거리가 가까움 • 같은 품목을 판매함	형제 슈퍼 (김반장)

- 외적 갈등 (2)

김포 슈퍼와 형제 슈퍼	⬌ • 두 슈퍼 가운데에 싱싱 청과물이 위치함 • 같은 품목을 판매함	싱싱 청과물

- 내적 갈등 : 김포 슈퍼와 형제 슈퍼가 같은 품목을 팔게 되자 어디로 가야 할지 난처하게 된 동네 사람들

4. 사건에 따른 동네 사람들의 심리
- '김포 쌀 상회'가 '김포 슈퍼'로 확장 개업함 ⇒ 경호네의 성공을 부러워하며 앞날을 격려함
- '형제 슈퍼'와 '김포 슈퍼'의 경쟁 ⇒ 어느 곳으로 갈지 갈등하다가 좀 더 싼 곳으로 감
- '싱싱 청과물'의 개업 ⇒ 물건값이 내리기를 기대함
- 두 슈퍼의 동맹으로 '싱싱 청과물'이 폐업함 ⇒ 동맹자들에게 언짢아 하고 싱싱 청과물의 폐업을 안타까워함
- 새로운 전파상이 들어올지도 모른다는 소식 ⇒ '써니 전자'와 새로 들어올 전파상이 타협하기를 바람

수필 · 수기

01 괜찮아

– 장영희

✅ 핵심정리

- **갈래** : 수필(수기)
- **성격** : 회상적, 긍정적, 신변잡기적
- **제재** : 어린 시절 골목길의 추억
- **주제** : 친구들의 따뜻한 배려와 '괜찮아'라는 말 속에 담긴 의미
- **특징**
  ① 일상적인 일을 소재로 하여 글쓴이의 심정을 드러냄
  ② 전체적으로 따스하고 긍정적인 분위기를 느낄 수 있음
  ③ 글쓴이가 직접 겪은 일화를 통해 배려와 이해의 소중함을 일깨움

처음	아이들의 놀이터인 동네 골목 안의 소개
중간	① 아이들과 어울리게 하려는 어머니의 배려 ② 몸이 불편한 '나'와 같이 어울려 주는 친구들의 배려 ③ "괜찮아."라는 말로 희망과 용기를 준 깨엿 장수 아저씨
끝	나에게 희망이 된 말 "괜찮아."

가 초등학교 때 우리 집은 제기동에 있는 작은 한옥이었다. 골목 안에는 고만고만한 한옥 네 채가 서
　　시간적 배경　　　　　　　　　　　　　　　　　　　　　　　　　　　　　　공간적 배경
로 마주 보고 있었다. 그때만 해도 한집에 아이가 네댓은 되었으므로, 그 골목길만 초등학교 아이들이 줄

잡아 열 명이 넘었다. 학교가 파할 때쯤 되면 골목 안은 시끌벅적한, 아이들의 놀이터가 되었다.
　　　　　　　　　　　　　　　　　　　　　　　　　　　　밝고, 활기찬 분위기

▶ 초등학교 시절, 아이들의 놀이터가 되었던 골목길의 모습

나 어머니는 내가 집에서 책만 읽는 것을 싫어하셨다. 그래서 방과 후 골목길에 아이들이 모일 때쯤이
면 어머니는 대문 앞 계단에 작은 방석을 깔고 나를 거기에 앉혀 주셨다. 아이들이 노는 것을 구경이
　　　　　　　　　'나'의 몸이 불편함, '나'를 배려하는 어머니의 마음
라도 하라는 뜻이었다.

▶ 아이들과 어울리게 하려는 어머니의 배려

다 딱히 놀이 기구가 없던 그때, 친구들은 대부분 술래잡기, 사방치기, 공기놀이, 고무줄넘기 등을 하고 놀았지만, 다리가 불편한 나는 공기놀이 외에는 어떤 놀이에도 참여할 수가 없었다. 하지만 골목 안
<u>소아마비인 '나'의 처지</u>
친구들은 나를 위해 꼭 무언가 역할을 만들어 주었다. 고무줄넘기나 달리기를 하면 내게 심판을 시키
<u>'나'에 대한 친구들의 배려 ①</u>
거나, 신발주머니와 책가방을 맡겼다. 이뿐인가? 술래잡기를 할 때는 한곳에 앉아 있는 내가 답답할까 봐
미리 <u>내게 어디에 숨을지를 말해 주고 숨는 친구도 있었다.</u>
<u>'나'에 대한 친구들의 배려 ②</u>
<u>우리 집은 골목 안에서 중앙이 아니라 구석 쪽이었지만, 내가 앉아 있는 계단 앞이 친구들의 놀</u>
<u>'나'에 대한 친구들의 배려 ③</u>
이 무대였다. 놀이에 참여하지 못해도 나는 전혀 소외감이나 박탈감을 느끼지 않았다. 아니, 지금 생각
하면, 내가 소외감을 느낄까 봐 친구들이 배려해 준 것이었다.

▶ '나'가 소외감을 느끼지 않도록 배려해 준 친구들

라 그 골목길에서 있었던 일이다. 초등학교 1학년 때였던 것 같다.

하루는 우리 반이 좀 일찍 끝나서 <u>혼자 집 앞에 앉아 있었다.</u> 그런데 그때 마침 깨엿장수가 골목길을
<u>외롭고 쓸쓸한 모습</u>
지나고 있었다. 그 아저씨는 가위만 쩔렁이며 내 앞을 지나더니, 다시 돌아와 내게 깨엿 두 개를 내밀
<u>다리가 불편한 '나'에게 정을 보임. 위로와 격려의 의도</u>
었다. 순간, 그 아저씨와 내 눈이 마주쳤다. 아저씨는 아주 잠깐 미소를 지어 보이며 말했다.

"괜찮아."
<u>다리가 불편해서 힘들겠지만 희망과 용기를 잃지 말고 살라는 위로의 말</u>
무엇이 괜찮다는 것인지는 몰랐다. 돈 없이 깨엿을 공짜로 받아도 괜찮다는 것인지, 아니면 목발을 짚
고 살아도 괜찮다는 것인지⋯⋯. 하지만 그건 중요하지 않다. 중요한 건 <u>내가 그날 마음을 정했다는 것</u>
<u>긍정적인 태도로 세상을 살기로 다짐함</u>
이다. 이 세상은 그런대로 살 만한 곳이고, 좋은 사람들이 있고, 선의와 사랑이 있고, "괜찮아."라는 말처
럼 용서와 너그러움이 있는 곳이라고 믿기 시작했다는 것이다.

▶ 깨엿장수 아저씨로 인해 세상의 아름다움을 깨달음

마 참으로 신기하게도, 힘들어서 주저앉고 싶을 때마다 난 내 마음속에서 작은 속삭임을 듣는다.
<u>"괜찮아."라는 말을 떠올리며 희망과 용기를 얻는다.</u>
오래전, 따뜻한 추억 속의 골목길 안에서 들은 말. ㉠'괜찮아! 아, 그래서 『그 후로 나에게 "괜찮아."는
이제 다시 시작할 수 있다는 희망의 말이 되었다.』
『 』: 따뜻한 말 한마디가 다른 사람에게 희망이 될 수 있음

▶ '괜찮아'는 '나'에게 희망을 주는 말임

✔ 바로바로 CHECK

01 이와 같은 글의 성격으로 알맞지 <u>않은</u> 것은?

① 주로 신변잡기적이다.

② 소재와 형식이 자유롭다.

③ 글쓴이가 생활 속에서 경험한 감동과 깨달음이 드러난다.

④ 꾸며 낸 이야기로, 인물 간의 갈등이 사건 전개의 중심이 된다.

해설 이 글은 수필(수기)이다.
④는 소설이나 희곡의 특성에 해당된다.

02 (마)의 ㉠에 담긴 의미로 알맞지 <u>않은</u> 것은?

① "걱정하지 마. 다 잘될 거야."

② "그만하면 잘한 거야. 기운 내렴."

③ "지금은 힘들지만 앞으로 좋은 일만 있을 거야."

④ "네가 너무 경솔했어. 앞으로 이렇게 주변 사람을 힘들게 하면 안 돼."

해설 '괜찮아'에는 용서, 너그러움, 격려, 위로, 희망 등이 담겨 있다.

정답 01. ④ 02. ④

한눈에 감 잡기

1. '나'의 처지

> 다리가 불편(목발을 짚고 다님)하여 친구들의 놀이에 참여하기가 쉽지 않음

➡
- 골목 대문 앞에 앉아 아이들이 노는 것을 봄
- 공기놀이 외에는 친구들과 함께 놀 수 없음

2. '나'에 대한 주변의 배려

어머니	다리가 불편한 '나'가 친구들과 어울릴 수 있도록 대문 앞에 작은 방석을 만들어 '나'를 앉힘
친구들	다리가 불편한 '나'가 앉아 있는 계단 앞에서 놀거나 '나'의 역할을 만들어 줌

➡ '나'가 소외감과 박탈감을 느끼지 않게 하려는 배려

3. 깨엿장수가 한 말인 '괜찮아'의 의미

- 돈을 내지 않고 그냥 먹어도 된다.
- 힘든 상황이라도 희망을 잃지 않으면 얼마든지 행복하게 살 수 있다. ⇒ 격려, 희망, 용기

4. '나'의 가치관

> - 이 세상은 그런대로 살 만한 곳
> - 이 세상은 좋은 사람들이 있는 곳
> - 이 세상은 선의와 사랑이 있는 곳
> - 이 세상은 용서와 너그러움이 있는 곳

➡ 긍정적인 자세로 세상을 바라봄

5. 글쓴이가 하고자 한 말

목발에 의지하며 외로운 삶을 사는 글쓴이 ➡ 주위 사람들의 따뜻한 한마디 '괜찮아'가 글쓴이에게 새로운 희망이 됨 ➡ 고통 받는 사람들에게 배려와 위로의 한 마디가 따뜻한 세상을 만든다.

02 막내의 야구 방망이

– 정진권

☑ 핵심정리

- **갈래** : 수필
- **성격** : 체험적, 서사적
- **제재** : 막내의 야구 연습
- **주제** : 반과 선생님을 위해 최선을 다하는 막내와 아이들의 순수하고 착한 마음
- **특징**
  ① 막내에 대한 글쓴이의 심리 변화가 드러남
  ② 막내와 아이들을 바라보는 글쓴이의 따뜻한 시선이 드러남

처음	막내의 성화에 못 이겨 야구 방망이를 사 준 '나'
중간	① 야구 연습 때문에 매일 늦게 귀가하는 막내를 혼낸 '나' ② 막내의 야구 연습이 흩어진 반 아이들과 담임 선생님을 위한 것임을 알게 된 '나'
끝	막내의 이야기를 듣고 감동한 '나'

가 어느 날 퇴근을 해 보니 막내의 동무 애들 일고여덟 명이 마루에 둘러앉아 있었다. <u>초등학교 5학년의 개구쟁이들, 그러나 개구쟁이답지 않게 조용했다.</u>
아이들이 무엇인가를 계획하고 있음을 짐작

그날 저녁에 막내는 야구 방망이 하나만 사 달라고 졸랐다. 조르는 대로 다 사 줄 수는 없는 일이지만 너무도 간절히 원하기 때문에 나는 사 주마고 약속을 했다. 그리고 다음 날 퇴근을 할 때 방망이 하나를 사다 주었다.

▶ 막내의 성화에 못 이겨 야구 방망이를 사 준 '나'

나 『그 다음 날부터 막내는 집에 늦게 들어왔다. 어떤 때는 하늘에 별이 떠야 방망이에 글러브를 꿰어 메고 새카만 거지 아이가 되어 돌아오는 것이다. 그러고는 한 사흘을 굶은 놈처럼 밥을 퍼먹는다.』
「 」: 야구에 몰두한 후 바뀐 막내의 모습
"왜 이렇게 늦었니?"

"야구 연습 좀 하느라고요."

"이 캄캄한 밤에 공이 보이니?"

막내는 말이 없었다.

"또 이렇게 늦으면 혼날 줄 알아."

그러나 그 다음 날도 여전히 늦었다. 나는 적이 걱정스러웠다. 『초등학교 5학년짜리들이 야구를 한다면 그건 취미 활동에 불과한 것이다. 그런데 무엇에 쏠려서 별이 떠야 돌아오는 것일까?』
「 」: 막내가 지나치게 야구에 몰두하는 것에 대한 걱정과 의아함

▶ 야구 연습으로 인해 매일 늦게 돌아오는 막내에 대한 걱정

다 그제야 막내는 자초지종을 털어놓았다. 다음에 적는 것은 그 이야기의 대강이다.

『막내의 담임 선생님은 마흔 남짓한 남자 분이신데 무슨 깊은 병환으로 입원을 하셔서 한 두어 달 학교를 쉬시게 되었다.』그렇게 되자 학교에서는 막내의 반 아이들을 이 반 저 반으로 나누어 붙였다. 그러니

『 』: 막내의 반 아이들이 뿔뿔이 흩어지게 된 계기

까 막내의 반은 하루아침에 해체되고 반 아이들은 뿔뿔이 헤어지게 된 것이다.

그런데 배치해 주는 대로 가 보니 그 반 아이들의 괄시가 말이 아니었다. 그런 괄시를 받을 때마다 <u>옛날의 자기 반이 그리웠다.</u>

반 아이들의 심정이 직접 제시

〈중략〉

<u>그러는 동안에</u> 아이들은 선생님이 다 나으셔서 오실 때까지 우리 기죽지 말자 하며 서로서로 격려하게

반이 해체되고 옛 반과 선생님을 그리워하는 동안

되었고, 이런 기운이 팽배해지자 이른바 간부였던 아이들은 <u>자기네의 사명을 깨닫게</u> 되었다. 그래서

자기네 반에 대한 소속감을 가지고 기죽지 않고 지내는 일

몇 아이들이 우리 집에 모였던 것이고, 그 기죽지 않을 방법으로 채택한 것이 야구 대회를 주최하여 우승을 차지하는 것이었다.

▶ 막내의 야구 연습이 흩어진 반 아이들과 입원하신 선생님을 위한 것임을 알게 된 '나'

라 『"아빠, 우린 해야 돼. 다음 번엔 우승해야 돼. 선생님이 다 나으실 때까지 우린 누구 하나도 기죽을 수 없어."』

『 』: 우승을 향한 막내의 강한 집념

막내는 이야기를 마치면서 이렇게 말했다. <u>나는 아무 말도 하지 못했다.</u> 무슨 망국민의 독립 운동사

막내의 이야기에 감동 받음

라도 읽는 것처럼 <u>감동 비슷한 것이 가슴에 꽉 차 오는 것</u> 같았다.

막내를 통해 삶의 깨달음을 얻음

〈중략〉

<u>이튿날 밤 나는 늦게 돌아오는 막내의 방망이를 미더운 마음으로 소중하게 받아 주었다.</u> 그때도

막내에 대한 '나'의 태도 변화

막내와 그 애의 동무 애들의 초롱초롱한 눈 같은 맑고 푸른 별이 두어 개 하늘에 떠 있었다. 나는 그때처럼 ㉠<u>맑고 푸른 별을</u> 일찍이 본 일이 없다.

▶ 막내의 이야기를 듣고 감동하여 진심으로 막내를 응원하는 '나'

한눈에 감 잡기

1. 글쓴이의 심리 변화
   • 야구 연습으로 막내가 늦게 귀가함 ⇒ 걱정이 됨
   • 시합이 끝난 후에도 막내는 야구 연습으로 늦게 귀가함 ⇒ 약속을 지키지 않아 화가 남
   • 막내가 야구 연습으로 늦은 이유를 설명함 ⇒ 깊이 감동 받음
   • 다음 날에도 막내는 야구 연습으로 늦게 귀가함 ⇒ 대견하고 기특함

2. '맑고 푸른 별'의 의미
   막내와 친구들의 마음과 하늘의 별을 동일시함 ⇒ 어려운 일을 함께 극복하면서 성장하는 아이들에 대한 믿음과 희망이 담긴 표현

✔ 바로바로 CHECK

01 이 글의 내용과 일치하지 않는 것은?

① 막내는 입원한 선생님을 걱정하고 있다.
② 막내는 옛 반을 위해 야구 연습을 하고 있다.
③ 글쓴이는 막내의 반을 괄시한 다른 선생님들을 비판하고 있다.
④ 글쓴이는 막내와 아이들에게 감동 받고 진심으로 그들을 응원하고 있다.

02 ㉠에 드러난 글쓴이의 마음으로 가장 알맞은 것은?

① 부모 말을 듣지 않는 아이들에 대한 원망
② 막내의 담임 선생님이 빨리 낫기를 바라는 마음
③ 자신의 일에 최선을 다하는 아들에 대한 자랑스러움
④ 스스로 어려움을 극복하려는 아이들에 대한 믿음과 희망

03 이 글에 대한 반응으로 알맞지 않은 것은?

① 수연 – 막내와 아이들의 모습이 참 기특해.
② 미정 – 묵묵히 아이들을 바라보는 아버지의 사랑이 느껴져.
③ 종원 – 상심한 아이들의 마음을 어루만지는 글쓴이의 모습이 인상적이야.
④ 성진 – 무엇인가에 열중하는 것도 좋지만 학생으로서의 본분을 지켜야지.

해설 막내는 흩어진 옛 반 아이들을 위해 사명을 갖고 야구 연습에 열중한 것이다.

정답 01. ③ 02. ④ 03. ④

03 먹어서 죽는다

- 법정

☑ 핵심정리

- **갈래** : 수필(중수필)
- **성격** : 비판적, 교훈적, 설득적, 논리적
- **제재** : 육식 위주의 식생활 습관
- **주제** : 육식 위주의 식생활에서 벗어나 전통적인 채식 위주의 식생활로 돌아가자.
- **특징**
  ① 역설적이고 인상적인 제목으로 호기심을 유발함
  ② 육식 위주의 식생활이 지닌 문제점을 논리적으로 지적함
  ③ 객관적인 자료를 인용함으로써 주장의 타당성과 내용의 신뢰도를 높임

| **처음** 산업화, 도시화의 영향으로 채식 위주에서 육식 위주로 바뀐 우리나라의 식생활에 대한 우려 – 문제 제기
| **중간** 육식 위주의 식생활이 가져오는 문제점 – 글쓴이의 주장 및 근거
| **끝** 육식 위주의 식생활에서 벗어나 전통적인 식생활로 돌아가자는 당부 – 해결 방안

가 우리나라 사람들이 이렇듯 먹을거리에, 그 중에도 육식에 열을 올린지는 그리 오래되지 않았다. 1960년대 이래 산업화와 도시화의 영향으로 식생활이 채식 위주에서 육식 위주로 바뀌었다. 그러나 『육식 위주의 식생활은 국민 건강이나 한국인의 전통적인 기질과 체질을 고려한다면 결코 바람직하지 않다.』
『 』: 문제 제기, 글쓴이의 주장

▶ 바람직하지 않은 한국인의 육식 위주의 식생활

나 소와 돼지, 닭 등 가축들이 지구상에서 생산되는 곡물의 3분의 1을 먹는다고 한다. 〈중략〉 오늘날 미국에서는 1파운드의 고기를 생산하는데 16파운드의 곡식이 든다고 한다. 『고기 중심의 식사 습관이 이처럼 한정된 식량 자원을 낭비하고 있다.』
『 』: 사람들이 먹어야 할 곡식을 소와 같은 가축이 먹고 있음
▶ 육식 위주의 식생활의 문제점 1(한정된 식량 자원의 낭비)

다 가난한 제3세계에서는 곡식이 모자라 어린이를 비롯해서 수백만의 사람들이 굶주려 죽어 가는데, 산업화된 나라에서는 수백만이 넘는 사람들이 동물성 지방을 지나치게 섭취하여 심장병, 뇌졸중, 암과 같은 병으로 죽어 가고 있다. 〈중략〉 그러니 오늘날 미국인들과 유럽인들은 말 그대로 ㉠'먹어서 죽는다'고
고기 위주의 식습관이 건강을 해쳐서 결국 죽음에 이른다는 의미
할 수 있다. 〈중략〉

먹어서 죽는 것은 미국인과 유럽인들만이 아니다. 우리도 먹어서, 너무 기름지게 먹어서 죽을 수 있다.
▶ 육식 위주의 식생활의 문제점 2(각종 질병과 사망의 주요 원인)

라 리프킨의 책을 읽으면서 우리 인간이 얼마나 잔인하고 무자비한가를 같은 인간으로서 부끄러워하지 않을 수 없었다. <u>어린 수송아지들은 태어나자마자 거세된다.</u> 좀 더 순하게 만들고 고기를 연하게 하
_{동물 학대의 예 ①}
기 위해서이다. 그리고 비좁은 우리에서 짐승들끼리 상처를 입히지 않도록 하기 위해 쇠뿔의 뿌리를 태우는데, <u>소를 마취도 하지 않고 뿌리를 태우는 약을 사용한다.</u> 그뿐만 아니라, 최소한의 시간에 최대한
_{동물 학대의 예 ②}
빨리 성장하도록 <u>성장 촉진 호르몬을 주사하거나 소한테 여러 약들을 먹인다.</u>
_{동물 학대의 예 ③}

▶ 육식 위주의 식생활의 문제점 3(동물 학대의 초래)

마 태어나자마자 거세되고 갖은 약물이 주입되는 소들은 옥수수, 사탕수수, 콩 같은 곡물을 먹게 되는데, 그 곡물들 또한 제초제에 절여진 것들이다. 현재 미국에서 사용하는 제초제의 80%가 옥수수와 콩에 살포된다고 한다. 말 못 하는 짐승들이 이런 곡식들을 먹으면, 그 제초제가 동물의 몸에 축적되고, 수입 쇠고기를 먹는 이 땅의 소비자들에게 그대로 옮겨진다.

▶ 육식 위주의 식생활의 문제점 4(생태계의 오염)

바 리프킨의 글을 읽으면서, 육식 위주의 요즈음 우리 식생활이 얼마나 어리석고 위태로운 먹을거리로 이루어져 있는가를 되돌아본다. 그의 글은 일찍이 우리가 농경 사회에서 익혀 온 식생활이 더없이 이상적이고 합리적이라는 사실을 깨우쳐 주고 있다. <u>우리는 그릇되게 먹어서 죽는 어리석음에서 벗어나</u>
_{주제문(당부)}
<u>야 한다.</u>

▶ 육식 위주의 식생활에서 벗어나 전통적인 식생활로 돌아가자는 글쓴이의 당부

✔ 바로바로 CHECK

01 (다)의 밑줄 친 ㉠의 의미로 알맞은 것은?

① 과식으로 인한 비만으로 죽는다.
② 동물들이 먹을 곡식이 없어 죽는다.
③ 육식을 하는 사람들 때문에 동물들이 죽는다.
④ 육식 위주의 식생활 때문에 질병에 걸려 죽는다.

해설 ㉠은 지나친 육식이 건강을 해칠 수도 있다는 내용을 역설적으로 표현한 것이다.

02 글쓴이가 제시한 문제 해결 방안은 무엇인가?

① 국산 쇠고기만 먹도록 한다.
② 동물에게 유기농 곡물을 먹인다.
③ 채식 위주의 식생활로 돌아가자.
④ 동물 학대를 금지하는 법안을 만든다.

정답 01. ④ 02. ③

한눈에 감 잡기

1. 제목 '먹어서 죽는다'의 의미

- 역설적인 표현으로 육식 위주의 식생활에 대한 글쓴이의 비판적 태도를 담음
- 육식 위주의 식생활 습관을 유지하면 많은 사람들이 병들고 죽음에 이를 것이라는 의미가 담김

2. 육식 위주의 식생활의 문제점

한정된 식량 자원을 낭비함	가축에게 곡물을 먹임으로써 한정된 식량 자원을 낭비함
각종 질병과 사망의 주요 원인이 됨	동물성 지방의 지나친 섭취는 각종 질병과 사망의 주요 원인이 됨
동물 학대를 초래함	• 어린 수송아지를 태어나자마자 거세함 • 소에게 마취하지 않고 뿌리를 태우는 약을 사용함 • 소에게 성장 촉진 호르몬을 주사하거나 여러 약을 먹임 • 젖소한테 항생제를 투여함
생태계를 오염시킴	제초제가 살포된 곡식 → 동물이 그 곡식을 먹고 제초제가 동물의 몸에 축적됨 → 그 동물을 인간이 먹음으로써 발암 위험이 높아짐

3. 글쓴이가 사용한 표현 방식

- 독자의 흥미와 호기심을 불러일으키는 역설적인 제목을 씀
- 구체적인 자료의 인용으로 주장의 타당성과 신뢰성을 높임

04 청춘 예찬

– 민태원

☑ 핵심정리

- 갈래 : 수필
- 성격 : 예찬적, 웅변적, 열정적
- 제재 : 청춘
- 주제 : 청춘에 대한 예찬
- 특징
  ① '중간 – 끝'의 2단 구성으로 이루어짐
  ② 문장의 호흡이 빠르고, 웅변적 어조를 사용하여 설득력과 호소력을 높임
  ③ 다양한 표현 방법의 사용으로 청춘에 대한 예찬적 태도를 효과적으로 드러냄

중간 1 청춘의 정열 예찬
  ① 생명력이 있음(끓는 피)
  ② 추진력이 있고 힘이 있음(거선의 기관)
  ③ 만물에 생명력을 불어넣음(따뜻한 봄바람)

중간 2 청춘의 이상 예찬
  ④ 순수함(죄악에 병들지 아니함)
  ⑤ 이상을 품음

중간 3 청춘의 육체에 대한 예찬
  ⑥ 깨끗하고 신선함
  ⑦ 약동하는 힘이 있음(관현악, 교향악)

끝 청춘에 대한 당부
  ⑧ 인생에서 가장 중요한 시기임(황금시대)

㉮ 청춘! 이는 듣기만 하여도 가슴이 설레는 말이다. 청춘! 너의 두 손을 가슴에 대고, ⓐ물방아 같은 심장의 고동을 들어 보라. 청춘의 피는 끓는다. <u>끓는 피에 뛰노는</u> ⓑ심장은 『거선(巨船) 기관』 같이
청춘의 특징 – 생명력　　　　　　　　　　『 』: 청춘의 특징 – 추진력과 힘
힘 있다. 『ⓒ이성은 투명하되 얼음과 같으며, ⓓ지혜는 날카로우나 갑 속에 든 칼이다.』 청춘의 끓
　　　　　　　　　　　　　　　　　　　　『 』: 이성이나 지혜보다 청춘이 중요하고 가치 있음
는 피가 아니더면 인간이 얼마나 쓸쓸하랴? 얼음에 싸인 만물은 죽음이 있을 뿐이다.

▶ 생명력과 힘이 느껴지는 청춘의 정열

㉯ 그들에게 생명을 불어넣는 것은 <u>따뜻한 봄바람</u>이다. 풀밭에 속잎 나고, 가지에 싹이 트고, 꽃 피
청춘의 특징 – 만물에 생명력을 불어넣음
고 새 우는 봄날의 천지는 얼마나 기쁘며, 얼마나 아름다우냐? 이것을 얼음 속에서 불러내는 것이 따뜻한
봄바람이다. 인생에 따뜻한 봄바람을 불어 보내는 것은 청춘의 끓는 피다. 청춘의 피가 뜨거운지라, 『인
간의 동산에는 사랑의 풀이 돋고, 이상(理想)의 꽃이 피고, 희망의 놀이 뜨고, <u>열락(悅樂)</u>의 새가 운다.』
　『 』: 청춘의 정열은 인간 사회에 사랑과 이상, 희망, 기쁨을 가져옴　　　　　　　　　　기뻐하고 즐거워함

▶ 만물에 생명력을 불어넣는 청춘의 정열

다 이상! 우리의 청춘이 가장 많이 품고 있는 이상! 이것이야말로 무한한 가치를 가진 것이다. 사람은 크고 작고 간에 이상이 있음으로써 용감하고 굳세게 살아갈 수 있는 것이다.

㉠석가는 무엇을 위하여 설산(雪山)에서 고행을 하였으며, 예수는 무엇을 위하여 황야에서 방황하였으며, 공자는 무엇을 위해 천하를 『철환(轍環)』하였는가? ❶밥을 위하여서, ❷옷을 위하여서,

『 』: 수레를 타고 두루 돌아다님

❸미인을 구하기 위하여서 그리 하였는가? 아니다. 그들은 커다란 이상, 곧 만천하의 대중을 품에

❶~❸: 세속적 가치

안고, 그들에게 밝은 길을 찾아 주며, 그들을 행복스럽고 평화스러운 곳으로 인도하겠다는 커다란

이상을 품었기 때문이다.

▶ 이상의 커다란 가치

라 보라, 청춘을! 그들의 몸이 얼마나 튼튼하며, 그들의 피부가 얼마나 생생하며, 그들의 눈에 무엇이 타오르고 있는가? 우리의 눈이 그것을 보는 때에 우리의 귀는 생의 찬미를 듣는다. 그것은 『웅대한 관현악이며, 미묘한 교향악』이다.

『 』: 약동하는 힘이 잘 어우러지는 때임

뼈끝에 스며들어가는 열락의 소리다.

▶ 청춘의 튼튼한 육체

마 이것은 피어나기 전인 유소년에게서 구하지 못할 바이며, 시들어 가는 노년에게서 구하지 못할 바

청춘의 육체

이며, 오직 우리 청춘에서만 구할 수 있는 것이다.

▶ 튼튼한 육체의 생동감은 청춘에서만 구할 수 있음

바 청춘은 인생의 황금 시대다. 우리는 황금 시대의 가치를 충분히 발휘하기 위하여, 이 황금 시대를

인생에서 가장 중요한 시기

영원히 붙잡아 두기 위하여, 힘차게 노래하며 약동하자!

지은이의 당부

▶ 지은이의 당부 : 이상을 세우고 정열적으로 살자.

✔ 바로바로 CHECK

01 (가)의 ⓐ~ⓓ 중 표현법이 **다른** 하나는?

① ⓐ
② ⓑ
③ ⓒ
④ ⓓ

해설 ⓐ, ⓑ, ⓒ 직유법
ⓓ 은유법

02 (다)의 ㉠의 이유로 가장 적당한 것은?

① 본능적 욕망을 추구하기 위해서
② 정열적 삶을 살기 위해서
③ 현실을 바로 보기 위해서
④ 이상을 실현하기 위해서

해설 ㉠은 인류를 평화스러운 곳으로 인도하겠다는 커다란
이상을 품었기 때문이다.

정답 01. ④ 02. ④

한눈에 감 잡기

1. 표현상의 특징

- 문장이 짧고 호흡이 빠름 ⇒ 간결체
- 힘 있고 활기찬 느낌을 줌 ⇒ 강건체
- 화려한 문장과 다양한 수사법을 사용함 ⇒ 화려체

2. 글에 사용된 표현 방법

- 영탄법 : 청춘! / 이상! / 보라, 청춘을!
- 은유법 : 끓는 피 / 따뜻한 봄바람 / 관현악, 교향악, 열락의 소리 / 황금시대
- 설의법 : 얼마나 쓸쓸하랴? / 얼마나 아름다우냐? / 어디 있으랴?
- 대유법 : 밥을 위하여서, 옷을 위하여서, 미인을 구하기 위하여서
- 점층법 : 사랑의 풀이 없으면 인간은 사막이다. 오아시스 없는 사막이다.
- 대구법 : 이성은 투명하되 얼음과 같으며, 지혜는 날카로우나 갑 속에 든 칼이다.
- 직유법 : 거선의 기관과 같이 힘 있다. / 이성은 투명하되 얼음과 같으며
- 열거법 : 인간의 동산에는 사랑의 풀이 돋고, 이상의 꽃이 피고, 희망의 노을이 뜨고, 열락의 새가 운다.
- 문답법 : 밥을 위하여, 옷을 위하여, 미인을 구하기 위하여서 그리하였는가? 아니다.

편지글

01 옥중에서 어머니께 올리는 글월   – 심훈

☑ 핵심정리

- 갈래 : 편지글
- 성격 : 의지적, 고백적, 교훈적
- 제재 : 감옥 생활
- 주제 : 조국 독립을 향한 의지와 어머니에 대한 위로
- 특징
  ① 편지 형식에 맞추어 글쓴이의 생각을 솔직하게 표현
  ② 일제에 대한 저항 의식과 조국 독립의 염원을 잘 표현
  ③ 여러 가지 비유를 통해 글쓴이가 처한 상황과 의지를 효과적으로 표현
- 글쓴이의 처지를 나타내는 말
  차입, 큰집, 쇠고랑, 용수, 보호 순사, 감옥, 간수, 콩밥, 감방, 병감, 쇠창살, 철창 등 ⇒ 독립운동을 하다가 감옥에 갇힌 상황

처음	어머니에 대한 문안과 '나'의 안부를 전함
중간 1	감방 안의 상황을 전하고, 조국 독립을 위한 의지를 다짐
중간 2	감방 안에서 노인의 죽음
끝	어머니의 건강을 기원함

㉮ 어머니! 오늘 아침에 ❶차입해 주신 고의적삼을 받고서야 제가 이곳에 와 있는 것을 집에서도 아신
_{❶~❺ : 글쓴이의 처지를 나타냄(글쓴이는 현재 감옥에 있음)}
줄 알았습니다. 잠시도 어머니의 곁을 떠나지 않던 막내둥이의 생사를 한 달 동안이나 아득히 아실 길 없
으셨으니 그동안에 오죽이나 애를 태우셨겠습니까?

저는 이곳까지 굴러 오는 동안에 꿈에도 생각지 못하던 고생을 겪었지만, 그래도 몸 성히 배포 유하게
_{서두르거나 조급하게 굴지 않고 성미가 유들유들하게}
❷큰집에 와서 지냅니다. ❸쇠고랑을 차고 ❹용수는 썼을망정 『난생 처음으로 자동차에다가 ❺보호 순사
_{죄수의 머리에 씌우는 기구}   시대적 배경(일제 시대)
까지 앉히고 거들먹거리며 남산 밑에서 무학재 밑까지 내려 굵는 맛이란 바로 개선문으로 들어가는 듯하
였습니다.』 『 』 : 글쓴이의 떳떳한 태도(일제에 대한 저항 의식이 드러남)

                                                     ▶ 어머니에 대한 문안과 '나'의 안부를 전함

나 밤이면 가뜩이나 다리도 뻗어 보지 못하는데, 빈대, 벼룩이 다투어 가며 진물을 살살 뜯습니다. 그래서 한 달 동안이나 쪼그리고 앉은 채 날밤을 새웠습니다. 그렇건만 대단히 이상한 일이 있지 않겠습니까?

<u>생지옥 속에 있으면서 괴로워하는 사람이 하나도 없습니다.</u> 『누구의 눈초리에도 뉘우침과 슬픈 빛은
　　　　　　감옥에 있지만 떳떳하기 때문에 괴롭지 않음

보이지 않고, 도리어 그 눈들이 샛별과 같이 빛나고 있습니다.』
　『 』: 이유 – 감옥에 온 이유가 정당하기 때문에, 조국 독립에 대한 강한 의지 때문에

▶ 감옥 안의 상황

다 『㉠어머니께서는 조금도 저를 위하여 근심하지 마십시오.』 지금 조선에는 우리 어머니 같으신
　『 』: 편지를 쓴 이유 ① – 어머니를 위로하기 위해　　　　　　　　　　독립운동을 하다가 감옥에 갇힌 자식을 둔 어머니

어머니가 몇 천 분이요, 또 몇 만 분이나 계시지 않습니까? 그리고 ㉡어머니께서도 이 땅의 이슬을 받고 자라나신 공로 많고 소중한 따님의 한 분이시고, 『저는 ㉢어머니보다 더 크신 ㉣어머니를 위하여 한
　　　　　　　　　　　　　　　　　　　　　　　　심훈의 어머니　　　　　　　조국

몸을 바치려는 영광스러운 이 땅의 사나이외다.』
　『 』: 편지를 쓴 이유 ② – 조국 독립에 대한 의지를 밝힘

▶ 조국 독립에 대한 희생 의지

✔ 바로바로 **CHECK**

01 이 글에 대한 설명으로 알맞지 <u>않은</u> 것은?
① 받는 사람이 정해져 있다.
② 글쓴이의 솔직한 감정이 드러난다.
③ 시대적 배경에 대한 이해가 필요하다.
④ 글쓴이의 가족 사랑의 방법을 주제로 한다.

해설 어머니에 대한 위로, 조국 독립을 향한 의지를 주제로 함

02 다음 중 글쓴이의 처지를 알 수 있는 단어가 <u>아닌</u> 것은?
① 차입　　　　② 큰집
③ 용수　　　　④ 개선문

해설 '개선문'은 글쓴이의 의기양양한 태도를 반영한 비유적 표현이다.

03 (다)의 ㉠~㉣ 중 의미하는 바가 <u>다른</u> 하나는?
① ㉠　　　　　　② ㉡
③ ㉢　　　　　　④ ㉣

해설 ㉠, ㉡, ㉢ 심훈의 어머니
　　㉣ 비유적인 의미의 조국

정답 01. ④　02. ④　03. ④

기행문

01 섬진강 기행　　　　　　　　　　　　　　　　　　　　　　　　　　　　　　　　　　　　　　－ 김훈

☑ 핵심정리

• 갈래 : 기행문	**처음** 여우치 마을에서 자전거 여행 출발
• 성격 : 감상적, 사색적	**중간** 겨울 섬진강의 풍경, 섬진강 바위의 장관,
• 제재 : 겨울 섬진강의 풍경	'요강 바위'의 일화
• 주제 : 겨울 섬진강의 아름다움과 주변 마을 사람들의	**끝** 순창에서 여정을 마침
순박함	

• 특징
① 주변 자연과 사람들의 모습을 생생하게 묘사
② 시간과 공간의 이동에 따라 여행한 순서대로 서술

가 자전거를 타고 새벽에 여우치 마을을 떠나 옥정 호수를 동쪽으로 돌아 나왔다. 『호수의 물안개가
산골짝마다 퍼져서 고단한 사람들의 마을을 이불처럼 덮어 주고 있었다.』
　　　　　　　　　　　　　　　　원관념 : 물안개　　　　　　『 』: 마을의 모습을 시각적으로 표현 – 조용함, 따뜻함, 평화로움
　　27번 국도를 따라 20여 킬로미터를 남쪽으로 달렸다. 임실군 덕치면 회문리 덕치 마을 앞 정자 나무
아래로 흐르는 섬진강은 아직은 강이라기보다는 큰 개울에 가까웠다.

　　　　　　　　　　　　　　　　　　　　　　　　　▶ 여우치 마을을 출발하여 덕치 마을을 지남(여정, 견문, 감상)

나 겨울 섬진강은 적막하다. 돌길을 지나는 자전거의 덜컥거리는 소리에 졸던 물새들이 놀라서 날아
　　　　　　　　　겨울 섬진강의 모습을 단적으로 나타냄
오른다. 겨울의 강은 흐름이 아니라 이음이었다. 강물은 속으로만 깊게 흘렀다.
　　　　　　　수면은 얼어 있고 강물이 그 밑으로 흘렀다.
　　가파른 산굽이를 여울져 흐르는 여름 강의 휘모리장단이나, 이윽고 하구(河口)에 이르러 아득한 산야
　　　　　　　　　　　　　　　　　　빠르고 센 강물의 흐름
를 느리게 휘돌아 나가는 늙은 강의 진양조장단도 들리지 않았다. 산하는 본래가 인간이 연주할 수 없는
　　　　　　　　　　　　　　　　느린 강물의 흐름
거대한 악기와도 같은 것인데, 겨울의 섬진강과 노령 산맥은 수런거리던 모든 리듬을 땅 속 깊이 감
　　　　　　　　　　　　　　　　　겨울이라 강이 얼어 있어 흐르는 물의 장단을 들을 수 없음 – 적막함
추고 있었다.

　　　　　　　　　　　　　　　　　　　　　　　　　　　　　　▶ 겨울 섬진강의 적막함(감상)

다 이 장엄한 바위들을 뽑아 가서 돈 많은 자들의 정원으로 옮겨 놓으려는 도둑들이 있었다. 〈중략〉 도둑은 붙잡혔고, 요강 바위는 장물로 간주되어 전주 지검 남원 지청의 마당으로 운반되었다. 남원에서 이 물가까지 바위를 옮기는 데 중장비 사용료로 500만원이 들었다. 바위의 무게가 25톤이었다. 장구목 마을 주민 12가구가 돈을 모아서 500만원을 마련했다. 요강 바위는 중장비에 실려서 4년 만에 제자리로 돌아왔다. <u>바위를 제 자리에 심어 놓던 날, 장구목 마을과 싸리재 마을 사람들은 돼지를 잡아 물가에서 잔치를 벌였다.</u>

자기 마을의 자연물을 사랑하는 마을 사람들의 순박함

▶ 요강 바위가 제자리를 찾음(견문)

✔ **바로바로 CHECK**

01 이와 같은 글에 대한 설명으로 알맞지 <u>않은</u> 것은?
① 지방색이 잘 드러남
② 여행의 체험을 소재로 함
③ 독자에게 여행의 안내 자료가 됨
④ 과거 시제로 표현하여 생생한 느낌을 줌

해설 현재 시제 사용으로 생생한 느낌을 준다.

02 (나)에서 느낄 수 있는 겨울 섬진강의 분위기는?
① 활기참　② 초라함
③ 적막함　④ 어수선함

03 (다)에 두드러지게 나타나는 기행문의 요소는?
① 여정　② 견문
③ 감상　④ 갈등

정답 01. ④　02. ③　03. ②

한눈에 감 잡기

1. 여 정

여우치 마을 → 옥정 호수 → 27번 국도 → 천담 마을 → 구담 마을 → 싸리재 마을 → 장구목 마을 → 북대미 마을 → 순천

2. 견 문
• 굽이치는 강과 길
• 수만 년을 물의 흐름에 씻기운 바위들
• 가파른 노령 산맥
• 요강 바위에 얽힌 이야기

3. 감 상
• 고단한 사람들의 마을을 이불처럼 덮어 주는 호수의 물안개
• 어린 강과 늙은 길
• 거대한 악기와도 같은 산하
• 여름 강의 휘모리장단, 늙은 강의 진양조장단
• 과거, 현재, 미래의 바위

4. '요강 바위' 일화
• 도둑들 : 자연을 이익 추구의 대상으로만 생각
• 마을 사람들 : 자연을 소중히 여기고 함께 살아감

전기문

01 백범일지

– 김구

☑ 핵심정리

- **갈래** : 전기문(자서전)
- **성격** : 현실 비판적, 저항적
- **배경** : 1896년, 을미사변 다음 해
- **제재** : 백범 김구의 투옥 생활
- **주제** : 옳은 일을 한 뒤의 당당함
- **특징**
  ① 시간적 순서에 의해 구성
  ② 감옥에서의 일화를 통해 글쓴이의 애국심과 의기를 엿볼 수 있음

전개 1 일본인의 만행과 우리나라 관리들의 비겁한 행태를 꾸짖는 글쓴이

전개 2 모진 신문 이후 많은 면회자들의 격려를 받은 글쓴이

(앞부분 줄거리) 치하포 주막에서 식사를 하다가 조선인처럼 변장한 일본인을 발견한 김구는 그가 명성황후를 시해한 일본인 중 한 명임을 직감하고는 그 자리에서 살해한다. 살해 직후 자신이 범인임을 밝힌 김구는 감옥에 들어가게 된다.

가 그때 마침 <u>신문(訊問)</u>을 한다는 기별이 왔다. 나는 생각했다.
　　　　　　　사건에 관해 증인, 피의자 등에게 물어 조사하는 일

'내가 해주에서 다리뼈가 다 드러나는 모진 형(刑)을 당하고 죽는 데까지 이르렀으면서도 사실을 부인했던 것은, 내무부에 가서 대관들을 보고 내 뜻을 이야기하기 위함이었다. 그러나 여기서 불행히 병으로
　　　　　　　　　　　　　　　　　　　　　왜인을 죽인 취지
죽게 되었으니, 이곳에서라도 꼭 <u>왜인을 죽인 취지</u>를 분명히 말하고 죽으리라.'
　　　　　　　　　국모(명성 황후)의 원수를 갚기 위한 의로운 행동이었음

　　　　　　　　　　　　　　　　▶ 신문을 받는 곳에서 왜인을 죽인 취지를 말할 것을 다짐함

나 "이놈!"

하고 큰소리로 사력(死力)을 다해 꾸짖었다.

『"나라들끼리 통상 조약을 체결한 후 그 나라 임금을 <u>시해</u>하라는 법이 어디 있더냐? 이놈아, 너희는
　　　　　　　　　　　　　　　　　　　　　부모나 임금을 죽임

어찌하여 우리 국모를 시해하였느냐? 내가 죽으면 귀신이 되어서, 살면 몸으로, 네 임금을 죽이고 일

본인을 씨도 없이 다 죽여 국가의 치욕(恥辱)을 씻으리라!"』『 』: 글쓴이의 당당하고 의연한 기개, 일본에 대한 극한 분노
명성 황후 시해 사건으로 인한 치욕

통렬히 꾸짖는 서슬에 겁이 났던지 와타나베는 대청 뒤쪽으로 도망하여 숨고 말았다.

▶ 법정에서 신문을 받던 중 일본인 순사를 꾸짖음

다 나는 법정 맨 윗자리에 앉은 이재정에게 질문하였다.

『"나는 일개 시골의 천민이지만 신하된 백성의 의리로 국가가 수치를 당하고, 푸른 하늘 밝은 해 아래 내 그림자가 부끄러워서 왜인 한 명을 죽였소. 그러나 나는 아직 우리 동포가 왜인들의 왕을 죽여 복수 하였단 말을 듣지 못하였소. 어찌 한갓 부귀영화와 국록(國祿)을 도적질하는 더러운 마음으로 임금
국가적 치욕을 당했음에도 신하된 자가 일제의 눈치만 살피는 모습을 비판함

을 섬기시오?"』『 』: 글쓴이의 성격 – 강직함, 민족주의적임, 유교적 신념과 강한 애국심을 지님

이재정, 김윤정을 비롯한 수십 명의 참석 관리들이 내 말을 듣는 광경을 보니, 제각기 얼굴이 달아올라 홍당무빛을 띠고 있었다.

▶ 글쓴이의 지적에 부끄러워하는 관리들

라 그 후로는 면회하러 오는 사람의 수가 더욱 많아졌다. 대개 이런 말들을 하였다.

"나는 인천항에 거주하는 아무개올시다. 당신의 의기(義氣)를 사모하여 신문장에서 얼굴을 뵈었소 이다. 설마 오래 고생하려고요. 안심하고 지내십시오. 출옥 후에 한자리에서 반가이 뵙시다."

면회 올 때는 음식을 한 상씩 정성스레 준비하여 들여보내 주었다. 나는 그 사람들의 정에 감동
글쓴이의 성격 – 예의 바름, 상대를 배려함, 개인적 욕심이 없음

하여 보는 데서 몇 점씩 먹고는 죄수들에게 차례로 나누어 주었다.

▶ 글쓴이를 격려하려 많은 사람들이 면회 옴

✔ **바로바로 CHECK**

01 이와 같은 글에 대한 설명으로 알맞지 <u>않은</u> 것은?

① 허구적인 인물의 삶을 기술한다.
② 주로 시간의 흐름에 따라 기술한다.
③ 글쓴이의 실제 삶을 바탕으로 한다.
④ 글쓴이의 사상과 가치관이 드러난다.

해설 자서전은 글쓴이가 자기 자신의 삶을 바탕으로 쓴 글 이다.

02 이 글에 드러난 글쓴이의 성품으로 알맞지 <u>않은</u> 것은?

① 용감하다.
② 배려심이 있다.
③ 이해타산적이다.
④ 애국심이 강하다.

해설 민족과 나라를 위해 목숨을 바칠 수 있다는 것은 이 해타산적이라 할 수 없다.

정답 01. ① 02. ③

한눈에 감 잡기

1. 글쓴이가 법정 안에서 당당하게 행동한 이유
- 국모의 시해범을 죽인 행동은 백성으로서 당연히 해야 할 일이므로 그것을 자랑스럽게 여겼기 때문
- 왜인들의 눈치 보기에 급급한 관리들 앞에서 부끄러워할 이유가 없다고 생각했기 때문

2. 시대적 상황에 비추어 글쓴이의 삶 이해하기

시대적 상황	글쓴이의 삶
• 명성 황후가 일본인에 의해 살해당함 • 나라의 힘이 점점 약해지고 일본의 간섭이 심해짐	• 명성 황후를 시해한 일본인 중 한 사람을 죽임 • 법정 안에서 일본인과 일본인에게 나약한 모습을 보이는 관리들을 꾸짖으며 당당한 태도를 보임

3. 이 글에 나타난 자서전의 특징

• 신문을 받기 전 왜인을 죽인 취지를 분명히 말하고 죽으리라 다짐함 • 이재정, 김윤정 등 관리들에 대한 평가를 함	• 자신의 생각과 감정을 솔직하게 표현함 • 시대나 인물에 대한 평가가 객관적이기보다는 주관적임

심화학습 ─ 자서전과 전기문의 비교

구분	자서전	전기문
차이점	• 글쓴이와 글 속의 주인공이 같음 • 주관적인 경험과 생각을 바탕으로 씀 • 전기문에 비해 평범한 인물이 주인공인 글도 많음	• 글쓴이와 글 속의 주인공이 같지 않음 • 객관적인 관찰이나 평가를 바탕으로 씀 • 주로 역사적인 의의를 가진 인물을 다룸
공통점	• 사실을 바탕으로 함 • 시간의 흐름에 따라 씀	• 인물이 중심이 됨 • 교훈과 깨달음

극 문학

01 반올림 1 中 챔피언

- 홍자람

☑ 핵심정리

- **갈래** : 시나리오(드라마 극본)
- **성격** : 교훈적, 감동적
- **제재** : 교내 체육 대회
- **주제** : 양심을 지키며 사는 것이 진정한 의미의 챔피언임
- **특징**
  ① 열린 결말로 독자에게 여운을 줌
  ② 사춘기 중학생들의 일상적인 삶을 사실적으로 그려냄
  ③ 사건의 진행에 따른 갈등 과정과 인물의 심리 변화가 잘 나타남

발단	옥림과 하림은 초등학생 때 핸들링 반칙을 인정한 욱의 이야기를 회상하고 7반 아이들을 못마땅하게 생각하는 8반 아이들은 체육 대회에서 7반을 꼭 이기자고 투지를 불태운다. 한편 동창회비를 잃어버린 아빠는 옥림과 함께 길에서 80만 원이 든 지갑을 줍는다.
전개	옥림의 반은 7반과의 발야구 경기에서 패하고, 옥림의 아빠는 주운 지갑을 파출소에 가져다준다.
절정	8반은 7반과의 농구 경기에서 승리하지만 욱이 3점 슛 라인을 밟은 사실을 안 7반이 재경기를 요구하고, 욱은 괴로워한다.
하강	욱은 학급 회의에서 7반과의 재경기를 요구하고, 투표를 통해 재경기를 하기로 결정한다.
대단원	7반과 8반은 재경기를 하게 된다.

한눈에 감 잡기

1. 등장인물의 성격
- **옥림** : 입체적 성격 ⇒ 양심을 가볍게 생각하다가 후에 양심의 소중함을 깨닫게 됨
- **욱** : 평면적 인물 ⇒ 3점 슛 라인을 밟은 사실을 인정하고 재경기를 제안하는 양심적 인물

2. 갈등 양상

외적 갈등	옥림	양심을 중시하지 않음	⬌	아빠	양심을 중시함
	8반 아이들	재경기를 인정하지 않음	⬌	7반 아이들	재경기를 요구함
욱의 내적 갈등	반칙을 인정하고 재경기를 제안해야 함		⬌	반칙을 숨기고 승리를 지켜야 함	

3. '부메랑'의 상징적 의미
목표물을 향해 회전하면서 날아갔다가 되돌아오는 부메랑처럼 자신의 양심적이고 정직한 행동이 결국 자신에게 좋은 결과를 가져오며 세상을 아름답게 만든다.

가 S# 13 식당(밤)

옥림이와 아빠, 식당에서 밥을 먹고 있다.

옥림 : (흥분하며) <u>아니, 그깟 반칙 정도는 할 수 있는 거 아냐?</u> 그래서 우리가 직접 항의하려고, 체육
　　　　　　　　　　반칙을 대수롭지 않게 여기는 모습
　　　선생님한테.

아빠 : <u>그래도 안 되지, 반칙은.</u>
　　　　　정정당당한 경기를 중시함

옥림 : 아니, 이게 무슨 월드컵도 아니고 올림픽도 아니고 그냥 학교 반 대항인데 뭘 그렇게 깐깐하게 하냐고!

아빠 : <u>(멈칫하며 옥림이를 쳐다본다.)</u>
　　　　　당황함, 당혹감

옥림 : 안 그래? 치, 양심? 양심이 뭐 밥 먹여 줘? <u>욱이 봐, 양심선언 한 번 했다가 결국 경기도 지고,</u>
　　　　　　　　　　　　　　　　　　　　　　　양심을 지키는 것이 긍정적 결과를 가져오지 못한다고 생각
　　　<u>몇 년 동안 놀림 받고.</u>

아빠 : <u>(가만히 보는…….　말하는 거 보니 큰일 났다 싶다.)</u>
　　　　　　　　　　　　　옥림에 대한 걱정

옥림 : 우리만 깨끗하면 뭐해. 사람들이 그걸 인정을 안 해 주는데. 세상이 원래 그런걸 뭐. 안 그래? (일
　　　어서며) 아줌마, 화장실 어디예요?

　　옥림이가 화장실에 가고 난 뒤 가만히 앉아 있는 아빠, 안주머니에서 지갑을 꺼내 본다. 80만 원이 그대로 있는
지갑. 아직 갖다 주지 않았지만 결심이 선 듯한 표정.

　　　　　　　　　　　　　　　　　　　　　　　▶ 양심을 중요하게 여기지 않는 옥림 때문에 당황하는 아빠

나 S# 29 동네 농구 골대(저녁)

　　공 던지는 욱, 노 골이다. 링에 맞아 떨어진 공을 다시 잡아 넣어 보지만 또 『노 골.』『 』: 욱이의 심란한 마음을 보여 줌
튕겨 나오는 공을 줍지 않고 가만히 보다가 털썩 앉는다. 뒤에서 욱이의 가방 맡아 주듯 앉아 있던 옥림이가 욱이
옆으로 다가가 앉는다.

욱 : 『너 지금 내가 되게 유별나게 군다고 생각하지.』『 』: 양심의 가책으로 심란해함

옥림 : 잘 아네. 그냥 싹 잊어버려. 이번 경기, 우리가 심판한테 뇌물을 준 것도 아니고 또 일부러 선을
　　　밟은 것도 아니고 너도 모르고 한 건데.

욱 : <u>알고 있었어.</u> 숫할 때부터 알고 있었다고. 마지막 숫하려고 하는데 너무 골대가 멀다 싶었거든.
　　　자신의 부정행위를 알고 있는 욱이
　　하지만 그렇게 많이 밟은 줄은 나도 몰랐어.

옥림 : <u>(말 못 하고 욱을 바라본다.)</u> / 욱 : 많이 놀랐나 보다?
　　　　　욱이의 말에 놀람

옥림 : 솔직히 놀랍긴 하다. 야, 근데 변하는 게 당연하지. 2년 전엔 초등학생이었고 지금은 중학생인데.

욱 : 내년엔 또 어떨까? 난 그게 겁나. <u>이렇게 한발 물러나고, 나중에 또 하나 넘어가고 하다 보면</u>
　　　　　　　　　　　　　　　　　　　　　　　　　　　　　　　세상과 타협하다 보면
　　난 어떻게 돼 있을까. <u>나중엔 얼마나 뻔뻔스럽게 될까.</u>
　　　　　　　　　　　　　　양심을 지키지 않는 자신의 모습을 두려워하고 있음

130 Part Ⅰ 문학

옥림이 돌아보면 욱이 아득히 먼 산을 바라보며 있다. 그렇게 앉아 있는 둘.

▶ 양심을 잃어 가는 자신의 모습을 걱정하는 욱

📘 S# 30 옥림 집 거실(밤)

퇴근한 듯 들어오는 아빠. 텔레비전 보고 있던 엄마와 옥림, 하림 일어나 인사한다.

옥림/하림 : (반갑게 맞이하며) 다녀오셨어요.

아빠 : 어 그래. (엄마 향해) 우편물 온 거 없었어?

엄마 : 없는데?

아빠 : <u>전화는?</u>
　　　잃어버린 동창회비가 돌아오지 않았는지 궁금해서

엄마 : 없지. 왜, 당신 기다리는 전화 있어?

아빠 : (얼버무리듯) 아니 뭐…….

옥림 : 아빠, 그거 안 온다니까. (엄마에게) 아빠 지금 돈 기다리는 거야. 잃어버린 거 150만 원. <u>지갑 주운</u>
　　　<u>거 돌려줬으니까 그게 부메랑처럼 돌고 돌아서 결국 아빠 돈도 돌아올 거래.</u>
　　　　　　　양심을 지키면 사회가 깨끗해지고 결국 자신의 돈도 부메랑처럼 돌아오리라 믿는 아빠

엄마 : <u>돌아올 거 기다리기 전에 잃어버리질 말았어야지.</u> 하여간 말은 잘해, 말은.
　　　　　　　　소 잃고 외양간 고친다

예림 : 다녀왔습니다! / 아빠 : 어, 예림이 왔냐?

엄마 : 왔어? 잘됐다. 오늘은 온 가족이 같이 밥 먹겠다.

　　　　┌ 예림 : (엠피스리를 보여주며) 짜잔! 나 엠피스리 찾았다?
[A]　│　옥림 : (놀라 바라본다.)
　　　　└ 예림 : 독서실에 혹시나 해서 갔는데, 어떤 사람이 맡겨 놓고 갔대. 계단에서 주웠다고. 나 잠깐 계
　　　　　　단에서 바람 쐴 때 놓고 왔나 봐. 잘됐지?　　　　　　　　　　▶ 잃어버린 엠피스리를 찾은 예림

📗 S# 33 교실(낮)

아이들, 입 떡 벌어져 칠판의 투표 결과를 보고 있다. '1.재경기는 안 된다.' 9표, '2.재경기를 하자.' 31표. 재경기
　　　　　　매우 놀람
쪽이 압도적. <u>아이들, 서로 믿기지 않는지 서로의 얼굴들을 보며 멍하니 칠판 쪽을 보고 있다.</u>
　　　　　　　　　　투표 전 재경기 반대 의견이 강했으나 투표 결과 재경기 찬성이 많아서

내레이션 : 결정은 뒤집히지 않았다. 『오히려 아이들은, 자신들이 <u>그런 결과를 만들어 냈다</u>는 데 대해 살
　　　　　　　　　　　　　　　　　　　　　　　　　양심을 지켰다는 것
짝 감동까지 한 눈치들이다.』『　』: 양심의 소중함과 정당한 승리의 가치를 알고 있음

재경기를 반대하던 순신이와 정민이 역시 믿기지 않는 결과에 피식 웃어 버린다. 아이들을 돌아보던 옥림, 욱이
와 눈이 마주친다. 씨익 미소 짓는 욱이와 옥림.

▶ 재경기에 찬성하는 표가 많이 나옴

☑ 바로바로 **CHECK**

01 이와 같은 글의 특징으로 알맞지 <u>않은</u> 것은?

① 장면을 단위로 구성한다.
② 등장인물의 수에 제약이 적다.
③ 시간적, 공간적 제약이 매우 심하다.
④ 인물의 대화와 행동을 통해 사건이 전개된다.

해설 이 글은 시나리오로 희곡에 비해 시간·공간적 제약이 적다.

02 [A]에서 옥림이 생각했을 내용으로 가장 알맞은 것은?

① 엠피스리를 되찾은 걸 보니 부럽군.
② 나도 엠피스리를 가지고 싶은데 사 달라고 해야지.
③ 처음부터 엠피스리를 잃어버린 예림 언니의 잘못이 커.
④ 아빠의 말처럼 양심을 지키면 언젠가는 사회가 깨끗해지겠군.

03 (라)를 통해 알 수 있는 아이들의 심리로 알맞은 것은?

① 예상한 결과를 수긍함
② 의견의 대립에 당혹해함
③ 투표 결과에 부끄러워함
④ 예상치 못한 결과에 놀라워함

해설 아이들은 예상과 달리 재경기를 찬성하는 표가 압도적으로 많이 나와 놀라워하고 있다.

정답 01. ③   02. ④   03. ④

┌─ **기초학습** ─╮ 시나리오의 특성

1) 장면(scene)을 단위로 구성된다.
2) 현재형 문장을 사용해 현재화된 인생을 표현한다.
3) 등장인물의 수, 시간적·공간적 배경, 행동에 제약을 거의 받지 않는다.
4) 주로 대사에 의해 내용이 전개되며 대사 이외의 설명 형식 기법(narration)이 사용된다.

┌─ **심화학습** ─╮ 시나리오의 용어

1) S#(Scene Number) : 장면 번호
2) NAR(Narration) : 해설 ⇒ 인물의 심리를 화면 밖에서 말해 볼 때 사용
3) F·I(Fade-In) : 화면이 점차 밝아 오는 것 ⇒ 한 장면이 시작될 때 사용
4) F·O(Fade-Out) : 화면이 점차 어두워지는 것 ⇒ 한 장면이 끝날 때 사용
5) O·L(Over Lap) : 하나의 장면 위에 다른 장면이 겹치면서 장면이 전환되는 것
6) 인서트(Ins) : 삽입 화면 ⇒ 장면과 장면 사이에 그림, 사진, 편지 등이 끼어듦
7) 몽타주(Montage) : 따로따로 촬영한 화면을 적절하게 떼어 붙여 하나의 긴밀한 내용으로 만든 화면

02 들판에서

- 이강백

☑ 핵심정리

- **갈래** : 희곡
- **성격** : 교훈적, 상징적, 우의적
- **제재** : 형제간의 갈등과 화해의 과정
- **주제**
  ① 표면적 : 형제가 마음의 벽을 넘어서 위기를 극복하고 우애를 회복함
  ② 이면적 : 민족의 분단 극복과 화해 의지
- **특징**
  ① 상징적인 소재를 사용하였다.
  ② 시간의 흐름에 따라 긴장감이 고조된다.
  ③ 날씨 변화를 통해 사건의 전개 방향을 암시한다.
  ④ 형제간의 갈등과 화해의 과정을 통해 분단 현실의 문제점을 돌아보게 한다.

발단	들판에서 우애 있게 그림을 그리는 형제
전개	측량 기사와 조수들에 의해 형제간의 대립과 갈등이 생겨난다.
절정	형제간의 갈등이 최고조에 달해 서로를 향해 총을 쏜다.
하강	형제가 서로의 행동을 반성한다.
대단원	형제가 민들레꽃을 통해 우애를 회복한다.

가 형 : 들판에 피어 있는 이 민들레꽃에 걸고서 맹세하자. 우리 형제는 언제나 사이좋게 지내기로 …….
_{형제의 우애를 상징}

아우 : 그래요. (민들레꽃을 꺾어 형에게 내밀며) 이 민들레꽃이 우리 맹세의 증표예요.

▶ 민들레꽃을 주고받으며 우애를 맹세하는 형제

나 『형과 아우, 밧줄을 사이에 두고 가위바위보를 한다. 아우가 이긴다. 그는 형 쪽으로 껑충 뛰어넘어가서 뽐내며 의기양양하게 다니다가 자기 쪽으로 되돌아온다. 아우는 세 번이나 형을 이기고, 똑같은 행동을 되풀이한다.』
_{『 』: 형제가 싸우게 된 이유}

형 : 그만 하자, 그만 해.

아우 : 왜요?

형 : 『너는 나보다 늦게 낸다! 내가 가위를 내면 너는 기다렸다가 바위를 내놓고, 내가 보를 내면 너는 그걸 본 다음 가위를 내잖아?

아우 : 아뇨! 난 형님과 동시에 냈어요! 〈중략〉

형 : 미리 경고해 두겠는데, 내 허락 없이는 이 쪽으로 넘어 오지 마라!』 _{『 』: 형의 권위적이고 독선적 성격}

아우 : 그럼 형님도 내 땅에 넘어오지 마요!

▶ 줄넘기놀이를 하다가 다투기 시작한 형제(외적 갈등)

다 형 : 들판에는 아직도 민들레꽃이 피어 있군! (총을 내려놓고 허리를 숙여 발밑의 민들레꽃을 바라본다.)
　　　　　　　　형제간의 갈등을 해소하게 하는 소재
　우리가 언제나 다정히 지내기로 맹세했던 꽃…….

아우 : 형님과 내가 믿을 수 있는 건 무엇일까? 그것이 단 하나라도 남아 있다면 좋을텐데…….
　그렇구나, 민들레꽃이 남아있어! (총을 내던지고, 민들레꽃을 꺾어 든다.) 이 꽃을 보니까 그 시절이
　　　　　　　　　　　　　　형과의 화해를 소망하는 아우의 행동
　그립다. 형님과 함께 행복하게 지냈던 시절이 그리워…….

형 : 벽 너머 저쪽에도 민들레꽃은 피어 있겠지…….

아우 : 형님이 보고 싶어!

형 : 동생 얼굴이 보고 싶구나!

　형과 아우, 그들 사이를 가로 막은 벽을 안타까운 표정으로 바라본다. 비가 그치면서 구름 사이로 한 줄기 햇빛
이 비친다.
　　　　　　　　　　　　　　　　　　　　날씨의 변화 – 형제의 갈등 해소와 화해를 암시

　　　　　　　　　　　　　　　　　▶ 민들레꽃을 보며 서로를 그리워하는 형제

라 형과 아우, 민들레꽃을 여러 송이 꺾는다. 그리고 벽으로 다가가서 민들레꽃을 벽 너머로 서로 던져 준다.
　　　　　　　　　　　　　　　　　　　　　　　　　　　　화해의 행동
　형은 아우가 던져준 꽃들을 주워 들고 반색하고, 아우는 형이 던진 꽃들을 주워 들고 기뻐한다. 서로 벽을 두드리
며 외친다.

아우 : 형님, 내 말 들려요?

형 : 들린다, 들려! 너도 내 말 들리니?

아우 : 들려요!

형 : 우리 벽을 허물기로 하자.
　　형제의 갈등 극복과 화해의 실천 – 주제
아우 : 네, 그래요. 우리 함께 벽을 허물어요!

　　　　　　　　　　　　　　　　　▶ 벽을 허물고 우애를 회복하는 형제

✔ 바로바로 CHECK

01 이 글에서 갈등이 시작되는 부분은?

① (가)　　　　② (나)
③ (다)　　　　④ (라)

해설 (나)에서 가위바위보라는 아주 사소한 일로 형제간의
　　　갈등이 나타나기 시작한다.

02 이 글에서 주제를 암시하는 부분은?

① (가)　　　　② (나)
③ (다)　　　　④ (라)

해설 '벽을 허물자'는 표현이 주제를 암시한다.

정답 01. ② 02. ④

한눈에 감 잡기

1. 주요 등장인물의 성격과 인물 유형

주요 등장인물	성격	인물 유형
형	• 독선적 • 소극적 • 체면을 중시하고 권위적인 성격	주동적 · 전형적 · 개성적 · 입체적 인물
아우	• 피해 의식과 자립심이 있음 • 적극적이고 대범함	주동적 · 전형적 · 개성적 · 입체적 인물
측량 기사	교활하고 기회주의적 사기꾼	반동적 · 전형적 · 평면적 인물

2. 소재의 상징적 의미

말뚝, 밧줄	형제의 갈등 유발	벽	• 형제의 단절 • 갈등 심화	
전망대	• 상대를 감시 • 의심과 불신 상징	총	• 위기감의 고조 • 갈등의 최고조	
비	• 반성의 계기 • 형제간의 내적 갈등 시작	민들레꽃	• 형제의 우애 상징 • 갈등 해소의 실마리	
들판	우리 국토			

3. 날씨와 사건의 관계

- 맑은 하늘 : 형제간의 우애
- 구름, 바람 : 형제의 불화
- 천둥, 번개 : 형제간의 갈등 최고조

기초학습 희곡에서 대사의 역할

1) 주제를 부각시킨다.
2) 사건을 전개한다.
3) 장면의 분위기를 형성한다.
4) 인물의 성격, 인물들 사이의 관계를 나타낸다.

국어

03 시집 가는 날
– 오영진

┌─ 음악과 춤, 노래가 극의 사건 전개에 긴밀하게 짜 맞추어진 연극인
└─ 뮤지컬을 상연하기 위한 극본

✅ 핵심정리

- **갈래** : 뮤지컬 극본
- **성격** : 해학적, 풍자적, 비판적
- **제재** : 맹 진사 댁과 김 판서 댁의 혼사
- **주제** : 혼인 제도의 모순과 양반의 허위의식에 대한 비판
- **특징**
  ① 민담 '뱀신랑 설화'를 소재로 재구성한 작품이다.
  ② 희곡 '맹 진사 댁 경사'를 뮤지컬 극본으로 개작하였다.
  ③ 해학적이고 풍자적인 인물들을 통해 웃음을 자아내고 있다.
  ④ 전통적인 말투와 한자성어, 비유, 속담을 적절히 사용하였다.

발단	맹 진사는 딸 갑분과 김 판서 댁 자제 미언과의 혼인 약속을 성사시키고, 미언은 우물가에서 갑분의 몸종 이쁜이의 고운 마음씨와 자태에 매혹된다.
전개	혼인 약속에 기뻐하던 맹 진사는 딸의 혼사 문제로 맹효원과 대립하고, 신랑 될 미언이 절름발이라는 소문을 듣게 된다.
절정	맹 진사는 이쁜이를 갑분이 대신 시집보내려 한다.
하강	혼례식에 나타난 미언은 사지가 멀쩡한 장부임이 밝혀진다.
대단원	미언이와 이쁜이가 결혼하게 되고 미언이 이쁜이를 사모해서 꾸민 일임을 이쁜이에게 고백한다.

㉮ 맹효원 : 무슨 소리냐? ㉠경주 돌이면 다 옥돌이라더냐? 혼담을 건네러 가서 『신랑 선두 아니 보
가문이 좋다고 해서 신랑까지 훌륭한 것은 아니다.
구 와?』『 』: 혼례에 문제가 생길 것을 암시(복선)

맹 진사 : 아, ㉡빰을 맞아도 금가락지 낀 손으로 맞으랬다구, 저쪽은 김 판서 대감 댁이 아닙니까?
봉변을 당해도 권세 있는 사람에게 당하는 것이 낫다.

맹효원 : 뭣이 어째? 아니, 그럼 너는 권문세도만 믿구 무조건 딸자식을 내주겠다는 거냐? 신랑 성격이
포악하든 괴팍스럽든 말이다.

맹 진사 : (무릎걸음으로 다가앉으며) 작은 아버지! 사내란 뜨뜻미지근한 것보다 괴팍스러운 게 낫지요!

맹효원 : 허, 이런? (친척들을 돌아보며) 자네들 소견은 어떤가?

친척들, 대답 대신 좌우로 갓의 물결.

맹효원 : 형님! (맹 노인을 깨운다.) 형님 생각은 어떻습니까?

맹 노인 : (잠에서 깨며) 오오냐?

맹효원 : 제 소견이 틀렸습니까, 형님?

맹 노인 : (못 알아듣고) 난 요새 이놈의 귓구멍에 모기떼가 아우성을 치는 통에······.
<u>희극적인 모습</u>

▶ 신랑 선도 보지 않고 혼사를 결정한 맹 진사를 나무라는 맹효원

나 맹효원 : <u>세도와 재물 탐내지 마라.</u>
권세에 대한 헛된 욕심 경계

<u>화무십일홍(花無十日紅)</u>이라 백년 세도(百年勢道) 없더라.
열흘 붉은 꽃은 없다는 의미로 '한 번 성한 것이 반드시 쇠하여짐'을 이르는 말

맹효원 지지측 : <u>권세와 재물은 때묻은 것.</u> / <u>양반 체통 지키며 살자.</u>
유교적 명분을 중시함

맹 진사 : <u>기죽어 살지 말고 으쓱대며 살자는데</u> / 시비는 웬 시비요?
재물과 권세에 대한 탐욕

지지측 : 지체 높게 살자는데 / 말릴 필요가 뭐 있는가?

▶ 세도와 재물에 대하여 대립하는 맹 진사와 맹효원

다 맹효원 : 오냐! 좋을 대로 해라! <u>어물전</u> 망신은 <u>꼴뚜기</u>가 시킨다구 세상 웃길 짓만 해 봐라. 용서치
맹씨 가문   맹 진사

않을 테다! (분연히 좌측으로 퇴장)
벌컥 성을 내면서

〈중략〉

맹 진사 : 아무렴요. 내 딸 가지구 내 맘대루 허는데 왜 그러십니까! 헛! (오른쪽 안방으로 분연히 퇴장)

▶ 혼사를 강행하려는 맹 진사

✔ 바로바로 **CHECK**

01 이와 같은 글의 특징으로 알맞지 <u>않은</u> 것은?

① 대개 막과 장으로 구성된다.
② 무대 상연을 목적으로 쓴 글이다.
③ 시간과 공간의 제약을 받지 않는다.
④ 인물의 대사와 행동으로 표현한 문학이다.

해설 뮤지컬 대본은 시간과 공간의 제약을 받는다.

02 (가)의 ㉠, ㉡ 부분에 공통으로 사용된 표현법은?

① 의인법   ② 풍유법
③ 역설법   ④ 직유법

해설 풍유법 : 속담, 격언 등을 이용하여 숨겨진 뜻을 풍자적·암시적으로 드러내는 표현법

03 이 글에서 비판하고자 하는 것과 가장 가까운 것은?

① 권문세도가의 횡포
② 결혼 예물의 호화로움
③ 옛날 신분 제도의 모순
④ 옛날 혼인 제도의 모순

해설 맹 진사의 허욕과 혼인 제도의 모순을 비판하고 있다.

정답 01. ③ 02. ② 03. ④

한눈에 감 잡기

1. 등장인물의 성격

맹 진사	• 탐욕스러움 • 비도덕적임, 인색함, 경솔함, 허영심이 강함	• 가문과 재물을 중요하게 생각함
맹효원	• 강직함 • 선비 정신을 지키려 함	• 사리 판단이 분명함 • 정의로움
맹 노인	• 희극적·해학적 인물 • 극의 긴장감 완화, 관객들의 웃음 유발	

2. 맹 진사와 맹효원의 갈등

맹 진사		맹효원
• 사람의 됨됨이보다 집안, 권세, 재물 등을 중요하게 생각함 • 딸의 혼인을 통해 가문의 세도를 높이려 함	⟷	• 세도보다는 사람됨과 가문의 예법을 중시함 • 과도한 패물을 받는 것은 집안의 모욕이라고 생각함

3. 속담과 고사성어의 의미

- 딸자식 잘 둬 부원군 한다 : 딸로 인해 대단한 가문과 사돈을 맺는다는 뜻
- 경주 돌이면 다 옥돌이라더냐? : 가문이 좋고 해서 신랑감까지 좋은 것은 아니라는 뜻
- 뺨을 맞아도 금가락지 낀 손으로 맞으랬다 : 봉변을 당해도 권세 있는 사람에게 당하는 것이 낫다는 뜻
- 화무십일홍이라 백년 세도 없더라 : 재물과 권세가 오래갈 수 없다는 뜻

4. 이 글에 나타난 사회상

남녀유별, 남성 중심의 사회, 가부장적인 사회, 조선 후기의 흔들리는 신분 제도, 매관매직의 성행, 부모가 혼인을 결정하던 사회

심화학습 ▶ 뮤지컬·희곡·시나리오의 공통점과 차이점

구분		뮤지컬	희곡	시나리오
차이점	구성 요소	대사, 지문, 해설, 노래, 춤	대사, 지문, 해설	대사, 지문, 해설, 장면 표시
	목적	무대 상연		영화, 드라마 상영
	배경, 인물 수	비교적 제약이 많음		비교적 제약이 적음
	장면	막과 장		S#(Scene Number)
공통점		• 허구적임 • 대화와 행동으로 표현	• 갈등과 대립의 문학 • 현재화된 인생 표현	

03 고전 산문의 이해

1 설화

(1) 개념

설화는 예로부터 전해 내려오는 이야기로, 일정한 구조를 지니고 있으며 꾸며 낸 이야기이다.

(2) 설화의 특징

① 서사 문학(소설)의 근원이다.

② 우리 조상들의 사고방식과 생활 풍습 등이 나타난다.

③ 종류

ㄱ 신화 : 신성하다고 믿는 이야기 예 단군 신화, 동명왕(주몽) 신화

ㄴ 전설 : 비범한 인물의 위대한 업적이나 어떤 구체적인 사물(증거물)이 나타난 이야기 예 아기장수 우투리, 지네 장터

ㄷ 민담 : 흥미와 교훈 위주의 이야기로, 흔히 '옛날 옛적에'로 시작되는 이야기 예 구토지설(토끼와 거북이 이야기)

(3) 의의

우리 민족의 가치관과 세계관 반영, 소설로 발전

2 고전 소설

(1) 개념

고전 소설은 인물과 사건, 배경을 갖춘 이야기로 갑오개혁 이전까지의 소설이다.

(2) 고전 소설의 특징 중요⁺

① 주제 : 권선징악이라는 획일적이고 도덕적인 내용

② 구성

    ㉠ 일대기적 구성, 시간의 흐름에 따른 구성

    ㉡ 인물 : 전형적, 평면적

    ㉢ 사건 : 우연적, 비현실적

    ㉣ 배경 : 막연함, 비현실적

③ 문체 : 운문체, 문어체

3 판소리계 소설

(1) 개 념

판소리계 소설은 판소리 사설이 구전되다가 문자로 기록된 소설이다.

(2) 판소리계 소설의 특징

① 평민들 사이에서 전승되었기에 평민의 정서를 담고 있다.

② 동일 어구나 유사 어구 반복이 많다.

③ 상투적 비유나 관용어 사용이 많다.

(3) 작품 : 토끼전, 심청전, 흥부전

4 고전 수필 – 설(說)

(1) 개 념

설은 구체적인 사건이나 사물의 이치를 해석하고, 그에 대한 자신의 의견을 쓴 글이다.

(2) 설의 특징

① 한문 문학의 한 양식이다.

② 문학 갈래상 수필에 속한다.

③ 일반적으로 '예화(사실) + 의견(글쓴이의 견해)'의 2단 구성을 취한다.

④ 비유나 우의적(寓意的) 표현 방법을 많이 사용한다.

⑤ 개인적인 체험을 바탕으로 하며, 교훈적인 내용이 많다.

5 판소리

(1) 개념 : 판소리는 판소리 명창이 고수의 북 장단에 맞추어 소리와 아니리를 엮으면서 몸짓을 곁들여 하는 구비 문학이다.

(2) 판소리의 특징

① **사실성** : 조선 후기의 변화하는 사회 현상을 사실적으로 묘사함
② **장면의 극대화** : 청중의 호응에 따라 부분적으로 장면이 확장되거나 축약·삭제됨
③ **주제의 양면성** : 유교 이념에 바탕을 둔 표면적 주제와 서민 정신에 바탕을 둔 이면적 주제
④ **적층 문학** : 구전된 까닭에 지역이나 창자에 따라 사건과 장면이 다르기도 함
⑤ **구성**

    ㉠ 창 : 일정한 곡조에 맞추어 하는 노래
    ㉡ 아니리 : 창과 창 사이에 가락을 붙이지 않고 이야기하듯 엮어 나가는 사설
    ㉢ 추임새 : '얼씨구'와 같이 흥을 돋우기 위해 발하는 탄성
    ㉣ 발림 : 노래를 부르면서 하는 보조 동작

(3) 작품 : 수궁가, 심청가, 흥부가

6 민속극

(1) 개념 : 민속극은 가면을 쓴 배우가 대화와 몸짓으로 사건을 표현하는 전통극이다.

(2) 민속극의 특징

① **전승 방법** : 구전, 세습
② **연희 방법** : 춤, 대사, 음악
③ **내용** : 양반 계층에 대한 풍자, 처첩 간의 갈등, 서민들의 고달픈 삶
④ **향유 계층** : 평민들에 의해 주도되었고, 서민들을 관중으로 삼았다. → 서민들의 언어와 삶이 생생하게 드러남

(3) 작품 : 봉산탈춤, 하회 별신굿 탈놀이, 양주 별산대 놀이

04 고전 산문 작품 감상

소설

01 홍길동전

– 허균

☑ 핵심정리

- **갈래** : 고전 소설, 한글 소설, 사회 소설, 영웅 소설
- **성격** : 현실 비판적, 우연적, 영웅적
- **배경**
  ① 시대 : 조선 세종 때
  ② 공간 : 조선과 율도국
- **시점** : 전지적 작가 시점
- **주제** : 적서 차별 제도에 대한 길동의 저항과 입신양명에의 의지
- **특징**
  ① 우리나라 최초의 한글 소설
  ② 영웅의 일대기적 구성으로 시간의 흐름에 따라 사건이 전개됨
  ③ 조선 시대 적서 차별에 대한 길동의 갈등과 비판 의식이 드러남

발단 홍 판서와 하인 춘섬 사이에서 서자로 태어난 길동은 천한 신분 때문에 호부호형을 하지 못하고 천대받으며 입신양명할 수 없음을 고민한다. 어느 날 길동은 집안에 자신을 해치려는 무리들이 있음을 알고 출가한다.

전개 집을 나온 길동은 우연히 도적의 무리를 만나게 되고, 도적의 우두머리가 된다. 그 후 수령들이 부당하게 모은 재물을 빼앗아 가난한 사람들에게 나누어 주는 활빈당을 조직한다.

위기 길동은 활빈당의 무리를 이끌고 전국 탐관오리들을 응징하며 그들의 재물을 빼앗아 불쌍한 백성들을 구제한다. 조정에서는 길동을 잡으려 애쓰나 갖가지 도술을 써서 위기를 모면한다.

절정 조정에서는 길동을 회유하기 위해 소원대로 병조 판서로 임명하기로 결정한다. 입신양명의 뜻을 이룬 길동은 병조 판서의 자리에서 물러나고 조선을 떠나 율도국을 발견하여 그 곳의 왕이 된다.

결말 길동은 어머니를 모시고 율도국으로 들어가 선정을 베풀며 이상국을 건설한다. 이후 뜻을 모두 이룬 길동은 신선이 되어 율도국을 떠난다.

가 그해 구월 보름 무렵이었다. 달빛이 처량하고 가을바람은 소슬하여 마음이 더욱 울적하였다. 방에서 글을 읽던 길동은 문득 책상을 밀치고 긴 한숨을 쉬었다.

『"사내가 공자와 맹자를 본받지 못할 바에야 차라리 병법이라도 익혀 장수라도 되어야겠다. 천군
　　　　　　　당시의 시대상 – 무관보다 문관이 더 우대받았음

만마를 호령하며 나라 밖에 나가 동서를 정벌하고 큰 공을 세우면 얼마나 통쾌하랴! 그리하여 위로는

한 임금을 섬기고 아래로는 만백성의 으뜸이 되어 이름을 후세에 전하는 것이 마땅하다. 옛 사람도
　　　　　　　　　　　　　　　　　　　당시의 시대상 – 입신양명(立身揚名)을 중시함

'왕후장상의 씨가 따로 없다.'고 하지 않았는가? 슬프다. 세상 사람이 다 아비와 형이 있어 스스럼없이

부르거늘 나는 왜 그렇게 하지 못하는가?"』『 」: 길동의 내적 갈등

▶ 적서 차별로 인해 길동이 괴로워함

나 길동은 답답하고 원통한 마음에 칼을 들고 뜰로 나갔다. 그리고 휘영청 밝은 달빛 아래 검술을 익히며 갑갑한 마음을 달랬다. ⊙그때 마침 홍 판서가 호젓이 뜰을 거닐며 밝은 달을 바라보다 길동을 알아보고 불렀다. 길동이 칼을 버리고 나아가 허리를 숙이니 홍 판서가 물었다.

"밤이 깊었는데 어찌 잠을 자지 않느냐?" / 길동이 공손히 손을 모으고 대답하였다.

"달이 하도 밝아 달빛을 즐기고 있었나이다." / "너에게 그런 흥이 있었단 말이냐?"

"하늘이 세상 만물을 내시었으되 그중 제일 귀한 것이 사람이라 하였습니다. 소인도 그런 복을
　　　인간 평등 사상, 천부 인권 사상, 인본주의 사상이 드러남

받고 태어났지만 아직도 떳떳이 하늘을 우러러보지 못하겠습니다."

열 살밖에 안 된 아이가 평생을 다 산 것 같은 말을 하니 홍 판서는 어이가 없었다.

"그 무슨 말이냐?" / 길동의 얼굴이 이내 붉어졌다.

"❶소인이 ❷대감의 정기를 받아 태어났으니 어찌 낳고 길러 주신 부모님의 은혜를 잊겠습니까? 하오
　❶, ❷ : 적서 차별 제도 때문에 쓰이는 호칭

나 소인이 서러워하는 것은…… 서러워하는 것은…… 아버지를 아버지라 부르지 못하고 형을 형이라

못 하오니 이 어찌 사람이라 하오리까?"
　　　　　　　　　　　　　　적서 차별로 인해 '호부호형' 하지 못함

▶ 자신의 처지를 괴로워하는 길동

기초학습 　고전 소설의 특징

1) **구성** : 일대기적 구성
2) **인물** : 전형적·평면적 인물
3) **배경** : 시간과 공간이 뚜렷하지 않거나 비현실적임
4) **사건** : 우연적·비현실적 사건 전개
5) **내용** : 대부분 권선징악
6) **결말** : 행복한 결말
7) **시점** : 전지적 작가 시점

✔ 바로바로 CHECK

01 길동이 갈등하는 이유로 알맞은 것은?

① 시간이 없어서 글을 읽지 못함

② 실력이 부족하여 인정받지 못함

③ 몸이 약해서 검술을 익히지 못함

④ 출생이 천하여 호부호형 하지 못함

해설 길동은 신분이 천하여 호부호형 하지 못하는 것에 대해 갈등을 느끼고 있다.

02 (나)의 ㉠에 나타난 고전 소설의 특징으로 알맞은 것은?

① 행복한 결말   ② 우연적 사건

③ 교훈적 내용   ④ 권선징악적 주제

해설 ㉠에는 고전 소설의 '우연성'이 드러난다.

정답 01. ④   02. ②

한눈에 감 잡기

1. '홍길동전'에 나타난 사회상

- 축첩 제도가 존재하며, 문관이 무관보다 대접받는 사회
- 신분 차별, 적서 차별이 존재 ⇒ 신분에 따라 다른 호칭 사용
- 공맹을 본받고자 함, 입신양명 사상 ⇒ 유교적 가치관이 지배하고 있음을 알 수 있다.

2. 길동의 갈등 유형

내적 갈등	서자라는 이유로 입신양명의 꿈을 이룰 수 없는 것에 대한 갈등
사회와의 외적 갈등	서자라는 이유로 출세에 제약이 있고, 신분 차별을 겪어야 하는 사회와의 갈등
인물과의 갈등	서자라는 이유로 호부호형을 허락하지 않는 아버지 홍 판서와의 갈등

3. 길동의 가치관

천부 인권 사상, 만민 평등사상, 인간 존중 사상, 유교적 출세주의, 입신양명 사상, 현실 개혁의 의지

4. 인물의 현실 대응 방법

길동	불합리한 사회 현실을 개혁해 보려는 적극적인 의지를 지님
홍 판서(아버지)	길동을 안쓰럽게 생각하나 신분 제도를 인정하며 현실에 순응함
춘섬(어머니)	아들에 대한 애정이 깊고 축첩 제도의 현실에 순응함

02 양반전

– 박지원

☑ 핵심정리

• **갈래** : 고전 소설, 단편 소설, 한문 소설, 풍자 소설
• **성격** : 풍자적, 현실 비판적, 사실적
• **시점** : 전지적 작가 시점(일부분 작가 관찰자 시점)
• **배경**
　① 시대 : 조선 후기
　② 공간 : 강원도 정선군
• **주제**
　① 양반들의 무능과 위선적인 생활 태도
　② 허위의식에 대한 비판과 풍자
• **특징**
　① 조선 후기 시대상 반영
　② 실사구시의 실학사상을 문학 작품 속에 반영
　③ 양반들의 경제적 무능력과 허례허식, 위선적인 생활 태도를 비판함

발단	무능한 양반이 환곡을 갚지 못해 곤란한 처지에 놓인다.
전개	부자가 환곡을 대신 갚아 주고 양반 신분을 산다.
절정 1	군수가 부자에게 양반으로서 지켜야 할 의무와 규범을 담은 증서를 작성해 준다.
절정 2	부자의 요구로 양반의 특권을 담아 양반 증서를 수정한다.
결말	부자는 양반을 '도적놈'이라고 하며 스스로 양반 되기를 포기한다.

가 더러운 일을 끊어 버리고, 옛사람을 우러르며, 뜻을 아름답게 지니고, 오경이면 일어나 유황에다 불붙여 기름등잔을 켜고, 눈은 코끝을 내려다보며, 발꿈치를 괴고 앉아, 얼음 위에 박 밀듯이 '동래박의'를 줄줄 외워야 한다. 주림을 참고, 추위를 견디고, 가난 타령을 하지 말며, 어금니를 마주 치고, 머리 뒤를 손가락으로 퉁기며, 침을 입안에 머금고 가볍게 양치질하듯 한 뒤 삼키며, 옷소매로 휘양을 닦아 먼지를 털어 털 무늬를 일으키며, 세수할 적엔 주먹으로 벼르듯이 하지 말고, 냄새 없게 이를 잘 닦고, 길게 빼는 소리로 종을 부르며, 느린 걸음으로 신발을 끌듯이 걸어야 한다. '고문진보'와 '당시품휘'를 깨알같이 베껴 쓰되 한 줄에 백 자씩 쓴다.

<small>말이나 글을 거침없이 줄줄 내리읽거나 내리외는 모양</small>

<small>추울 때 머리에 쓰던 모자의 하나</small>

▶ 1차 양반 매매 증서의 내용(양반으로서 지켜야 할 의무와 규범 제시)

나 『"양반이라는 것이 겨우 이것뿐이란 말입니까? 제가 듣기로 양반은 신선 같다던데 정말 이와 같다면 저는 너무도 엄청나게 속은 셈입니다. 바라건대 좀 더 이익이 될 수 있도록 고쳐 주십시오."』

<small>부자가 양반이 되려고 하는 목적 　『 』: 부자가 양반 증서를 수정해 줄 것을 요구</small>

마침내 증서를 이렇게 고쳐 만들었다.

"하느님이 백성을 내니, 그 백성은 넷이다. 네 가지 백성 가운데는 선비가 가장 귀한 것이고, 거기서도 양반이라 불리면 이익이 엄청나다. 농사, 장사 아니 하고, 문사 대강 공부하여 크게 되면 문과 급제, 작게 되면 진사로세. 『문과 급제 홍패라면 온갖 물건 구비되니 이게 바로 돈 전대요.』 서른에야 진사

문과의 회시에 급제한 사람에게 주던 증서 　　　　　　　　　　　『 』: 홍패를 남용하여 재물을 축적하는 비리가 만연함

되어 첫 벼슬에 발 디뎌도 이름난 음관 되어 높은 자리로 섬겨진다. 『일산 덕에 귀가 희고 설렁 줄에

과거를 거치지 아니하고 조상의 공덕에 의하여 맡은 벼슬 　　　　　　　　사람을 부를 때 줄을 잡아당기면 소리를 내는 방울

배 처지며, 방 안에 널린 귀걸이 예쁜 기생 몫이 되고 뜨락에 흘린 곡식 두루미 모이로다.』 궁한 선비

　　　　　　　　　　　　　　　　　　　　　　　　　　　『 』: 무위도식하는 양반의 모습

시골 살면 나름대로 횡포 부려 이웃 소로 밭을 갈고 일꾼 뺏어 김을 맨들 누가 나를 거역하리. 네놈

신분을 이용하여 평민들을 괴롭히는 양반의 모습

코에 잿물 붓고 상투 잡아 도리질하고 귀밑 나룻 다 뽑아도 감히 원망 못하니라."

▶ 2차 양반 매매 증서의 내용(부당한 특권을 남용하는 비도덕적인 양반의 모습)

🔵 부자가 증서 내용을 듣고 있다가 혀를 내두르며 말했다.

"그만두시오! 그만두시오! 참으로 맹랑한 일입니다! 장차 나더러 도적놈이 되라는 말입니까?"

양반의 행동이 도둑의 행위와 같다(풍자의 절정).

그러고는 머리를 흔들며 뛰쳐나가서 죽을 때까지 다시는 양반의 일을 입에 담지 않았다.

▶ 부자가 양반 되기를 포기함(양반들의 삶이 '도둑놈' 같고, 그들의 특권이 부당하다고 생각함)

✔ 바로바로 CHECK

01 (가)를 통해 비판하고자 하는 양반의 모습으로 알맞은 것은?

① 지나치게 학문만 탐구하는 모습

② 지나치게 당쟁에만 신경 쓰는 모습

③ 겉치레에만 치중하는 양반의 허례허식

④ 관리가 되기 위해 돈을 주고 관직을 사는 모습

해설 (가)는 허례허식에 가득 찬 양반의 가식적인 모습이 제시되어 있다.

02 (다)에서 양반의 악행을 풍자적으로 비유한 말은?

① 도적놈　　　　② 증서

③ 머리　　　　　④ 양반

해설 부자는 양반을 '도적놈'이라고 표현하며 양반의 악행을 풍자하고 있다.

03 작가가 이 글을 쓴 의도로 알맞은 것은?

① 양반이 지켜야 할 규율을 강화하기 위해

② 부정부패하고 무능력한 양반을 풍자하려고

③ 가난으로 힘겨워 하는 농민들을 격려하기 위해

④ 양반의 특권이 얼마나 대단한 것인지 백성들에게 알리려고

해설 작가는 이 글을 통해 양반층의 부당한 특권 남용, 무위도식하는 모습을 풍자하고 있다.

정답 01. ③　02. ①　03. ②

한눈에 감 잡기

1. '양반전'에 나타난 시대상
- 무능하고 가난한 양반들이 있었다.
- 나라에서 곡식을 빌려주는 환곡 제도가 있었다.
- 신분을 사고 팔 수 있었다. ⇒ 신분제의 동요
- 양반이 아닌 평민도 부를 축적할 수 있었다.

2. '양반전'의 풍자 대상 : 양반층의 허위의식과 부패상

3. 인물의 성격

양반	무능력하며 자신의 신분을 돈을 받고 파는 것으로 보아 양반답지 못함
부자	• 조선 후기 부를 축적한 부농층을 대변하는 인물 • 양반을 동경했으나 양반의 횡포를 알고 양반 되기를 포기함

4. 양반 증서의 내용 및 의미

1차 양반 증서	양반으로서 지녀야 할 의무와 규범 ⇒ 허례허식과 체면을 중시하는 양반의 모습
2차 양반 증서	양반의 특권 ⇒ 신분과 지위를 이용하여 이득을 취하는 양반의 부패한 모습 비판

기초학습 ― 풍 자

1) 풍자란?
　① 뜻 : 개인 또는 사회의 부조리, 모순, 어리석음 등을 지적하고 비판하기 위해 웃음을 사용하는 표현 방식
　② 목적 : 현실 비판에 그치지 않고 부조리한 현실을 고쳐 나가고자 하는 의도를 갖고 있다.

2) 풍자의 기능
　① 독자에게 웃음을 주면서 웃음 뒤의 현실을 바로 보는 통찰력을 갖는다.
　② 비판하고자 하는 대상의 실체를 더욱 명료하게 드러내고 독자에게 비판 의식을 갖게 한다.

3) 풍자의 방법
　① 사회 구성원 다수가 일반적으로 가지고 있는 생각을 바탕으로 한다.
　② 반어적 표현이나 말장난을 사용하여 우회적으로 비판하고, 대상의 우스꽝스러운 묘사나 과장을 통해 재미와 웃음을 준다.

03 박씨전

– 작자 미상

✔ 핵심정리

- **갈래** : 고전 소설, 영웅 소설, 군담 소설
- **성격** : 영웅적, 역사적, 전기(傳奇)적
- **배경**
  ① 시간 : 병자호란
  ② 공간 : 우리나라 전 지역
- **시점** : 전지적 작가 시점
- **주제** : 박씨 부인의 영웅적 기상과 재주
- **특징**
  ① 변신 모티브가 사용됨
  ② 여성을 주인공으로 하는 영웅 소설, 군담 소설
  ③ 주인공은 허구적인 인물이지만, 역사에 기록된 실존 인물이 주변 인물로 등장
  ④ 병자호란의 패배라는 역사적 사실을 승리로 바꿈으로써 전쟁의 상처를 보상받고자 하는 소망을 담음

발단 이시백은 박 처사의 딸과 혼인을 하게 되지만 부인인 박씨가 얼굴이 추한 박색임을 알고 대면조차 하지 않으려 한다.

전개 비범한 능력으로 하룻밤 사이 시아버지의 옷을 짓고, 볼품없는 망아지를 훌륭한 말로 길러 내며, 남편의 장원 급제를 돕지만 흉한 외모 때문에 계속 남편과 시어머니의 박대를 받는다.

위기 박씨가 흉한 허물을 벗고 절세가인이 되자 시백은 자신의 잘못을 뉘우치고, 부부간의 정은 깊어 간다. 한편, 삼만 명의 군사를 거느린 용골대 형제가 조선을 침략한다.

절정 용골대가 이끄는 청나라 군의 공격에 임금과 조정 신하들은 남한산성으로 피신하지만 결국 청나라 군에게 항복한다. 박씨에게 죽임을 당한 동생의 원수를 갚기 위해 용골대가 박씨를 찾아오고, 박씨는 비범한 능력으로 용골대를 항복시킨다.

결말 청나라 군이 물러간 뒤 임금은 박씨의 공을 치하하고 정경부인의 칭호를 내린다. 박씨의 명성은 온 나라에 울려 퍼지고, 박씨는 남편 이시백과 행복한 여생을 보낸다.

㉮ 그날 밤, 박씨는 몸을 깨끗이 씻은 뒤『둔갑술을 부려 허물을 벗었다.』『 』: 전기성(비현실성) – 박씨의 변신

날이 밝은 후, 박씨는 계화를 불렀다. 계화가 들어가 보니 전에 없던 절세가인(絕世佳人)이 방 안에 앉아 있었다. 여인의
견줄 사람이 없을 정도로 매우 아름다운 여인
얼굴은 아름답기 그지없었으며, 그 태도는 너무도 기이했다. 월궁항아(月宮姮娥)나 무산선녀(巫山仙女)라도 따르지 못할 듯했고, 서시와 양귀비도 미치지 못할 정도
전설에 나오는 아름다운 선녀들
였다.

전기(傳奇)성 ▾ 〔검색〕

우리나라 고전 소설에서는 현실적으로 믿기 어려운 괴이하고 신기한 사건이나 현실 세계에서는 실현 불가능한 사건이 일어나는 경우가 많은데, 이를 전기성이라고 한다.

▶ 둔갑술로 허물을 벗고 절세가인이 된 박씨

나 "용 장군이 여자의 손에 죽었습니다."

이 말을 들은 용골대는 대성통곡을 했다.

"내 이미 조선 왕의 항복을 받았거늘, 누가 감히 내 아우를 해쳤단 말인가? 이 땅은 이제 내 손안에 있으니 원수를 갚기는 어렵지 않을 것이다. 어서 그 집으로 가자."

용골대가 아우 용울대의 원수를 갚기 위해 박씨의 집으로 감

서릿발같이 군사를 재촉하여 우의정의 집에 이르니, 후원 나무 위에 용울대의 머리가 걸려 있었다.

『이를 본 용골대는 더욱 분노하여 칼을 들고 말을 몰아 집 안으로 들어가려 했다.』 그때, 도원수 한유

『 』: 노기충천(怒氣衝天)　　　　　　　　　　　　　　전쟁이 났을 때 군무를 통괄하던 임시 무관 벼슬

가 피화당에 심어 놓은 무수한 나무를 보고 깜짝 놀라 황급히 용골대의 앞을 가로막았다.

▶ 동생의 복수를 위해 피화당에 들어가려 하는 용골대와 이를 말리는 한유

다 『용골대가 군사들에게 명령하여 일시에 불을 지르니, 화약 터지는 소리가 산천을 무너뜨릴 것 같

았다. 사면에서 불이 일어나 불빛이 하늘을 가득 메웠다.』　『 』: 과장법. 용골대가 화공(火攻)을 실시

『이때 박씨 부인이 옥으로 된 발을 걷고 나와 손에 옥화선을 쥐고 불을 향해 부쳤다. 그러자 갑자기

옥으로 깎아 만든 불부채

큰바람이 불면서 불기운이 오히려 오랑캐 진영을 덮었다. 오랑캐 장졸들이 불꽃 한가운데에서 천지를 분별하

지 못한 채 넋을 잃고 허둥거리다가 무수히 짓밟혀 죽었다. 순식간에 피화당 근처는 아수라장이 되었다.』

『 』: 박씨의 비범한 능력, 비현실적

▶ 박씨가 도술로 불의 방향을 바꿔 용골대의 군사들을 물리침

라 용골대는 크게 놀라 급히 물러났다.

"한 번의 싸움에서 이겨 항복을 받았으니 이미 큰 공을 세웠거늘, 부질없이 조그마한 계집을 시험하다

가 장졸들만 다 죽게 되었구나. 이런 절통(切痛)하고 분한 일이 어디 있단 말인가?"

뼈에 사무치도록 원통함

통곡을 하며 몸부림쳤지만 더 이상 어찌할 도리가 없었다.

"우리 임금이 장졸을 전장에 보내시고 칠 년 가뭄에 비 기다리듯 기다리실 텐데, 무슨 면목으로 임금

청나라의 승전보를 몹시 기다리는 것. 학수고대(鶴首苦待)

을 뵙는단 말인가? 우리 재주로는 도저히 감당을 못할 듯하니 이제라도 그냥 돌아가는 것이 좋겠

구나." 실제 병자호란과 다른 내용 – 전쟁의 패배로 생긴 민족적 자존심의 상처를 회복하고자 하는 민중의 바람이 문학적으로 형상화

모든 장수와 군사가 용골대의 말에 살길을 찾은 듯 안도의 한숨을 내쉬었다.

▶ 박씨에게 패배한 후 청나라로 돌아가려 하는 용골대

✔ 바로바로 CHECK

01 (가), (다)를 바탕으로 파악할 수 있는 고전 소설의 특징은?

① 권선징악적 주제 의식을 보인다.
② 비현실적이고 전기적인 내용이다.
③ 개성적이고 입체적인 인물이 등장한다.
④ 시·공간적 배경이 구체적으로 드러난다.

해설 박씨가 둔갑술을 부리고(가), 도술로 용골대의 군사를 물리치는(다) 장면에서 비현실적이고 전기적인 성격을 엿볼 수 있다.
③, ④는 현대 소설의 특징이다.

02 이 글의 결말을 역사적 사실과 다르게 쓴 이유로 알맞지 않은 것은?

① 문학 속에서라도 민족의 자주성을 지키기 위해
② 청나라에 맞서 싸운 남성들의 용맹함을 칭송하기 위해
③ 병자호란의 굴욕적인 패배를 문학으로나마 보상받기 위해
④ 우리 민족에게 굴욕을 준 청나라에게 분풀이를 하기 위해

해설 이 글은 '박씨'라는 여성 영웅을 등장시켜 청나라에 패한 치욕을 문학을 통해 보상받으려 하고 있다.

정답 01. ② 02. ②

한눈에 감 잡기

1. '박씨전'의 창작 동기

역사적 사실	소설의 결말
청나라의 침략에 속수무책으로 당하던 조선은 결국 임금인 인조가 청나라에 치욕적인 항복의 예를 갖추게 되고 소현 세자와 봉림 대군은 인질로 청나라에 끌려감	인조가 청나라에 항복을 하고 세자와 대군이 인질로 끌려갔으나, 박씨와 임경업 장군이 뛰어난 능력으로 청나라 장수인 용골대를 물리치고 두 나라는 화친을 하게 됨

• 병자호란의 굴욕적인 패배를 문학으로나마 보상받고 싶은 마음
• 문학 속의 세계에서만이라도 우리 민족의 우수성을 보여 주고 자주성을 지키고자 하는 마음

2. 고전의 가치를 느끼며 작품 읽기

사회·문화적 상황 파악하기	• 남성 중심의 가부장적 봉건 사회, 남성의 입신양명을 중요하게 여기는 사회 • 청나라의 침략으로 나라가 위기에 처해 있던 상황
선조들의 삶의 태도와 가치관	• 인물을 용모가 아닌 재주와 덕성, 품성 등으로 파악해야 한다고 생각함 • 청나라에 패배한 아픈 역사를 극복하고 민족의 자주성을 찾고자 함
고전 문학 읽기의 즐거움	• 비현실적이며 전기적인 사건을 통해 흥미를 느낄 수 있음 • 청나라와의 싸움에서 승리하는 이야기를 통해 통쾌함을 느낌

04 토끼전

– 작자 미상

☑ 핵심정리

- **갈래** : 고전 소설, 판소리계 소설, 우화 소설, 풍자 소설
- **성격** : 풍자적, 해학적, 교훈적, 우화적
- **시점** : 전지적 작가 시점
- **배경** : 옛날 옛적, 산속과 용궁
- **주제**
  ① 토끼 : 위기를 극복하는 지혜, 헛된 욕심에 대한 경계
  ② 별주부 : 임금에 대한 충성심
  ③ 용왕 : 헛된 욕심에 대한 경계
- **특징**
  ① 동물을 의인화하여 인간 세계를 풍자함
  ② 각 등장인물의 입장에서 다양한 교훈을 전달함
  ③ 속담, 한자어, 비유적 표현, 해학적 표현, 과장된 표현 등을 사용함

발단	토끼가 별주부를 따라 수궁에 도착함
전개	간을 내놓으라는 용왕의 명령에 토끼는 자신의 배를 갈라 보라고 함
위기	간을 육지에 놓고 왔다는 토끼의 거짓말에 용왕이 속음
절정	용왕의 극진한 대접을 받은 후 토끼가 육지로 떠날 채비를 함
결말	육지에 도착한 토끼는 도망가고, 별주부는 수국으로 돌아가지 못함

『 』: 용왕과 토끼의 신분적 차이(과인 ↔ 너, 수궁 ↔ 산중, 으뜸 ↔ 조그마한, 임금 ↔ 너)

가 용왕이 토끼에게 가로되, 『"과인(寡人)은 수궁의 으뜸인 임금이요, 너는 산중의 조그마한 짐승이라.』 과인이 우연히 병을 얻어 고생한 지 오래되었도다. 네 간이 약이 된다는 말을 듣고 특별히 별주
_{토끼를 수궁으로 데리고 온 이유}
부를 보내어 너를 데려왔으니, 너는 죽는 것을 한스럽게 여기지 마라. 『너 죽은 후에 비단으로 몸을
_{자신을 위해 남을 희생시키는 이기적인 용왕}
싸고 구슬로 장식한 관에 넣어 천하의 명당자리에 묻어 줄 것이니라. 또한, 과인의 병이 낫게 되면, 마땅히 사당을 세워 너의 공을 표하겠노라.』 이것이 산중에서 살다가 호랑이나 솔개의 밥이 되거나 사냥
『 』: 사후약방문
꾼에게 잡혀 죽는 것보다 어찌 영화로운 일이 아니겠느냐? 과인의 말은 결코 거짓이 아니니, 너는 죽은 혼이 되더라도 조금도 나를 원망하지 말지어다."

▶ 토끼의 간을 꺼내라고 명령하는 용왕

기초학습 판소리계 소설, 우화 소설

1) **판소리계 소설** : 판소리 사설로 불리던 이야기가 소설로 정착됨 **예** 토끼전, 심청전, 흥부전 등
2) **우화 소설**
   동식물을 의인화하여 교훈적이거나 풍자적인 내용을 표현한 소설 **예** 장끼전, 서동지전 등

나 '옛말에 이르기를 호랑이 굴에 들어가도 정신만 차리면 산다고 하였으니, 어찌 죽기만 생각하고 살아날 방책을 헤아리지 아니하리오?' 하더니 문득 한 묘한 꾀를 생각해 냈다.

<small>임기응변, 침착함, '호랑이 굴에 들어가도 정신만 차리면 산다'</small>

이에, 얼굴빛을 태연스럽게 하고 고개를 들어 용왕을 우러러보며 가로되,
<small>토끼의 능청스러운 성격</small>

"제가 비록 죽을지라도 한 말씀 아뢰리다. 용왕님은 수궁의 임금이시요, 저는 산중의 하찮은 짐승일 따름이옵니다. 만일, 제 간으로 용왕님의 병환을 낫게 할 수만 있다면, 어찌 한낱 간 따위를 아끼겠나이까? 〈중략〉

다만 애달픈 바는 제가 비록 하찮은 짐승이오나 보통 짐승과 달라, 지금은 간이 없나이다. 『저는 본래 하늘의 정기를 타고 태어난 까닭에 아침이면 옥 같은 이슬을 받아 마시며 밤낮으로 향기로운 풀을 뜯어 먹고 사옵니다.』제 간이 영약이 되는 것은 그런 까닭입니다. 『그래서 세상 사람은 저를 만날
<small>『 』: 토끼의 간이 영약인 이유</small>

때마다 간을 달라고 심히 보채지요. 저는 이런 간절한 부탁을 매번 거절하기 어려워 간을 염통과 함께 꺼내 맑은 계곡물에 여러 번 씻어 높은 산, 깊은 바위틈에 감춰 두고 다닌답니다.』그러다가 우연히 별
<small>『 』: 토끼가 간을 꺼내 놓고 다니는 이유</small>

주부를 만나 여기에 따라온 것이니, 『만일 용왕님의 병환이 이러한 줄 알았던들 어찌 가져오지 아니 하였겠나이까?』』『 』: 간을 가져오지 못한 것을 별주부의 탓으로 돌림

하며 도리어 별주부를 꾸짖었다.

▶ 거짓말로 용왕을 속이는 토끼

✔ 바로바로 CHECK

01 이 글에 대한 설명으로 알맞지 <u>않은</u> 것은?
① 주제가 교훈적이다.
② 동물이 의인화되어 등장한다.
③ 인간 사회를 풍자하는 내용이다.
④ 시간·공간적 배경이 구체적으로 드러난다.

<small>**해설** 이 글은 시간적 배경이 막연하고 공간적 배경이 비현실적이다.</small>

02 이 글의 주된 갈등 양상은?
① 신분의 한계로 관직에 나아가지 못하는 토끼의 갈등
② 신하의 도리를 다하지 못한 별주부의 갈등
③ 간을 요구하는 용왕과 간을 지키고자 하는 토끼의 갈등
④ 토끼의 간을 가지려는 용왕과 이를 말리는 자가사리와의 갈등

03 토끼와 용왕에 대한 감상의 관점이 <u>다른</u> 사람은?
① 성진 – 용왕은 자신의 이익을 위해 토끼에 대한 태도를 바꾸고 있어.
② 연우 – 토끼는 어려움을 극복해 내는 당시 민중의 지혜를 보여 주고 있지.
③ 소진 – 용왕은 권력을 이용해 횡포를 부리던 지배 계층을 상징하는 것이지.
④ 나연 – 용왕을 통해서 당시 권력층의 이기적 태도를 비판하고 있는 것이지.

<small>**해설** ① 작품 자체의 내용에만 초점을 맞춘 감상
②, ③, ④ 당시의 시대적 상황과 연관 지어 감상</small>

<small>**정답** 01. ④ 02. ③ 03. ①</small>

다 대개 수궁은 육지의 사정에 밝지 못한 까닭에 용왕은 토끼의 말을 묵묵히 듣고 있다가 속으로 헤아리되, 『만일 저 말과 같을진대, 배를 갈라 간이 없으면 애써 잡은 토끼만 죽일 따름이요, 다시 누구에게 간을 얻을 수 있으리오?』 차라리 살살 달래어 육지에 나가 간을 가져오게 함이 옳도다.'

『 』: 토끼를 죽이고도 간을 얻지 못할 것에 대한 두려움 – 용왕이 토끼에게 속아 넘어감

하고, 좌우에 명하여 토끼의 결박을 풀고 자리를 마련해 편히 앉도록 했다. 토끼가 자리에 앉아 황공함을 이기지 못하거늘, 용왕이 가로되, / "토 선생은 과인의 무례함을 너무 탓하지 마시게."

토끼에 대한 호칭의 변화 → 토끼를 달래 간을 얻으려는 용왕의 태도 변화

하고, 옥으로 만든 술잔에 귀한 술을 가득 부어 권하며 재삼 위로하니, 토끼가 공손히 받아 마신 후 황송함을 아뢰었다. / 그때, 한 신하가 문득 앞으로 나와 아뢰었다.

"신이 듣자오니 토끼는 본디 간사한 짐승이라 하옵니다. 바라옵건대 토끼의 간사한 말을 곧이듣지 마시고 바삐 간을 내어 옥체를 보중하옵소서."

모두 바라보니, 간언(諫言)을 잘하는 자가사리였다.

충신, 용왕의 어리석음을 드러냄 – 안심하는 토끼에게 위기감을 주어 극적 긴장감을 줌

▶ 토끼의 꾀에 속아 토끼를 대접하는 용왕과 간언을 하는 자가사리

한눈에 감 잡기

1. '토끼전'의 형성 과정

근원 설화	→	판소리	→	판소리계 소설	→	신소설
귀토지설		수궁가, 토별가		토끼전		토의 간

2. 인물의 성격 및 풍자 대상

인물	행동	성격	풍자 대상
토끼	• 부귀영화와 벼슬에 눈이 멀어 별주부를 따라감	욕심이 지나침	지배 계층의 억압 속에서 살아가는 백성들
	• 위기의 상황에서도 침착하게 꾀를 내어 위기를 모면함	지혜로움, 뛰어난 임기응변	
별주부 (자라)	• 용왕을 위해 토끼를 꾀어 수국으로 데려옴	왕에 대한 강한 충성심	왕에게 맹목적으로 충성하는 관리들
	• 토끼의 말을 의심하면서도 용왕의 명령에 따라 토끼를 데리고 육지로 올라감	어리석음, 무비판적	
용왕	• 자신의 권력을 이용해 토끼를 위협함	이기적, 권위적	백성들을 착취하고 억압하는 어리석고 무능한 지배 계층
	• 토끼의 거짓말에 속아 넘어감	어리석음	

3. '토끼전'에 드러난 풍자성

토끼	지혜롭지만 세속적이며 사사로운 욕심을 추구하는 속물적 근성을 지닌 인간 유형을 풍자함
별주부	충직하지만 군주의 단점을 살피지 못한 채 무조건 충성하는 어리석은 인간 유형을 풍자함
용왕	탐욕스럽고 어리석은 통치자를 풍자함

05 심청전

– 작자 미상

☑ 핵심정리

- **갈래** : 고전 소설, 판소리계 소설
- **성격** : 비현실적, 우연적, 교훈적
- **시점** : 전지적 작가 시점
- **배경**
  ① 시간 : 조선 시대
  ② 공간 : 황해도 도화동
- **주제** : 아버지에 대한 지극한 효성
- **특징**
  ① 효에 대한 윤리관이 드러남
  ② 여러 가지 배경 설화가 존재함

발단	심 봉사의 젖 동냥으로 어렵게 자란 심청이 아버지를 극진히 공양함
전개	심 봉사의 눈을 뜨게 할 공양미를 마련하기 위해 심청이 자신을 제물로 팖
위기	심청은 상인의 제물이 되어 인당수에 몸을 던짐
절정	용왕의 도움으로 인간 세상에 돌아와 황후가 됨
결말	맹인 잔치를 열어 아버지를 만나고 심 봉사는 눈을 뜨게 됨

가 <u>천지가 사정 없어</u> 이윽고 닭이 우니 심청이 하릴없어,
　　시간의 흐름을 막을 수 없음

『"닭아 닭아, 우지 마라. 제발 덕분에 우지 마라. 반야 진관에서 닭 울음 기다리던 맹상군이 아니로다. 네가 울면 날이 새고, 날이 새면 나 죽는다. 죽기는 섧지 않아도 의지 없는 우리 아버지 어찌 잊고 가잔 말이냐?"』『 』: 판소리계 소설의 특징(4·4조, 4음보), 자신의 목숨보다 아버지를 먼저 생각하는 심청의 마음

어느덧 동방이 밝아 오니, <u>심청이 아버지 진지나 마지막 지어 드리리라</u> 하고 문을 열고 나서니,
　　　　　　　　　　　　심청의 효성이 간접적으로 드러남
벌써 뱃사람들이 사립문 밖에서,

"<u>오늘이 배 떠나는 날이오니 쉬이 가게 해 주시오.</u>"
　　　　　　　　선인들의 부탁

하니, 심청이 이 말을 듣고 얼굴빛이 없어지고 손발에 맥이 풀리며 목이 메고 정신이 어지러워 뱃사
　　　　　　　　　　　　　　　　　　심청의 절망감, 슬픔
람들을 겨우 불러,

"여보시오 선인네들, 나도 오늘이 배 떠나는 날인 줄 이미 알고 있으나, 내 몸 팔린 줄을 우리 아버지가 아직 모르십니다. 만일 아시게 되면 지레 야단이 날 테니, 잠깐 기다리면 진지나 마지막으로 지어 잡수시게 하고 말씀 여쭙고 떠나겠어요."

하니 뱃사람들이,

"그리하시지요."

▶ 날이 밝아 뱃사람들이 심청이를 데리러 옴

나 심청이 들어와 눈물로 밥을 지어 아버지께 올리고, 상머리에 마주 앉아 아무쪼록 진지 많이 잡수시
<u>심청의 심정을 드러내는 소재</u>
게 하느라고 자반도 떼어 입에 넣어 드리고 김쌈도 싸서 수저에 놓으며,

"진지를 많이 잡수셔요."

심 봉사는 <u>철도 모르고,</u>
<u>사정도 모르고</u>

㉠"야, 오늘은 반찬이 유난히 좋구나. 뉘 집 제사 지냈느냐."

『그날 밤에 꿈을 꾸었는데, 부자간은 천륜지간(天倫之間)이라 꿈에 미리 보여 주는 바가 있었다.』
『 』: 편집자적 논평 – 고전 소설의 특징

"아가 아가, 이상한 일도 있더구나. <u>간밤에 꿈을 꾸니, 네가 큰 수레를 타고 한없이 가 보이더구나.</u>
현실과 맞지 않는 심 봉사의 꿈 내용 – 비극성 강조, 복선 역할

수레라 하는 것이 귀한 사람이 타는 것인데 우리 집에 무슨 좋은 일이 있을란가 보다. 그렇지 않으면

장승상 댁에서 가마 태워 갈란가 보다."

▶ 심청이 떠나기 전날 밤 심봉사의 꿈

다 "네가 날 죽이고 가지 그저는 못 가리라. 날 데리고 가거라. 네 혼자는 못 가리라."

심청이 아버지를 위로하기를,

"부자간 천륜을 끊고 싶어 끊사오며 죽고 싶어 죽겠습니까마는, 액운이 막혀 있고 생사가 때가 있어 하

느님이 하신 일이니 한탄한들 어찌 하겠어요? 인정으로 할 양이면 떠날 날이 없을 것입니다."

하고 저의 아버지를 동네 사람에게 붙들게 하고 뱃사람들을 따라갈 제, 소리 내어 울며 치마끈 졸라매고

치마폭 거듬거듬 안고 흐트러진 머리털은 두 귀 밑에 늘어지고 비같이 흐르는 눈물 옷깃을 적신다.

〈중략〉

<u>동네 남녀노소 없이 눈이 붓도록 서로 붙들고 울다가</u> 마을 어귀에서 서로 손을 놓고 헤어졌다. 그때
<u>심청의 죽음을 슬퍼하는 마을 사람들</u>

하느님이 아시던지 밝은 해는 어디 가고 어두침침한 구름이 자욱하며 청산이 찡그리는 듯, 강물 소리 흐

느끼고, 휘늘어져 곱던 꽃은 시들어 제 빛을 잃은 듯하고, 하늘거리는 버들가지도 졸듯이 휘늘어졌고, 복

사꽃은 다정하여 슬픈 듯이 피어 있다.

'묻노라 저 <u>꾀꼬리,</u> 뉘를 이별하였길래 벗을 불러 울어 대고, 뜻밖에 <u>두견이</u>는 피를 내어 우는구나.
　　　　　　　　감정 이입의 대상 ①　　　　　　　　　　　　　　　　　　　　　　　감정 이입의 대상 ②

달 밝은 너른 산을 어디 두고 애끊는 슬픈 소리 울어서 보내느냐. 네 아무리 가지 위에서 가지 말라 울건

마는 값을 받고 팔린 몸이 다시 어찌 돌아올까.'

▶ 슬퍼하는 사람들을 뒤로하고 인당수로 떠나가는 심청

한눈에 감 잡기

1. '심청전'의 형성 과정

근원 설화	→	판소리	→	판소리계 소설	→	신소설
효녀 지은 설화		심청가		심청전		강상련

2. 인물의 성격

인물	성격	근거
심청	• 아버지에 대한 효성이 지극함 • 자제력과 자기희생이 강함	장 승상 댁 부인의 만류를 거절하고 아버지를 위해 제물이 됨
심 봉사	• 딸을 무척 사랑함 • 사리 분별력이 부족함	• 심청이 대신 자신이 팔려 가겠다고 함 • 공양미를 마련할 방법도 없이 시주를 약속함
선인들	사람을 제물로 쓰는 것에 대해 미안함을 가지고 있음	혼자 남겨진 심 봉사를 위해 먹고살 것을 마련해 줌

✔ 바로바로 CHECK

01 이 글의 근원 설화는?

① 열녀 설화　　② 방이 설화

③ 효녀 지은 설화　④ 구토지설

02 이와 같은 글의 특징으로 알맞은 것은?

① 배경이 구체적으로 드러남

② 권선징악적 주제가 드러남

③ 사건의 인과 관계가 명확함

④ 입체적, 개성적 인물이 등장함

해설 고전 소설은 주로 권선징악적 주제가 많이 나타난다.

03 (나)의 ㉠에 대해 바르게 설명한 것은?

① 엄숙한 분위기 조성

② 작품의 비극성 고조

③ 사건 해결의 실마리 제공

④ 새로운 사건의 시작 암시

해설 ㉠은 심청이 죽음을 앞둔 상황에서 심 봉사가 반찬이 좋다고 말하는 것이다. 이는 독자에게 대립적 상황을 제시하여 비극성을 고조시키는 효과가 있다.

정답 01. ③　02. ②　03. ②

수필 · 설화 · 일기 · 극 문학(민속극)

01 규중칠우쟁론기(閨中七友爭論記)
— 작자 미상

☑ **핵심정리**

- **갈래** : 고전 수필(내간체 수필), 한글 수필
- **성격** : 풍자적, 우화적
- **제재** : 바느질 도구의 논쟁
- **주제**
  ① 자신의 처지를 망각하고 공치사만 일삼는 세태에 대한 풍자
  ② 직분에 충실한 삶의 자세 강조
- **특징**
  ① 의인화된 사물을 통해 인간 사회 풍자
  ② 부녀자의 생활과 밀접한 관련이 있는 소재의 사용
  ③ 대화 형식을 통해 등장인물의 생각과 심정을 직접 드러냄

기	바느질에 사용하는 일곱 가지 도구를 소개함
승	규중 칠우가 바느질할 때 서로 자신들의 공이 더 크다고 자랑하며 다툼
전	규중 칠우가 자신들의 신세타령을 하며 규중 부인에 대한 원망을 늘어놓음
결	감투 할미가 규중 부인에게 사과하여 용서를 받음

㉮ 이른바 규중 칠우(七友)는 부인네 방 가운데 일곱 벗이다. 〈중략〉 그러므로 바느질을 돕는
_{자, 가위, 바늘, 실, 골무, 인두, 다리미}
것에 따라, 각각 이름을 정하여 벗을 삼았다. 바늘은 세요(細腰) 각시라 하고, 자를 척(尺) 부인이라
_{가는 허리의 각시 – 바늘의 가는 모양} _{자를 의미하는 한자의 '척(尺)'}
하고, 가위를 교두(咬頭) 각시라 하고, 인두를 인화(引火) 부인이라 하며, 다리미를 울 낭자(熨娘子)
_{머리가 교차하는 각시 – 가위의 생김새} _{불을 끌어당기는 부인 – 인두의 쓰임새} _{다리다 '울(熨)' – 다리미의 쓰임새}
라 하고, 실을 청홍흑백(靑紅黑白) 각시라 하며, 골무를 감투 할미라 하여 일곱 벗을 삼았다.
_{실의 색깔} _{감투와 유사한 골무 – 골무의 생김새}

▶ 규중 칠우의 소개

㉯ 하루는 일곱 벗이 모여 바느질의 공(功)을 의논하였다. 『척 부인이 긴 허리를 재며 말했다.

"여러 벗은 들어라. 가는 명주, 굵은 명주, 흰 모시, 가는 베와 푸른 비단, 붉은 비단, 녹색 비단, 자주 비단, 붉은 헝겊을 모두 내어서 펼쳐 놓고, 남녀의 옷을 마련할 때를 생각해 보아라. 길고 짧음과 넓고 좁음과 솜씨와 모양을 내가 아니면 어찌 이루어 내겠느냐? 그러므로 옷 만드는 공은 내가 으뜸이 될
『 』: 척 부인의 바느질 공로 자랑
것이다.』/ 교두각시가 두 다리를 빨리 놀려 내달아서 말했다.
_{자신의 자랑을 위해 허둥거리는 모습 – 가위의 우스운 모습 묘사}

『"척 부인아, 그대가 아무리 마련을 잘한들 베어 내지 않으면 모양이 제대로 되겠느냐? 내 공과 내 덕이니, 너만의 공이라고 자랑하지 마라."』『 』: 교두 각시의 바느질 공로 자랑
▶ 척 부인과 교두 각시의 공치사

다 <u>규중 부인이 말했다.</u> "일곱 벗의 공으로 의복을 다스리나 <u>그 공은 사람의 쓰기에 달려 있다.</u>
　　규중 부인의 개입 – 이야기가 전환되는 계기　　　　　　　　　　인간 중심의 이야기 – 칠우가 사람을 원망하는 이야기를 시작하게 됨
어찌 칠우의 공이라 하겠느냐?　〈중략〉

이윽고 척 부인이 탄식했다. / "<u>매정한 것은 사람이오, 공 모르는 것은 여자로다!</u> 의복 마를 때는
　　　　　　　　　　　　　　　　인간에 대한 불평
먼저 찾다가, 만들어 내면 자기 공이라 한다. 게으른 종 잠 깨우는 막대는 내가 아니면 안 되는 줄 알
고, 내 허리 부러지는 것도 모르는구나! 어찌 야속하고 노엽지 않겠는가!"　　　　　▶ 척 부인의 불평

라 <u>자던 여자가 문득 깨어서 일곱 벗에게 말했다.</u> / "여러 벗은 내 허물을 그렇게까지 말하느냐?"
　　　　　칠우의 불평이 끝나는 계기　　　　　　　　　　　　　　　　　규중 부인의 꾸중
『감투 할미가 머리를 조아리며 사과하였다. / "젊은 것들이 망령되어 생각이 없으니, 곧 옳지 못할 것입
니다. 저희가 재주가 있으나, 공이 많음을 자랑하다가 원망을 해 댔습니다. 마땅히 곤장을 칠 만합니다.
　　　　　『　』: 감투 할미의 태도 – 즉시 반성하는 태도를 보이며 용서를 구함(긍정적), 곤경을 벗어나고자 아첨함(부정적)
그러나 평소의 깊은 정과 저희의 조그만 공을 생각하여 용서하심이 옳을까 하나이다."』
　　　　　　　　　　　　　　　　　　　　　　　　　　　▶ 규중 부인의 꾸중과 감투 할미의 사과

한눈에 감 잡기

1. 규중 칠우의 이름을 정한 기준

바늘	바늘의 가는 모양 ⇒ '세요 각시'라 부름	인두	불에 달구어 사용 ⇒ '인화 부인'이라 부름
자	'자'를 의미하는 한자 '척(尺)' ⇒ '척 부인'이라 부름	다리미	'다리다'를 의미하는 한자 울(熨) ⇒ '울 낭자'라 부름
가위	날(머리)이 교차하는 모양 ⇒ '교두 각시'라 부름	실	다양한 실의 색깔 ⇒ '청홍흑백 각시'라 부름
		골무	감투와 비슷한 모양 ⇒ '감투 할미'라 부름

2. 문학사적 의의
- 사물을 의인화하여 인간 사회를 풍자하는 가전체의 전통을 이음
- 극적 구성과 섬세한 표현으로 고전 수필의 묘미를 잘 살린 작품으로 평가
- 유씨 부인의 '조침문(바늘을 의인화함)'과 함께 사물을 의인화한 수필로 손꼽힘

3. 규중 칠우의 역할 변화

전반부	규중 칠우들이 공을 다투는 부분 ⇒ 규중 칠우가 풍자의 대상 ⇒ 규중 칠우가 이기적이고 남을 깎아내리기를 좋아하는 '인간들의 모습 자체'를 나타냄

⬇ 규중 부인의 개입 : 내용 전환의 계기

후반부	인간에 대한 원망을 하소연하는 부분 ⇒ 규중 칠우가 풍자를 하는 주체

4. 감투 할미의 처세술
- 긍정적 평가 : 공동체 사회를 살아가는 데 있어 필요한 자세
- 부정적 평가 : 아첨을 통해 자신만 곤경에서 벗어나고자 함 ⇒ 간신배를 풍자

5. 규중 칠우가 풍자하는 인간의 모습
- 자신의 공만 내세우는 인간의 모습
- 상대를 인정하지 않고 자신의 필요와 장점만을 강조하는 인간의 모습
- 자신의 공을 알아주지 않는다고, 자기 일의 어려움을 한탄하며 원망하는 인간의 모습

☑ 바로바로 CHECK

01 이 글의 특성으로 알맞지 <u>않은</u> 것은?

① 대화 형식을 통해 인물의 생각을 드러낸다.
② 조선 후기 규중 여성들의 의식이 반영되어 있다.
③ 사물에 인격을 부여하여 사람처럼 표현하고 있다.
④ 작가의 체험과 깨달음을 자세하게 기록하고 있다.

해설 작가의 체험과 깨달음은 나타나지 않음

02 (나)에서 풍자하고 있는 인간의 모습으로 알맞은 것은?

① 이기적이고 남을 깎아내리기를 좋아하며, 공치사만 일삼는 인간
② 자신의 역할에 자신감을 갖지 못하고 늘 스스로를 얕잡아 보는 인간
③ 어려운 일에는 절대로 나서지 않고, 쉬운 일만 찾아서 하려고 하는 자기중심적 인간
④ 물질에 대한 욕심이 지나쳐 다른 사람의 몫까지 자기 것으로 만들려고 하는 인간

정답 01. ④ 02. ①

---

02 이옥설
- 이규보

☑ 핵심정리

• 갈래 : 고전 수필(설)
• 성격 : 교훈적, 예시적, 경험적, 유추적
• 제재 : 퇴락한 행랑채의 수리
• 주제 : 잘못을 알고 미리 고쳐 나가는 것의 중요성
• 특징
  ① 사실(예화) + 의견(주제)의 구성
  ② 구체적인 경험에서 깨달은 바를 인간사 일반에 유추하여 이치를 밝힘

사실 (예화)	퇴락한 행랑채의 수리
의견 (주제)	삶의 이치와 나라의 정치에 대한 깨달음

한눈에 감 잡기

글의 내용 전개 방법

집을 고치는 것	⇒	• 비가 샌 것을 방치 ⇒ 수리비가 엄청나게 듦 • 비가 샌 것을 바로 수리함 ⇒ 수리비가 적게 듦
사람의 잘못을 고치는 것	⇒	• 잘못을 고치지 않음 ⇒ 마치 나무가 썩어서 못 쓰게 되는 것과 같이 그 자신이 나쁘게 됨 • 잘못을 고침 ⇒ 해를 받지 않고 다시 착한 사람이 될 수 있음
백성을 좀먹는 무리를 바로잡는 것	⇒	• 내버려 둠 ⇒ 백성이 도탄에 빠지고 나라가 위태로워짐 • 바로잡음 ⇒ 백성이 고통에서 벗어나고 나라가 안전하게 됨

⑦ 행랑채가 퇴락하여 지탱할 수 없게끔 된 것이 세 칸이었다. 나는 마지못하여 이를 모두 수리하였다. 그런데『그 중의 두 칸은 앞서 장마에 비가 샌 지가 오래 되었으나, 나는 그것을 알면서도 이럴까 저럴까 망설이다가 손을 대지 못했던 것이고,』나머지 한 칸은 비를 한 번 맞고 샜던 것이라 서둘러 기와
　『 』: 잘못된 곳을 찾았으나 고치지 않고 그대로 둠
를 갈았던 것이다. 이번에 수리하려고 본즉『**❶**비가 샌지 오래 된 것은 그 서까래, 추녀, 기둥, 들보가
　　　　　　　　　　　　　　　　　　　　　　　　　　　　　　❶ ↔ **❷** : 대조
모두 썩어서 못 쓰게 되었던 까닭으로 수리비가 엄청나게 들었고,』**❷**한 번밖에 비를 맞지 않았던 한 칸
　　　　　　　　　　　　　『 』: 관련 속담 – 호미로 막을 것을 가래로 막는다
의 재목들은 완전하여 다시 쓸 수 있었던 까닭으로 그 비용이 많지 않았다.

▶ 여름 장마 후 퇴락한 행랑채를 수리한 경험(예시)

⑭ 나는 이에 느낀 것이 있었다. 사람의 몸에 있어서도 마찬가지라는 사실을,『잘못을 알고서도
　잘못을 알고 미리 고쳐 나가는 자세의 중요성　　　　　　　유추 ① – 사람의 삶, 인생사
바로 고치지 않으면 곧 그 자신이 나쁘게 되는 것이 마치 나무가 썩어서 못 쓰게 되는 것과 같으며, 잘못을 알고 고치기를 꺼리지 않으면 해(害)를 받지 않고 다시 착한 사람이 될 수 있으니, 저 집의 재목처럼 말끔하게 다시 쓸 수 있는 것이다.』『 』: 삶의 이치를 깨달음

▶ 사람도 잘못을 알면 즉시 고쳐야 함(의견)

⑮ 그뿐만 아니라 나라의 정치도 이와 같다. 『백성을 좀먹는 무리들을 내버려두었다가는 백성들이
　　　유추 ② – 준비와 개선이 필요하다(유비무환).
도탄에 빠지고 나라가 위태롭게 된다. 그런 연후에 급히 바로잡으려 하면 이미 썩어 버린 재목처럼 때는
생활이 몹시 곤궁하거나 비참한 경지　　　　　　　　　　　　『 』: 백성을 좀먹는 무리들을 바로잡아야 정치가 바로 선다.
늦은 것이다.』어찌 삼가지 않겠는가.
　　　　　　경계해야 한다(설의법).

▶ 작은 잘못이라도 즉시 고쳐야 함(의견)

✔ 바로바로 CHECK

01 이 글에 대한 설명으로 알맞지 <u>않은</u> 것은?

① 교훈을 전달한다.
② 실생활의 경험을 예로 들었다.
③ 행랑채를 수리하는 과정이 드러난다.
④ 글의 첫 부분에 주제를 암시하고 있다.

해설 이 글은 '예화＋주제'의 구성으로 주제가 뒤에 제시된다.

02 이 글에서 글쓴이가 경계하는 바와 어울리는 속담은?

① 우물가서 숭늉 찾는다.
② 쥐구멍에도 볕 들 날 있다.
③ 사공이 많으면 배가 산으로 간다.
④ 호미로 막을 것을 가래로 막는다.

03 (가)~(다)의 주된 서술 대상으로 알맞은 것은?

	(가)	(나)	(다)
①	재목	사람	정치
②	사람	백성	장마
③	지붕	나무	정치
④	정치	재목	사람

해설 (가)에는 재목, (나)에는 사람의 몸, (다)에는 나라의 정치에 관한 속성이 제시된다.

정답 01. ④　02. ④　03. ①

03 아기장수 우투리

– 작자 미상

☑ 핵심정리

- **갈래** : 설화(전설)
- **성격** : 비현실적, 비극적, 영웅적, 서사적
- **제재** : 우투리의 일대기
- **주제** : 아기장수 우투리의 신이한 능력과 비극적 삶
- **특징**
  ① 일반적 영웅 이야기의 구조와 달리 비극적 결말
  ② 구어체로 표현하여 생동감과 친근감을 느끼게 함
  ③ 시간의 흐름에 따른 구성 (우투리의 출생~죽음)

기이한 탄생	탯줄을 억새풀로 자름 겨드랑이에 날개(영웅적 면모)를 달고 태어남
첫 번째 닥친 어려움	우투리가 영웅이라는 소문을 듣고 장군이 우투리를 죽이러 옴
어려움을 극복하기 위한 노력	콩으로 갑옷을 만들어 입으나 후일을 위해 죽음
두 번째 닥친 어려움	우투리가 살아 있다는 소문을 듣고, 임금이 잡으러 옴
어려움을 극복하기 위한 노력	죽을 때 함께 묻은 좁쌀, 콩, 팥으로 병사를 만들어 훈련시킴
우투리의 최후	삼 년에서 딱 하루가 모자라 비극적인 최후를 맞이한 우투리

→ 고난을 극복하지 못한 실패한 영웅, 일반적 영웅 구조와 다름

가 이때 지리산 자락 외진 마을에 한 농사꾼 내외가 살았어. 산비탈에 밭을 일구어 구메농사나 지어
_{구체적인 공간적 배경, 증거물}　　　　　　　　　　　　　　　　　　　　　　_{작은 규모의 농사}
먹으며, 그저 산 입에 거미줄이나 안 치는 걸 고맙게 여기고 살았지. 그렇게 살다가 늘그막에 아기를 하
　　　_{풍유법. 그럭저럭 굶지 않고 살아감}
나 낳았는데, 낳고 보니 아기 탯줄이 안 잘라져. 가위로 잘라도 안 되고 낫으로 잘라도 안 되고 작두로
잘라도 안 돼. 별 짓을 다 해도 안 되더니 산에 가서 억새풀을 베어다 그걸로 탯줄을 치니까 그제야 잘라
　　　　　　　　　　　　　　　　　　_{우투리의 출생 및 죽음과 관련됨. 민중의 끈질긴 생명력을 상징}
지더래.
　　　　　　　　　　　　　　　　　　　　　　　　　　　　　　　▶ 우투리의 기이한 출생

나 그런데 발 없는 말이 천 리 간다더니, 우투리라고 하는 영웅이 지리산에 났다고, 이런 소문이 백
　　　　　_{풍유법. 소문이 빨리 퍼진다.}
성들 사이에 돌고 돌아 임금 귀에까지 들어가게 됐어. 임금이 그 소문을 듣고 가만 있을 리 있나.『사납고
힘센 장군을 뽑아 우투리를 잡으러 보냈어. 장군이 군사들을 많이 거느리고 우투리네 집에 들이닥쳤지.』
　　　　　　　　　　　　　　　　　　　　　　　　　　　　　『 』 : 우투리에게 닥친 위기
　　그런데 우투리가 참 영웅이라도 큰 영웅인지, 군사들이 몰려오는 걸 어떻게 알고 감쪽같이 사라져 버
렸어.
　　　　　　　　　　　　　　　　　　　　　　　　　　　　　　　▶ 우투리를 죽이려는 임금

다 『우투리가 볶은 콩으로 갑옷을 짓는데, 콩을 하나하나 붙여 옷을 만드니 온몸을 다 가릴 만큼 되
　　　　　우투리의 비범함, 비현실성
었어. 그런데 딱 한 알이 모자라서 한 군데를 못 가렸어. 어디를 못 가렸는고 하니 왼쪽 겨드랑이 날갯죽

지 바로 아래를 못 가렸어.』『 』: 우투리의 죽음을 암시(복선)

　우투리가 그렇게 갑옷을 지어 입고 나서, 어머니더러,

　"조금 있으면 군사들이 다시 올 것입니다. 혹시 내가 싸우다 죽거든 뒷산 바위 밑에 묻어 주되, 『좁쌀

　서 되, 콩 서 되, 팥 서 되』를 같이 묻어 주세요. 그리고 『삼 년 동안은 아무에게도 묻힌 곳을 가르쳐
　『 』: 민중을 상징, 앞으로 일어날 사건과 관련

　주지 마세요.』그렇게만 하면 삼 년 뒤에는 나를 다시 만날 수 있을 것입니다." 이러거든.
　　『 』: 금기 사항　　　　　　　　　　우투리의 부활 암시
　　　　　　　　　　　　　　　　　　　　　　　　　　　　　　▶ 어머니에게 앞일을 당부하는 우투리

　라 임금이 다시 뒷산으로 가서 억새풀을 한아름 베어다 바위를 탁 쳤지. 그랬더니 이게 왼일이냐? 우
루루 하고 땅이 흔들리면서 바위 한가운데에 금이 쩍 나더니 그 큰 바위가 스르르 두 쪽으로 갈라지
　　　　　　　　　　　　　　　　　　전설의 특징 : 비현실적, 전기적
지 않겠어?

　그 갈라진 틈으로 바위 속을 들여다보니, 야 참 이런 장관(壯觀)이 없구나. 소문대로 『우투리가 죽지
않고 살아, 바위 속에서 병사를 기르고 있었던 게지.』그 사이에 좁쌀 석 되, 콩 석 되, 팥 석 되가
　　　　　　　　　　『 』: 우투리의 비범함　　　　　　민중을 상징하는 소재
모조리 병사가 되고, 말이 되고, 투구가 됐어. 투구를 쓴 병사들이 저마다 말을 타고 늘어섰는데, 그 수가
몇 천이나 되는지 몇 만이나 되는지 몰라.
　　　　　　　　　　　　　　　　　　　　　　　　　　　▶ 바위 속 우투리와 병사들의 모습

　마 바위가 열리고 우투리가 병사들과 함께 사라지던 바로 그 순간, 지리산 자락 어느 냇가에 『날개 달
　　　　　　　　　　　　　　　　　　　　　　　　　　전설의 증거물　　『 』: 우투리가 다시 세상에 태어날
린 말』이 나타나 사흘 밤 사흘 낮을 울었대.　　　　　　　　　　　　　　　　　수 있는 가능성을 보여 줌
　　　　　　영웅이 사라진 것에 대한 백성들의 슬픔

　그렇게 슬피 울던 말은 냇물 속으로 스르르 들어가 버렸는데, 그 뒤에도 물 속에서는 자주 말 우는 소
리가 들렸대. 『백성들은 그 소리를 듣고 우투리가 아직도 죽지 않고 살아 있다고 믿었어. 날개 달린 말이
우투리를 태우고 물 속으로 들어갔다고 믿은 게지.』우투리는 지금도 그 물 속에 살아 있을까?
　『 』: 우투리가 다시 부활해 세상을 구할 것이라는 민중들의 믿음
　　　　　　　　　　　　　　　　　　　　　　　　　　　▶ 우투리의 부활을 믿고 있는 백성들

한눈에 감 잡기

1. 전설의 특징
- 구비 전승됨
- 구체적인 시간과 장소가 제시됨
- 구체적이고 개별적인 증거물이 있음
- 대부분 비극적 결말을 지님
- 대체로 지역적인 범위 내에서 전승

2. '아기장수 우투리'와 일반적 영웅 이야기의 구조 비교

| 아기장수 우투리 | 비범한 출생 | ➡ | 고난과 시련을 겪음 | ➡ | 고난과 시련을 극복하지만 실패함 | ➡ | 영웅이 되지 못함 |
| 일반적 영웅 이야기 | 비범한 출생 | ➡ | 고난과 시련을 겪음 | ➡ | 고난과 시련의 극복 | ➡ | 영웅이 됨 |

3. '아기장수 우투리'의 비범함
- 억새풀로 치니 탯줄이 끊어짐
- 군사들이 올 것을 미리 알고 피신함
- 바위 밑에서 곡식으로 만든 병사들을 훈련시킴
- 겨드랑이에 날개가 있어 날아다님
- 콩으로 만든 갑옷을 입고 군사들과 대적함

4. 소재의 역할과 상징성
- 억새풀 : 우투리의 출생 및 죽음과 관련됨, 민중의 끈질긴 생명력을 의미함
- 좁쌀, 콩, 팥 : 하층민들의 주식이 변혁을 위한 병사로 변함
  영웅을 지지하는 민중을 상징함
- 날개 달린 말 : 우투리가 세상에 다시 나올 때 타려고 했던 말, 말의 울음을 통해 우투리가 살아 있을 것이라는 백성들의 믿음을 나타냄

5. 이야기 속에 나타난 사회적 상황과 백성들의 소망
- 사회적 상황 : 임금과 벼슬아치들의 횡포로 백성들이 살기 어려움
- 백성들의 소망 : 영웅이 나타나 자신들을 구해 주기 바람

✔ 바로바로 CHECK

01 '아기장수 우투리'와 다른 영웅 이야기의 구조가 <u>다른</u> 점은?

① 비범한 능력　　② 기이한 탄생
③ 고난을 겪음　　④ 비극적 결말

02 다음 설명에 해당하는 소재를 3음절로 쓰시오.

- 민중을 상징
- 끈질긴 생명력을 상징
- 우투리의 죽음의 원인이 됨

03 (마)의 '날개 달린 말'이 의미하는 것으로 적절한 것은?

① 더 넓은 세상을 지배하고 싶은 우투리의 꿈
② 핍박받지만 굳세게 살아가는 백성들의 모습
③ 우투리의 부활에 대한 백성들의 믿음과 희망
④ 우투리를 볼 수 없다는 백성들의 절망적 심정

정답 01. ④　02. 억새풀　03. ③

04 난중일기(亂中日記)

— 이순신

✔ 핵심정리

- **갈래** : 일기
- **성격** : 묘사적, 사실적, 명료성
- **배경** : 조선 시대 임진왜란
- **제재** : 한산도 대첩, 명량 대첩, 가족의 죽음
- **주제** : 전쟁의 어려움과 가족에 대한 사랑
- **특징**
  ① 힘 있고 간결한 문체가 돋보임
  ② 전쟁의 상황을 섬세하고 구체적으로 제시함
  ③ 가족에 대한 글쓴이의 사랑을 느낄 수 있음
  ④ 자신의 경험을 바탕으로 하여 내용에 진실성이 있음

임진년 **7월 8일**	한산도 바다 한가운데로 왜적을 유인하여 일시에 물리침
정유년 **4월 13일**	어머니를 모신 배가 오기를 기다리던 중 어머니의 부고를 듣게 된 애통함
정유년 **9월 16일**	명량 해협에서 불리한 전세를 극복하고 왜적을 물리침
정유년 **10월 14일**	막내아들 면의 전사 소식을 듣고 애통해 함

가 임진년(1592년) 7월 8일

❶『견내량의 지형이 매우 좁고, 또 암초가 많아서』❷『㉠판옥 전선은 서로 부딪치게 될 것 같아서 싸
_{조선 시대 수군의 대표적인 전투선}
움하기가 곤란했다.』그리고 ❸『㉡왜적은 만약 형세가 불리해 지면 기슭을 타고 육지로 올라갈 것이므로』
_{「 」❶, ❷, ❸ : 견내량의 전투가 불리한 이유}
한산도 바다 한가운데로 유인하여 모조리 잡아 버릴 계획을 세웠다. 『한산도는 사방으로 헤엄쳐 나갈
_{이순신이 왜적을 물리치기 위해 생각해 낸 방법}
길이 없고, 적이 비록 육지로 오르더라도 틀림없이 굶어 죽게 될 것이므로』우선 판옥선 5, 6척으로 먼저
_{「 」: 한산도로 왜선을 유인한 이유, 관련 한자 성어 - 진퇴양난}
나온 적을 뒤쫓아서 갑자기 습격할 기세를 보이게 하였다. 그러자 ㉢적선들이 일시에 돛을 올려서 쫓아
나오므로 우리 배는 거짓으로 물러나면서 돌아 나오자 왜적들도 따라 나왔다.

〈중략〉

그 형세가 마치 바람 같고 우레 같아, 적의 ㉣배를 불태우고 적을 사살하여 일시에 다 해치워 버렸다.
_{전투 형세를 빗대어 표현}

▶ 한산도 바다 가운데로 왜적을 유인하여 일시에 물리침(한산도 대첩)

나 정유년(1597년) 4월 13일

맑음. 일찍 아침을 먹은 뒤에 <u>어머니를 마중 가려고</u> 바닷가로 가는 길에 홍 <u>찰방</u> 집에 잠깐 들러 이야
어머니께서 글쓴이를 보기 위해 아산으로 오심　　　　　　　　　　　　　조선 시대 외직 문관의 벼슬
기하는 동안 아들 울이 종 애수를 보내면서, "아직 배 오는 소식이 없다."라고 하였다. 또 들으니, "황천
상이 술병을 들고 변흥백의 집에 왔다."라고 하였다. 홍 찰방과 작별하고 변흥백의 집에 이르렀다. 조금
있으니, 종 순화가 배에서 와서 어머니의 <u>부고</u>를 전하였다. <u>뛰쳐나가 가슴을 치며 발을 동동 굴렀다.</u>
　　　　　　　　　　　　사람의 죽음을 알림. 또는 그런 글　　　　　　글쓴이의 애통함, 비통함
하늘이 캄캄했다. 곧 갯바위로 달려가니, 배는 벌써 와 있었다. 애통함을 다 적을 수가 없다.

▶ 갑작스런 어머니의 부고를 듣고 애통해 함

다 정유년(1597년) 9월 16일

　　　　　　　　　　　　　　　　　　　대장이 장수를 부르고 지휘하는 데에 쓰던 신호용 군대의 깃발
호각을 불어서 중군에게 명령하는 깃발을 내리고 또 초요기를 돛대에 올리니, 조항 첨사 김응함의
　　　　　　조선 시대 각 군영에서 절도사, 통제사 등의 밑에서 군대를 통할하던 장수
배가 차차로 내 배에 가까이 오고, 거제 현령 안위의 배가 먼저 왔다. 나는 배 위에 서서 몸소 안위를 불
러 이르되, "안위야, 군법에 죽고 싶으냐? 네가 군법에 죽고 싶으냐? 도망간다고 해서 어디 가서 살 것
같으냐?"라고 하니, 안위가 황급히 적선 속으로 돌입하였다.

▶ 이순신이 장수들을 타이르고 혼을 내어 적들과 싸우게 함

라 정유년(1597년) 10월 14일

슬프다. 내 아들아! 나를 버리고 어디로 갔느냐? 남달리 영특하여 하늘이 이 세상에 머물게 두지 않은
것이냐? 내 지은 죄가 네 몸에 미친 것이냐? 내 이제 세상에 살아 있어 본들 앞으로 누구에게 의지할 것
인가! 너를 따라 같이 죽어 지하에서 같이 지내고 같이 울고 싶건마는 네 형, 네 누이, 네 어머니가 의지
할 곳이 없으니, 아직은 참으며 연명이야 한다마는 마음은 죽고 몸만 남아 있어 <u>울부짖을 따름이다.</u>
　　　　　　　　　　　　　　　　　　　　　　　　　　　　　　　반복을 통한 애통함의 강조
<u>울부짖을 따름이다.</u> 하룻밤 지내기가 1년 같구나. 이날 밤 10시쯤에 비가 왔다.

▶ 막내아들 면의 전사 소식을 듣고 슬퍼함

✔ 바로바로 CHECK

01 ㉠~㉣ 중 전쟁 상황을 알려 주는 말이 <u>아닌</u>
것은?
① ㉠ 판옥 전선　　② ㉡ 왜적
③ ㉢ 적선　　　　　④ ㉣ 배

02 (나)에 드러난 글쓴이의 심정으로 가장 알맞
은 것은?
① 그리움　　　　　② 애통함
③ 미안함　　　　　④ 부끄러움

해설 '가슴을 치며 발을 구르는 행동, 하늘이 캄캄하다'는
표현 등을 통해 이순신의 애통한 심정을 알 수 있다.

정답 01. ④　02. ②

한눈에 감 잡기

1. 시대 · 역사적 상황을 알려 주는 말

시대 · 역사적 상황	조선 시대 임진왜란 중 이순신이 지휘한 한산도 대첩과 명량 대첩을 배경으로 함
전쟁 상황을 알려 주는 말	왜선, 함대, 왜적, 적선, 판옥 전선, 장수, 진격, 학익진, 총통, 화살, 화전, 적장 등

2. 이순신의 성격

- 적선에서 포탄과 화살이 쏟아지는 상황에도 앞으로 돌진함 ⇒ 용맹스러움, 적극적, 저돌적
- 전쟁터에서 당황한 장수들을 잘 타일러 불리한 전세에 대처함 ⇒ 상황 판단력이 좋음, 침착함

3. 개인적 아픔에 대한 글쓴이의 심정

- 아들로서 어머니의 임종을 지키지 못함
- 가장으로서 가족의 생사조차 알지 못함(본문 미기재)
- 막내아들이 전쟁에서 전사함

⇒ 장군으로서가 아닌 인간적 모습
⇒ 슬픔, 비통함, 애통함 등

05 하회 별신굿 탈놀이

경상북도 안동 하회 마을에서
12세기 중엽부터 연희되어 온 전통 민속극

– 작자 미상

☑ 핵심정리

• **갈래** : 가면극(탈춤) 대본
• **성격** : 풍자적, 해학적, 비판적
• **제재** : 양반과 선비의 다툼
• **주제** : 양반의 위선, 무지, 허위의식에 대한 풍자

• **특징**
① 대표적인 농촌형 탈춤
② 내용이 원초적이고 소박함
③ 언어유희를 통해 양반들의 허위의식을 풍자

〈제5과장〉 양반 · 선비 세도 자랑

선비 : 여보게, 양반! 자네가 감히 내 앞에서 이럴 수가 있는가?

양반 : 허허, 무엇이 어째? 그대는 나한테 이럴 수가 있단 말인가?

선비 : 아니, 그러면 그대는 진정 나한테 그럴 수가 있는가?

양반 : 헛헛, 뭣이 어째? 그러면 자네 지체가 나만 하단 말인가?
　　　　　　　　　　　　　　어떤 집안이나 개인이 사회에서 차지하고 있는 신분이나 지위

선비 : 아니 그래, 그대 지체가 나보다 낫단 말인가?

양반 : 암, 낫고 말고.

선비 : 그래, 낫긴 뭐가 나아?

양반 : 나는 사대부(士大夫)의 자손일세.

선비 : 아니, 뭐라고? 사대부? 나는 팔대부(八大夫)의 자손일세.
　　　　　　　　　　　　'사대부 × 2 = 팔대부' → 언어유희를 통해 양반층의 허위의식 풍자

양반 : 아니, 팔대부? 그래, 팔대부는 뭐로?

선비 : 팔대부는 사대부의 갑절이지.

양반 : 뭐가 어째? 어흠, 우리 할아버지는 문하시중(門下侍中)을 지내셨거든.
　　　　　　　　　　　　　　　　조선 초기 문하부의 정일품 으뜸 벼슬

선비 : 아, 문하시중. 그까짓 것! 우리 할아버지는 바로 문상시대(門上侍大)인걸.
　　　　　　　　　　　　　　　　　　　'문하시중'보다 높고 크다는 뜻으로 한 말인데, 전혀 말이 되지 않음

양반 : 아니 뭐, 문상시대? 그건 또 뭐로?

선비 : 에헴, 문하보다는 문상이 높고, 시중보다는 시대가 더 크다 이 말일세.

양반 : 허허, 그것 참, 별꼴 다 보겠네.

✔ 바로바로 CHECK

01 이와 같은 글의 역할로 알맞지 <u>않은</u> 것은?

① 지배층에 대한 풍자
② 힘든 상황을 웃음으로 극복
③ 피지배층과 지배층의 갈등을 심화시킴
④ 언어와 동작 외에 음악으로 관객들을 즐겁게 함

해설 지배층에 대한 피지배층의 불만을 해소시켜 계층 간의 유대감 형성에 기여한다.

02 양반과 선비가 논쟁을 벌인 이유는?

① 자신의 부유함을 자랑하려고
② 민중들의 삶의 애환을 해결해 주려고
③ 자신의 벼슬이 더 높은 것이라 자랑하려고
④ 자신의 가문이 더 지체 높다고 자랑하려고

해설 가문의 지체에 대해 우열을 놓고 논쟁을 벌이고 있다.

03 양반과 선비에 대한 설명으로 알맞지 <u>않은</u> 것은?

① 명분보다 실리를 중시함
② 양반 계층의 권위를 무너뜨림
③ 양반 계층의 허위의식과 무식함을 드러냄
④ 한자어를 많이 사용하여 지식과 권위를 내세우려 함

해설 양반과 선비는 양반 계층의 허위의식과 무식함을 폭로하는 풍자의 대상이다.

정답 01.③ 02.④ 03.①

한눈에 감 잡기

1. 양반과 선비의 대립에 담긴 풍자 의식
　지체, 가문, 학식의 우열에 대한 다툼 ⇒ 가문과 학식의 허구성을 폭로하고 풍자함

2. 양반과 선비 언어 사용의 특징
　• 단어의 유사성을 이용하여 언어유희를 함
　• 서민층이 이해하기 어려운 한자어를 많이 섞어 나름대로 격식을 갖춘 문어체를 구사함으로써 지식과 지체, 권위를 내세우려 함
　• 단어의 정확한 의미를 파악하지 못한 채 사용함으로써 양반과 선비 스스로 무지와 허위의식을 드러냄

3. '하회 별신굿 탈놀이'의 기능
　• 계급 간 소통을 통해 화합의 장이 되기도 함 ⇒ 놀이판이 '하회'라는 양반 마을의 지원으로 이루어진 것은 지배층에 대한 하층민의 불만을 탈놀이를 통해 해소시킴으로써 하층민들과의 갈등을 줄이며 공존하고자 한 양반들의 의도로 풀이할 수 있음
　• 각각의 탈이 형상화한 인물과는 상반된 언행을 통해 웃음을 유발함 ⇒ 양반탈은 여유 있는 웃음을 보이고 있지만 우스꽝스러운 인물로 그려짐

※ 다음을 읽고, 물음에 답하시오. (1~3)

　　잔소리를 두루 늘어놓다가 남이 들을까 봐 손으로 입을 틀어막고는 그 속에서 깔깔대인다. 별로 우스울 것도 없는데, 날씨가 풀리더니 이놈의 계집애가 미쳤나 하고 의심하였다. 게다가 조금 뒤에는 제집께를 할끔할끔 돌아보더니 ㉠행주치마의 속으로 꼈던 바른손을 뽑아서 나의 턱 밑으로 불쑥 내미는 것이다. 언제 구웠는지 아직도 더운 김이 홱 끼치는 굵은 ㉡감자 세 개가 손에 뿌듯이 쥐었다.

　　"느 집엔 이거 없지?"

하고 생색 있는 큰소리를 하고는, 제가 준 것을 남이 알면 큰일 날 테니 여기서 얼른 먹어 버리란다. 그리고 또 하는 소리가,

　　"너, 봄 감자가 맛있단다."

　　"난 감자 안 먹는다. 니나 먹어라."

　　나는 고개도 돌리지 않고 일하던 손으로 그 감자를 도로 어깨너머로 쑥 밀어 버렸다.

[A] ┌ 　그랬더니 그래도 가는 기색이 없고, 그뿐만 아니라 쌔근쌔근하고 심상치 않게 숨소리가 점점 거칠어진다. 이건 또 뭐야 싶어서 그때서야 비로소 돌아다보니 나는 참으로 놀랐다. 우리가 이 동리에 들어온 것은 근 삼 년째 되어 오지만, 여태껏 가무잡잡한 점순이의 얼굴이 이렇게까지 홍당무처럼 새빨개진 법이 없었다. 게다가 눈에 독을 올리고 한참 나를 요렇게 쏘아보더니 나중에는 눈물까지 어리는 것이 아니냐. 그리고 바구니를 다시 집어 들더니 이를 꼭 악물고는 엎어질 듯 자빠질 듯 논둑으로 힝하게 달아나는 것이다.

　어쩌다 동리 어른이

　　"너, 얼른 ㉢시집을 가야지?"

하고 웃으면,

　　"염려 마세유. 갈 때 되면 어련히 갈라구……."

　　이렇게 천연덕스레 받는 점순이었다. 본시 부끄러움을 타는 계집애도 아니거니와 또한 분하다고 눈에 눈물을 보일 얼병이도 아니다. 분하면 차라리 나의 등어리를 바구니로 한번 모질게 후려때리고 달아날지언정.

　　그런데 고약한 그 꼴을 하고 가더니 그 뒤로는 나를 보면 잡아먹으려고 기를 복복 쓰는 것이다.

　　설혹 주는 감자를 안 받아먹은 것이 실례라 하면, 주면 그냥 주었지 "느 집엔 이거 없지?"는 다 뭐냐. 그렇잖아도 저희는 마름이고 우리는 그 손에서 배재를 얻어 ㉣땅을 부치므로 일상 굽실거린다.

－ 김유정, 「동백꽃」

01

[기출] 윗글에 대한 설명으로 적절하지 <u>않은</u> 것은?

① 농촌 마을을 배경으로 하고 있다.
② 향토적인 분위기를 느낄 수 있다.
③ 1인칭 '나'를 서술자로 설정하였다.
④ 인물의 외적 갈등이 해소되고 있다.

02

[기출] ㉠~㉢ 중 다음 설명에 해당하는 소재는?

- 갈등의 매개체로 쓰였다.
- '나'에 대한 '점순'의 관심을 상징한다.

① ㉠   ② ㉡
③ ㉢   ④ ㉣

03

[기출] [A]에서 알 수 있는 '점순'의 마음으로 적절하지 <u>않은</u> 것은?

① 속상함   ② 당황함
③ 후련함   ④ 무안함

01
'점순'이 내민 감자를 거절한 뒤부터 '나'를 못살게 구는 점순이를 통해 외적 갈등이 심화되고 있음을 알 수 있다.

02
'감자'는 나에 대한 점순의 갈등을 보여주는 동시에 점순과 나의 갈등의 매개체 역할을 한다.

03
[A]에서 점순은 자신의 마음이 받아들여지지 않은 데 대해 분노, 속상함, 무안함 등을 느끼고 있다.

ANSWER
01. ④ 02. ② 03. ③

※ 다음을 읽고, 물음에 답하시오. (4~7)

> "이 바보."
> 조약돌이 날아왔다.
> 소년은 저도 모르게 벌떡 일어섰다.
> 단발머리를 나풀거리며 소녀가 막 달린다. 갈밭 사잇길로 들어섰다. 뒤에는 청량한 가을 햇살 아래 빛나는 갈꽃뿐.
> 이제 저쯤 갈밭머리로 소녀가 나타나리라. 꽤 오랜 시간이 지났다고 생각됐다. 그런데도 소녀는 나타나지 않는다. 발돋움을 했다. 그러고도 상당한 시간이 지났다고 생각됐다.
> 저쪽 갈밭머리에서 갈꽃이 한 옴큼 움직였다. 소녀가 갈꽃을 안고 있었다. 그리고 이제는 천천한 걸음이었다. 유난히 맑은 가을 햇살이 소녀의 갈꽃머리에서 반짝거렸다. 소녀 아닌 갈꽃이 들길을 걸어가는 것만 같았다.
> ㉠소년은 이 갈꽃이 아주 뵈지 않게 되기까지 그대로 서 있었다. 문득, 소녀가 던진 조약돌을 내려다보았다. 물기가 걷혀 있었다. 소년은 조약돌을 집어 주머니에 넣었다.
>
> – 황순원, 「소나기」

04 윗글의 특징으로 가장 적절한 것은?

① 객관적인 정보를 담고 있어야 한다.
② 글쓴이의 실제 삶을 바탕으로 한다.
③ 작품에 드러난 운율을 느낄 수 있다.
④ 현실에 있음 직한 일을 상상하여 꾸며 썼다.

05 윗글에 대한 설명으로 알맞지 <u>않은</u> 것은?

① 시간의 흐름에 따라 이야기가 진행되고 있다.
② 공간적 배경이 제시되고 있다.
③ 1인칭 주인공 시점에서 서술되었다.
④ 행동 묘사를 통해 인물의 내면을 간접적으로 드러내고 있다.

06 ㉠으로 짐작할 수 있는 소년의 마음은?

기출 ① 아쉬움　　　　② 지루함
③ 두려움　　　　④ 무서움

04
이 글은 현실에 있음 직한 일을 상상하여 재구성한 소설 문학이다.

05
이 소설은 3인칭 작가 관찰자 시점에서 '소녀'와 '소년'의 이야기가 진행되고 있다. 1인칭 주인공 시점은 주인공인 '나'가 자신의 이야기를 서술하는 것을 말한다.

06
소녀가 더 이상 보이지 않는 것에 대한 아쉬움을 느낄 수 있다.

ANSWER
04. ④　05. ③　06. ①

07 윗글에 대한 감상으로 가장 적절하지 <u>않은</u> 것은?

① 등장인물들이 첨예하게 대립하고 있군.

② 조약돌은 소녀와 소년이 서로에게 갖는 관심을 의미해.

③ 소녀에 대한 시각적 묘사가 돋보이는군.

④ 등장인물들의 순진무구함이 잘 드러나고 있어.

07
이 소설의 주제는 '소녀와 소년의 순수한 사랑'이며, 소녀가 조약돌을 던진 이유는 소년의 관심을 끌기 위해서이다.

※ 다음을 읽고, 물음에 답하시오. (8~10)

가 특히 시내 엄마가 싱싱 청과물의 폐업을 가장 가슴 아파했다.

"오죽하면 여기까지 와서 장사를 벌였을라구. 이 동네가 어디 장사해서 돈 벌 곳이 되나? 그깟 같이 좀 먹고 살면 어때서. 너무 잔인해."

"문 닫는 걸 보니 안 되긴 좀 안 됐어. 그래도 어쩌겠나? 다들 먹고살아 보려고 아옹다옹하는 것이니……. 〈중략〉

"왜들 이렇게 장삿길로만 빠져드는지 몰라."

우리 정육점 여자의 우문이었다. / "먹고 살기 힘드니까 그렇지요."

새댁이 즉각 현명한 답을 내놓았다.

그러고는 잠시 말이 끊겼다. 매일매일을 살아 내야 한다는 점에서 원미동 여자 모두는 각자 심란한 표정이었다.

– 양귀자, 「원미동 사람들」

나 얼마 만에 ㉠<u>기차</u>는 왔다. 수십 명이나 되는 손이 ㉡<u>정류장</u>으로 쏟아져 나왔다. 그 중에서 손님을 물색하던 김 첨지의 눈엔 양머리에 뒤축 높은 ㉢<u>구두</u>를 신고 망토까지 두른 기생 퇴물인 듯, 난봉 여학생인 듯한 여편네의 모양이 띄었다. 그는 슬근슬근 그 여자의 곁으로 다가들었다.

"아씨, ㉣<u>인력거</u> 아니 타시랍시오?"

그 여학생인지 뭔지가 한참은 매우 때깔을 빼며 입술을 꼭 다문 채 김 첨지를 거들떠보지도 않았다.

– 현진건, 「운수 좋은 날」

---

08 (가) 글에 대한 설명으로 알맞지 <u>않은</u> 것은?

① 연작 소설이다.

② 등장인물 간의 외적 갈등이 잘 드러난다.

③ 작품의 사회적, 문화적 배경이 잘 드러난다.

④ 도시인들의 바쁜 일상과 인간 소외를 드러낸다.

08
(가) 글은 도시 변두리 가난한 동네에서 벌어지는 이웃 간의 갈등과 이해를 바탕으로 더불어 살아야 하는 공존의 원리를 다루었다.

ANSWER

07. ① **08.** ④

09 (가) 글을 통해 작가가 말하고자 하는 것으로 알맞지 <u>않은</u> 것은?

① 공존의 원리에 대한 필요성

② 가난한 이웃 간의 갈등과 이해

③ 도시 변두리 소시민들의 어려운 생활

④ 각자의 생활로 바쁜 도시인들의 삭막한 모습

10 ㉠~㉢ 중 시대적 배경이 가장 잘 나타나는 것은?

① ㉠   ② ㉡

③ ㉢   ④ ㉣

※ 다음을 읽고, 물음에 답하시오. (11~14)

어머니는 내가 집에서 책만 읽는 것을 싫어하셨다. 그래서 방과 후 골목길에 아이들이 모일 때쯤이면 어머니는 대문 앞 계단에 작은 방석을 깔고 나를 거기에 앉히셨다. 아이들이 노는 것을 구경이라도 하라는 뜻이었다.

딱히 놀이 기구가 없던 그때 친구들은 대부분 술래잡기, 사방치기, 공기놀이, 고무줄놀이 등을 하고 놀았지만 나는 공기놀이 외에는 어떤 놀이에도 참여할 수 없었다. 하지만 골목 안 친구들은 나를 위해 꼭 무언가 역할을 만들어 주었다. 고무줄놀이나 달리기를 하면 내게 심판을 시키거나 신발주머니와 책가방을 맡겼다. 그뿐인가. 술래잡기를 할 때는 한곳에 앉아 있는 내가 답답할까 봐, 미리 내게 어디에 숨을지를 말해 주고 숨는 친구도 있었다.

우리 집은 골목 안에서 중앙이 아니라 구석 쪽이었지만 내가 앉아 있는 계단 앞이 친구들의 놀이 무대였다.

〈중략〉

하루는 우리 반이 좀 일찍 끝나서 혼자 집 앞에 앉아 있었다. 그런데 그때 마침 깨엿장수가 골목길을 지나고 있었다. 그 아저씨는 가위만 쩔렁이며 내 앞을 지나더니, 다시 돌아와 내게 깨엿 두 개를 내밀었다. 순간, 그 아저씨와 내 눈이 마주쳤다. 아저씨는 아주 잠깐 미소를 지어 보이며 말했다. "괜찮아." 무엇이 괜찮다는 것인지는 몰랐다. 돈 없이 깨엿을 공짜로 받아도 괜찮다는 것인지, 아니면 목발을 짚고 살아도 괜찮다는 것인지…… 하지만 그건 중요하지 않다. 중요한 건 내가 그날 마음을 정했다는 것이다. 이 세상은 그런대로 살 만한 곳이고, 좋은 사람들이 있고, 선의와 사랑이 있고, "㉠<u>괜찮아.</u>"라는 말처럼 용서와 너그러움이 있는 곳이라고 믿기 시작했다는 것이다.

– 장영희, 「괜찮아」

11 윗글의 특징으로 가장 적절한 것은?

기출
① 여행 중에 보고 들은 내용을 전달하고 있다.
② 문학 작품에 대한 감상과 비평을 서술하고 있다.
③ 체험을 통해 얻은 감동을 자유롭게 표현하고 있다.
④ 객관적인 설명을 중심으로 정보를 제공하고 있다.

11
이 글은 체험을 통해 얻은 감동을 자유롭게 표현한 수필 문학이다.

12 윗글의 내용과 일치하는 것은?

기출
① 나의 집은 골목 안에서 중심이 되는 곳에 있었다.
② 친구들은 놀 때마다 나를 끼워 주는 것을 귀찮아했다.
③ 집에서 책만 읽는 나의 모습을 어머니는 좋아하셨다.
④ 깨엿장수의 말은 나에게 세상에 대한 믿음을 주었다.

12
① 우리 집은 골목 안에서 구석 쪽에 있었다.
② 친구들은 몸이 불편한 나를 놀이에 참여시키고 늘 배려해 주었다.
③ 어머니는 내가 집에서 책만 읽는 것을 싫어하셨다.

13 윗글의 글쓴이가 말하고자 하는 바로 적절하지 <u>않은</u> 것은?

기출
① 세상은 선의와 사랑이 있는 곳이다.
② 세상은 혼자서 살아가야 하는 곳이다.
③ 세상은 좋은 사람들이 있어 살 만하다.
④ 세상은 용서와 너그러움이 있어 살 만하다.

13
'나'는 엿장수 아저씨의 '괜찮아'라는 말에서 ①, ③, ④의 감정을 느낀다.

14 ㉠에 담긴 의미로 알맞지 <u>않은</u> 것은?

① 위로   ② 희망
③ 포기   ④ 격려

14
'괜찮아'라는 말 속에는 용기, 위로, 희망, 너그러움, 나눔, 격려의 의미가 담겨 있다.

ANSWER
11. ③ 12. ④ 13. ② 14. ③

※ 다음을 읽고, 물음에 답하시오. (15~20)

㉮ 가난한 제3세계에서는 곡식이 모자라 어린이를 비롯해서 수백만의 사람들이 굶주려 죽어 가는데, 산업화된 나라에서는 수백만이 넘는 사람들이 동물성 지방을 지나치게 섭취하여 심장병, 뇌졸중, 암과 같은 병으로 죽어가고 있다. 특히, 미국에서 두 번째로 흔한 질병인 대장암은 육식과 직접적인 관계가 있다고 한다. 또 다른 보고서에 따르면, 고기 소비와 심장 질환 및 암 발생이 서로 관련이 깊다고 한다. 쇠고기 문화권에서의 심장병 발생률이 채식 문화권에서의 발병률보다 무려 50배나 더 높다는 것이다. 그러니 오늘날 미국인들과 유럽인들은 말 그대로 '먹어서 죽는다.'고 할 수 있다.

 – 법정, 「먹어서 죽는다」

㉯ 〈앞부분 줄거리〉 ㉠막내의 담임 선생님이 병원에 입원하면서 막내의 반 아이들은 다른 반으로 흩어져 학교생활을 하게 되었다. 서로 흩어져 생활하던 아이들은 ㉡다른 반 아이들의 괄시를 받게 되고 자신들의 담임 선생님과 반 친구들을 그리워했다. 그러는 동안 아이들은 담임 선생님이 오실 때까지 기죽지 말자고 약속하며 야구대회를 주최해 우승을 차지하기로 다짐했다. 그리고 많은 어려움을 이겨내며 푸른 별이 뜰 때까지 연습한 아이들은 드디어 결승전에 진출했다.

 ㉢이 반 저 반으로 헤어진 반 아이들은 예선부터 한 사람 빠짐없이 응원에 나섰다. 그 응원의 외침은 차라리 처절한 것이었다. 그러나 열광의 도가니처럼 들끓던 결승전에서 그만 패하고 만 것이다.

 ㉭"아빠, 우린 해야 돼. 다음 번엔 우승해야 돼. 선생님이 다 나으실 때까지 우린 누구 하나도 기죽을 수 없어."

 막내는 이야기를 마치면서 이렇게 말했다. 나는 아무 말도 하지 못했다. 무슨 [망국민]의 독립운동사라도 읽는 것처럼 감동 비슷한 것이 가슴에 꽉 차오는 것 같았다. 학교라는 데는 단순히 국어, 수학이나 가르치는 데가 아니구나 하는 생각도 들었다.

 이튿날 밤 ㉣나는 늦게 돌아오는 막내의 방망이를 미더운 마음으로 소중하게 받아 주었다. 그때도 막내와 그 애의 친구 애들의 초롱초롱한 눈 같은 맑고 푸른 별이 두어 개 하늘에 떠 있었다. 나는 그때처럼 맑고 푸른 별을 일찍이 본 일이 없다.

 – 정진권, 「막내의 야구 방망이」

15 (가) 글의 내용과 일치하지 <u>않는</u> 것은?

① 심장 질환과 암 발생은 고기 소비와 관련이 깊다.
② 미국에서 대장암은 육식과 직접적인 관계가 있다.
③ 가난한 제3세계에서는 동물성 지방을 많이 섭취한다.
④ '먹어서 죽는다'는 동물성 지방의 지나친 섭취로 인한 문제점을 의미한다.

15
가난한 제3세계에서는 곡식이 모자라 많은 사람들이 죽어 가고 있다.

Ⓐ Ⓝ Ⓢ Ⓦ Ⓔ Ⓡ
15. ③

16 (가) 글에 나타난 글쓴이의 태도는?

① 해학적   ② 비판적

③ 수동적   ④ 낙관적

16

(가)의 글쓴이는 육식 위주의 식생활의 문제점을 논리적으로 전개하면서 비판하고 있다.

17 (나)를 쓴 의도로 적절한 것은?

기출
① 경험을 통해 깨달은 것을 표현하기 위해
② 자신의 의견을 논리적으로 주장하기 위해
③ 사실적 정보를 객관적으로 알려 주기 위해
④ 인물의 일생을 기록하여 교훈을 주기 위해

17

(나)는 작가가 체험을 통해 얻은 생각과 느낌을 일정한 형식 없이 자유롭게 적은 수필이다.

18 (나)에서 막내의 마음으로 적절하지 <u>않은</u> 것은?

기출
① 같은 반 친구들을 격려하는 마음
② 옛날의 자기 반을 그리워하는 마음
③ 야구 경기에서 우승하고 싶은 마음
④ 우승한 야구팀에 들어가고 싶은 마음

18

막내는 우승한 야구팀에 들어가고 싶은 것이 아니라 반 친구들과 함께 협력해서 경기에서 이기고 싶어 한다.

19 ㉮를 듣고 '나'가 막내에게 해 줄 수 있는 격려의 말로

기출 적절한 것은?

① 실력이 없어서 진 걸 누구 탓을 하겠니?
② 다음에는 우리 가족을 위해 우승하길 바랄게.
③ 선생님이 편찮으신 건 네가 어쩔 수 없는 일이야.
④ 친구들과 노력하면 다음에는 꼭 우승할 수 있을 거야.

19

우승을 향한 막내의 강한 집념에 감동하여 '나'는 막내를 격려하는 말을 하게 된다.

20 ㉠~㉣ 중 망국민과 처지가 비슷한 것은?

기출
① ㉠   ② ㉡

③ ㉢   ④ ㉣

20

'망국민'은 망하여 없어진 나라의 백성들을 뜻하는 단어로 이 반 저 반으로 헤어진 막내의 반 아이들을 의미한다.

ANSWER

16. ②   17. ①   18. ④   19. ④   20. ③

※ 다음을 읽고, 물음에 답하시오. (21~27)

가 욱 : 걔들이 어떻게 나오느냐가 중요한 게 아니잖아. 우리가 생각할 때 스스로 당당한가 아닌가. 그게 중요한 거 아냐?

정민 : 안 당당할 건 또 뭔데. 솔직히 말해서 7반 애들 오펜스 파울 한 거, 팔꿈치로 용우랑 하림이 칠 때도 그렇고, 체육 선생님이 7반 애들 파울도 못 보고 놓친 거 많아. 그렇게 하나하나 따지기 시작하면 완벽한 경기란 거, 세상에 없는 거 아냐?

욱 : 하지만 세상엔 멋진 경기도 있어. 우리는 그런 경기 보면 기분 좋잖아. 최소한 그렇게 하려고 노력은 해야 되는 거 아냐?

정민 : 네가 너무 맘이 불편해서 양심선언을 꼭 하고 싶다면, 그건 말릴 생각 없어. 하지만 그런다고 세상이 바뀌거나 하지는 않아. 다시 말해서 네가 깨끗해지고 싶다는 건 그냥, 자기만족이나 결벽증 같은 거야.

세리 : 그래, 결벽증! 너 혼자만 깨끗해서 뭘 어떻게 하겠다고 그러냐?

보비 : 맞아! ㉮흙탕물에 ㉯생수 한 병 붓는다고 물이 깨끗해져? 계속 흙탕물이지.

　아이들, 욱에게 마구 왕왕 떠든다. 정민의 말로 완전히 반 분위기가 기울어진 듯하다.

옥림 : 그래도 흙탕물이 묽어지긴 하잖아. (더듬더듬) 계속 그렇게 쏟아붓다 보면 물도 깨끗해질 테고, 좀 시간은 걸리겠지만, 우리가 라인 밟았다 얘기하면 7반 애들도 다른 반이랑 깨끗하게 경기할지도 모르고……

　　　　　　　　　　　　　　　　　　　　　　　　　　　　　　　　 – 홍자람, 「챔피언」

나 아우 : (㉠총을 내던지고, 민들레꽃을 꺾어 든다.) 이 꽃을 보니까 그 시절이 그립다. 형님과 함께 행복하게 지냈던 시절이 그리워……

형 : 벽 너머 저쪽에도 민들레꽃이 피어있겠지……

아우 : 형님이 보고 싶어! / 형 : 동생 얼굴이 보고 싶구나!

　형과 아우, 그들 사이를 가로막은 벽을 안타까운 표정으로 바라본다. 비가 그치면서 ㉡구름 사이로 한줄기 햇빛이 비친다.

형 : 하지만, 내 마음을 어떻게 저 벽 너머로 전하지?

아우 : 비가 그치고 산들바람이 부는군.

형 : 저 ㉢벽을 자유롭게 넘어갈 수만 있다면……. 가만 있어 봐. 민들레꽃은 씨를 맺으면 어떻게 되지? 바람을 타고 멀리멀리 날아가잖아?

아우 : 햇빛이 비치니까 샛노란 민들레꽃이 더 예쁘게 보여.

형 : 이 꽃을 꺾어서 벽 너머로 던져 주어야지. 동생이 이 ㉣민들레꽃을 보면, 진짜 내 마음을 알아줄 거야.

아우 : 형님에게 이 꽃을 드리겠어. 벽 너머의 형님이 이 꽃을 받으면, 동생인 나를 생각 하겠지.
　　　　　　　　　　　　　　　　　　　　　〈중략〉

　무대 조명, 서서히 꺼진다. 다만, 무대 뒤쪽의 들판 풍경을 그린 걸개그림만이 환하게 밝다. 막이 내린다.

　　　　　　　　　　　　　　　　　　　　　　　　　　　　　　　　 – 이강백, 「들판에서」

21 (가)에 대한 설명으로 적절하지 <u>않은</u> 것은?

기출
① 형식이 자유로운 글이다.
② 영화나 드라마의 대본이다.
③ 인물의 갈등이 드러나 있다.
④ 대사와 지시문으로 표현한다.

22 (가)의 등장인물들의 말하기 태도로 알맞지 <u>않은</u> 것은?

① 세리 – 욱의 의견에 화를 내며 반대하고 있군.
② 욱 – 친구들의 반론에 논리적으로 대응하고 있군.
③ 정민 – 예를 들며 7반이 반칙을 했다는 것을 밝히고 있군.
④ 보비 – 양심과 관련된 현실 상황을 직설적으로 말하고 있군.

23 ㉮, ㉯의 의미로 가장 알맞은 것은?

	㉮	㉯
①	체육 선생님	7반 아이들
②	욱, 보비	정민, 세리
③	정직한 사람들	정직하지 못한 사람들
④	양심을 지키지 않는 사람들	양심을 지키는 소수의 사람들

24 (가)의 대사에서 드러나는 인물들의 가치관에 대해 바르게 정리한 것은?

① 욱, 정민 – 실리가 더 중요하다.
② 욱, 보비 – 양심을 지켜야 세상이 깨끗해진다.
③ 욱, 옥림 – 양심을 지키며 당당하게 사는 것이 중요하다.
④ 옥림, 보비 – 양심을 지키려고 노력해도 세상은 절대 변하지 않는다.

25 (나)와 같은 글에 대한 설명으로 적절하지 <u>않은</u> 것은?

① 막과 장으로 구성된다.

② 시간과 공간의 제약을 받지 않는다.

③ 인물 수의 제약이 따른다.

④ 무대에서 공연하는 것을 목적으로 한다.

26 (나)에서 '형제간의 화해'를 상징하는 소재는?

① ㉠ 총   ② ㉡ 구름

③ ㉢ 벽   ④ ㉣ 민들레꽃

27 (나)의 구성 단계상의 특징으로 알맞은 것은?

① 등장인물과 배경이 소개된다.

② 갈등이 해결되고 모든 사건이 종결된다.

③ 인물 사이의 갈등이 점차 드러나고 사건이 심화된다.

④ 인물 사이의 갈등이 최고조에 이르고 극적인 장면이 나타난다.

25
연극의 대본인 희곡은 시간, 공간, 인물 수의 제약이 따른다.

26
'민들레꽃'은 형제간의 우애를 상징하는 소재이다.

27
(나)는 갈등이 해결되고 사건이 종결되는 '대단원' 부분이다.
① 발단, ③ 전개, ④ 절정

ANSWER
25. ②   26. ④   27. ②

※ 다음을 읽고, 물음에 답하시오. (28~30)

인형은 길을 재촉하여 열흘 만에 경상 감영에 부임하였다. 고을마다 방을 붙이고 인형은 오직 길동이 나타나기만을 기다렸다. 며칠 후 한 소년이 감영 앞까지 나귀를 타고 와 감사 뵙기를 청한다고 하였다. 인형이 이상히 여겨 들여보내라 하니, 소년이 마루에 올라 인사를 올렸다.

"제가 여기 온 것도 아버님과 형님을 위태로운 지경에서 구하고자 함입니다. 하오나 당초에 아버지를 아버지라하고 형을 형이라 부를 수 있었던들 어찌 이 지경에 이르렀겠습니까? 이제 와서 지난 일을 말해 무엇하오리까? 이제 저를 묶어 한양으로 보내소서."

그런 다음 입을 꾹 다물더니 묻는 말에 더 이상 대답하지 않았다. 경상 감사 인형은 이윽고 제 아우 길동의 목에 칼을 씌우고 발에 차꼬를 채웠다. 그리고 길동을 잡았다는 장계를 적어 서둘러 한양으로 보냈다.

〈중략〉

"내가 여기까지 순순히 잡혀 오고 전하께서도 내가 끌려오는 것을 이미 알고 계시므로 너희가 큰 벌을 받지는 않으리라."

그런 다음 길동이 몸을 흔드니 쇠사슬이 썩은 동아줄처럼 툭툭 끊어지고 함거가 우지끈 부서졌다. ㉮ 그리고 순식간에 공중으로 훌쩍 몸을 솟구쳐서 궁수들이 미처 손을 쓸 틈이 없었다. 궁수들은 그저 길동이 공중에서 까마득하게 멀어질 때까지 하늘만 멍하니 바라볼 뿐이었다.

– 허균, 「홍길동전」

28 윗글에 대한 설명으로 적절하지 <u>않은</u> 것은?

① 과거 시제로 서술되어 있다.
② 당대 사회의 모습을 반영하고 있다.
③ 역사적 사실을 객관적으로 전달하고 있다.
④ 시간의 흐름에 따라 사건이 전개되고 있다.

28
소설은 현실을 반영해 작가에 의해 재구성된 허구이다. 소설에는 사회·문화적 배경이 반영될 수는 있지만 역사적 사실을 객관적으로 전달하지는 않는다.

29 윗글의 내용과 <u>다른</u> 것은?

① 인형은 경상 감영에 부임했다.
② 길동은 관직을 얻은 형을 축하했다.
③ 길동은 아버지를 아버지라 부르지 못했다.
④ 인형은 길동을 잡았다는 소식을 한양으로 보냈다.

29
②의 내용은 드러나지 않고, 길동은 위태로움에 처한 형과 아버지를 구하기 위해 형을 찾아온다.

30 윗글의 ㉮에서 길동이 위기를 극복하는 수단으로 활용한 것은?

① 부유한 재산   ② 비범한 능력
③ 타고난 외모   ④ 조력자의 도움

30
㉮에는 길동의 영웅적 비범함이 드러난다.

ANSWER
28. ③ 29. ② 30. ②

※ 다음을 읽고, 물음에 답하시오. (31~32)

ㄱ박씨가 계화를 시켜 용골대에게 소리쳤다.

"무지한 오랑캐 놈들아! 내 말을 들어라. 조선의 운수가 사나워 은혜도 모르는 너희에게 패배를 당했지만, 왕비는 데려가지 못할 것이다. 만일 그런 뜻을 둔다면 내 너희를 몰살할 것이니 당장 왕비를 모셔 오너라."

하지만 용골대는 오히려 코웃음을 날렸다.

"참으로 가소롭구나. 우리는 이미 조선 왕의 항서를 받았다. 데려가고 안 데려가고는 우리 뜻에 달린 일이니, 그런 말은 입 밖에 내지도 마라."

오히려 욕설만 무수히 퍼붓고 듣지 않자 계화가 다시 소리쳤다.

"너희의 뜻이 진실로 그러하다면 이제 ㄴ내 재주를 한 번 더 보여 주겠다."

계화가 주문을 외자 문득 공중에서 두 줄기 무지개가 일어나며 모진 비가 천지를 뒤덮을 듯 쏟아졌다. 뒤이어 얼음이 얼고 그 위로는 흰 눈이 날리니, 오랑캐 군사들의 말발굽이 땅에 붙어 한 걸음도 옮기지 못하게 되었다. 그제야 용골대는 사태가 예사롭지 않음을 깨달았다.

"당초 우리 왕비께서 분부하시기를 장안에 ㄷ신인(神人)이 있을 것이니 이시백의 후원을 범치 말라 하셨는데, 과연 그것이 틀린 말이 아니었구나. 지금이라도 부인에게 빌어 무사히 돌아가는 편이 낫겠다."

용골대가 갑옷을 벗고 창칼을 버린 뒤 무릎을 꿇고 애걸하였다.

"소장이 천하를 두루 다니다 조선까지 나왔지만, 지금까지 무릎을 꿇은 적은 한 번도 없었습니다. 이제 ㄹ부인 앞에 무릎을 꿇어 비나이다. 부인의 명대로 왕비는 모셔 가지 않을 것이니, 부디 길을 열어 무사히 돌아가게 해 주십시오."

– 작자 미상, 「박씨전」

31 윗글의 내용으로 적절하지 <u>않은</u> 것은?

① '박씨'는 조선 왕의 항서를 돌려받았다.
② '용골대'는 '박씨'에게 무릎을 꿇고 애걸하였다.
③ '계화'는 도술을 부려 오랑캐 군사를 제압하였다.
④ '용골대'는 조선의 왕비를 모셔 갈 수 없게 되었다.

32 ㄱ~ㄹ 중 지시하는 대상이 <u>다른</u> 것은?

① ㄱ
② ㄴ
③ ㄷ
④ ㄹ

31
조선 왕의 항서를 받은 용골대를 박씨가 통쾌하게 물리치지만 용골대가 항서를 박씨에게 다시 돌려준 내용은 확인되지 않는다.

32
ㄴ은 박씨의 여종인 '계화'이다.
ㄱ, ㄷ, ㄹ은 '박씨'를 가리킨다.

A N S W E R
31. ① 30. ②

※ 다음을 읽고, 물음에 답하시오. (33~36)

가 〈앞부분 줄거리〉 어느 날 북해 용왕은 병을 얻는데, 한 도사가 나타나 토끼의 간이 특효약이라고 알려준다. 별주부가 육지로 나가 토끼를 꾀어 용궁으로 데려온다. 토끼는 간을 꺼내라는 말에 육지에 두고 왔다고 거짓말을 한다.

그때, 한 ㉠신하가 문득 앞으로 나와 아뢰었다.

"신이 듣사오니 토끼는 본디 간사한 짐승이라 하옵니다. 바라옵건대 토끼의 간사한 말을 곧이 듣지 마시고 바삐 간을 내어 옥체를 보중하옵소서."

모두 바라보니, 간언을 잘하는 ㉡자가사리였다. 하지만, 토끼의 말을 곧이듣게 된 용왕은 기꺼워하지 않으며 말하였다.

"토 선생은 산중의 점잖은 ㉢선비인데, 어찌 거짓말로 과인을 속이겠는가? ㉣경은 부질없는 말을 내지 말고 물러가 있으라."

결국 자가사리가 분함을 못 이기고 하릴없이 물러났다.

〈중략〉

"이놈, 별주부야! 아무 걱정 없이 산속에서 한가로이 지내던 나를 유인하여 너의 공을 이루려 하였으니, 수궁에서 죽을 뻔한 일을 생각하면 아직도 머리털이 꼿꼿이 서는 듯하다. 너를 죽여 나의 분을 풀어야 마땅하겠지만, 네가 나를 업고 만리창파 너른 바닷길을 왕래하던 수고를 생각하여 목숨만은 살려 주겠노라. 죽고 사는 일은 모두 하늘의 명에 달린 것이니, 속히 돌아가 다시는 부질없는 생각을 내지 말라고 용왕에게 전하여라. 나는 청산으로 돌아가노라."

하고는 소나무 우거진 숲 속으로 자취를 감추어 버렸다.

― 작자 미상, 「토끼전」

나 〈앞부분 줄거리〉 심 봉사의 젖동냥으로 자란 심청은 아버지를 극진히 봉양한다. 눈을 뜨기 위해 몽은사 화주승에게 공양미 삼백 석을 바치기로 약속한 심봉사를 위해 심청은 자신을 인당수 제물로 팔기로 한다.

심 봉사는 철도 모르고,

"야, 오늘은 반찬이 유난히 좋구나. 뉘 집 제사 지냈느냐."

그날 밤에 꿈을 꾸었는데, 부자간은 천륜지간(天倫之間)이라 꿈에 미리 보여 주는 바가 있었다.

"아가 아가, 이상한 일도 있더구나. ㉺간밤에 꿈을 꾸니, 네가 큰 수레를 타고 한없이 가 보이더구나. 수레라 하는 것이 귀한 사람이 타는 것인데 우리 집에 무슨 좋은 일이 있을란가 보다. 그렇지 않으면 장 승상 댁에서 가마 태워 갈란가 보다."

심청이는 저 죽을 꿈인 줄 짐작하고 둘러대기를,

"그 꿈 참 좋습니다."

하고 진짓상을 물려 내고 담배 태워 드린 뒤에 밥상을 앞에 놓고 먹으려 하니 간장이 썩는 눈물은 눈에서 솟아나고, 아버지 신세 생각하며 저 죽을 일 생각하니 정신이 아득하고 몸이 떨려 밥을 먹지 못하고 물렸다.

― 작자 미상, 「심청전」

33 ㉠~㉣ 중 가리키는 대상이 <u>다른</u> 것은?

① ㉠

② ㉡

③ ㉢

④ ㉣

34 다음은 (가)에 대한 감상이다. ⓐ, ⓑ에 해당하는 인물로 적절한 것은?

> 이 작품은 인간 세계를 동물 세계에 빗대어 지배층을 풍자하는 이야기로 해석할 수 있다. 자신의 이익을 위해 ⓐ피지배층을 희생시키려는 ⓑ지배층의 이기적인 태도를 비판하고 있다.

	ⓐ	ⓑ		ⓐ	ⓑ
①	토끼	용왕	②	용왕	토끼
③	용왕	별주부	④	별주부	토끼

35 (가), (나)와 같은 글에 대한 설명으로 알맞지 <u>않은</u> 것은?

① 권선징악적 주제가 주로 드러난다.

② 전형적, 평면적 인물 유형이 제시된다.

③ 주로 시간의 흐름에 따른 구성 방식을 취한다.

④ 구체적이고 현실적인 배경을 제시하여 사실성을 높인다.

36 (나)의 ㉮에 대한 설명으로 알맞지 <u>않은</u> 것은?

① 작품의 비극성을 고조시킨다.

② 심 봉사와 심청의 이별을 예견한다.

③ 눈을 뜰 수 있다는 심 봉사의 희망적 심리가 드러난다.

④ '수레를 탄 심청'은 심청이 왕비가 되는 결말을 암시한다.

※ 다음을 읽고, 물음에 답하시오. (37~40)

가 〈앞부분 줄거리〉 옛날 지리산 자락에 한 농사꾼 내외가 탯줄이 잘리지 않아 억새풀로 탯줄을 자르고 낳은 '우투리'는 겨드랑이에 조그만 날개를 달고 태어났어. 겨드랑이에 날개 돋친 아기는 영웅이 될 운명이라 하여 벼슬아치들이 해치기 때문에 우투리 부모는 화를 피해 지리산 깊은 곳에 가 숨어 살게 되었지. 그러나 우투리에 대한 소문은 세상에 알려지게 되었고, 장군이 우투리를 죽이러 왔어. 이것을 미리 알고 잠시 피해 있던 우투리는 집으로 돌아와 부모가 두들겨 맞은 걸 보고 눈물을 흘렸지. 우투리는 콩으로 갑옷을 지어 입었는데, 실수로 갑옷 겨드랑이 날갯죽지 아래에 콩 한 알이 비게 되었어. 우투리는 어머니에게 좁쌀 석 되, 콩 석 되, 팥 석 되와 같이 땅에 묻어 달라고 하며 삼 년 동안 자신이 있는 곳을 누구에게도 알려 주지 말라고 했지. 이 때, 장군이 다시 군사를 끌고 와 우투리에게 화살을 쏘았지만 우투리는 끄떡도 하지 않다가 콩 한 알이 빈 날갯죽지 밑에 화살을 맞고 죽었지 뭐야. 우투리 부모는 슬피 울면서 뒷산 바위 밑에 구덩이를 파고 우투리와 좁쌀, 콩, 팥을 함께 묻어 주었어.

나 임금이 다시 뒷산으로 가서 억새풀을 한 아름 베어다 바위를 탁 쳤지. 그 갈라진 틈으로 바위 속을 들여다보니, 야, 참 이런 장관이 없구나. 소문대로 우투리가 죽지 않고 살아, 바위 속에서 병사를 기르고 있었던 게지. 그 사이에 좁쌀 석 되, 콩 석 되, 팥 석 되가 모조리 병사가 되고, 말이 되고, 투구가 됐어.

다 그때 우투리는 막 말을 타려고 한 발은 땅에 딛고 한 발은 말안장에 걸쳤는데, 그때 그만 바위가 갈라져 버린 거야. 바위가 갈라져 바깥바람이 들어가니까 그 많은 병사가 스르르 녹아서 없어지고, 우투리도 스르르 눈 녹듯이 녹아서 형체가 없어져 버렸어. 그때가 삼 년에서 딱 하루가 빠지는 날이었단다. 하루만 더 있었으면 우투리가 병사들과 함께 바위를 열고 나와 백성들을 살렸을 텐데, 딱 하루가 모자라 그리되고 말았어.

라 바위가 열리고 우투리가 병사들과 함께 사라지는 그 순간, 지리산 자락 어느 냇가에 날개 달린 말이 나타나 사흘 밤 사흘 낮을 울었대. 백성들은 그 소리를 듣고 우투리가 아직도 죽지 않고 살아 있다고 믿고 있어. 날개 달린 말이 우투리를 태우고 물속으로 들어갔다고 믿는 게지. 우투리는 지금도 그 물 속에 살아 있을까?

– 작자 미상, 「아기장수 우투리」

37 **이와 같은 글의 특징으로 알맞지 <u>않은</u> 것은?**

① 입에서 입으로 전해진다.
② 민중의 삶과 생각이 잘 드러난다.
③ 일정한 구조를 가지고 이야기가 전개된다.
④ 전문적인 작가에 의해 창작된 문학 형태이다.

37
설화는 전문적 작가가 창작한 것이 아닌 일반 민중들에 의해 입에서 입으로 전해 내려온 것이다.

ANSWER
37. ④

38 이 글에서 우투리의 기이한 출생을 보여 주는 소재는?

① 화살 　　　　　 ② 갑옷
③ 억새풀 　　　　 ④ 볶은 콩

38
'억새풀'은 우투리의 출생 및 죽음과 관련된 소재로, 민중의 끈질긴 생명력을 상징한다.

39 이 글에 드러난 우투리의 영웅적 면모로 알맞지 <u>않은</u> 것은?

① 겨드랑이 사이에 날개가 달렸어.
② 탯줄이 잘리지 않아 억새풀로 탯줄을 잘랐어.
③ 자신 때문에 고초를 겪은 부모님 때문에 눈물을 흘렸어.
④ 장군이 군사들과 나타날 것이라는 것을 미리 알고 사라졌어.

39
③은 영웅적 면모가 아닌 인간적 면모이다.

40 이 글에 나타난 소재의 의미로 알맞지 <u>않은</u> 것은?

① 날개 – 우투리의 영웅적 면모
② 억새풀 – 민중의 끈질긴 생명력
③ 좁쌀, 콩, 팥 – 우투리가 지하에서 먹을 식량
④ 말 우는 소리 – 우투리의 부활을 바라는 백성들의 염원

40
'좁쌀, 콩, 팥'은 영웅을 지지하는 백성들을 의미한다.

ANSWER
38. ③　39. ③　40. ③

※ 다음 글을 읽고, 물음에 답하시오. (1~4)

> 해야 솟아라, 해야 솟아라. ㉮말갛게 씻은 얼굴 고운 해야 솟아라. 산 넘어 산 넘어서 어둠을 살라 먹고, 산 넘어서 밤새도록 ㉠어둠을 살라 먹고, 이글이글 앳된 얼굴 고운 해야 솟아라.
>
> 달밤이 싫어, 달밤이 싫어, ㉡눈물 같은 골짜기에 달밤이 싫어, 아무도 없는 뜰에 ㉢달밤이 나는 싫어……
>
> 해야 고운 해야. 늬가 오면, 늬가사 오면 나는 나는 청산이 좋아라. 훨훨훨 깃을 치는 청산이 좋아라. 청산이 있으면 홀로래도 좋아라. 〈중략〉
>
> 해야 고운 해야. 해야 솟아라. 꿈이 아니래도 너를 만나면, 꽃도 새도 짐승도 한자리에 앉아, 워어이 워어이 모두 불러 한자리 앉아 ㉣애띠고 고운 날을 누려 보리라.

박두진, 「해」

01 이 시의 다음 부분과 운율 구조가 유사한 것은?

> 해야 솟아라, 해야 솟아라. 말갛게 씻은 얼굴 고운 해야 솟아라.

① 내 고장 칠월은 청포도가 익어 가는 시절
② 죽는 날까지 하늘을 우러러 한 점 부끄럼 없기를
③ 살어리 살어리랏다. 청산에 살어리랏다.
④ 두꺼비 파리를 물고 두엄 위에 치달아 앉아

02 위 시에 대한 설명으로 알맞지 <u>않은</u> 것은?

① 대립적 이미지의 시어 사용
② 시어의 반복을 통한 운율 형성
③ 시상 전개에 따른 시적 화자의 정서와 태도 변화
④ 의태어, 활유법 등을 활용한 역동적 이미지의 강조

03 밑줄 친 ㉮와 동일한 표현법이 사용된 것은?

① 사과 같은 내 얼굴　　② 저 바다는 나의 눈물
③ 결별이 이룩하는 축복　④ 뒷문 밖에는 갈잎의 노래

04 ㉠~㉣ 중 의미상 시어의 성격이 <u>다른</u> 것은?

① ㉠　　　　② ㉡　　　　③ ㉢　　　　④ ㉣

※ 다음 글을 읽고, 물음에 답하시오. (5~9)

> ㉮ 내가 당신을 사랑하는 것은 까닭이 없는 것이 아닙니다.
> 다른 사람들은 나의 ㉠홍안만을 사랑하지마는 당신은 나의 백발도 사랑하는 까닭입니다.
>
> 내가 당신을 그리워하는 것은 까닭이 없는 것이 아닙니다.
> 다른 사람들은 나의 미소만을 사랑하지마는 당신은 나의 눈물도 사랑하는 까닭입니다.
>
> 내가 당신을 기다리는 것은 까닭이 없는 것이 아닙니다.
> 다른 사람들은 나의 건강만을 사랑하지마는 당신은 나의 죽음도 사랑하는 까닭입니다.
>
> ㉯ 나는 나룻배 / 당신은 행인.
> 당신은 흙발로 나를 짓밟습니다.
> 나는 당신을 안고 물을 건너갑니다.
> 나는 당신을 안으면 깊으나 옅으나 급한 여울이나 건너갑니다.
>
> 만일 당신이 아니 오시면 나는 바람을 쐬고 눈비를 맞으며 밤에서 낮까지 당신을 기다리고 있습니다.
> 당신은 물만 건너면 나를 돌아보지도 않고 가십니다그려.
> 그러나 당신이 언제든지 오실 줄만은 알아요.
> 나는 당신을 기다리면서 날마다 날마다 낡아 갑니다.
>
> 나는 나룻배 / 당신은 행인.

03
㉮ 의인법
① 직유법
② 은유법, 과장법
③ 역설법
④ 의인법

04
㉠, ㉡, ㉢ 슬픔과 절망으로 채워진 암울하고 부정적인 현실
㉣ 화합과 평화의 긍정적인 세계

㉮
한용운, 「사랑하는 까닭」

㉯
한용운, 「나룻배와 행인」

05 (가)의 표현상의 특징으로 알맞지 <u>않은</u> 것은?

① 상징적 시어를 통해 시의 의미를 나타내고 있다.

② 역설적 표현을 통해 주제 의식을 강화하고 있다.

③ '다른 사람들'과 '당신'을 대조적으로 나타내고 있다.

④ 동일한 통사 구조의 반복을 통해 운율을 형성하고 있다.

06 (가)에서 '나'가 당신을 사랑하는 까닭으로 적절한 것은?

① 당신이 오직 나만을 사랑해 주기 때문에

② 나를 조건 없이 절대적으로 사랑하기 때문에

③ 나의 고민을 잘 들어주고 이해해 주기 때문에

④ 당신이 부조리한 세상에 맞서 싸우는 사람이기 때문에

07 ㉠과 의미가 통하는 시어끼리 묶인 것은?

① 미소, 건강   ② 백발, 미소

③ 건강, 눈물   ④ 눈물, 죽음

08 (나)의 말하는 이의 처지와 가장 유사한 것은?

① 진심으로 사랑했지만 버림받아서 희망을 잃은 사람

② 자신을 나룻배처럼 쓸모없는 존재라고 자학하는 사람

③ 한 번 간 사람은 기다릴 필요가 없다고 생각하는 사람

④ 떠난 임을 원망하지 않고 다시 자신에게 돌아오기를 바라는 사람

09 나는 나룻배 와 같은 표현 방법을 사용한 것은?

① 산산이 부서진 이름이여!

② 사과 같은 내 얼굴

③ 인생은 마라톤이다.

④ 죽어도 아니 눈물 흘리오리다

※ 다음 글을 읽고, 물음에 답하시오. (10~15)

> **㉮** 먼 훗날 당신이 찾으시면
> 그때에 내 말이 '잊었노라.'
>
> 당신이 속으로 나무라면
> '무척 그리다가 잊었노라.'
>
> 그래도 당신이 나무라면
> '믿기지 않아서 잊었노라.'
>
> 오늘도 어제도 아니 잊고
> 먼 훗날 그때에 '잊었노라.'
>
> **㉯** ㉠길이 끝나는 곳에서도 / 길이 있다.
> ⓐ 길이 끝나는 곳에서도
> 길이 되는 사람이 있다.
> 스스로 봄 길이 되어
> 끝없이 걸어가는 사람이 있다.
> ⓑ 강물은 흐르다가 멈추고
> ⓒ 새들은 날아가 돌아오지 않고
> 하늘과 땅 사이의 모든 꽃잎은 흩어져도 / 보라.
> 사랑이 끝난 곳에서도
> ⓓ 사랑으로 남아 있는 사람이 있다.
> 스스로 사랑이 되어
> 한없이 봄 길을 걸어가는 사람이 있다.

09
'나는 나룻배'와 '인생은 마라톤이다'는
a = b 구조의 은유법이 사용되었다.
① 영탄법, ② 직유법, ④ 반어법

㉮
김소월, 「먼 후일」

㉯
정호승, 「봄 길」

ⓐⓝⓢⓦⓔⓡ
09. ③

10 (가)~(나)에 대한 설명으로 알맞지 <u>않은</u> 것은?

① (가) – 같은 낱말과 구절을 반복하고 있다.

② (가) – 화자는 이별한 임을 잊지 못하고 있다.

③ (나) – 유사한 의미의 시어를 사용하여 주제를 효과적으로 드러내고 있다.

④ (나) – 화자는 어려움 속에서도 미래에 대한 희망을 잃지 않는 긍정적인 사람이다.

10

(나) 시는 절망적인 상황과 희망적인 상황을 의미하는 대립적인 시어를 제시하여 희망의 의미를 강조하고 있다.

11 (가)와 〈보기〉의 밑줄 친 부분에 공통적으로 사용된 표현 방법으로 알맞은 것은?

> ┌ 보기 ┐
>
> 귀또리 저 귀또리 어여쁘다 저 귀또리
>
> 어인 귀또리 지는 달 새는 밤에 진 소리 짜른 소리 절절이 슬픈 소리
>
> <u>저 혼자 우러네어 사창(紗窓) 여윈 잠을 살뜨리도 깨우는고야</u>
>
> 두어라 제 비록 미물(微物)이나 무인동방(無人洞房)에 내 뜻 알 이는 너뿐인가 하노라

① 역설법   ② 반어법

③ 도치법   ④ 의인법

11

화자는 당신을 '잊었노라.'라고 말하고 있는데 작가는 당신을 결코 잊지 못함을 반어적 표현을 사용하여 표현하고 있다. 〈보기〉에서 귀뚜라미가 화자의 여윈 잠을 깨우는 것은 부정적인 행위이므로 '짜증나게 깨우는구나' 등으로 표현해야 함에도 불구하고 '살뜨리도(= 알뜰히, 성실히)'라고 표현한 것은 반어적인 표현으로 볼 수 있다.

12 (가)에 나타난 화자의 정서와 가장 유사한 것은?

① 그립다 / 말을 할까 / 하니 그리워

② 죽는 날까지 하늘을 우러러 / 한 점 부끄럼 없기를

③ 나는 아직 기다리고 있을 테요. / 찬란한 슬픔의 봄을

④ 내 그를 맞아, 이 포도를 따 먹으면 / 두 손은 함뿍 적셔도 좋으련

12

(가) 시의 화자는 사랑하는 사람과 이별한 상황에서 당신을 잊지 못하고 그리워하고 있다. ①도 임에 대한 그리움이 드러나 있다.

13 ⓐ~ⓓ 중 시적 상황이 나머지와 <u>다른</u> 하나는?

① ⓐ   ② ⓑ   ③ ⓒ   ④ ⓓ

13

ⓐ~ⓒ는 절망적인 상황을 나타내고, ⓓ는 절망적 상황을 극복한 사람, 즉 희망적인 상황을 나타낸다.

ⒶⓃⓈⓌⒺⓇ

10. ③ **11.** ② **12.** ① **13.** ④

14 (나)의 어조로 가장 알맞은 것은?

① 쾌활하고 활기찬 어조

② 섬세하고 체념적인 어조

③ 다정하고 낭만적인 어조

④ 의지적이고 단정적인 어조

15 ㉠과 동일한 표현 방법이 사용되지 <u>않은</u> 것은?

① 찬란한 슬픔의 봄

② 나의 마음은 고요한 물결

③ 이것은 소리 없는 아우성

④ 겨울은 강철로 된 무지갠가 보다

※ 다음 글을 읽고, 물음에 답하시오. (16~18)

> **가** 가시리 가시리잇고 나는
> 버리고 가시리잇고 나는
> 위 증즐가 대평성대(大平盛代)
>
> 날러는 어찌 살라 하고
> 버리고 가시리잇고 나는
> 위 증즐가 대평성대(大平盛代)
>
> 잡사와 두어리마나는
> 선하면 아니 올세라
> 위 증즐가 대평성대(大平盛代)
>
> 설온 님 보내옵나니 나는
> 가시는 듯 돌아오소서 나는
> 위 증즐가 대평성대(大平盛代)

가
작자 미상, 「가시리」

나 나 보기가 역겨워 / 가실 때에는
말없이 고이 보내 드리우리다.

영변(寧邊)에 약산(藥山) / 진달래꽃
아름따다 가실 길에 뿌리우리다.

가시는 걸음 걸음 / 놓인 그 꽃을
사뿐히 즈려 밟고 가시옵소서.

나 보기가 역겨워 / 가실 때에는
죽어도 아니 눈물 흘리우리다.

나
김소월, 「진달래꽃」

16 (가), (나)의 내용상의 공통점으로 알맞지 <u>않은</u> 것은?

① 시적 상황 – 임과의 이별
② 시적 화자의 어조 – 애상적
③ 시적 화자의 정서 – 슬픔과 한
④ 표현 – 자연물을 통해 상징적 의미를 드러냄

16

④는 (나)에만 해당하는 특징이다. (나)의 '진달래꽃'은 시적 자아의 분신으로서, 임에게 헌신하려는 정성과 순종의 상징으로 이해할 수 있다.

17 (가)에 대한 설명으로 적절하지 <u>않은</u> 것은?

① 간결한 순우리말 시어를 사용하였다.
② 시구의 반복을 통하여 운율감을 형성한다.
③ 공간의 이동에 따라 시상이 전개되고 있다.
④ 몇 개의 연으로 구분된 분절체의 형식이다.

17

(가)는 고려 속요로, 사랑하는 임과 이별하는 상황에 처한 여인의 슬픔과 한을 나타내고 있다. 공간의 이동에 따른 시상의 전개는 이 작품의 특징으로 볼 수 없다.

18 (가)에 대한 감상으로 알맞은 것은?

① 지성 – 화자는 이별을 끝내 거부하고 있어.
② 현수 – 임도 화자 곁을 떠나기 싫어하는 것 같아.
③ 세리 – 임이 꼭 돌아오겠다고 거짓말을 하고 있어.
④ 두리 – 임과의 재회를 기원하는 화자의 모습이 슬퍼 보여.

18

'가시는 듯 돌아오소서'라는 부분에서 임이 돌아오기를 바라는 화자의 마음을 파악할 수 있다.

ANSWER
16. ④ 17. ③ 18. ④

※ 다음 글을 읽고, 물음에 답하시오. (19~21)

> **가** 내 벗이 몇이냐 하니 수석과 송죽이라.
> 동산에 달 오르니 그 더욱 반갑구나.
> 두어라 이 다섯밖에 또 더하여 무엇하리.
>
> 구름 빛이 좋다 하나 검기를 자주 한다.
> 바람 소리 맑다 하나 그칠 적이 많도다.
> 좋고도 그칠 일 없기는 물뿐인가 하노라.
>
> 꽃은 무슨 일로 피면서 쉬이 지고
> 풀은 어이하여 푸르는 듯 누르나니
> 아마도 변치 아닐손 바위뿐인가 하노라.
>
> **나** 십 년을 경영하여 초려 삼간(草廬三間) 지어내니
> 나 한 간 달 한 간에 청풍(淸風) 한 간 맡겨 두고
> 강산(江山)은 들일 데 없으니 둘러 두고 보리라.

가
윤선도, 「오우가」

나
송순, 「십 년을 경영하여」

19 (가), (나)에 대한 설명으로 알맞지 <u>않은</u> 것은?

① 유교 사상을 담은 것이 많다.
② 세 마디씩 끊어 읽어야 한다.
③ 3장 6구 45자 내외가 기본 형태이다.
④ 글자 수를 반드시 지켜야 하는 부분이 있다.

19
시조는 대부분 4음보의 정형률을 지닌다.

20 (가) 시조에서 〈보기〉 [A]의 태도를 비판할 수 있는 대상으로 알맞은 것은?

┌ **보기** ┐
[A] 이런들 어떠하리 저런들 어떠하리
만수산(萬壽山) 드렁칡이 얽혀진들 어떠하리
우리도 이같이 얽혀서 백년까지 누리리라.
                              – 이방원, 「하여가」
└──────────────────┘

① 바위   ② 구름
③ 바람   ④ 풀

20
[A] 상황에 따라 변하는 것이 무방하다는 가치관
(가) 〈3수〉의 바위는 상황에 관계없이 변하지 않는 존재

ANSWER
19. ② 20. ①

21 (나) 시조에서 〈보기〉의 밑줄 친 [A]와 같은 역할로 알맞지 <u>않은</u> 것은?

> **보기**
>
> 산촌에 눈이 오니 돌길이 묻혔구나.
> 시비를 열지 마라 날 찾을 이 뉘 있으랴.
> 밤중만 [A] 일편명월(一片明月)이 긔 벗인가 하노라.
>
>   – 신흠, 「산촌에 눈이 오니」

① 초려 삼간   ② 달
③ 청풍   ④ 강산

21
[A] 자연 친화의 대상 = (나) 달, 청풍, 강산

※ 다음 글을 읽고, 물음에 답하시오. (22~23)

> **가** 묏버들 ⊙ 가려 꺾어 보내노라, 임에게
>   ⓒ 주무시는 창 밖에 ⓒ 심어 두고 보소서.
>   밤비에 새 잎 나거든 나처럼 ② 여기소서.
>
> **나** 어져 내 일이야 그릴 줄을 모르던가
>   있으랴 했다면 가랴마는 제 구태여
>   보내고 그리는 정은 나도 몰라 하노라.

가
홍랑, 「묏버들 가려 꺾어」

나
황진이, 「어져 내 일이야」

---

22 ⊙~② 중 행위의 주체가 <u>다른</u> 하나는?

① ⊙   ② ⓒ   ③ ⓒ   ④ ②

22
⊙은 화자가 한 행동이고, ⓒ, ⓒ, ②은 임이 하게 될 행동이거나 임이 하기를 화자가 바라는 행동이다.

---

23 (나)를 감상한 후 시적 화자에게 가장 적절한 위로의 말을 전한 사람은?

① 은영 – '쥐구멍에도 볕 들 날 있다'고 했으니 곧 좋아질 거예요.
② 서림 – '쏘아 놓은 살이요, 엎지른 물'이니 후회는 그만하고 마음을 추스르세요.
③ 강석 – '아랫길도 못 가고 윗길도 못 가겠다'는 말처럼 어떤 것도 할 수 없는 상황이 답답하네요.
④ 은수 – '자기 배 부르면 남의 배 고픈 줄 모른다'고 임이 떠난 후에야 비로소 임의 진심을 알아주시네요.

23
(나)의 시적 화자는 떠난 임을 그리워하며 임을 붙잡지 않았던 자신의 행동을 후회하고 있다.

ANSWER
21. ①   22. ①   23. ②

※ 다음 글을 읽고, 물음에 답하시오. (24~27)

가 〈앞부분 줄거리〉 점순이는 일부러 자기네 수탉과 '나'의 수탉을 싸움 붙여 놓고 '나'를 약 올린다. 얼마 전 울타리를 엮고 있는 나에게 점순이는 감자를 건네주며 "느 집엔 이거 없지." 하고 놀려 대는 말에 '나'는 매우 자존심이 상해 점순이의 감자를 거절한다. 감자 사건 이후 점순이는 '나'의 닭을 괴롭히기 시작한다.

　나는 대뜸 달려들어서 나도 모르는 사이에 큰 수탉을 단매로 때려 엎었다. 닭은 푹 엎어진 채 다리 하나 꼼짝 못하고 그대로 죽어 버렸다. 그리고 나는 멍하니 섰다가 점순이가 매섭게 눈을 홉뜨고 닥치는 바람에 뒤로 벌렁 나자빠졌다.

　"이놈아! 너 왜 남의 닭을 때려죽이니?"

　"그럼 어때?" / 하고 일어나다가 / "뭐 이 자식아! 누 집 닭인데?"

하고 복장을 떠미는 바람에 다시 벌렁 자빠졌다. 그러고 나서 가만히 생각을 하니 분하기도 하고 무안도 스럽고 또 한편 일을 저질렀으니 인젠 땅이 떨어지고 집도 내쫓기고 해야 될는지 모른다. 나는 비슬비슬 일어나며 소맷자락으로 눈을 가리고는 얼김에 엉 하고 울음을 놓았다. 그러다 점순이가 앞으로 다가와서 / "그럼, 너 이담부턈 안 그럴 터냐?"

하고 물을 때에야 비로소 살길을 찾은 듯싶었다. 나는 눈물을 우선 씻고 뭘 안 그러는지 명색도 모르건만

　"그래!" / 하고 무턱대고 대답하였다.

　"요담부터 또 그래 봐라, 내 자꾸 못살게 굴 터니."

　"그래 그래, 인젠 안 그럴 테야!"

　"닭 죽은 건 염려 마라. 내 안 이를 테니."

　그리고 뭣에 떠다 밀렸는지 나의 어깨를 짚은 채 그대로 픽 쓰러진다. 그 바람에 나의 몸뚱이도 겹쳐서 쓰러지며 한창 피어 퍼드러진 ㉠노란 동백꽃 속으로 폭 파묻혀 버렸다.

- 김유정, 「동백꽃」

나 〈앞부분 줄거리〉 나는 위층에서 들리는 끊이지 않는 소음에 시달리다가 경비원에게 소음에 대해 주의를 줄 것을 당부한다. 그러나 계속되는 소음에 인터폰을 통해 여자에게 직접적으로 항의를 해보지만 결국에는 직접 위층 여자를 만나기로 결심한다.

　위층으로 올라가 벨을 눌렀다. 안쪽에서 "누구세요?" 묻는 소리가 들리고도 십 분 가까이 지나 문이 열렸다. '이웃사촌이라는데 아직 인사도 없이……' 등등 준비했던 인사말과 함께 포장한 슬리퍼를 내밀려던 나는 첫마디를 뗄 겨를도 없이 우두망찰했다. 좁은 현관을 꽉 채우며 휠체어에 앉은 젊은 여자가 달갑잖은 표정으로 나를 올려다보았다.

　"안 그래도 바퀴를 갈아 볼 작정이었어요. 소리가 좀 덜 나는 것으로요. 어쨌든 죄송해요. 도와주는 아줌마가 지금 안 계셔서 차 대접할 형편도 안 되네요."

　여자의 텅 빈, 허전한 하반신을 덮은 화사한 빛깔의 담요와 휠체어에서 황급히 시선을 떼며 나는 할 말을 잃은 채 슬리퍼 든 손을 등 뒤로 감추었다.

- 오정희, 「소음 공해」

24 (가), (나)의 시점에 대한 설명으로 알맞은 것은?

① 서술자가 작품 속에 등장하는 주변 인물이다.

② 서술자가 자신의 내면 심리를 구체적으로 전달하고 있다.

③ 작품 밖에 있는 서술자가 사건을 객관적으로 전달하고 있다.

④ 서술자가 주인공의 내면을 알리지 않아 긴장감을 주고 있다.

24
(가), (나)는 1인칭 주인공 시점이다. 서술자는 주인공인 '나'로 자신의 이야기를 전달하고 있다.

25 (가)에 대한 설명으로 알맞지 <u>않은</u> 것은?

① 토속적인 소재와 어휘의 사용

② 사투리를 사용한 향토적 분위기를 조성함

③ 사건이 시간의 흐름에 따라 순차적으로 전개됨

④ 시간적 배경은 봄, 공간적 배경은 강원도 산골 마을

25
이 글은 역순행적 구성 방식을 취하고 있으며 사건이 '현재 – 과거 – 현재' 순으로 전개되고 있다.

26 ㉠에 대한 설명으로 알맞지 <u>않은</u> 것은?

① 글의 주제를 함축적으로 드러낸다.

② 계절적 배경이 가을임을 알려 준다.

③ 향토적이고 토속적인 정서를 불러일으킨다.

④ '나'와 '점순'의 화해가 이루어짐을 상징한다.

26
'나'와 '점순'이 화해한 뒤 쓰러진 곳이 '노란 동백꽃' 속이다. ㉠ '노란 동백꽃'은 봄을 배경으로 화해와 사랑의 분위기를 형성함으로써 이 소설의 주제인 산골 남녀의 사랑을 함축적으로 드러낸다.

27 (나) 글에 대한 설명으로 알맞은 것은?

① 소음은 위층 여자의 의도적인 행동에 의한 것이다.

② 반어적인 제목을 통해 독자의 호기심을 유발하고 있다.

③ 사건의 근본 원인은 '나'의 성격이 매우 예민하기 때문이다.

④ 결말의 극적인 반전을 통해 주제를 효과적으로 전달하고 있다.

27
이 글은 결말 부분의 극적인 반전을 통해 주제를 효과적으로 전달하고 있다.

ANSWER
24. ② 25. ③ 26. ② 27. ④

※ 다음 글을 읽고, 물음에 답하시오. (28~29)

시꺼먼 열차 속에서 꾸역꾸역 사람들이 밀려 나왔다. 꽤 많은 손님이 쏟아져 내리는 것이었다. 만도의 두 눈은 곧장 이리저리 굴렀다. 그러나 아들의 모습은 쉽사리 눈에 띄지 않았다. 저쪽 출찰구로 밀려가는 사람의 물결 속에 두 개의 지팡이를 짚고 절룩거리면서 걸어 나가는 상이군인이 있었으나, 만도는 그 사람에게 주의가 가지는 않았다. 기차에서 내릴 사람은 모두 내렸는가 보다. 이제 미처 차에 오르지 못한 사람들이 플랫폼을 이리저리 서성거리고 있을 뿐인 것이다.

'그놈이 거짓으로 편지를 띄웠을 리는 없을 건데······.' / 만도는 자꾸 가슴이 떨렸다.

'이상한 일이다.' / 하고 있을 때였다. 분명히 뒤에서, / "아부지!"

부르는 소리가 들렸다. 만도는 깜짝 놀라며 얼른 뒤를 돌아보았다. 그 순간 만도의 두 눈은 무섭도록 크게 떠지고, 입은 딱 벌어졌다. 틀림없는 아들이었으나, 옛날과 같은 진수는 아니었다. 양쪽 겨드랑이에 지팡이를 끼고 서 있는데, ㉠스쳐 가는 바람결에 한쪽 바짓가랑이가 펄럭거리는 것이 아닌가? 만도는 눈앞이 노래지는 것을 어찌지 못했다. 〈중략〉

손에 매달린 고등어가 대고 달랑달랑 춤을 춘다. 너무 급하게 들이부어서 그런지, 만도의 뱃속에서는 우글우글 술이 끓고 다리가 휘청거린다. 콧구멍으로 더운 숨을 훅훅 내뿜어 본다. 정신이 아른하다. 좋다.

"진수야!" / "예."

"니 우짜다가 그래 됐노?" / "전쟁하다가 이래 안 됐심니꾜? 수류탄 쪼가리에 맞았심더."

"수류탄 쪼가리에?" / "예." / "음······."

"아부지!" / "와?" / "이래 가지고 나 우째 살까 싶습니더."

㉡"우째 살긴 뭘 우째 살아? 목숨만 붙어 있으면 다 사는기다. 그런 소리 하지 마라." / "······."

– 하근찬, 「수난이대」

28 ㉠에 나타난 만도의 심리로 알맞지 <u>않은</u> 것은?

① 반가움   ② 참담함
③ 기가 막힘   ④ 안쓰러움

28
아들의 다리 한쪽이 없는 것을 본 만도는 참담함, 안쓰러움, 슬픔, 절망, 기가 막힘 등의 심정을 느낀다.

29 ㉡을 통해 짐작할 수 있는 만도의 태도로 알맞은 것은?

① 불구가 된 진수의 현실을 받아들이고 있다.
② 불구가 된 진수에게 원망의 태도를 보이고 있다.
③ 자신을 이해하지 못하는 진수에게 실망하고 있다.
④ 앞으로 닥칠 어려운 일들에 대해 두려움을 느끼고 있다.

29
만도는 진수가 불구가 된 현실을 받아들이고 강한 생명력과 극복 의지를 보이고 있다.

ANSWER
28. ① 29. ①

※ 다음 글을 읽고, 물음에 답하시오. (30~33)

가 맹 진사 : (소리를 낮춰) 자, 참봉. 이거 좀 뜯어 고쳐! 어서! 쥐도 새도 모르게 감쪽같이 뜯어 고치잔 말야.

박 참봉 : 아니, 영감마님 족보를 말씀입니까?

맹 진사 : 족보란 가끔 그런 게야! 그런데 제일 높은 감투가 뭔지 알겠나?

박 참봉 : 그야 상감마마 담엔 영의정입죠.

맹 진사 : 틀림없겠지? / 박 참봉 : 틀림없습니다.

맹 진사 : 그럼 6대조는 영의정이다.

박 참봉 : (역시 소리를 낮춰) 그렇게 단번에 뛰어오를 수야 있습니까? 차근차근 질서 정연하게 단계적으로 승차하셔야죠!

맹 진사 : 그렇던가? 그럼…… 포도대장 쪽에서부터 시작을 해볼까?

박 참봉 : 지당하옵니다. (족보에 적는다.) / 맹 진사 : 7대조는? 평안 감사쯤이 어떨까?

박 참봉 : 제일 실속 있는 감투입죠! (신이 나서 적어 넣는다.) / 맹 진사 : 8대조는?

박 참봉 : (거침없이) 성균관 대제학! 제가 한 자리 했으면 하는 감투입죠! (적는다.)

맹 진사 : (약간 불안하여) 영의정은 아직 멀었는가?

박 참봉 : (묵살하고) 9대조는 좌의정……. / 맹 진사 : 10대조는?

박 참봉 : (혼잣말로) 이쯤 되면 무방하겠지! 에이, 모르겠다. 영의정 줬다! (족보에 적어 넣고 자신만만해서 보여 준다.) 어떻습니까?

맹 진사 : ㉠호랑이의 날개로군? 헛, 헛……. (한 번 훑어보고) 자, 그럼 어서 마저 적어 넣게! 진사 태량의 사위로 판서 김치정의 장남 미언, 미언의 이름을 내 아랫대에 적어 넣는단 말야!

— 오영진, 「맹 진사 댁 경사」

나 S# 14 파출소 앞 거리(밤)

옥림 : (아빠에게 손 잡혀 어리둥절해하며) 왜 이래, 아빠 어디 가는 건데!

아빠, 탁 멈춰 선다. 옥림이 보면 파출소 앞이다.

아빠 : (지갑 꺼내 보여 주며) 이거, 그때 네가 주운 지갑이야. 솔직히 아빠도 이거 갖다 줄까 말까 갈등했는데, 네 말 들으니까 안 되겠어. 왜 그런 줄 알아?

옥림 : (뚱해서 보면)

아빠 : 너 몇 살이야? 열다섯 살밖에 안 됐지? 그런 애가 만날 세상 탓하고, 딴 사람들이 다 도둑질하면 너도 도둑 될래?

옥림 : 그런 말이 아니잖아.

아빠 : 세상이 뭐냐, 그건 만들어 가는 거야. 아빠가 지금 이렇게 갖다 주지? 그러면 이 지갑 받은 사람이 감동 받지? 그럼 나중에 돈 주워서 또 파출소 갖다 주고, 그게 돌고 돌아서 세상이 깨끗해질 수도 있는 거라고!

옥림 : 그렇게 아빠 돈도 돌아온다고? 150만 원이?

— 홍자람, 「챔피언」

30 (가)에 대한 설명으로 적절하지 <u>않은</u> 것은?

① 현재화된 인생 표현의 문학이다.
② 무대 상연을 목적으로 쓴 글이다.
③ 서술자에 의해 사건 전개가 독자에게 전달된다.
④ 대사와 지시문을 통해 인물의 성격을 드러낸다.

31 (가)의 중심 사건으로 적절한 것은?

① 족보를 고치는 일
② 김 판서와 친해지는 일
③ 높은 벼슬에 오르는 일
④ 맹 진사를 족보에 올리는 일

32 (가)의 맹 진사의 입장에서 ㉠의 의미를 바르게 풀이한 것은?

① 남의 권세를 빌려 위세를 부린다.
② 좋은 일 위에 좋은 일이 더해진다.
③ 타인의 다툼에 제삼자가 이익을 얻는다.
④ 즐거운 일이 다하면 슬픈 일이 닥쳐온다.

33 (나)에 대한 설명으로 알맞지 <u>않은</u> 것은?

① 비언어적 표현이 드러난다.
② 장면을 단위로 구성되는 드라마 대본이다.
③ 아빠는 옥림에게 양심의 중요성을 알려 주려 한다.
④ 아빠는 자신이 쓰기에는 금액이 너무 커서 주인에게 돌려주려고 한다.

30
희곡에서는 등장인물의 '대사와 행동'에 의해 사건이 전개되며 별도의 서술자가 존재하지 않는다.

31
족보를 고치는 맹 진사의 모습을 통해 권세욕에 사로잡힌 인간의 헛된 욕망과 허영심을 엿볼 수 있다.

32
김 판서댁 자제 미언과의 혼인을 약속한 맹 진사가 족보를 고쳐 신분 상승까지 하게 되니 부와 권력을 한 번에 얻게 된 맹 진사의 만족감이 ㉠에 드러난다.

33
아빠의 행동은 옥림에게 양심의 중요성을 일깨워 주고자 하는 것이다.

ANSWER
30. ③ 31. ① 32. ② 33. ④

※ 다음 글을 읽고, 물음에 답하시오. (34~36)

가 〈앞부분 줄거리〉 이 시백과 혼인한 박씨는 얼굴이 추하게 생겼다는 이유로 남편과 시어머니에게 박대를 당하지만 비범한 능력으로 남편의 장원 급제를 돕고 시댁을 부흥시킨다. 박씨가 흉한 허물을 벗고 절세가인이 되자 남편 시백은 자신의 잘못을 뉘우치고 부부 간의 정은 깊어 간다. 한편, 청나라 용골대 형제가 조선을 침략하자 왕은 남한산성으로 피신하지만 결국 청나라 군에게 항복한다. 그리고 용골대는 박씨에게 죽임을 당한 동생의 원수를 갚기 위해 박씨를 찾아가고 박씨는 비범한 능력으로 용골대를 항복시킨다.

용골대가 갑옷을 벗고 창칼을 버린 뒤 무릎을 꿇고 애걸하였다.

"소장이 천하를 두루 다니다 조선까지 나왔지만, 지금까지 무릎을 꿇은 적은 한 번도 없었습니다. 이제 부인 앞에 무릎을 꿇어 비나이다. 부인의 명대로 왕비는 모셔 가지 않을 것이니, 부디 길을 열어 무사히 돌아가게 해 주십시오."

무수히 애원하자 그제야 박씨가 발을 걷고 나왔다.

"원래는 너희의 씨도 남기지 않고 모두 죽이려 했었다. 하지만 내 사람 목숨 죽이는 것을 좋아하지 않기에 용서하는 것이니, 네 말대로 왕비는 모셔 가지 마라. 너희가 부득이 세자와 대군을 모셔 간다면 그 또한 하늘의 뜻이기에 거역하지 못하겠구나. 부디 조심하여 모셔 가라. 그렇게 하지 않으면 신장과 갑옷 입은 군사를 몰아 너희를 다 죽인 뒤, 너희 국왕을 사로잡아 분함을 풀고 무죄한 백성까지 남기지 않을 것이다. 나는 앉아 있어도 모든 일을 알 수 있다. 부디 내 말을 명심하여라."〈중략〉

박씨는 용골대에게 임경업 장군을 뵙고 가라고 명령하고, 임경업 장군은 의주로 온 용골대 일행을 무찌른다. 조정으로 돌아온 임금은 동쪽을 지켜 적의 침입에 대비하라는 박씨의 말을 듣지 않은 것을 크게 뉘우치며 박씨에게 정경부인의 칭호를 내린다. 박씨의 덕행은 온 나라에 울려 퍼지고 그 이름은 후세에 길이 전해졌다.

– 작자 미상, 「박씨전」

나 〈앞부분 줄거리〉 서자로 태어난 길동은 자신의 신분으로 인해 '호부호형' 하지 못하는 것과 여러 사람들로부터 천대받고 출세에 제약이 따르는 것에 대해 갈등한다. 비범한 능력을 지닌 길동은 집안사람들 중 자신을 해치려는 무리들에 의해 공격을 당한다.

그날 밤, 촛불을 밝혀 놓고 "주역(周易)"을 골똘히 읽고 있는데 까마귀가 세 번 울고 갔다. 길동은 이상한 예감이 들어 혼잣말로,

"저 짐승은 본래 밤을 꺼리는데 이제 울고 가니 심히 불길하구나."

하면서 잠시 "주역"의 팔괘(八卦)로 점을 쳐 보고는, 크게 놀라 책상을 밀치고 둔갑법으로 몸을 숨긴 채 동정을 살피고 있었다. 밤중이 지나자 한 사람이 비수를 들고 천천히 방문으로 들어오기에 길동이 급히 몸을 감추고 주문을 외니, 문득 한 줄기 음산한 바람이 일어나면서 집은 간데없고 첩첩산중(疊疊山中)에 풍경이 굉장했다. 특재는 크게 놀라 길동의 무궁한 조화인 줄 알고 비수를 감추고 피하고자 했으나 갑자기 길이 끊어지면서 층암절벽(層巖絕壁)이 가로막아 오도 가도 못 하는 처지가 되었다.

– 허균, 「홍길동전」

34 (가), (나)의 영웅적 인물들에 대한 설명으로 알맞지 **않은** 것은?

① (가) - 역사적 실존 인물이다.

② (가) - 병자호란을 배경으로 인물의 영웅적 면모를 보여 준다.

③ (나) - 신분 제도로 인한 갈등을 겪고 있다.

④ (나) - 비범한 능력을 발휘하는 부분에서 고전 소설의 전기성이 드러난다.

34
주인공 박씨는 가상의 인물이다.

35 〈보기〉를 참고할 때 (가) 글의 창작 의도로 가장 알맞은 것은?

> ┌ 보기 ┐
> 병자호란 때 조선은 청나라에게 굴욕적인 항복을 하게 된다. 그러나 '박씨전'에서는 여성인 박씨가 신이한 능력으로 청나라 장수를 무찌르고 자신 앞에 무릎 꿇게 함으로써 패배한 전쟁을 승리한 전쟁으로 전환시키고 있다.

① 허구적 상상력을 통해 흥미를 더하기 위해

② 여성들의 직접적인 정치 참여를 유도하기 위해

③ 전쟁의 실상을 파헤쳐 그 참혹함을 알리기 위해

④ 문학 작품에서나마 민족의 치욕감과 패배감을 보상받기 위해

35
병자호란으로 인한 민족의 아픔을 문학적으로나마 보상받기 위한 시도라 할 수 있다.

36 (나)에 드러나는 고전 소설의 특징으로 알맞은 것은?

① 우연성   ② 전기성

③ 일대기적 구성   ④ 행복한 결말

36
길동이 둔갑법으로 몸을 숨기고, 주문을 외워 첩첩산중과 층암절벽을 만든 것은 현실에서 일어나기 힘든 일이다.

ANSWER
34. ①   35. ④   36. ②

※ 다음 글을 읽고, 물음에 답하시오. (37~39)

> ㉠청춘! 이는 듣기만 하여도 가슴이 설레는 말이다. 청춘! 너의 두 손을 가슴에 대고, 물방아 같은 심장의 고동을 들어 보라. 청춘의 피는 끓는다. ⓐ끓는 피에 뛰노는 심장은 ⓑ거선(巨船)의 기관 같이 힘있다. 이것이다. 인류의 역사를 꾸며 내려온 동력은 바로 이것이다. 이성은 투명하되 얼음과 같으며, 지혜는 날카로우나 ⓒ갑 속에 든 칼이다. 청춘의 끓는 피가 아니더면 인간이 얼마나 쓸쓸하랴? 얼음에 싸인 만물은 죽음이 있을 뿐이다.
>
> 그들에게 생명을 불어넣는 것은 ⓓ따뜻한 봄바람이다. 풀밭에서 속잎 나고, 가지에 싹이 트고, 꽃 피고 새 우는 봄날의 천지는 얼마나 기쁘며, 얼마나 아름다우냐? 이것을 얼음 속에서 불러내는 것이 따뜻한 봄바람이다. 인생에 따뜻한 봄바람을 불어 보내는 것은 청춘의 끓는 피다. 청춘의 피가 뜨거운지라, 인간의 동산에는 사랑의 풀이 돋고, 이상의 꽃이 피고, 희망의 노을이 뜨고, 열락(悅樂)의 새가 운다.
>
> – 민태원, 「청춘 예찬」

37 윗글에 대한 설명으로 적절한 것은?

① 특정 인물의 삶을 기록한 전기문이다.
② 운율이 규칙적으로 반복되는 시조이다.
③ 글쓴이의 개성이 잘 드러나는 수필이다.
④ 현실에 있음 직한 일을 상상하여 꾸며 쓴 소설이다.

37
수필은 소재나 주제의 제한 없이 글쓴이의 경험을 자유롭게 쓸 수 있는 개성적인 글이다.

38 윗글의 ⓐ~ⓓ 중 '청춘'을 나타내는 말이 아닌 것은?

① ⓐ   ② ⓑ
③ ⓒ   ④ ⓓ

38
청춘의 정열을 '끓는 피, 거선의 기관, 따뜻한 봄바람'이라 했다면 지혜는 '갑 속에 든 칼'에 비유했다.

39 ㉠과 표현 방법이 같은 것은?

① 소리 없는 아우성
② 아! 하늘이 푸르구나!
③ 진주처럼 영롱한 눈물
④ 하늘아, 들아 말을 해다오.

39
㉠ 영탄법
① 역설법
② 영탄법
③ 직유법
④ 돈호법

ANSWER
37. ③   38. ③   39. ②

PART II

읽 기

Chapter 01 읽기의 이해
Chapter 02 읽기의 실제
단원 마무리 문제

📢 학습 point⁺

읽기 영역에서는 한 편의 완결된 글을 읽어 낼 수 있는 능력을 요구합니다.

    Chapter 01 읽기의 이해에서는 읽기 능력을 신장하기 위하여 문제 해결 과정으로서의 읽기, 예측하기, 요약하기, 설명 방법 파악하기, 논증 방법 파악하기, 동일한 화제의 글 비교하며 읽기, 표현 방법과 의도 평가하기, 읽기 과정 점검하며 읽기 등의 학습 요소를 익히고 이해하도록 합니다.

    Chapter 02 읽기의 실제에서는 다양한 글을 읽는 연습을 통해 호흡이 긴 글도 문제없이 읽어 내는 실력을 키우도록 합니다. 읽기는 설명문과 논설문이 주류를 이루므로 글의 구조와 내용을 정확하게 파악하고 이해하는 것이 중요합니다. 글을 읽으면서 잘 모르는 단어가 나오면 사전을 통해 그 의미를 확인하시길 바랍니다. 글을 읽을 때에는 제목에 유의하여 글쓴이가 이야기하고자 하는 것이 무엇인지를 파악하고 이를 어떻게 설명하거나 주장하는지 주의 깊게 살펴야 합니다. 문제의 답은 대부분 글 속에 있으므로 이를 잘 찾아내는 연습을 하는 것이 좋은 학습 방법입니다.

01 읽기의 이해

01 읽기의 기초

1 문제 해결과정으로서의 읽기

(1) 읽기 과정의 의미

① 읽기 과정은 글을 읽으면서 발생하는 여러 가지 인지적인 문제를 해결해 나가는 행위이다.

② 글을 읽을 때에는 글에 나타난 정보를 단서로 독자의 배경지식을 활용하여 읽는다.

(2) 글을 읽고 의미를 구성하는 과정에서 겪는 문제

① 모르는 단어가 나오는 경우 → 사전, 인터넷 등의 자료를 활용한다.

② 문장의 의미가 애매모호하거나 주제가 직접 드러나지 않는 경우 → 글의 앞뒤 맥락을 바탕으로 의미를 추론한다.

③ 글쓴이의 주장이 합리적이고 타당한지에 대해서도 따져 보아야 한다.

2 예측하며 읽기

(1) 예측하며 읽기의 개념

독자가 배경지식, 읽기 맥락 등을 활용하여 글의 내용을 예측하는 읽기 방법이다.

(2) 예측하며 읽기의 효과

① 글의 내용을 보다 깊이 이해할 수 있다.

② 능동적인 글 읽기 능력을 기를 수 있다.

(3) 예측하며 읽기의 활용 요소

① 글의 제목 및 소제목 : 글의 제목을 통해 주제와 중심 내용을 예측할 수 있다.

② 차례 : 차례를 통해 글의 구성 단계와 같은 구조를 예측할 수 있다.

③ 독자의 배경지식 및 경험 : 이전에 읽은 글이나 경험을 통해 비슷한 글의 내용을 예측할 수 있다.

④ 사진, 그림 : 글의 이해를 돕는 시각적인 자료를 통해 글의 내용을 예측할 수 있다.

3 요약하며 읽기

(1) 요약하며 읽기의 개념

읽기 목적이나 글의 특성을 고려하여 글의 내용을 요약하는 읽기 방법이다.

(2) 요약하며 읽기의 효과

① 글의 내용을 정확하게 이해할 수 있다.

② 글의 구조를 체계적으로 파악할 수 있다.

(3) 요약하기의 방법

① 선택 : 핵심어와 중심 문장이 분명하게 드러나는 부분을 선택한다.

② 삭제 : 반복되거나 중요하지 않은 내용을 삭제한다.

③ 일반화 : 구체적이고 개별적인 내용의 경우, 포괄할 수 있는 상위 개념으로 묶는다.

④ 재구성 : 중심 문장이 뚜렷하게 드러나지 않는다면, 글을 읽고 주요 내용을 바탕으로 중심 문장을 만든다.

(4) 글의 종류에 따른 요약하기

① 설명하는 글 : 설명하는 대상에 대한 정보를 중심으로 요약한다.

② 주장하는 글 : 주장과 근거를 중심으로 요약한다.

③ 이야기 : 인물, 사건, 배경, 줄거리를 중심으로 요약한다.

4 표현 방법과 의도 평가하기(매체)

(1) 매체의 개념

사람들이 자신의 생각이나 정서, 다양한 정보와 지식 등을 전달하고 서로 공유할 수 있도록 중간에서 매개하는 것을 말한다.

(2) 매체의 종류

인쇄 매체 (신문, 잡지, 책)	• 많은 사람에게 같은 내용을 전달 • 문자 언어 + 시각적 이미지 예 사진, 그림, 도표 등
방송 매체 (라디오, 텔레비전)	• 다양한 방식으로 많은 정보를 빠르게 전달 예 일방향적 소통 • 라디오 → 음성 언어 • 텔레비전 → 음성 언어 + 영상 + 문자 언어(자막)
인터넷 매체 (블로그, 게시판 등)	• 양방향적 소통으로 이용자의 참여도가 높음 • 이모티콘 등의 보조 수단을 통해 감정 전달 • 문자 언어, 음성 언어, 음악, 영상 등이 다양하게 사용됨 • 인터넷의 경우 익명성 때문에 비속어를 사용하는 경우가 많음 • 맞춤법에 어긋난 표현, 줄임말 등이 많고 띄어쓰기를 잘 하지 않음

(3) 매체의 표현 방법

① 글에 사용된 어휘나 문장 표현뿐 아니라 도표, 그림, 사진 등과 같은 시각 자료, 동영상 자료의 표현 방법이 모두 포함된다.

② 이러한 표현 방법이 설명하려는 대상이나 개념에 적절한지, 어떤 효과를 지니는지 판단하며 읽는다.

5 동일한 화제의 글 비교하며 읽기

(1) 관점과 형식이 다른 글

① 관점이 다른 글 : 동일한 화제를 두고 찬성의 입장에서 쓰인 글과 반대의 입장에서 쓰인 글을 비교하며 읽는다.

② 형식이 다른 글 : 동일한 화제를 두고 논설문, 광고문, 편지글 등 다양한 형식으로 쓰인 글을 비교하며 읽는다.

(2) 동일한 화제의 글 비교하며 읽기의 효과

    ① 자신이 읽은 글의 관점이나 형식의 특성을 이해할 수 있다.

    ② 여러 글을 폭넓게 읽음으로써 균형 있는 시각을 기를 수 있다.

6 읽기 과정 점검하고 조정하기

(1) 읽기 전 활동

    ① 글을 읽는 목적을 점검한다.

    ② 자신의 읽기 수준을 점검하고 이에 맞는 글을 선택한다.

(2) 읽기 중 활동

    ① 글의 목적을 확인하며 읽는다.

    ② 잘 모르는 내용은 사전이나 참고 자료 등을 활용해 답을 확인하며 읽는다.

    ③ 글의 내용을 잘 파악하고 있는지 스스로에게 질문하며 읽는다.

(3) 읽기 후 활동

    ① 읽은 글의 내용을 정리한다.

    ② 읽기 과정을 통해 알게 된 사실이나 떠오른 생각을 정리한다.

    ③ 더 알고 싶은 내용이 있다면 자료를 검색해본다.

✔ 바로바로 CHECK

01 각 매체에 대한 설명으로 알맞지 <u>않은</u> 것은?

① 인터넷의 정보는 누구나 이용할 수 있고, 정보를 올릴 수도 있다.

② 라디오는 음성, 음악, 자막, 동영상 등을 전파로 전달하는 매체이다.

③ 휴대 전화는 문자와 시각적 이미지를 활용하여 메시지를 보낼 수 있다.

④ 텔레비전은 시각과 청각을 자유롭게 활용할 수 있는 복합적인 매체이다.

해설 라디오는 시각 정보를 전달하지 못한다.

02 다음 중 읽기 과정에서 겪는 문제에 대한 해결 방법으로 바르지 <u>못한</u> 것은?

① 단어의 의미를 모를 때에는 사전을 찾아본다.

② 문장의 의미가 애매모호할 때에는 글의 전체 문맥을 살펴 문장의 의미를 파악한다.

③ 주제가 글 속에 숨어 있을 때에는 글의 내용과 문맥을 통해 중심 내용을 유추한다.

④ 글쓴이의 주장이 타당하지 않더라도 존중하고 받아들인다.

해설 글쓴이의 주장이 타당하지 않거나 비합리적일 때에는 객관적인 자료를 찾아 내용의 타당성을 판단하며 읽는다.

정답 01. ② 02. ④

02 다양한 글 읽기

1 설명하는 글(설명문)

(1) 설명하는 글의 개념

어떤 대상에 대한 정보나 지식 등을 독자들이 이해하기 쉽게 풀이하여 쓴 글이다.

(2) 설명하는 글의 특징 **중요***

① **사실성** : 사실에 근거하여 전달한다.
② **체계성** : 내용을 짜임새 있게 구성한다.
③ **평이성** : 이해하기 쉽게 평범하고 쉬운 말로 설명한다.
④ **명료성** : 뜻이 명료하게 전달되도록 간결하고 명확하게 쓴다.
⑤ **객관성** : 글쓴이의 짐작, 의견, 주장 등을 배제하고 객관적인 입장에서 쓴다.

(3) 설명하는 글의 구성

① **머리말(처음)** : 글을 쓰게 된 동기, 목적, 설명 대상 등을 제시한다.
② **본문(가운데)** : 다양한 설명 방법을 활용하여 대상에 대해 자세히 설명한다.
③ **맺음말(끝)** : 본문의 내용을 요약·정리하며 글을 마무리한다.

(4) 설명 방법 **중요***

① **정의** : '무엇은 무엇이다'의 형식으로 어떤 개념이나 용어의 뜻을 명확하게 풀이하여
설명하는 방법　**예** 주제란, 작가가 독자에게 전달하고 싶은 중심 생각을 말한다.
② **예시** : 대상에 대하여 구체적인 예를 들어 설명하는 방법
　　예 조선 시대의 기녀 시인으로는 황진이, 홍랑, 계랑 등이 있다.
③ **비교** : 둘 또는 그 이상의 사물이 지니고 있는 공통점이나 유사성에 초점을 맞추어
설명하는 방법　**예** 숟가락과 젓가락은 밥을 먹을 때 쓰는 도구이다.
④ **대조** : 둘 또는 그 이상의 사물이 지니고 있는 차이점에 초점을 맞춰 설명하는 방법
　　예 영화는 영상 매체이고, 소설은 인쇄 매체이다.

⑤ **분류** : 대상을 공통되는 성질에 따라 같은 종류끼리 묶어서 설명하는 방법(작은 것에서 큰 것으로) 예 시, 소설, 수필, 희곡 등은 문학으로 분류된다.

⑥ **구분** : 어떤 대상을 일정한 기준에 따라 하위 개념으로 나누어 설명하는 방법(큰 것에서 작은 것으로) 예 문학은 갈래에 따라 시, 소설, 수필, 희곡으로 나눈다.

⑦ **분석** : 대상을 구성 요소로 나누어 설명하는 방법

　　예 식물 세포는 핵, 세포질, 세포벽으로 이루어져 있다.

⑧ **인과** : 어떤 결과를 가져오게 한 원인, 또는 이것에 의해 초래된 결과를 중심으로 설명하는 방법 예 지난 밤 바람이 세게 불어서 사과가 많이 떨어졌다.

⑨ **인용** : 다른 이의 말이나 글을 직접적·간접적으로 빌려오는 방법

(5) 설명하는 글 읽기

① 설명 대상과 기본 내용을 정확히 파악하며 읽기

② 글에 쓰인 여러 가지 설명 방법과 전개 방법에 유의하며 읽기

③ 사실과 의견을 구분하고 내용의 정확성과 객관성을 판단하며 읽기

④ 문단의 핵심어와 중심 문장을 찾고 문단 간의 연결 관계를 살펴보며 읽기

2 주장하는 글(논설문)

(1) 주장하는 글의 개념

글쓴이가 자신의 주장이나 의견과 그에 대한 타당한 근거를 짜임새 있고 논리적으로 전개하여 독자를 설득하는 글이다.

(2) 주장하는 글의 특징 중요

① **주관성** : 글쓴이의 주관적인 의견이나 주장이 드러나야 한다.

② **타당성** : 주장의 근거나 이유가 타당하고 논리적이어야 한다.

③ **신뢰성** : 출처가 분명하고 신뢰성이 있는 근거를 제시해야 한다.

④ **명료성** : 글쓴이의 주장과 그에 대한 근거가 명확하게 드러나야 한다.

⑤ **체계성** : 글이 '서론 – 본론 – 결론'에 따라 짜임새 있게 전개되어야 한다.

(3) 주장하는 글의 구성

① 서론 : 독자의 흥미를 유발하고 문제를 제기하며, 글을 쓰게 된 동기나 목적을 제시한다.

② 본론 : 타당한 근거나 이유를 들어 주장을 구체적으로 전개한다.

③ 결론 : 주장을 요약・강조하고, 앞으로의 전망과 과제를 제시하며 독자에게 당부를 한다.

(4) 논증 구성

① 논증의 개념 : 주장과 근거 간의 관계 혹은 하나 이상의 명제를 근거로 들어서 주장을 펼치는 방식을 의미한다.

② 논증의 방법

귀 납	충분한 양의 특수하고 구체적인 사례들을 검토한 뒤에 일반적인 사실이나 진리를 이끌어 내는 방법 **예** 일반화
연 역	일반적인 원리나 진리를 전제로 하여 특수하고 구체적인 사실을 결론으로 이끌어 내는 방법 **예** 삼단논법

(5) 주장하는 글 읽기

① 사실과 의견 구분하며 읽기

② 문단의 중심 내용과 글의 주제 파악하며 읽기

③ 내용 전개 과정이 체계적이고 논리적인지 파악하며 읽기

④ 주장을 뒷받침하는 근거가 논리적으로 타당한지 파악하며 읽기

⑤ 제재에 대한 글쓴이의 관점 및 주장, 글을 쓴 의도 파악하며 읽기

심화학습 일반화, 유추, 삼단논법의 예

일반화 (귀납)	경험적인 사례들을 종합하여 일반적인 결론을 이끌어 내는 방법 **예** 상자 안에 든 첫 번째 딸기는 빨갛다. 두 번째 딸기도 빨갛다. 세 번째 딸기도 빨갛다. … 열 번째 딸기도 빨갛다. → 그러므로 모든 딸기는 빨갛다.
유추 (귀납)	두 대상 간의 유사성을 근거로 하여, 다른 점도 유사할 것이라고 추론하는 방법 **예** 도라지의 쓴 맛은 찬물에 담가두면 제거된다. 더덕도 쓴 맛이 난다. → 그러므로 더덕도 찬물에 담가두면 쓴 맛이 제거될 것이다.
삼단논법 (연역)	일반적인 원리인 대전제와 소전제를 통해 구체적인 결론을 이끌어 내는 방법 **예** 모든 생명체는 죽는다(대전제). → 사람은 생명체이다(소전제). → 따라서 사람은 죽는다(결론).

✔ 바로바로 CHECK

01 다음과 같은 설명 방법으로 옳은 것은?

> 지구의 자전축이 기울어진 상태로 태양 주위를 공전하기 때문에 계절의 변화가 발생한다.

① 인용   ② 유추
③ 비교   ④ 인과

해설 인과는 원인과 그에 따른 결과를 중심으로 설명하는 방법이다.

02 다음과 같은 논증 방식에 대한 설명으로 옳은 것은?

> • 모든 육식동물은 다른 동물을 잡아먹는다.
> • 표범은 육식동물이다.

⬇

> 따라서 표범은 다른 동물을 잡아 먹는다.

① 연역   ② 귀납
③ 유추   ④ 일반화

해설 '모든 육식동물은 다른 동물을 잡아먹는다(대전제).', '표범은 육식동물이다(소전제).', '따라서 표범은 다른 동물을 잡아먹는다(결론).'

정답 01. ④   02. ①

※ 다음을 읽고, 물음에 답하시오. (1~3)

사람의 손가락과 손바닥, 발바닥 등에는 작은 산과 계곡 모양의 선들로 이루어진 무늬가 있다. 이러한 피부의 무늬는 무늬가 있는 위치에 따라 손가락에 있는 지문(指紋), 손바닥에 있는 장문(掌紋), 발바닥에 있는 족문(足紋) 등으로 나뉜다. 이 중 ㉠지문은 손가락 안쪽 끝에 있는 피부의 무늬나 그것이 남긴 흔적을 말한다.

지문은 태아가 4~6개월째에 접어들면서 만들어지는데, 그 형태는 대개 유전자에 의해 결정된다. 하지만 엄마 뱃속에서의 태아의 위치나 태아가 받는 압력 등도 지문의 모양이 만들어지는 데 영향을 준다. 그래서 유전자가 같은 일란성 쌍둥이조차 지문이 서로 다르다.

두 사람의 손가락에 있는 지문이 일치할 수 있는 확률은 억지로 계산해도 640억분의 1 정도라고 하니, 전 세계에서 지문이 같은 사람은 없다고 해도 과언이 아니다. 심지어 한 사람의 왼손과 오른손의 지문도 다르다. 지문의 이러한 특성 때문에 최근에는 범죄 수사나 신분 확인을 위한 보안 기술에 지문이 적극적으로 활용되고 있다.

〈중략〉

지금까지 지문에 대해 알아보았다. 인류가 다른 동물보다 뛰어난 이유 중의 하나는 손을 섬세하게 사용할 수 있는 능력이 있기 때문이다. 그리고 사람의 손이 가진 특별한 기능을 이해하려면 지문의 역할도 빼놓을 수 없다. 지문에 대한 연구를 통해 손이 가진 섬세한 기능을 온전히 이해하기 위한 노력은 지금도 진행 중이다.

– 김형자, 「지문이 촉각을 위해 존재한다고?」

01 윗글과 같은 글을 읽는 방법으로 적절하지 <u>않은</u> 것은?

① 설명 대상이 무엇인지 파악한다.
② 글에 사용된 설명 방법이 무엇인지 살펴본다.
③ 여행하는 동안 일어난 일과 느낌이 잘 표현되었는지 판단한다.
④ 사실을 바탕으로 객관적인 입장에서 서술되었는지 따져본다.

02 ㉠에 사용된 설명 방법으로 적절한 것은?

기출
① 정의　　　　② 예시
③ 비교　　　　④ 대조

01
윗글은 정보를 전달하는 설명문이다.
③은 기행문 읽기에 해당한다.

02
㉠은 '지문'의 뜻을 밝혀 설명하는 '정의'에 해당한다.
② 예시 : 내용에 대한 구체적인 예를 들어 설명함
③ 비교 : 두 대상의 공통점을 드러내어 설명함
④ 대조 : 두 대상의 차이점을 드러내어 설명함

ANSWER

01. ③　02. ①

03 윗글의 내용과 일치하지 <u>않는</u> 것은?

기출
① 사람의 손바닥에는 선들로 이루어진 무늬가 있다.
② 지문은 신분 확인을 위한 보안 기술에 활용되고 있다.
③ 손의 기능을 이해하기 위한 지문 연구가 진행되고 있다.
④ 유전자가 같은 일란성 쌍둥이는 지문이 같은 경우가 많다.

03
2문단의 내용을 참고할 때, 유전자가 같은 일란성 쌍둥이조차 지문이 서로 다름을 알 수 있다.

※ 다음 글을 읽고 물음에 답하시오. (4~6)

> **가** 외계인이 지구를 관찰한다면, 밤마다 60억의 인간이 사는 이 지구에서 벌어지는 똑같은 광경 – 10억 이상의 인간이 똑같이 생긴 상자 앞에 앉아 넋을 잃고 바라보고 있는 괴상한 광경 – 을 보고, 그것은 근래에 와서 나타난 괴이한 일이라고 생각할 것이다.
> 　문제는 외계인이 어떻게 생각하느냐가 아니라 우리 자신이 이러한 변화를 별다른 비판 없이 자연스럽게 받아들이고 점점 그 속에 깊이 빠져 들어간다는 데 있다. 특히 텔레비전 시대에 태어난 이른바 텔레비전 세대인 새 인류는, 텔레비전이라는 눈으로 씹는 껌을 버리지 못하며, 전파를 통해 들어오는 마약을 주는 대로 받아먹게 되어, 급기야는 텔레비전이 이끄는 대로 따라다니는 불쌍한 포로의 신세가 되기도 한다.
>
> – 김규, 「눈으로 씹는 껌, 텔레비전」
>
> **나** 텔레비전은 활용만 잘 하면 인간 생활에 매우 유용한 매체이다. 막강한 힘을 지녔을 뿐만 아니라, 시청자가 어떻게 활용하느냐에 따라서 쓰임새가 다양할 수 있기 때문이다.
> 　먼저, 텔레비전은 강력한 교육적 기능을 가지고 있다. 현대 사회에서 텔레비전은 가장 영향력 있는 사회 교육자로서의 역할을 한다. 텔레비전을 통해 제공되는 수많은 유용한 내용의 메시지들은 시청자에게 올바른 삶을 살아가는 지표 역할을 할 수 있다. 바람직한 생활의 가치 규범을 가르쳐 줄 뿐 아니라, 언어, 의상, 관습 등 모든 면에서 사회화의 기능을 담당하는 중요한 학습 수단으로 활용될 수 있다.
>
> – 김기태, 「우리의 친구, 텔레비전」

04 (나)와 텔레비전에 대한 관점이 같은 것은?

① 텔레비전은 폭력적이고 선정적인 내용도 많아.
② 텔레비전은 필요한 정보를 얻는 창구이기도 해.
③ 텔레비전은 가족 간의 대화를 단절시키고 있어.
④ 텔레비전을 너무 오랫동안 시청하면 눈이 나빠져.

04
(나)와 ②에는 텔레비전에 대한 긍정적 태도가 드러난다.
①, ③, ④ 텔레비전에 대한 부정적 태도

ANSWER

03. ④　04. ②

05 (가)에 대한 반론으로 가장 알맞은 것은?

① 텔레비전은 기계이기 때문에 중독되어도 큰 문제가 되지 않는다.

② 텔레비전의 오락 프로그램은 스트레스를 풀어 주고 휴식을 취하게 해 준다.

③ 사람은 이성적인 존재이므로 자신에게 필요한 프로그램을 선택해서 시청한다.

④ 일부 사람들만이 텔레비전에 중독되었을 뿐 대부분의 사람들은 텔레비전 문화를 기피한다.

06 (가)와 (나)에 대한 설명으로 옳지 않은 것은?

① (가)와 (나)는 동일한 화제를 다루고 있다.

② (가)와 (나)는 관점과 형식이 같은 글이다.

③ (가)는 텔레비전의 부정적인 측면에 주목하고 있다.

④ (나)는 텔레비전의 긍정적인 측면에 주목하고 있다.

05
(가)는 텔레비전의 포로가 된 현대인의 모습을 보여 준다. 이에 대해 인간의 이성적 판단이 텔레비전 시청에 대한 판단을 스스로 내릴 수 있다는 반론을 제시할 수 있다.

06
(가)와 (나)는 '텔레비전'이라는 동일한 화제를 두고 상반된 관점에서 쓰여진 글이다.

ANSWER
05. ③ 06. ②

※ 다음을 읽고, 물음에 답하시오. (7~10)

먼저 ㉠냉장고를 사용하면 전기를 낭비하게 된다. 언제 먹을지 모를 음식을 보관하는 데 필요 이상으로 전기를 쓰게 되는 것이다. 전기를 낭비한다는 것은 전기를 만드는 데 쓰이는 귀중한 자원을 낭비하는 것과 같다.

우리는 냉장고를 쓰면서 인정을 잃어 간다. 냉장고가 없던 시절에는 식구가 먹고 남을 정도의 음식을 만들거나 얻게 되면 미련 없이 이웃과 나누어 먹었다. 여러 가지 이유가 있겠지만 그 이유 가운데 하나는 ㉡남겨 두면 음식이 상한다는 것이었다. 그런데 냉장고를 사용하게 되면서 그 이유가 사라지게 되고, 이에 따라 이웃과 음식을 나누어 먹는 일이 줄어들게 되었다.

또한 냉장고는 당장 소비할 필요가 없는 것들을 사게 한다. 그리하여 애꿏은 생명을 필요 이상으로 죽게 만들어서 생태계의 균형을 무너뜨린다. 짐승이나 물고기 등을 마구 잡고, 당장 죽이지 않아도 될 수많은 가축을 죽여 냉장고 안에 보관하게 한다. 대부분의 가정집 냉장고에는 양의 차이는 있지만 ㉢닭고기, 쇠고기, 돼지고기, 생선, 멸치, 포 등이 쌓여 있다. (㉮). ㉣냉장고가 커질수록 먹지 않는 음식도 늘어나기 때문이다. 아까운 전기를 써서 냉동실에 오랫동안 보관한 음식들은 쓰레기통으로 들어가기 일쑤다. 이런 현상은 잘 사는 나라뿐 아니라 남태평양이나 아프리카의 가난한 나라에서도 일어나고 있다.

– 박정훈, 「냉장고의 이중성」

07 윗글을 요약하는 방법으로 가장 적절한 것은?

① 필요한 정보를 더 찾아본다.
② 핵심어와 중심 문장을 찾는다.
③ 낱말의 함축적 의미를 파악한다.
④ 인물의 대화를 중심으로 요약한다.

08 ㉠~㉣ 중, 각 문단의 중심 문장에 해당하는 것은?

① ㉠   ② ㉡
③ ㉢   ④ ㉣

09 윗글의 내용과 일치하지 <u>않는</u> 것은?

① 냉장고 사용으로 전기가 낭비되고 있다.
② 냉장고는 당장 불필요한 것들을 사게 한다.
③ 냉장고는 생태계의 균형을 유지하는 데 도움이 된다.
④ 냉장고를 쓰면서 이웃과 음식을 나누는 일이 줄었다.

10 ㉮에 들어갈 문장으로 가장 적절한 것은?

① 냉장고로 인해 화재의 위험이 늘어났다.
② 냉장고를 사용하면서 많은 음식을 버리게 되었다.
③ 냉장고의 사용은 아동 건강에 나쁜 영향을 미친다.
④ 냉장고는 사람에게 필요 이상의 열량을 섭취하게 한다.

07
글의 요약은 핵심어와 중심 문장을 찾는 것에서 시작한다.

08
• 1문단 : 냉장고를 사용하면 전기를 낭비하게 된다.
• 2문단 : 냉장고를 쓰면서 인정을 잃어 간다.
• 3문단 : 냉장고는 당장 소비할 필요가 없는 것들을 사게 한다.
• 4문단 : 냉장고를 사용하면서 우리는 많은 음식을 버리게 되었다.

09
냉장고의 사용으로 인해 애꿎은 생명을 필요 이상으로 죽여 냉동하는 만행을 습관적으로 저지르고 생태계의 균형을 무너뜨린다.

10
냉장고가 커질수록 먹지 않는 음식도 늘어나고 오랫동안 보관한 음식을 쓰레기통에 버리게 된다는 문장을 고려할 때 ②의 내용이 적절하다.

ANSWER
07. ② 08. ① 09. ③ 10. ②

Chapter

02 읽기의 실제

01 설명하는 글 읽기의 실제

01 읽기란 무엇인가? (본문 일부 내용 중략) — 노명완

 핵심정리

- **갈래** : 설명문
- **성격** : 해설적, 객관적, 예시적
- **제재** : 글 읽기
- **주제** : 읽기의 즐거움과 글을 읽는 이유, 글을 읽는 태도
- **특징**
  ① 내용의 체계적 설명
  ② 대조, 예시, 비유를 사용한 내용 설명

처음 글 읽기의 세 가지 즐거움
① 앎의 즐거움
② 감동의 즐거움
③ 깨달음의 즐거움

중간 글 읽기의 세 가지 이유(목적)
① 지식과 정보를 얻기 위해서
② 재미와 기쁨, 감동과 생활의 여유를 얻기 위해서
③ 느끼고 깨닫기 위해서, 마음의 휴식을 얻기 위해서

끝 적극적인 글 읽기의 태도와 읽기를 생활화하기 위한 노력

한눈에 감 잡기

1. 글 읽기의 태도

적극적으로 글을 읽는 태도	글의 선택에서부터 읽기 속도, 내용의 이해, 감상까지 모든 것을 스스로 결정하고 판단함
읽기를 생활화하기 위한 노력	• 읽기의 중요성과 가치를 깨닫기 • 읽고 싶은 마음가짐을 갖기

2. '글이 가장 위대한 도구'인 이유
- 시간이나 공간의 제약을 받지 않음
- 인간이 타고난 능력인 기억과 상상에 기초를 둠

① 글 읽기의 즐거움

가 글은 인간이 만든 수많은 도구 중에서 <u>가장 위대한 도구</u>이다. <u>이 도구</u>는 인간의 타고난 능력인 기
억과 상상에 기초를 두고 있다. <u>다른 도구들</u>은 모두 인간의 <u>신체를 부분적으로 확장한 것</u>이어서 시간
이나 공간의 제약을 받는다.

『망원경이나 현미경은 눈의 확장이고, 확성기나 전화기는 입과 귀의 확장이며, 농기구나 세탁기는 손
의 확장이고, 자동차나 비행기는 발의 확장이다.』「」: 예시

그러나 글은 신체의 일부가 아닌 기억과 상상의 확장이다. 기억과 상상의 확장인 이런 글을 읽음으
로써 인간은 현실의 삶을 넘어서서 과거나 미래를 자유로이 넘나드는 초월적인 삶을 누릴 수 있다.
시간과 공간의 제약을 받지 않음

▶ 기억과 상상의 확장인 글을 통해 인간은 초월적 삶을 누릴 수 있음

나 책은 이런 글이 모여 만든 하나의 집과 같은 것이다. 그런데 많은 사람들이 책을 책장에 꽂아 두는
= 책(직유법)
것만으로 마치 그 내용을 소유한 것처럼 생각한다. 읽지도 않았으면서 마치 읽은 것처럼 믿고 싶은 것
이다. 그러나 책을 소유한 것은 책 속에 담긴 글의 내용을 소유한 것이 되어야 한다. 이것을 소유하게 되면
우리는 새로운 지식을 발견하는 '<u>앎의 즐거움</u>', 가슴이 설레거나 눈물이 핑 도는 듯한 '<u>감동의 즐거움</u>',
글 읽기의 즐거움 ① 글 읽기의 즐거움 ②
삶의 지혜를 터득하는 '깨달음의 즐거움'을 얻을 수 있다. ▶ 글 읽기의 세 가지 즐거움
글 읽기의 즐거움 ③

다 글을 읽는 것이 이 세 가지 즐거움을 얻기 위해서만은 아니다. 글 읽기는 개인적으로는 인격 형성
을 위한 밑거름을 마련할 수 있게 하고, 사회적으로는 이웃과 사회를 하나로 이끌어 주는 역할을 할 수
있게 한다. ▶ 글 읽기의 개인적·사회적 목적

② 글을 읽는 이유

라 글을 읽는 목적과 이유를 좀 더 구체적으로 알아보도록 하자.

글을 읽는 첫째 이유는 <u>인간과 사회, 그리고 자연에 대해 새롭게 이해하고 그에 관한 지식을 얻기</u>
글 읽는 이유 ① – 새로운 것에 대한 이해와 지식을 얻기 위해 → 앎의 즐거움
<u>위해서이다.</u> 창문을 여는 이유가 밖을 내다보기 위해서 이듯이, 글을 읽는 이유는 무엇인가 새로운 것을
찾기 위해서이다. 그것이 바로 지식이고 정보이다. ▶ 글 읽는 이유(목적) ① – 지식을 얻기 위해

마 둘째로 사람들은 할 일이 없을 때에 <u>심심풀이로 혹은 재미로 책을 읽는다.</u> 글을 읽음으로써 일상
글 읽는 이유 ② – 재미와 감동을 얻기 위해 → 감동의 즐거움
의 지루함에서 벗어나 환상의 세계에 빠져 보기도 하고, 감동을 느끼기도 하면서 기쁨을 얻게 되는 것이

다. 이런 글 읽기는 생활의 수단으로서 지식이나 정보를 얻는 읽기와 달리 인간의 본성을 되찾게 하는 읽기라고 할 수 있다. 독자는 이런 글 읽기를 통해서 다양한 마음의 정서와 감동을 느끼고 생활의 여유를 얻는다.

▶ 글 읽는 이유(목적) ② - 재미와 감동을 얻기 위해

바 셋째로 느끼고 깨닫기 위해서, 즉 마음의 휴식을 얻기 위해서 글을 읽는다. 이런 읽기는 현대와
　　　　　　글 읽는 이유 ③ - 느끼고 깨닫기 위해 → 깨달음의 즐거움
같은 지식 사회, 정보 사회에서 매우 중요한 역할을 하며, 점점 그 필요성이 커지고 있다. 지식과 정보가 절대시되고 과학의 발전과 경제 성장이 우선시되는 사회에서는 자칫 인간에 대한 관심이 소홀해지기 쉽다. 그렇기 때문에 다른 사람을 이해하고, 아름다움을 맛보고, 나와 이웃을 되돌아보는 읽기, 곧 느끼고 깨닫기 위한 읽기는 바로 이런 현대 사회에서 꼭 필요한 읽기가 되는 것이다. 이는 글 읽기가 인간에 대한 관심을 높이고 이웃에 대한 이해와 사랑을 싹트게 하는 마음의 밭이 되기 때문이다.

▶ 글 읽는 이유(목적) ③ - 느끼고 깨닫기 위해

③ 글 읽기의 태도

사 인간을 '사고하는 동물'이라고 말한다. 생각이 인간을 인간답게 하는 중요한 특징이 된다는 것이다. 글 읽기는 인간 고유의 특성인 사고 중에서 가장 우수한 사고를 필요로 한다.

　그런데 과학 기술의 발전으로 글 읽기의 가치가 점차 뒷전으로 밀려나고 있다. 문자 언어보다 정보 전달이 더 빠른 화상 매체, 즉 인터넷, 영화, 텔레비전, 만화 등이 등장했기 때문이다. 글 읽기는 비록『속도가 느리고 다양한 감각을 구체적으로 느끼게 하는 데 한계가 있지만』,『가장 추상적인 것에서 가장 구
　　　　　　　　　　　　　　　　　　　　『 』: 글 읽기의 단점　← 대조 →『 』: 글 읽기의 장점
체적이고 작은 부분에 이르기까지 모든 정보를 스스로 선택할 수 있게 한다』는 장점이 있다. 적극적으로 글을 읽는 사람은 글의 선택에서부터 읽기 속도, 내용의 이해, 그리고 감상까지 모든 것을 스스로 결
　　　　　　　　　　　　　　　　　　　　　적극적으로 글을 읽는 태도
정한다.『읽기 중간에 잠시 멈추어 혼자만의 생각에 빠질 수도 있고, 싫증이 나면 글 읽기를 중단하였다가 나중에 다시 읽기도 한다.』이처럼 읽기는 스스로 결정하고 판단하여 자기만의 세계를 만들어 가는 과
　　　『 』: 적극적으로 읽기의 예시
정이다. 그래서 읽기는 인간적이다.

▶ 적극적으로 글을 읽는 태도

아 읽기를 생활화하기 위해서는 다음 두 가지의 노력이 동시에 이루어져야 한다. 첫째는 읽기의 중요
성과 가치를 깨닫는 것이고, 둘째는 읽고 싶은 마음가짐을 갖추는 일이다. 이 두 가지를 깨닫는 것은
　읽기를 생활화하기 위한 노력 ①　　　　　　　　　　　　　읽기를 생활화하기 위한 노력 ②
억지로 되는 일이 아니라 스스로 깨달을 수밖에 없다. 이를 위해서 읽기를 생활화한 사람을 보고 배우는 것도 하나의 방법이 될 수 있다. 반대로 누군가가 읽기의 중요성과 가치를 알고 읽기를 생활화하기를 바란다면, 먼저 자신이 읽기를 생활화하면 되는 것이다. 이것이 바로 글 읽기를 중요시하는 사회, 그리고
　　　　　　　　　　　　　솔선수범　　　　　　　　　　　읽기를 생활화하는 것
글을 읽는 사회를 만드는 지름길이 될 것이다.

▶ 읽기를 생활화하기 위한 노력

✔ 바로바로 CHECK

01 이 글에서 말하는 글 읽기의 즐거움으로 적절하지 <u>않은</u> 것은?

① 앎의 즐거움　　② 확장의 즐거움

③ 감동의 즐거움　④ 깨달음의 즐거움

해설 글 읽기의 즐거움은 '앎의 즐거움, 감동의 즐거움, 깨달음의 즐거움'이다.

02 (가)에 사용된 설명 방법으로 알맞은 것은?

① 정의, 대조　　② 대조, 예시

③ 대조, 분류　　④ 분류, 예시

해설 '글'과 '다른 도구'들의 차이점(대조)
'다른 도구'들의 예(예시)

03 (사)에서 말한 적극적인 글 읽기에 대한 설명으로 적절한 것은?

① 글의 내용을 무조건 비판적으로 읽는다.

② 글쓴이의 생각에 무조건 동의한다.

③ 글의 내용을 모두 암기하며 읽는다.

④ 글의 선택, 읽기 속도, 감상까지 스스로 결정한다.

04 (아)의 소제목으로 가장 적절한 것은?

① 글을 읽는 이유　② 글을 읽는 태도

③ 글 읽기의 즐거움　④ 글을 읽는 중요성

정답 01. ② 02. ② 03. ④ 04. ②

---

02 천 년을 가는 한지의 비밀 (본문 일부 내용 중략)　　　　　－ 김형자

☑ **핵심정리**

• 갈래 : 설명문

• 성격 : 객관적, 분석적, 대조적

• 제재 : 한지

• 주제 : 한지의 특성을 통해 알아본 한지의 우수성

• 특징

① 한지와 양지 각각의 특성을 대조하며 한지의 우수성을 설명함

② 한지의 정의와 유래를 글의 앞부분에 제시하면서 설명할 대상을 소개함

처음 한지의 의미와 유래

중간 천 년의 수명을 가진 한지의 우수성

끝 우수한 한지에 대한 오늘날의 관심 증대와 한지의 무한한 가능성

가 '한지(韓紙)'는 한국 고유의 종이를 이르는 말이다. 조히(종이), 조선종이, 창호지, 문종이, 참종
<u>한지의 정의</u>
이, 닥종이 등으로 불렸던『우리 종이가 한지로 불리기 시작한 것은 20세기 초·중반 서양 종이인 '양지
(洋紙)'가 들어와 널리 알려지기 시작하면서부터였다.』「 」: 한지라는 이름의 유래 – 양지와 대조되는 의미

▶ 한지의 의미와 이름의 유래

나 천 년 세월을 숨 쉬며 살아온 한지는 알고 보면 이 땅에 자라는 질 좋은 닥나무가 있었기에 가능한
것이었다. 한지는 질기고 수명이 오래간다는 것 외에도 <u>보온성과 통풍성이 뛰어나다.</u> 이런 한지의 우
<u>한지의 우성 ①</u>   <u>한지의 우성 ②</u>
수성은 양지와 비교해 보면 금방 알 수 있다. 한지는 <u>빛과 바람, 그리고 습기와 같은 자연 현상에 대한</u>
<u>한지의 우성 ③</u>
<u>친화력이 강해</u> 창호지로 많이 쓰인다.『한지를 창호지로 쓰면 문을 닫아도 바람이 잘 통하고 습기를 잘
흡수해서 습도 조절의 역할까지 한다. 흔히 한지를 '살아 있는 종이'라고 하는 이유도 여기에 있다. 반면
양지는 바람이 잘 통하지 않고 습기에 대한 친화력도 한지에 비해 약하다. 한지가 살아 숨 쉬는 종이라
면, 양지는 뻣뻣하게 굳어 있는 종이라고 할 것이다.』「 」: 한지와 양지의 특성(대조)

▶ 한지와 양지의 차이 1 – 보온성과 통풍성, 자연 현상에 대한 친화력

다 『한지는 주로 닥나무 껍질에서 뽑아낸 섬유를 원료로 하여 사람의 손으로 직접 만든다. 양지는 나
무껍질에서 목질부(물과 양분의 이동통로로 식물체를 지탱해 주는 부분)를 가공해 만든 펄프를 원료로 하
여 기계로 대량 생산한다.』한지의 주원료인 닥나무는 섬유의 길이가 양지의 원료인 침엽수나 활엽수보
「 」: 한지와 양지의 원료 및 제조 방법의 차이(대조)
다 훨씬 길기 때문에 질긴 종이를 만들 수 있다.

▶ 한지와 양지의 차이 2 – 원료와 만드는 방법

라 한지가 천 년의 수명을 가질 수 있는 또 다른 이유는 화학 반응에 잘 견디는 중성지라는 점이다.
신문지나 오래된 교과서가 누렇게 색깔이 변하는 이유는 종이의 원료가 산성이기 때문이다.『양지는 산
성지로서 고작 50~100년 정도만 지나도 누렇게 변하여 삭아 버린다. 그러나 한지는 중성지로서 세월이
가면 갈수록 결이 고와지고 수명이 오래간다.』「 」: 한지와 양지의 수명(대조)

▶ 한지와 양지의 차이 3 – 화학 반응에 견디는 정도

마 임진왜란을 겪으며 한지 제작이 쇠퇴하기 시작했고, 근대에 들어 펄프를 원료로 한 종이가 대량으
로 들어오면서 한지는 일상생활에서 점차 자취를 감추었다. 그러나 최근에는 펄프 종이와 비교할 수 없을
정도로 우수한 한지의 특질이 알려지면서 다시금 한지에 대한 관심이 높아지고 있다. 특히 잘 상하지 않
고 질기며 오래 보존할 수 있어서 여러 분야에서 첨단 소재로 널리 이용될 가능성도 열려 있다.

▶ 오늘날 한지에 대한 관심 증대와 한지의 무한한 가능성

한눈에 감 잡기

1. 한지의 우수성
- 보온성과 통풍성이 뛰어남
- 닥나무 껍질에서 뽑아낸 섬유를 원료로 하여 질기고 강함
- 중성지로서 세월이 갈수록 결이 고와지고 수명이 오래감

2. 한지와 양지의 대조

구분	한지	양지
원료	닥나무 껍질에서 뽑아낸 섬유	나무껍질에서 목질부를 가공해 만든 펄프
제조 방법	손으로 직접 만듦	기계로 대량 생산함
화학 반응	화학 반응에 잘 견딤(중성지)	화학 반응에 잘 견디지 못하고 변함(산성지)
자연 현상에 대한 친화력	바람이 잘 통하고 습기를 잘 흡수해서 습도 조절의 역할을 함	바람이 잘 통하지 않고 습기에 대한 친화력도 한지에 비해 약함

✔ 바로바로 CHECK

01 단락별 중심 내용으로 알맞지 않은 것은?

① (나) – 자연 친화력이 강해 살아 숨 쉬는 한지
② (다) – 강하고 질긴 한지의 원료
③ (라) – 화학 반응에 강한 중성지로 수명이 긴 한지
④ (마) – 한지에 대한 사람들의 외면

해설 (마) 한지에 대한 관심과 한지의 무한한 가능성

02 (나)~(라) 글의 전개 방법으로 알맞은 것은?

① 묘사　　　② 대조
③ 비유　　　④ 정의

해설 한지와 양지의 특징을 서로 대조하며 한지의 우수성을 이야기하고 있다.

03 (나)~(라)에서 한지와 양지의 차이가 나타나는 부분으로 제시되지 않은 것은?

① 원료
② 통풍성
③ 사용 지역
④ 자연 현상에 대한 친화력

해설 사용 지역에 관한 차이는 드러나지 않는다.

정답 01. ④　02. ②　03. ③

03 지혜가 담긴 집, 한옥 (본문 일부 내용 중략)

– 임석재

☑ 핵심정리

- 갈래 : 설명문
- 성격 : 체계적, 해석적, 분석적
- 제재 : 한옥의 각 부분
- 주제 : 한옥에 담긴 조상의 과학적 지혜를 계승하고 창조적으로 활용하자.
- 특징
  ① 분석의 방법을 통해 한옥의 과학적 원리를 설명
  ② 한옥에 담긴 조상들의 과학적 지혜를 병렬식으로 설명

처음	우리 조상들의 경험과 지혜가 담겨 있는 한옥의 '과학다움'
중간	처마와 대청, 창과 문, 댓돌, 온돌, 동선에 담긴 조상들의 과학적 지혜
끝	한옥에 담긴 조상의 지혜를 계승하고 창조적으로 활용해야 한다는 당부

한눈에 감 잡기

1. 한옥에 담긴 조상들의 과학적 지혜

처마, 방, 대청	• 여름엔 햇빛을 물리치고, 겨울에는 햇빛을 끌어들임 ⇒ 계절에 따라 햇빛의 양이 조절됨 • 햇빛이 방과 대청 끝까지 들어와 난방과 소독에 도움이 됨
창, 문	• 일직선에 놓인 창들을 따라 바람이 잘 통하게 됨 • 여름철의 바람 방향을 따라 시원한 바람이 불게 함
댓돌	• 관절을 적절하게 쓰게 하여 운동 효과를 얻게 함 • 스트레칭 효과를 주고 혈액 순환도 개선시켜 건강 유지에 도움이 됨
온돌	• 공기 회전율과 열전도율이 우수함 • 인간과 집, 자연이 교감을 나눔으로써 서로 가까워질 수 있음
동선	• 필요에 따라 지름길을 효율적으로 이용할 수 있음 • 시간, 기분, 계절에 따라 길을 골라 가는 재미가 있음 • 여러 동선을 따라가다 보면 다양한 종류의 경험을 할 수 있음

2. 주요 설명 방법

- 분석 : 복잡한 현상이나 사물, 개념을 그 성분이나 기능 등에 따라 나누어 설명하는 방법
- 한옥의 각 부분에 담긴 과학적 우수성에 대해 체계적으로 분석하여 독자의 이해를 도움

가 『한옥은 조선 시대 반가(班家)의 주택으로 그 역사가 삼국 시대까지 거슬러 올라간다. 이미 그때부터 한옥은 한반도의 기후에 맞는 주택으로 주목을 받기 시작했다. 고려 시대에 접어들면서 도가 사상의 영향으로 기본 양식을 굳혀 나갔으며 조선 시대에 이르러 유교의 그림자 속에서 한옥의 형식적인 특징이 완성됐다.』「 」: 한옥의 역사

『한옥에는 무궁무진한 과학의 지혜가 살아 숨 쉰다. '과학다움'도 그 가운데 하나이다. 옛날 집에 무슨 과학이냐 싶겠지만 그렇지 않다. 햇빛의 각도를 조절하고 지열을 다스리며 온돌로 난방을 하는 것
　　　　　　　　　　　　　　　　　　　　　한옥의 '과학다움'의 예
처럼 현대의 과학 기술로도 흉내 내기 힘든 첨단 기술이 한옥의 곳곳에 스며 있다.』
　　　　　　　　　　　　　　　　　　　「 」: 설명 대상(한옥의 과학다움) 소개

▶ 한옥의 역사와 '과학다움'

나 햇빛을 조절하는 방법은 두 가지다. 하나는 처마를 적절히 돌출시키는 것이다. 이렇게 하면 여름
　　　　　　　　　　　　　　　　　한옥의 햇빛 조절 방법 ①
에는 처마가 햇빛을 막아 주고 겨울에는 방에 해가 든다. 다른 하나는 방의 폭을 조절하는 방법이다.
　　　　　　　　　　　　　　　　　　　　　　　　　　　한옥의 햇빛 조절 방법 ②
특히 추운 겨울, 처마를 지나 방 안으로 들어오는 햇빛의 양을 조절하기 위해 방의 깊이를 얕게 짓는다. 덕분에 햇빛이 방 끝까지 기분 좋게 들어오고, 난방과 소독에도 일조한다.
　　　　　　　　　　방의 깊이를 얕게 함으로써 얻는 효과

대청도 마찬가지이다. 겨울 햇빛은 아침 10시쯤 대청의 마당 쪽 끄트머리부터 조금씩 들어오기 시작해 오후 4시쯤이면 대청의 안쪽 끝에 정확히 닿는다. 『햇빛이 귀한 겨울철, 무려 6시간 동안 대청 가득 머물다 간 햇빛은 한옥에 온기를 더해 준다.』「 」: 대청의 깊이를 얕게 함으로써 얻는 효과

▶ 처마, 방, 대청을 이용하여 햇빛을 조절하는 방법

다 한옥은 바람의 집이기도 하다. 한반도의 여름에는 남동풍이, 겨울에는 북서풍이 분다. 『우리 조상들은 바람이 절실히 필요한 여름을 위해 한옥에 남동 방향으로 바람길을 만들었다.』 바람길은 시원하고
　　　　　　　　　　　　　　　　　　　　「 」: 여름철에 바람의 방향을 따라 창과 문을 냄
'통(通)' 크게 나 있다. 약간의 인색함도, 머뭇거림도 없이 집의 끝에서 끝까지 일직선으로 뚫려 있다. 바람에게 돌아 가라거나 쉬어 가라거나 꺾어 가라거나 하는 따위의 실례를 범하는 법이 절대 없다.

▶ 바람이 부는 방향을 따라 만들어진 바람길

라 한옥은 오르내림이 많고 꺾임도 많다. 평평하고 밋밋한 집에서 사는 데 익숙해진 현대인은 불편하다고 느낄지 모른다. 하지만 한옥의 기복 많은 구조 속에는 놀라운 비밀이 숨어 있다. 곰곰이 생각해
　　　　　　　　　　　　　　몸을 많이 움직이게 하여 건강을 유지할 수 있도록 함
보자. 현관문을 열고 신발을 벗고 들어서면 모두 같은 높이의 방이 펼쳐지는 현대인의 집은 편리할지는 모르지만 건강에는 좋지 않다. 사람은 몸을 많이 움직여야 건강을 유지할 수 있다. 그러나 『평면적인 구조의 집에서 개구리 겨울잠 자듯 살다 보면 결국 몸이 뻣뻣하게 굳어 몸을 풀기 위해 요가라도 해야 할 판이다.』「 」: 평면적 구조인 현대인의 집은 몸을 많이 움직이지 않게 함

▶ 오르내림과 꺾임이 많은 한옥과 평면적 구조인 현대인의 집

마 한옥에 깃든 과학의 핵심에는 ⓐ 복사열을 이용한 온돌이 있다. 『온돌은 방바닥 밑에 넓고 편평한 돌을 놓아 아궁이에 불을 지필 때 생긴 열기가 방 안 가득 퍼지도록 만든 난방 장치로』, ⓑ 공기 회

『 』: 온돌의 원리와 구조

전율과 열전도율이 우수하다. 공기는 데워지면 부피가 팽창하며 상승한다. 이때 열원(熱源)이 바닥일 경우 바닥에서 천장까지 더운 공기가 올라가면서 공기 회전율과 열전도율이 최내가 된다.

▶ 공기 회전율과 전도율이 우수한 한옥의 온돌

바 온돌은 기본적으로 좌식 생활에 적합하다. 방바닥에 털버덕 앉아 여유를 즐기는 문화와도 잘 어울린다. 물론 좌식 생활은 분명 사람을 게으르게 만드는 구석이 있다. 따끈한 아랫목에 엉덩이를 대고

온돌 좌식 생활의 단점

한번 앉으면 웬만해서는 일어나기 귀찮은 것이 사실이다. 그러나 집과 얼굴을 맞대고 있는 자연과 가까

온돌 좌식 생활의 장점

워질 수 있다는 장점도 있다. 온돌방에 앉아 바라보는 풍경은 손을 뻗으면 잡을 수 있는 체감의 대상으로 다가온다. 이것이 한옥에서 창을 방바닥에 바짝 붙여 내는 이유 중의 하나이다. 또한 나지막한 높이

방바닥에 앉아 창밖의 풍경을 내다볼 수 있도록 하기 위해

의 창문은 허리와 무릎을 많이 쓰게 해 운동에도 효과적이다.

▶ 인간과 자연을 가까워지게 하는 한옥의 온돌 좌식 생활

사 흔히 한옥을 복잡하고 귀찮은 집이라고 말한다. 집 구조와 집 안의 동선이 복잡하다는 얘기다.

한옥에 대한 일반적인 평가

ⓒ 실제로 한옥에서 이 방, 저 방으로 옮겨 다니다보면 발걸음 수가 늘어나 꺾임도 많다. 그러나 꺾임이 많다는 점은 장점이지 결코 단점이 아니다.

사람의 몸을 많이 움직이게 하여 운동의 효과를 주기 때문에

㉠ 한옥의 동선은 매우 과학적이다. 『이쪽에서 저쪽으로 옮겨 가는 동선이 여러 개라는 사실은 이동 과정에서 느끼는 경험의 종류가 다양하다는 것을 의미한다. 시간에 따라, 기분에 따라, 계절에 따라 길을 골라 가는 재미가 있다. 이 가운데에는 발걸음 수를 많게 하는, 즉 돌아가는 길도 있지만 분명 단걸음에 갈 수 있는 지름길도 있다.』 한옥에서 발걸음 수가 많다고 느끼는 까닭은 지름길을 모르기 때문이다.

『 』: 한옥의 여러 동선이 지닌 과학성

▶ 다양한 경험과 재미를 느끼게 해 주는 한옥의 여러 동선

아 이상에서 살펴본 것처럼 한옥에는 처마와 대청, 창과 문, 댓돌, 온돌, 동선 등 여러 면에서 우리

내용의 요약·정리

조상들의 하늘같은 지혜가 녹아 있다. 『우리는 편리함만을 추구하는 것에서 벗어나야 한다. ⓓ 한옥 속에 담겨 있는 조상의 지혜를 발굴하고 계승하여 현재의 집에 창조적으로 활용해야 할 것이다.』

『 』: 독자에 대한 글쓴이의 당부

▶ 한옥에 담긴 조상의 지혜 계승과 창조적 활용의 당부

✔ 바로바로 CHECK

01 이 글의 주된 내용으로 가장 알맞은 것은?

① 한옥의 역사를 객관적으로 설명하고 있다.

② 한옥의 아름다움을 주관적으로 묘사하고 있다.

③ 한옥의 과학적 지혜를 분석적으로 설명하고 있다.

④ 구체적인 근거를 들어 한옥 보존에 대해 주장하고 있다.

해설 이 글은 한옥을 각 부분으로 나누어 한옥의 '과학다움'을 설명하고 있다.

02 (가)~(라)의 내용과 일치하지 **않는** 것은?

① (가) – 조상의 숨결과 과학적 지혜가 배어 있는 한옥

② (나) – 한옥의 햇빛 조절 방법

③ (다) – 바람을 막기 위한 바람길과 한옥의 구조

④ (라) – 건강을 생각한 한옥의 구조

해설 (다)의 바람길은 시원한 바람이 불게 하려는 조상들의 지혜이다.

03 (라)의 주된 내용 전개 방법은?

① 분류   ② 예시   ③ 비교   ④ 대조

해설 (라)는 한옥과 현대 건축물의 차이점을 설명하고 있다.

04 (사)의 ㉠의 이유로 알맞은 것은?

① 한옥의 지름길이 숨겨져 있다.

② 한옥은 집 안의 동선이 매우 짧다.

③ 한옥의 동선은 물리학적 원리에 의해 만들어진 것이다.

④ 한옥의 여러 동선은 다양한 경험과 재미를 느끼게 한다.

해설 (사)에 따르면 한옥의 여러 동선은 이동 과정에서 느끼는 경험의 종류가 다양하고 시간, 기분, 계절에 따라 길을 골라 가는 재미가 있다.

05 ⓐ~ⓓ를 '사실'과 '의견'으로 나눌 때, '의견'에 해당하는 것은?

① ⓐ   ② ⓑ   ③ ⓒ   ④ ⓓ

해설 ⓓ는 글쓴이의 당부로 의견에 해당한다.

정답 01. ③ 02. ③ 03. ④ 04. ④ 05. ④

---

04 문학의 이해 (본문 일부 내용 중략)   – 권영민

☑ 핵심정리

• **갈래** : 설명문

• **성격** : 객관적, 설명적, 체계적, 분석적

• **제재** : 문학 비평

• **주제** : 문학 비평의 다양한 방법과 여러 가지 문학 비평의 관점 및 의의

• **특징**

① 문학 비평의 방법과 여러 가지 문학 비평의 관점을 체계적으로 설명하고 있음

② 정의와 예시 등의 방법을 이용하여 문학 비평에 대하여 알기 쉽게 서술하고 있음

처음 문학 비평의 수준

중간 ① 문학 비평의 실천적 작업 과정

② 문학 비평의 네 가지 관점과 그에 따른 평가 기준

끝 문학 비평의 의의와 목적, 문학 비평의 올바른 자세

㉮ 문학 작품의 내용을 보고, "과연 실제 그대로구나."라고 말하는 것은 『작품의 내용과 작품의 대상
『 』: 문학 비평의 관점 ① – '현실 세계'를 중점적으로 보는 관점
이 되는 현실 세계와의 관계를 중시하는 관점』이다.
이런 관점에서 본다면, 문학 작품이 그 대상을 어떻게 그려 내고 있느냐가 항상 문제가 된다. 그러
'현실'을 중점적으로 보는 관점의 평가 기준
므로 작품 속에 등장하는 인물이 실제의 인물과 흡사하다든지, 인물의 성격이 전형적이라든지 하는 지적
이 나오게 된다. 작품이 실제 현실을 사실적으로 그려 냈다든지, 상징적으로 나타내고 있다든지 하는 평
가도 나오기 마련이다.   ▶ 문학 비평의 관점 ① : 작품과 현실 세계의 관계를 중시하는 관점

㉯ 문학 작품은 그 짜임새를 통해 미적 가치를 드러낸다. '작품이 잘 짜여 있으며, 그 구성이 짜임새
문학 비평의 관점 ② – '작품'을 중점적으로 보는 관점
가 있다.'든지 '리듬의 변화와 통일성이 뛰어나다.'든지 하는 평가는 작품의 구조와 그 통일성을 기준으로
삼은 것이다. 이 경우에는 문학 작품이 작품 외적인 요소라고 할 수 있는 작가나 독자와는 아무런 관계없
이 독자적으로 그 존재를 드러내고 있음을 전제한다. 그리고 『문학 작품을 이루는 다양한 내적인 요소
『 』: '작품'을 중점적으로 보는 관점의 평가 기준
들의 상호 관계와 균형과 통일』을 통해 그 미적 가치를 확인해 볼 수 있는 것이다.
                                ▶ 문학 비평의 관점 ② : 작품의 짜임새를 통해 미적 가치를 평가하는 방법

㉰ 문학 작품을 읽고 나서 "정말 많은 것을 여기서 배웠어."라고 말하는 것은 문학 작품을 그것을 읽는
독자와의 관계 속에서 평가한 것이다. 이런 관점은 작품이 독자에게 어떤 영향을 주느냐를 판단의
'독자'를 중점적으로 보는 관점의 평가 기준
기준으로 내세운다. 독자들에게 재미를 안겨 주기 위해서 작가는 작품 속에 새롭고 신기한 것을 그려 놓
기도 하고, 끝을 예기치 않은 방향으로 돌리기도 한다. 그리고 인생의 의미와 가치를 깊이 있게 추구하여
커다란 감동을 주기도 한다. 작가 자신의 폭넓은 인생관과 세계관을 바탕으로 여러 가지 삶의 방식을 그
려 보이면서, 삶에 새로운 의미를 부여하기도 한다. 말하자면 독자가 받는 영향과 그 반응에 초점을 둔
                                                        문학 비평의 관점 ③ – '독자'를 중점적으로 보는 관점
관점이라고 할 수 있다.
                                ▶ 문학 비평의 관점 ③ : 독자가 받는 영향과 그 반응에 초점을 둔 관점

㉱ 그런데 모든 문학 작품은 작가의 창조적인 작업에 의해 이루어지는 것이므로, 작가가 지닌 독창적
인 세계가 중시되기도 한다. 흔히 문학은 주관적인 정서의 표현이라고 하는데, 이것은 문학이 창조적인
개성에 의해 성립됨을 뜻하는 말이다. 문학 작품이 작가의 정서와 사상을 표현한 것이라는 견해는 작가
의 개성 표현의 중요성을 강조하는 관점에서 나온 말이다. 이 관점은 『작가와 시인의 내면세계가 어떤
문학 비평의 관점 ④ – '작가'를 중점적으로 보는 관점
국면에서 어떤 형태로 표출되어 문학 작품을 가능하게 한 것인지』에 초점을 두고 작품을 평가한다.
                『 』: '작가'를 중점적으로 보는 관점의 평가 기준
                                ▶ 문학 비평의 관점 ④ : 작가의 개성 표현을 중시하는 관점

한눈에 감 잡기

문학 비평의 네 가지 관점

현실 세계와의 관계를 중시하는 관점 : 현실 세계를 중점적으로 보는 관점	• 문학 작품이 그 대상을 어떻게 그려 내고 있는가를 중시함 • 평가 기준 : 작품이 현실을 어떻게 그려 내고 있는가? 예 과연 실제 그대로구나.
작품의 짜임새를 통해 미적 가치를 평가하는 관점 : 작품을 중점적으로 보는 관점	• 작품 자체의 짜임새에서 미적 가치를 찾음 • 평가 기준 : 작품을 이루는 다양한 내적 요소들의 상호 관계와 균형과 통일은 어떠한가? 예 작품이 잘 짜여져 있으며, 그 구성이 짜임새가 있다.
독자가 받는 영향과 그 반응에 초점을 둔 관점 : 독자를 중점적으로 보는 관점	• 작품이 독자에게 주는 영향을 강조함 • 평가 기준 : 작품이 독자에게 어떤 영향을 주는가? 예 정말 많은 것을 여기서 배웠어.
작가의 개성 표현을 중시하는 관점 : 작가를 중점적으로 보는 관점	• 작품을 통해 작가가 무엇을 표현하고 있는가에 주목함 • 평가 기준 : 작가의 내면세계가 어떤 국면에서 어떤 형태로 표출되어 작품을 가능하게 한 것인가? 예 이 작품은 작가의 내면세계를 잘 드러내고 있다.

✔ 바로바로 CHECK

01 다음 중 문학 작품 비평의 관점이 <u>아닌</u> 것은?

① 작품에서 대상을 어떻게 그려 내고 있는가?

② 작품이 독자들에게 주는 영향은 무엇인가?

③ 작품을 통해 작가가 무엇을 표현하고 있는가?

④ 작품을 발표한 출판사의 성향은 어떠한가?

해설 작품이 발표된 출판사의 성향은 문학에 관여하는 요소가 아니다.

02 작품과 현실의 관계를 중심으로 평가한 관점이 <u>아닌</u> 것은?

① 작품이 현실을 상징적으로 나타내고 있군.

② 작품이 실제 현실을 사실적으로 드러내고 있군.

③ 작품 속에 등장하는 인물이 실제의 인물과 흡사해 보이는군.

④ 작가가 현실에서 깨달은 점을 작품으로 표현하고 있군.

해설 ④는 작품을 통해 작가가 무엇을 표현하고 있는가에 주목한 것이다.

정답 01. ④ 02. ④

02 주장하는 글 읽기의 실제

01 동물 사회의 집단 따돌림 (본문 일부 내용 중략)

— 최재천

☑ 핵심정리

- **갈래** : 논설문
- **성격** : 논리적, 비판적
- **제재** : 동물과 인간의 집단 따돌림
- **주제** : 동물과 인간 사회의 집단 따돌림 현상을 대조하며 인간의 반성 촉구
- **특징**
  ① 자신의 경험과 생물학자로서의 관점을 바탕으로 동물 사회와 인간 사회에서 벌어지는 집단 따돌림에 대해 설명
  ② 동물들의 집단 따돌림과 인간의 집단 따돌림을 대조하여 동물들의 모습은 필연적인 행동이지만 인간들의 모습은 무의미한 행위임을 스스로 반성하게 함

서론	아이들 사이에 벌어지는 집단 따돌림이 심각한 사회 문제가 됨
본론	동물들의 집단 따돌림과 인간의 집단 따돌림을 대조함
결론	도덕성을 바탕으로 행복한 세상을 꾸려 나가야 함

한눈에 감 잡기

1. 동물과 인간의 '따돌림' 대조
- 동물 사회의 집단 따돌림 : 개미, 돌고래 ⇒ 생존 및 종족 보존을 위한 '이유 있는 미움'
- 인간 사회의 집단 따돌림 : 자기중심적인 판단 기준에 의한 '이유 없는 미움'

2. 글쓴이의 주장

동물 사회부터의 따돌림은 생존을 위한 본능에 따른 것으로, 인간 역시 적으로부터 '우리'를 보호하려는 원시의 모습이 남아 있다.

인간은 생각하고 반성하는 능력을 갖춘 유일한 동물이다.

이 능력을 통해 우리 안의 비도덕성을 깨닫고 동물 사회의 따돌림과 인간 사회의 따돌림을 비교·분석해 보아야 한다.

글쓴이의 주장	인간 사회에서 일어나는 이유 없는 따돌림에 대해 반성해야 한다.

㉮ 요즘 학교에서는 우리 아이들 사이에 벌어지는 집단 따돌림이 심각한 사회 문제가 되고 있다.
문제 제기
『따돌림에 시달리다가 못해 아예 다른 학교로 전학을 가는 아이들이 있는가 하면, 따돌림으로 인한 정신
적 충격으로 오랜 기간 고통 받는 아이들도 있다고 한다.』『 』: 문제의 심각성

▶ 아이들 사이에 벌어지는 집단 따돌림이 심각한 사회 문제가 됨

㉯ 천하가 통일될 만하면 일개미들이 오랫동안 알을 낳아 줄 수 있는 가장 강력한 여왕 한 마리만 남
겨 놓고 나머지 여왕들을 차례로 제거하기 시작한다. 믿기 어렵겠지만 이 과정에서 자기 어미를 집단으로
따돌려 물어 죽이는 비정한 일개미도 있다. 일개미들은 오로지 국가의 앞날을 위해 가장 번식력이 강한
개미들이 집단 따돌림을 하는 이유
여왕을 선택할 뿐이고, 그 과정에서 나머지 여왕개미들이 따돌림을 당하게 되는 것이다.

▶ 동물들의 집단 따돌림의 예 ① – 개미

㉰ 그런데 최근 동물 행동 학자들의 관찰에 의하면, 돌고래 수컷들 중에는 자신의 무리가 별 볼일 없
어 보이면 더 나은 수컷들을 찾아 자주 무리를 옮겨 다니는 약삭빠른 녀석들이 있다고 한다. 하지만 무리
속에서 일단 '지조 없는 친구'로 낙인이 찍히면 자기 차례가 와도 다른 수컷들이 방해를 하여 암컷과 짝
돌고래 수컷들이 집단 따돌림을 하는 이유
짓기를 하지 못한다. 결국 집단 따돌림의 대상이 되는 것이다.

▶ 동물들의 집단 따돌림의 예 ② – 돌고래

㉱ 학교 폭력이나 집단 따돌림도 크게 보아서 동물 사회에서 흔히 발생하는 집단 따돌림과 다를 바
없다. 물론 개미와 돌고래 사회의 따돌림은 다분히 '이유 있는 미움'인 데 비해, 학교 폭력이나 집단 따
돌림은 '이유 없는 미움'에서 비롯된 것으로 보인다. 그래서 어른들은 아이들의 이유 없는 따돌림에 대
동물 사회와 인간 사회에서 벌어지는 집단 따돌림의 차이
하여 옳지 못하다고 꾸짖는다. 하지만 그 판단의 기준도 자기중심적일 가능성이 높다.
어른들이 아이들의 집단 따돌림을 꾸짖는 기준

〈중략〉

우리 아이들 역시 철저하게 자신만의 기준에 따라 남을 따돌리고 있다. 누가, 언제, 무슨 이유로 따돌
어른들이 자신만의 기준에 따라 아이들을 꾸짖듯
림을 당할지 아무도 모른다. 그저 힘있는 자들이 힘없는 누군가를 짓밟을 뿐이다. 아이들은 내가 희생물
로 선택되지 않았다는 안도감과 누군가가 확실하게 따돌림을 당해야 내가 당하지 않으리라는 비겁함 때
문에 약자를 따돌리는 집단의 행동에 쉽게 합류한다.

▶ 인간 사회의 집단 따돌림은 자기중심적 사고에서 비롯됨

마 원시의 본성이 우리에게 남아 있지만, 우리는 생각하고 반성하는 능력을 갖춘 유일한 동물이기도 한 것이다. 우리는 이 능력을 통해 우리 안에 담겨진 비도덕성을 깨닫고 동물 사회의 따돌림과 인간 사회의 따돌림을 비교·분석해 보아야 한다. <u>이렇게 해서 우리는 서로가 서로를 미워하지 않고 모두가 사랑으로 행복한 세상을 만들어 나가야 할 것이다.</u>
글쓴이의 주장

▶ 도덕성을 바탕으로 행복한 세상을 꾸려 나가야 함

✔ 바로바로 CHECK

01 글 전체에서 (가)의 역할은?

① 문제 제기   ② 주장 제시
③ 근거 제시   ④ 내용의 요약, 정리

해설 (가)는 서론 부분으로, 문제를 제기하여 앞으로 전개할 내용을 제시한다.

02 인간의 집단 따돌림에 대한 글쓴이의 태도로 알맞은 것은?

① 우호적   ② 비판적
③ 희망적   ④ 절망적

해설 자신만의 기준에 따라 남을 따돌리는 행동을 비판적으로 보고 있다.

03 인간들의 집단 따돌림에 대한 글쓴이의 생각으로 알맞은 것은?

① 인간 진화의 결과물이다.
② 인간 문화 형성의 결과물이다.
③ 이유 없는 미움에서 오는 행동이다.
④ 생존 본능에 따른 어쩔 수 없는 행동이다.

해설 동물에 비해 인간의 따돌림은 '이유 없는 미움'에서 비롯된 것으로 보고 있다.

정답 01. ①   02. ②   03. ③

02 아프리카 고릴라는 핸드폰을 미워해 (본문 일부 내용 중략) – 박경화

☑ 핵심정리

- 갈래 : 논설문
- 성격 : 설득적, 논리적, 예시적
- 제재 : 아프리카 고릴라와 핸드폰
- 주제 : 환경보호와 지구촌 평화를 위해 핸드폰을 오랫동안 소중히 사용하자
- 특징
  ① 구체적 예를 들어 문제의 심각성을 알림
  ② 구체적인 수치를 자료로 제시하여 내용의 신뢰성을 높임

서론	핸드폰, 노트북, 제트 엔진 등의 첨단 제품의 원료로 쓰이면서 콜탄 가격이 급등함
본론	콜탄 가격이 급등하면서 일어나게 된 여러 가지 문제점
결론	핸드폰을 소중하게 사용하는 것의 의미

한눈에 감 잡기

1. 글의 제목이 지니는 의미

첨단 제품의 원료로 사용되는 콜탄을 얻는 과정에서 인권 문제가 야기되고 생태 환경이 파괴되며, 고릴라들이 멸종 위기에 처하게 되었기 때문에 글쓴이는 아프리카 고릴라가 핸드폰을 미워한다고 표현하고 있다.

2. 글쓴이의 주장

콜탄의 주요 생산국에서 콜탄 광산 인부들의 인권 문제, 환경 파괴 문제, 야생 동물의 생존이 위협받는 환경 문제가 생겨남 ⇒ 문제 상황

⬇

콜탄이 첨단 제품의 원료로 사용되면서 수요가 늘고 가격이 폭등함 ⇒ 문제 상황의 원인

| 글쓴이의 주장 | 환경을 보호하고 지구촌 평화를 지키기 위해 핸드폰을 오랫동안 소중하게 사용하자. |

가 콜탄을 정련하면 나오는 금속 분말 '탄탈룸(Tantalum)'은 고온에 잘 견디는 성질이 있다. 이 성질
<u>광석에 들어 있는 금속을 뽑아내어 정제하는 일</u>
때문에 탄탈룸이 <u>핸드폰과 노트북, 제트 엔진 등의 원료로 널리 쓰이게 되면서</u> 콜탄은 귀하신 몸이 되
콜탄이 귀한 대접을 받는 이유 – 첨단 제품의 원료로 쓰임
었다. 전 세계 첨단 제품 시장에서 탄탈룸의 수요가 갑자기 늘어나자, 불과 몇 달 만에 1kg당 2만 5000
원이던 콜탄 가격이 50만 원으로 폭등(暴騰)하는 일이 벌어지기도 했다.

▶ 콜탄 가격이 폭등한 이유

나 그런데 이로 인해 여러 가지 부작용이 생겨나고 있다. 우선 ㉠<u>콜탄 광산에서 일하는 인부들이</u>
콜탄 주요 생산국의 문제 ①
<u>혹사(酷使)당하고 있다.</u> 이들에게 주어지는 장비는 삽 한 자루뿐이다. 그밖에 사고를 예방할 아무런 장
비도 갖추어져 있지 않다. 2001년에 갱도 붕괴 사고로 <u>인부 100여 명이 사망했다.</u> 그런데도 콜탄값이
인권 문제의 심각성
수십 배나 뛰는 것을 목격한 농부들은 농사짓던 땅을 버리고 돈벌이를 하기 위해 광산으로 모여들고 있
다. 그러나 아무리 **뼈 빠지게** 일해도 그들에게 돌아가는 몫은 **쥐꼬리만** 한 일당뿐이다. 힘 있는 중개상
힘들게(과장)   매우 적은(과장)
들이 막대한 이윤을 고스란히 가로채고 있기 때문이다.

▶ 콜탄 광산에서 혹사당하는 인부들

다 값비싸게 팔리는 콜탄은 콩고민주공화국 동부의 세계 문화유산인 '카후지-비에가(Kahuzi-Biega)
국립 공원'도 파괴하고 있다. 광부들은 에코나무의 껍질을 벗기고 줄기에 홈통을 만든 뒤, 이것을 이용하
여 진흙에서 콜탄을 골라내고 있다. 두 개의 휴화산으로 둘러싸여 장관을 이루었던 <u>공원의 숲은 이 작업</u>
<u>으로 인해 황폐해졌다.</u>   콜탄 주요 생산국의 문제 ②

▶ 콜탄으로 인해 황폐해진 '카후지-미에가 국립 공원'

라 해발 2000~2500미터에 살고 있던 <u>고릴라의 수도 점점 줄어들었다.</u>
콜탄 주요 생산국의 문제 ③
1996년에 28마리 정도가 살고 있었는데, 2001년에는 절반밖에 남지 않았다. 그나마 얼마 남지 않은
고릴라들은 사람을 피해 이리저리 도망 다니는 처량한 신세가 되었다. 『돈을 버는 데만 기를 쓰고 달려드
는 탐욕스러운 사람들은 콜탄 광산의 광부들이 어떤 대접을 받고 있고, 국립 공원이 얼마나 파괴되었으
며, 고릴라들이 어떻게 죽어가고 있는지에 대해서는 아무런 관심도 기울이지 않고 있다.』
『 』: 글쓴이의 비판적 태도가 드러남

▶ 멸종 위기에 처한 고릴라

📭 카메라 기능과 MP3 기능이 욕심나서 우리가 최신형 핸드폰을 기웃거리는 동안, 『아프리카에서는
　　　　　　　첨단 제품의 편리함

고릴라가 보금자리를 잃고 멸종』되고 있다. 그리고 순박한 원주민들은 혹사당하며 살고 있다.
　　　　　　　　　　「 」: 환경 문제　　　　　　　　　　　　　　인권 문제

　　우리가 핸드폰을 오랫동안 소중하게 쓰는 일은, 단지 통신비를 아끼고 물자를 절약하는 차원에서
　　　　　　　글쓴이의 주장(주제)　　　　　　　　　　핸드폰을 소중하게 쓰는 일의 의미 ①

그치는 것이 아니다. 지구 반대편의 소중한 생명들을 보호하는 거룩한 일이다. 나아가 지구촌에 진정
　　　　　　　　핸드폰을 소중하게 쓰는 일의 의미 ②

한 평화가 찾아오게 만드는 위대한 일이기도 하다.
　　　　핸드폰을 소중하게 쓰는 일의 의미 ③

　　　　　　　　　　　　　　　　　　　　　　　　　▶ 핸드폰을 소중하게 쓰는 일의 의미

✔ 바로바로 CHECK

01 (가)에 대한 설명으로 알맞은 것은?

① 문제가 발생한 이유를 제시한다.
② 문제에 대한 해결 방안을 제시한다.
③ 심각해지고 있는 문제 상황만 제시한다.
④ 심각한 문제 상황에 대해 비판한다.

해설 (가)는 서론 부분으로 문제가 발생한 원인에 대해 제시하고 있다

02 (나)의 ㉠을 보여 주는 사례로 알맞지 않은 것은?

① 갱도 붕괴 사고로 많은 인부들이 죽었다.
② 인부들에게 삽 한 자루의 장비만이 주어진다.
③ 인부들이 사고를 예방할 장비를 갖추지 못했다.
④ 광산 인부들이 일자리를 구하지 못해 고생하고 있다.

해설 (나)를 참고할 때 ④는 관련이 없다.

03 (나)~(라)에 담긴 글쓴이의 태도로 가장 알맞은 것은?

① 긍정적　　　　② 비판적
③ 낙관적　　　　④ 방관적

해설 콜탄 가격의 폭등으로 인해 야기된 문제들에 대해 비판적 태도를 보이고 있다.

정답 **01.** ①　**02.** ④　**03.** ②

03 신문과 진실 (본문 일부 내용 중략) — 송건호

📝 핵심정리

• **갈래** : 논설문

• **성격** : 설득적, 논리적

• **제재** : 신문의 진실 보도

• **주제** : 진실한 보도와 논평을 위한 언론인의 자질

• **특징**

① 논증, 예시(예증), 인과 등의 논지 전개 방법을 사용하여 설득력을 높이고 있음

② '객관적인 보도'를 중시하는 일반적인 견해와는 달리 '주관적 보도'의 필요성을 강조함

서론	진실 보도의 어려움
본론	진실 보도와 공정한 논평을 위해 갖추어야 할 태도, 진실 보도를 위한 주관적 보도의 필요성
결론	진실 보도를 위해 언론인이 갖추어야 할 자세

가 언론에 있어 '진실'이란, 첫째, 사물을 부분만 보지 말고 전체를 보아야 한다는 것을 뜻한다. '진
　　　　　　　　　　　　　　　　진실 보도의 준칙 ①
실'이 알려지는 것을 두려워하는 사람들은 신문이 사건이나 문제의 전모(全貌)를 밝히는 것을 저지하기
　　　　　　　　　　　　　　　　　　　　　　　　　전체 내용　　　　　　　막아서 못하게 함
위해 자기들에게 유리한 부분만을 과장하여 선전하기도 하고, 불리한 면은 은폐하여 알리지 않으려고
　　　　　　　　　　　　　　　　　　　　　　　　　　　　　　　덮어 두고 감춤
한다. 이와 같이, 부정확한 보도는 일방적이며 편파적이다.
　　　　　　　　　　　　　　　한쪽으로 치우쳐 공정하지 못한 것

　　　　　　　　　　　　　▶ 진실 보도를 위해서는 사물을 부분만 보지 말고 전체를 보아야 함

나 둘째, 언론에 있어 '진실한 보도와 논평'을 하기 위해서는 사물을 역사적으로 관찰할 줄 아는 안
　　　　　　　　　　　　　　　　　　　　　　　　　진실 보도의 준칙 ②
목이 있어야 한다. 어떠한 사물을 옳게 보도하거나 논평할 수 있으려면, 그 사물의 의미 또는 가치를 올
바르게 평가할 수 있어야 한다. 사물의 가치는 역사의 발전에 따라 달라진다. 오늘에 인정받았던 가치
　　　　　　　　　　　　　　　　가치의 상대성

한눈에 감 잡기

1. 진실 보도와 공정한 논평을 위한 준칙

• 사물을 전체적으로 봄 ⇒ 사고의 자유로운 활동(공정한 논평)

• 역사적으로 관찰하는 안목 ⇒ 다수의 이익, 발전하는 가치 추구

• 중요한 근거와 덜 중요한 조건 식별

2. 진실 보도가 어려운 이유 : 자신들에게 유리하도록 보도하려는 외부 세력이 있기 때문에

3. 진실 보도를 위한 언론인의 자세

진실을 왜곡하려는 권력과 이익 집단의 구속과 억압으로부터 자유로워야 함

가 내일에 부정되기도 하고, 오늘에 부정된 가치가 내일에는 새롭게 평가받기도 한다.

▶ 진실 보도를 위해서는 사물을 역사적으로 관찰할 줄 아는 안목이 있어야 함

다 셋째, 사물을 볼 때에는 어느 면이 더 중요하고 어느 면이 덜 중요한지를 똑똑히 식별할 줄
진실 보도의 준칙 ③
알아야 한다. 존재는 다원적이라고 했다. 교통 사고가 났을 때, 가장 중요한 점은 사고의 원인이 무엇인
가이다. 버스가 전복했을 때에 차체가 얼마나 파손됐느냐는 그리 큰 문제가 아니다. 사건이 발생했을 때
에 가장 중요한 면이 사건의 근거가 되고, 그렇지 않은 면이 사건의 조건이 된다.
　　　　　　　　　　　사고의 원인　　　　　　　　　　　　　　차체의 파손 여부

▶ 진실 보도를 위해서는 사건이 근거와 조건을 식별할 줄 알아야 함

라 윤봉길 의사가 1932년, 중국 상하이에서 일본 시라카와 대장 등을 폭사(暴死)시킨 사건을 예를 들
어 보자. 만약, 정확한 보도라는 것이 주관이 전혀 개입되지 않고 거울처럼 보이는 그대로를 보도하는
　　　　　　　　　　　　　　　　　　　객관적으로
것을 의미한다면, 윤 의사는 일본군의 엄숙한 대식전을 피바다로 물들인 엄청난 사건의 '테러리스트' 일
　　　　　　　　　　　　　　　　　　　　　　　　　　　　　　　　　객관적 보도
수 밖에 없을 것이다. 신문은 마땅히 윤 의사를 규탄하는 보도를 하지 않을 수 없게 될 것이다. 그러나
㉠이러한 보도가 사건을 정확히 알리는 보도가 될 수 없다는 것은 분명하다. 윤 의사의 장거는 우선
　　　　　　　　　　　　　　　　　　　　　　　　　　　　　　　　장하고 큰 계획이나 거사
역사적으로 이해하지 않으면 안 된다. 일본이 한국을 식민지로 삼고 있으며, 식민지 제도라는 것이 인
전체적·역사적으로 근거와 조건을 따져야 함
류 역사상 배격, 규탄되어야할 역사적 유제라는 판단이 앞서야 한다. 또, 윤 의사의 장거 당시 우리 삼천
만 동포가 일제의 착취와 탄압 아래에서 얼마나 신음하고 있었느냐를 윤 의사의 행위와 관련시켜 보아야 한다.

▶ 주관적 보도를 위한 전체적·역사적 이해의 필요성

마 신문은 스스로 자신들의 임무가 '사실 보도'라고 말한다. 그 임무를 다하기 위해 『신문은 자신들의
이해 관계에 따라 진실을 왜곡하려는 권력과 이익 집단, 그 구속과 억압의 논리로부터 자유로워야 한다.』
　　　　　　　　　　　　　　　　　　　　　　　　　　　　　　　　『　』: 진실 보도를 위한 언론인의 자세

▶ 진실 보도를 위해 권력과 이익 집단으로부터 자유로워야 함

✔ 바로바로 CHECK

01 이 글을 통해 글쓴이가 궁극적으로 강조하는 것은?

① 진실의 성격
② 진실 보도의 정의
③ 신문의 종류와 구성
④ 진실 보도를 위해 필요한 언론인의 자세

해설 이 글은 언론인들이 진실 보도를 위한 올바른 자세를 가질 것을 당부하고 있다.

02 (라)의 ㉠의 이유로 가장 적절한 것은?

① 윤봉길 의사는 우리나라 사람이므로
② 모든 보도는 자기중심적으로 이해하는 것이므로
③ 개인의 싸움을 테러라고 보기에는 무리가 있으므로
④ 식민지 제도 등 역사적 이해가 바탕이 되지 않았으므로

정답 01. ④　02. ④

04 나의 소원 (본문 일부 내용 중략)　　　　　　　　　　　　　　　－ 김구

☑ 핵심정리

- **갈래** : 논설문(연설문)
- **성격** : 설득적, 논리적
- **제재** : 우리나라의 자주 독립, 이상 국가 건립
- **주제** : 우리는 완전한 자주독립의 나라를 세우고 인류의 평화에 이바지해야 한다.
- **특징**
① 애국정신을 강하게 드러내고 있음
② 광복 직후의 시대적·사회적 상황이 잘 드러남
③ 대조와 예시의 방법으로 주장을 뒷받침하여 내용을 전개함
④ 반복법, 문답법, 점층법 등을 사용하여 자신의 주장을 강조함

서론	나의 소원은 우리나라의 완전한 자주독립이다.
본론	우리 민족의 천직은 완전한 자주독립과 인류의 평화에 이바지하는 것이다.
결론	문화의 힘을 통해 인류 전체를 잘 살게 하는 나라를 만들어 가자.

한눈에 감 잡기

1. 이 글의 시대적 배경
- 광복 직후, 한반도가 미국과 소련에 의해 남과 북이 삼팔선을 기준으로 나뉨
- 남한 내의 정치 세력이 좌익과 우익으로 분열되어 혼란스러운 시기임
- 한민족이 남과 북으로 갈라져 각각의 단독 정부를 수립하려고 함

2. 글쓴이가 생각하는 우리 민족의 임무와 사업

| 우리 민족의 임무 | • 완전한 자주독립의 나라를 세움
⇒ 우리 민족의 생활 보장 및 정신력 발휘를 통해 빛나는 문화를 세우기 위해
• 평화와 복락을 누릴 수 있는 사상을 실현함
⇒ 인류 평화에 이바지하기 위함 |
| 우리 민족의 사업 | • 사랑과 평화의 문화로 우리 스스로 잘 사는 것
• 인류 전체가 의좋고 즐겁게 살도록 하는 것 |

3. 이 글에 사용된 표현 방법

반복법	네 소원이 무엇이냐	내용의 강조
문답법	소원이 무엇이냐 묻고, 그에 대답하는 부분	독자의 관심을 유도하고 신선함을 줌
점층법	대한독립 → 우리나라의 독립 → 대한의 완전한 자주독립	내용을 강조하고, 감정을 고조시킴
대조	• 독립한 제 나라의 빈천 ⟷ 남의 밑에 사는 부귀 • 계림의 개돼지 ⟷ 왜왕의 신하	글쓴이의 자주적 태도 강조
예시	박제상의 일화	독립에 대한 간절한 소망을 강조

㉮ 네 소원이 무엇이냐 하고 하느님이 내게 물으시면, 나는 서슴지 않고

"내 소원은 ❶대한 독립이오."

하고 대답할 것이다. 그 다음 소원은 무엇이냐 하면, 나는 또

"❷우리나라의 독립이오."

라고 할 것이요, 또 그다음 소원이 무엇이냐 하는 세 번째 물음에도, 나는 더욱 소리를 높여서

『"나의 소원은 우리나라 ❸대한의 완전한 자주독립이오."』『 』: 중심 문장(주제문)

하고 대답할 것이다. ❶ → ❷ → ❸ : 어구의 반복을 통해 의미를 점층적으로 강화하여 소원의 절실함을 드러냄(반복·점층·열거·문답법)

▶ 우리나라의 완전한 자주 독립을 소망함

㉯ 독립이 없는 백성으로 칠십 평생을 설움과 부끄러움과 애태움으로 살아온 나에게는 세상에서 가장 좋은 것이, 완전하게 자주독립한 나라의 백성으로 살아 보다가 죽는 일이다. 『나는 일찍이 우리 독립 정부의 ㉠문지기가 되기를 원하였거니와, 그것은 우리나라가 독립국만 되면 나는 그 나라의 가장 ㉡미천한 자가 되어도 좋다는 뜻이다. 왜 그런고 하면, 독립한 제 나라의 빈천이 남의 밑에 사는 부귀보다 기쁘고 영광스럽고 희망이 많기 때문이다.』『옛날, 일본에 갔던 박제상이 / "내 차라리 ㉢계림의 개돼지가

『 』: 독립에 대한 간절한 마음을 대조적 의미를 지닌 표현을 통해 제시함

될지언정 ㉣왜왕의 신하로 부귀를 누리지 않겠다." / 한 것이 그의 진정이었던 것을 나는 안다.』

『 』: 대조를 통해 박제상의 절개를 강조함 → 글쓴이의 주장을 뒷받침하기 위한 예시

▶ 박제상의 예를 통해 독립의 소망을 강조함

㉰ 우리 민족이 해야 할 최고의 임무는, 첫째로 남의 간섭도 아니 받고 남에게 의뢰도 아니 하는, 완전한 자주독립의 나라를 세우는 일이다. 〈중략〉

둘째로, 이 지구상의 인류가 진정한 평화와 복락을 누릴 수 있는 사상을 키워 그것을 먼저 우리나라에 실현하는 것이다.

▶ 우리 민족의 임무

㉱ 내가 원하는 우리 민족의 사업은 결코 세계를 무력으로 정복하거나 경제력으로 지배하려는 것이 아니다. 오직 『사랑의 문화, 평화의 문화로 우리 스스로 잘 살고 인류 전체가 의좋고 즐겁게 살도록 하자는 것이다.』 어느 민족도 일찍이 그러한 일을 한 적이 없었다고 하여 그것을 공상이라고 하지 말라.

『 』 : 우리 민족의 사업

일찍이 아무도 그런 일을 한 민족이 없었기 때문에 우리가 하자는 것이다. 이 큰일은 『하늘이 우리를

선구적 자세, 개척 정신

위하여 남겨 놓으신 것임을 깨달을 때,』 우리 민족은 비로소 제 길을 찾고 제 일을 알아 본 것이다. 나는

『 』 : 소명 의식

<u>우리나라의 청년 남녀</u>가 모두 과거의 조그맣고 좁다란 생각을 버리고, 우리 민족의 큰 사명에 눈을 떠서
이 글의 예상 독자

제 마음을 닦고 제 힘을 기르는 것으로 낙을 삼기를 바란다. <u>젊은 사람들이 모두 이 정신을 가지고 이</u>
글쓴이의 당부

방향으로 힘을 쏟는다면 앞으로 30년이 지나지 않아 우리 민족은 <u>괄목상대</u>하게 될 것이다.
남의 학식이나 재주가 놀랄 만큼 **부쩍** 늚

▶ 우리 민족의 사명과 청년 남녀에게 보내는 당부

✔ 바로바로 CHECK

01 (가)~(라)를 참고할 때, 글쓴이에 대한 이해로 알맞지 <u>않은</u> 것은?

① 조국의 독립을 소망한다.
② 사랑과 평화를 중요하게 생각한다.
③ 나라 없는 설움을 겪으며 살아왔다.
④ 무력을 통해 나라의 힘을 키우고자 한다.

해설 (라)를 참고 : 인류 전체가 잘 살도록 하자고 말하고 있다.

02 이 글에 사용된 표현 방법이 쓰이지 <u>않은</u> 것은?

① 잔디 잔디 금잔디
② 결별이 이룩하는 축복
③ 인생은 짧고, 예술은 길다.
④ 눈은 살아있다. 떨어진 눈은 살아있다.
　　마당위에 떨어진 눈은 살아있다

해설 (가) 문답법, 반복법, 점층법 사용
(나) 은유법, 대조법 사용
① 반복법, ② 역설법, ③ 대조법, ④ 점층법

03 ㉠~㉣ 중 의미하는 바가 <u>다른</u> 하나는?

① ㉠ 문지기
② ㉡ 미천한 자
③ ㉢ 계림의 개돼지
④ ㉣ 왜왕의 신하

해설 ㉠, ㉡, ㉢은 독립국의 미천한 자
㉣은 외세의 영향을 받는 백성

정답 01. ④　02. ②　03. ④

05 일하는 노인이 해법이다

— 김연명

✔ 핵심정리

- 갈래 : 논설문
- 성격 : 설득적, 논리적
- 제재 : 고령화 사회의 대처 방안
- 주제 : 고령화 사회에 대처하기 위한 노인 정책을 마련하자.
- 특징
  ① 타당성 있는 근거를 제시하여 주장을 뒷받침
  ② 통계 자료와 사례의 활용(글의 근거와 신뢰성을 높임)

서론	문제 제기 및 주장(고령화 사회를 대비하기 위한 정책의 필요성)
본론	주장과 근거 제시(문제 해결을 위한 대처 방안과 근거)
결론	글쓴이의 의견 정리(노인 정책에 대한 사회적 투자를 늘려 고령화 사회를 준비)

한눈에 감 잡기

1. 글쓴이의 문제 제기

늘어나는 노인 인구와 세계 최저 수준의 출산율 ⇒ 노인의 사회 참여 여건 개선 필요

2. 고령화 사회를 준비하기 위한 방안과 근거

방안(주장)			근거	
방안 1	치료 위주의 의료 정책에서 벗어나 건강 관리 프로그램을 개발하자.	⇒	근거 1	국가가 건강 관리 프로그램에 적극적으로 투자해 건강 수명을 5년만 늘려도 젊은 세대가 내는 건강 보험료를 줄일 수 있고, 사회 전체의 노인 부양 부담도 줄일 수 있을 것이다.
방안 2	노인도 생산성을 발휘할 수 있다는 사회적 인식을 바탕으로 노인의 일자리를 마련하는 정책을 추진하자.	⇒	근거 2	기업이 효율성이란 명분으로 50세도 안 된 직원을 내친다면, 이들에 대한 부양 부담은 현역 세대 전체의 몫으로 되돌아오게 된다.
방안 3	정부의 각종 정책에 '노인 영향 평가제'를 도입하자.	⇒	근거 3	노인 영향 평가제를 바탕으로, 노인 혼자서도 생활할 수 있도록 환경을 개선하여 사회의 부양 부담을 줄이는 것도 고령화 사회를 극복하는 방법이 될 수 있다.

3. 주장하는 글의 특징

- 주관성 : 글쓴이의 주장이나 의견이 드러남
- 논리성 : 내용 전개가 논리 정연해야 함
- 타당성 : 주장과 근거는 읽는 이가 납득할 수 있는 합리적이고 타당한 것이어야 함
- 체계성 : 논리 전개가 짜임새 있게 구성되어야 함
- 신뢰성 : 출처가 분명하고 믿을 만한 근거를 제시해야 함
- 명확성 : 주장이나 근거는 분명하고 명료하게 표현해야 함

가 통계청 자료에 따르면 『우리나라 30개 농촌 지역에서 65세 이상 인구가 전체 인구의 20퍼센트를
　　인용(객관성과 신뢰성을 높임)　　　　　　　　　　　　　『 』: 고령화 사회에 접어드는 현실 상황 → 고령화 사회에 대한 고민
넘어섰다고 한다.』 아직은 외국에 비해 노인 인구가 많은 것은 아니지만, 우리나라의 출산율이 세계 최저
수준이라는 점을 감안한다면 고령화로 인해 발생할 수 있는 문제에 대해 심각하게 고민해야 할 때
　　　　　　　　　　　　　　　　　　　문제 제기
이다. 그러므로 『우리는 이 시점에서 노인의 사회 참여 여건을 개선하기 위한 정책을 마련하여 고령화 사
회를 슬기롭게 준비해야 한다.』 이를 위해서는 다음 ㉠세 가지 측면의 정책이 시급하다.
　　『 』: 글쓴이의 주장

▶ 고령화 사회를 대비하기 위한 정책의 필요성

나 첫째, 치료 위주의 의료 정책에서 벗어나 건강관리 프로그램을 개발하는 것이 필요하다. 우리
　　　　　　　고령화 사회를 준비하기 위한 방안 - 주장 ①
나라 노인 의료 정책이 병약한 노인을 어떻게 치료하고 돌봐 줄 것인가에 초점이 맞춰지다 보니, 노인 스
스로 적극적인 건강관리를 하도록 도와주는 프로그램은 취약한 실정이다. 우리나라 사람의 평균 수명은
76.5세지만, 건강하게 살 수 있는 건강 수명은 64세에 불과하다. 『국가가 건강관리 프로그램에 적극
　　구체적인 수치 활용(신뢰성과 설득력을 높임)
적으로 투자해 건강 수명을 5년만 늘려도 젊은 세대가 내는 건강 보험료를 줄일 수 있고, 사회 전체의 노
인 부양 부담도 줄일 수 있을 것이다.』『 』: 주장 ①의 근거

▶ 대처 방안 ① - 노인 건강 관리 프로그램의 개발

다 둘째, 『노인도 생산성을 발휘할 수 있다는 사회적 인식을 바탕으로 노인의 일자리를 마련하는
　　　　　　　　　고령화 사회를 준비하기 위한 방안 - 주장 ②
정책을 추진해야 한다.』 『영국의 유명한 한 가정용품 업체는 종업원 전원이 50세 이상으로 구성된 점포
를 연 적이 있다. 6개월 후 이 점포의 생산성을 측정해 보니 놀라운 결과가 나왔다. 수익률은 18퍼센트가
늘었고, 종업원 이직률은 6분의 1로 감소하였으며, 결근율은 39퍼센트가 낮아졌다.』 파손이나 절도로 인
　　　　　　　　　『 』: 노인에 대한 사회적 인식 전환이 필요함을 보여 주는 사례(예시)
한 상품 손실의 양도 59퍼센트나 줄어들었다. 이 사례는 노인에 대한 사회적 인식의 전환이 필요함을 여
실히 보여 준다. / 『기업이 효율성이란 명분으로 50세도 안 된 직원을 내친다면, 이들에 대한 부양 부담
은 현역 세대 전체의 몫으로 고스란히 되돌아오게 된다.』 개별 기업의 효율성을 높이겠다는 전략이 사회
　『 』: 주장 ②의 근거 - 노인 일자리가 줄어듦으로 인해 발생하는 부정적 결과
전체의 효율성을 갉아먹게 되는 것이다. 따라서 노인도 일할 수 있다는 사회적인 인식을 바탕으로 다양한
일자리를 개발하는 것이 고령화 사회를 준비할 수 있는 지름길이다.

▶ 대처 방안 ② - 노인의 일자리를 마련하는 정책 추진

라 셋째, 노인 문제에 관한 발상의 전환을 위해 규제 영향 평가나 환경 영향 평가처럼 『정부의 각종
정책에 '노인 영향 평가제'를 도입하는 방안도 검토』해 볼 필요가 있다. 예를 들어, 보편적 주거 양식이
　　　　　『 』: 고령화 사회를 준비하기 위한 방안 - 주장 ③　　　　　　　　예시
된 아파트도 노인 친화적으로 건설하는 것이 바람직하다. 어느 정도 몸을 가눌 수 있는 노인은 집에서 혼

자 목욕할 수 있도록 욕조가 설계되어야 한다. 주택뿐 아니라 버스나 지하철 등의 대중교통, 여가 문화 시설 등도 노인 친화적 환경으로 설계될 수 있도록 국가가 나서서 정책을 준비해야 한다. 『노인 혼자서도 생활할 수 있도록 환경을 개선함으로써, 사회의 부양 부담을 줄이는 것』도 고령화 사회를 극복하는 하나 의 방법이 될 것이다.

『 』: 주장 ③의 근거

▶ 대처 방안 ③ – 노인 영향 평가제의 도입

(마) 고령화 사회는 인류가 예전에는 상상조차 할 수 없었던 <u>미증유</u>의 사건이다. 그러나 한편으로는

지금까지 한 번도 있어 본 적이 없음

피할 수 없는 숙명이기도 하다. 『생활 환경을 개선하고 건강관리 프로그램을 마련하여 노인이 일할 수 있 는 여건을 갖추어야 한다. 그리고 노인들이 생산성을 발휘할 수 있는 업무와 직종을 기업과 국가가 보다 적극적으로 개발해 더 오래 일할 수 있는 사회를 만들어야 한다.』 노인은 우리 사회 발전에 기여한 일원

『 』: 고령화 사회를 준비하기 위한 방안(본문 내용)의 요약

이자 생산적 잠재력이 충분한 사회적 동반자이다. 따라서 이러한 인식을 바탕으로 사회적 투자를 꾸준히 늘려 고령화 사회를 준비하자.

▶ 노인 정책에 대한 투자를 늘려 고령화 사회를 준비해야 함

✔ 바로바로 CHECK

01 (가)의 ㉠에 해당하지 않는 것은?
① 노인 건강 관리 프로그램의 개발
② 노인의 일자리 마련 정책 추진
③ 노인 영향 평가제의 도입
④ 노인성 질병 치료를 책임질 의료진 양성

02 글쓴이의 궁극적 주장으로 알맞은 것은?
① 농촌에 노인들의 삶의 터전을 마련하자.
② 업체의 종업원들 나이를 50세 이상으로 하는 법을 만들자.
③ 노인을 사회적 동반자로 인식하고 고령 화 사회에 대처하는 정책을 만들자.
④ 노인들의 건강 관리를 돕는 프로그램을 개발하여 평균 수명을 연장하는 정책을 만들자.

03 (나)~(마) 중 이 글의 제목과 가장 관련이 깊은 것은?
① (나)   ② (다)
③ (라)   ④ (마)

해설 (다)는 노인의 일자리와 생산성을 언급하고 있다.

04 이 글의 내용과 일치하지 않는 것은?
① 30개 농촌 지역에서 전체 인구의 20% 이상이 65세 이상이다.
② 우리나라 사람의 건강 수명은 평균 수명 에 비해 10년 이상 적다.
③ 인류는 오랜 과거부터 고령화 사회의 문 제를 여러 차례 경험했다.
④ 노인 부양의 부담은 일을 하는 현역 세대 전체의 부담으로 이어진다.

해설 고령화 사회는 인류가 지금까지 경험해 본 적이 없는 사건이다.

정답 01. ④ 02. ③ 03. ② 04. ③

06 급식 후에 남는 음식물 어떻게 줄일 것인가

☑ 핵심정리

- 갈래 : 토의문
- 성격 : 논리적, 설득적
- 제재 : 급식 후 남은 음식물
- 주제 : 급식 후에 남는 음식물을 줄이는 방안

- 특징
 사회자의 진행에 따라 토의 진행 과정에 맞추어 순차적으로 진행됨

한눈에 감 잡기

1. 토의의 진행 과정

논제 확정	급식 후에 남는 음식물을 어떻게 줄일 것인가	
문제의 원인	• 학생들의 입맛에 맞지 않는 음식이 나옴 • 음식을 필요 이상으로 많이 가져감	
문제에 대한 인식	반론	남은 음식물은 가축의 사료나 거름이 됨
	공감	• 처리 비용이 듦 • 환경 문제가 발생함
해결안 모색	• 학생들이 좋아하는 음식을 조사하여 식단을 학생들 입맛에 맞게 바꿈 • 영양사 선생님의 식단에서 학생들의 입맛에 맞는 것을 선택함 • 음식을 먹을 만큼만 가져감	

2. 사회자의 역할

- 토의가 필요한 문제 상황과 토의 논제에 대해 제시함
- 토의를 절차에 따라 원활하게 진행함
- 토의자들의 의견을 요약하고 종합함

가 〈1. 문제의 확정〉

김훈필(사회자) : 요즈음 급식을 먹은 후 남는 음식물이 늘고 있습니다. 이런 과정에서 쓰레기 처리 비
_{사회자의 역할 ① - 학교에서 발생한 문제 상황 소개}
용 또한 늘고 있습니다. 우리 학교에서 하루에 나오는 음식물 쓰레기의 양이 200킬로그램 정도가
된다고 하니 생각보다 많은 양입니다. 오늘은 '급식 후에 남는 음식물을 어떻게 줄일 것인가'에
대해 토의해 보겠습니다.
_{사회자의 역할 ② - 토의의 논제를 확정함}

▶ 사회자가 문제 상황을 제시하고 문제를 확정함

나 〈2. 문제의 이해〉

최미진 : 급식을 남기는 이유는 우리 입맛에 맞지 않는 음식이 나오기 때문입니다. 건강에 좋지만 입
_{문제 상황의 원인에 대한 의견(미진)}
맛에 맞지 않는 음식이 나오면 학생들이 잘 먹지 않아서 결국은 음식물 쓰레기만 많아지게 됩
니다.

황규철 : 그런데 지난주에 우리가 좋아하는 반찬이 나왔던 날에도 음식물 쓰레기가 여전히 많이 나왔
_{최미진 학생의 의견에 대한 반론}
습니다. 『반찬이나 밥을 먹을 만큼 가져가지 않고 필요 이상 잔뜩 가져가는 것이 더 큰 문제
입니다.』『 』: 문제 상황의 원인에 대한 의견(규철)

김주연 : 황규철 학생의 생각도 맞지만, 그래도 입맛에 맞지 않는 음식이 나올 때 음식물 쓰레기의
_{최미진 학생의 의견에 동의함}
양이 더욱 많습니다. 이는 반찬을 많이 가져가는 친구들보다는 급식 식단에 대한 문제가 더 크
다는 것을 의미합니다.

홍지선 : 맞습니다. 저의 경우만 봐도 맛없는 반찬이 나오면 먹기 싫어서 반찬을 남기게 됩니다.
_{김주연 학생의 의견에 동의함}

이성룡 : 『남긴 음식물은 쓰레기 처리장으로 보내져 가축의 사료나 거름이 되기도 하니 꼭 나쁜 일만은
아닌 것 같습니다.』『 』: 문제 상황에 대한 반론 제시

김주연 : 『음식물을 남기지 않으면 되는데 이것이 버려지고 다른 곳에 쓰이기 위해 처리 비용이 드는 것
은 문제라고 생각합니다.』『 』: 문제 상황에 대해 공감함
_{음식물 쓰레기 처리의 부정적 측면 ①}

황규철 : 가축의 사료나 거름으로 이용하지 못하고 아예 쓰레기 처리장에 매립하는 경우도 많다고
_{음식물 쓰레기 처리의 부정적 측면 ② - 환경 문제 발생}
하니, 환경을 위해서도 음식물 쓰레기를 줄일 필요가 있습니다.

김훈필(사회자) : 문제의 원인으로 급식 식단이 우리 입맛에 맞지 않는다는 의견과 우리들이 음식을
_{사회자의 역할 ③ - 토의 참여자들의 의견을 정리함}
먹을 양보다 많이 가져간다는 의견이 나왔습니다.
이제부터는 이러한 문제점을 해결할 수 있는 방법에 대해 말씀해 주십시오.
_{사회자의 역할 ④ - 다음 단계로 토의를 진행함}

▶ 문제 상황에 대해 이야기하며 원인을 찾음

다 **〈3. 해결 방안 모색〉**

최미진 : 많은 친구들이 말했듯이 『급식 식단이 우리 입맛에 맞게 바뀌어야 한다고 생각합니다. 이를 위
　　　　해서 학생들이 어떤 음식을 좋아하는지에 대해 미리 조사하는 것이 어떨까요?』 학생들의 입맛에
　　　　맞는 음식을 늘린다면 음식물 쓰레기가 많이 줄어들 것입니다. 　　　『 』: 해결 방안 ①

김주연 : 저는 생각이 좀 다릅니다. 만약 급식 식단을 우리 입맛에 맞는 것으로만 채운다면 고른 영양 섭
　　　　취가 어렵기 때문에 건강에 좋지 못할 것입니다. 따라서 『영양사 선생님께서 알맞은 식단을
　　　　　　　　최미진 학생의 의견에 대한 반론
　　　　먼저 제공해 주시면, 그중에서 학생들이 입맛에 맞는 음식을 선택하면 됩니다.』『 』: 해결 방안 ②

홍지선 : 급식 식단도 중요하지만, 음식을 먹을 만큼만 가져가는 급식 예절을 강조할 필요가 있습니다.
　　　　　　　　　　　　　　　　　　　　　　　　　　　　해결 방안 ③

▶ 문제를 해결하기 위한 여러 가지 방안을 생각해 봄

✔ 바로바로 CHECK

01 토의 참가 학생들에 대한 설명으로 알맞지 않은 것은?

① (나)에서 황규철 학생은 논제에서 벗어난 발언을 하고 있다.
② (나)에서 김주연 학생은 다른 토의자의 의견을 수용해 주고 있다.
③ (나)에서 홍지선 학생은 자신의 경험에 비추어 의견을 제시하고 있다.
④ (다)에서 최미진 학생은 제안을 통해 해결 방안을 제시하고 있다.

해설 황규철 학생은 논제와 토의의 흐름에 맞게 의견을 제시하고 있다.

02 (가)~(다) 토의 진행에서 사회자의 역할로 알맞지 않은 것은?

① 토의자들의 의견을 요약하고 종합함
② 절차에 따라 원활하게 토의를 진행함
③ 토의가 필요한 문제 상황과 토의 논제에 대해 제시함
④ 발언자의 의견에 동의하며 의견을 덧붙임

해설 사회자는 자신의 의견을 반영하지 않고 객관적으로 발언 시간과 기회를 조절하며 토의를 진행해야 한다.

03 (가)~(다)의 토의 내용을 정리할 때, 알맞지 않은 것은?

① 문제의 원인 1 → 급식이 학생들의 입맛에 맞지 않음
② 문제의 원인 2 → 학생들이 음식을 필요 이상으로 가져감
③ 해결 방안 1 → 고른 영양 섭취와 학생들의 입맛을 모두 고려하여 식단을 짬
④ 해결 방안 2 → 음식을 남기면 벌칙을 받는 교칙을 정함

해설 ④의 내용은 학생들의 해결안 모색에서 찾아볼 수 없다.

정답 01. ① 02. ④ 03. ④

※ 다음을 읽고, 물음에 답하시오. (1~5)

가 '이해하며 읽기'란, 글의 내용을 정확하게 이해하는 읽기 방법이다. '이해하며 읽기'는 여러 가지 글 읽기에 적용되는 읽기 방법이지만, 특히 정보를 전달하는 글인 설명문, 보고서, 신문 기사 등을 읽을 때에는 주된 읽기 방법이 된다.

▶ 이해하며 읽기의 뜻

나 중심 내용을 알기 위해서는 글을 요약하는 능력이 필요하다. 요약이란, 글 속에서 핵심 낱말이나 핵심 문장이 어느 것인지 파악하여 글의 내용을 짧게 줄이는 방법이다.

▶ 중심 내용을 찾는 방법

다 '비판하며 읽기'란, 글의 내용과 생각이 옳은지 그른지를 판단하며 읽는 활동이다. 〈중략〉
　비판하며 읽을 때에는 우선, 글의 내용이 사실인지 아닌지를 살펴보아야 한다. 사실인지 아닌지를 판단하려면 내용의 근거가 옳은지를 따져 보는 것이 중요하다. 〈중략〉
　'비판하며 읽기'를 할 때에는 글쓴이가 객관적인 관점으로 쓴 글인지도 살펴보아야 한다. 특히, 설명문이나 기사문 등은 글쓴이의 객관적인 관점이 매우 중요하다.

▶ 비판하며 읽기의 뜻과 비판하며 읽는 방법

라 '추측하며 읽기'는 글에 나타나 있는 부분을 통해 글에 나타나 있지 않은 의미까지 찾아내는 읽기 활동이다. 그러므로 '추측하며 읽기'에 능숙한 독자는 그렇지 못한 독자에 비해, 같은 글을 읽고도 글 속에서 풍부한 의미를 찾아내어 깊이 있는 독서를 할 수 있다.
　'추측하며 읽기'를 잘 하려면 "왜?", "그래서?"와 같이 질문해 보기, "만약에 반대라면?"과 같이 뒤집어 생각해 보기, "결과는?", "앞으로는?"과 같이 예측해 보기활동 등이 필요하다.

▶ 추측하며 읽기의 뜻과 추측하며 읽는 방법

마 '감상하며 읽기'는 작품 속에 빠져 들어 재미와 감동을 느끼는 읽기 방법이다.
　감상하며 읽는 방법으로는 독자가 직접 작품 속에 들어가 감동을 느끼도록 하는 '상상하며 읽기'와 심미적 체험을 돕는 '비유적 의미 읽기'가 있다.
　'상상하며 읽기'는 글 속에 나오는 분위기 장면을 상상하거나, 주인공의 마음이나 기분을 상상하며 읽는 방법을 말한다. 〈중략〉
　말이나 문장 속에 숨겨진 비유적인 표현이나 상징적인 표현을 읽는 방법을 '비유적 읽기'라고 한다.

▶ 감상하며 읽기의 뜻과 감상하며 읽는 방법

01 이와 같은 글을 읽는 방법으로 알맞지 <u>않은</u> 것은?

① 글의 짜임과 전개 방법을 파악한다.

② 정보가 객관적인 내용인지 판단해 본다.

③ 인물이 겪은 체험과 심정을 상상해 본다.

④ 각 문단의 중심 내용을 바탕으로 글의 주제를 파악하며 읽는다.

01

글을 읽는 방법에 대해 설명하고 있는 설명문이다. ③은 수필이나 전기문 등의 글을 읽을 때의 방법이다.

02 (가)~(마)의 내용과 일치하지 <u>않는</u> 것은?

① 이해하며 읽기는 글의 내용을 정확하게 이해하는 방법이다.

② 비판하며 읽기는 글의 내용이 사실인지 아닌지 살펴보는 방법이다.

③ 추측하며 읽기는 글 속에서 풍부한 의미를 찾아내는 읽기 방법이다.

④ 상상하며 읽기는 말이나 문장 속에 숨겨진 비유적인 표현이나 상징적인 표현을 읽는 방법이다.

02

④는 비유적 읽기

03 (가)~(마) 중 〈보기〉와 같은 글을 읽을 때 도움을 주는 읽기 방법으로 알맞은 것은?

> ┌보기┐
>
> 복사꽃 아래에서 / 너에게 전화를 건다.
>
> 순이야! 그래 나야 / 수천 리를 단숨에 달려와 /
> 내 귀에 예쁜 복사꽃잎으로 / 내려앉은 네 목소리 /
> 순이야, 널 좋아해 / 나도.
>
> 금방이라도 단발머리 찰랑이며
> 꽃길 사이로 달려올 것만 같은 / 순이
>
> – 하청호, 「전화」

① (나)　　　　　② (다)

③ (라)　　　　　④ (마)

03

〈보기〉는 시이므로, 문학 작품을 읽을 때 필요한 감상하며 읽기의 방법이 적절하다.

ANSWER

01. ③　02. ④　03. ④

04 글의 종류에 따른 읽기 방법으로 알맞지 <u>않은</u> 것은?

① 시 – 분위기와 상징적 의미를 생각하며 읽는다.

② 소설 – 작품 속의 장면과 인물들을 상상하며 읽는다.

③ 논설문 – 주장을 뒷받침할 근거를 파악하며 읽는다.

④ 설명문 – 다양한 표현 방법과 분위기를 파악하며 읽는다.

05 '비판하며 읽기'의 방법으로 알맞지 <u>않은</u> 것은?

① 과장된 내용이 있는지 없는지 살핀다.

② 글의 내용이 사실인지 아닌지 살핀다.

③ 글에서 핵심 낱말이나 핵심 문장을 찾아본다.

④ 글쓴이가 객관적인 관점으로 쓴 글인지 살펴본다.

※ 다음을 읽고, 물음에 답하시오. (6~9)

가 천 년 세월을 숨 쉬며 살아온 한지는 알고 보면 이 땅에 자라는 질 좋은 닥나무가 있었기에 가능한 것이었다. 한지는 질기고 수명이 오래간다는 것 외에도 보온성과 통풍성이 뛰어나다. 이런 한지의 우수성은 양지와 비교해 보면 금방 알 수 있다. 한지는 빛과 바람, 그리고 습기와 같은 자연 현상에 대한 친화력이 강해 창호지로 많이 쓰인다. 한지를 창호지로 쓰면 문을 닫아도 바람이 잘 통하고 습기를 잘 흡수해서 습도 조절의 역할까지 한다. 흔히 한지를 ㉠'살아 있는 종이'라고 하는 이유도 여기에 있다. ☐☐☐☐ 양지는 바람이 잘 통하지 않고 습기에 대한 친화력도 한지에 비해 약하다. 한지가 살아 숨 쉬는 종이라면, 양지는 뻣뻣하게 굳어 있는 종이라고 할 것이다.

한지는 주로 닥나무 껍질에서 뽑아낸 섬유를 원료로 하여 사람의 손으로 직접 만든다. 양지는 나무껍질에서 목질부(물과 양분의 이동통로로 식물체를 지탱해 주는 부분)를 가공해 만든 펄프를 원료로 하여 기계로 대량 생산한다. 한지의 주원료인 닥나무는 섬유의 길이가 양지의 원료인 침엽수나 활엽수보다 훨씬 길기 때문에 질긴 종이를 만들 수 있다. 한지가 얼마나 강한지는 몇 장을 겹쳐 바른 한지로 만든 갑옷을 보면 알 수 있다. 놀랍게도 몇 겹의 한지에 옻칠을 해서 만든 갑옷은 화살도 뚫지 못한다고 한다.

– 김형자, 「천 년을 가는 한지의 비밀」

나 ㉡텔레비전 드라마나 영화를 보면 가족들이 방바닥에 큰 상을 펴고 둘러 앉아 저녁을 먹는 장면을 볼 수 있다. 방바닥에 앉아 밥을 먹는 문화는 물론 구들과 관계가 있다. 그러면 우리는 언제부터 구들을 사용해 온 걸까? 여기서는 우리 민족의 지혜가 담겨 있는 구들의 개념과 기원, 구조, 구들의 장점에 대해 알아보자.

구들은 '고래를 켜고 구들장을 덮어 흙을 발라서 방바닥을 만들고 불을 때어 난방을 하는 구조물'을 말한다. 한자어로는 '온돌(溫突)'이라고도 한다. 구들에 관한 기록은 중국과 한국의 여러 문헌을 통해 확인할 수 있다. 이들 자료를 종합해 보면 구들은 한반도 북부나 만주 일대에서 늦어도 기원전 3세기경 이전부터 나타나기 시작하였음을 알 수 있다. '구당서'는 구들이 고구려에서 이미 일반적으로 사용되고 있다고 기록하고 있는데, 당시 구들의 형태는 일(一) 자 또는 기역(ㄱ) 자 모양이었다.

– 신영훈, 「한옥의 구들」

06 (가)의 ㉠의 의미로 가장 알맞은 것은?

① 질 좋은 닥나무로 만들었기 때문

② 섬유의 길이가 침엽수나 활엽수보다 훨씬 길기 때문

③ 바람이 잘 통하지 않고 습기에 대한 친화력이 약하기 때문

④ 바람이 잘 통하고 습기를 잘 흡수해서 습도 조절의 역할을 하기 때문

07 (가)에 주로 사용된 설명 방법은?

① 정의　　　　　② 비교

③ 대조　　　　　④ 예시

08 ☐☐☐☐에 들어갈 말로 가장 적절한 것은?

기출

① 반면　　　　　② 비록

③ 그래서　　　　④ 드디어

09 (나)의 ㉡과 같은 구성 단계에서 주로 다루어지는 내용으로 알맞은 것은?

① 대상에 대한 구체적 설명

② 핵심 사항을 강조하고 마무리

③ 설명할 이유나 동기, 대상 소개

④ 세부적인 내용을 구체적으로 제시

06

㉠ '살아 있는 종이' : 바람이 잘 통하고 습기를 잘 흡수해서 습도 조절의 역할을 하기 때문

07

(가)에서는 한지와 양지의 차이점을 설명하는 '대조'의 방법이 주로 사용되었다.

08

☐☐☐를 기준으로 한지의 장점과 양지의 단점이 대조되고 있다. 따라서 ☐☐☐에는 대조의 뜻을 지닌 '반면'이 적절하다.

09

㉡은 설명문의 구성 중 '처음' 부분이다. 처음 부분에서는 설명할 이유나 동기, 대상을 소개한다.
①, ④ 중간
② 끝

ANSWER

06. ④　07. ③　08. ①　09. ③

※ 다음을 읽고, 물음에 답하시오. (10~12)

가 무엇이 진실이냐는 참으로 어려운 문제이다. 단순한 교통사고조차 진실보도가 어렵다면, 진실보도가 무엇보다도 필요한 정치적, 경제적, 사회적으로 큰 사건이나 큰 문제는 두말 할 필요가 없다. 사람들은 아무런 의심 없이, 심지어 신문기자 자신들조차 진실보도를 ⓐ자명한 것처럼 생각하고 말하고 있으나, 문제를 좀 더 파고들어가 생각해 보면, 진실보도가 참으로 어려운 일이라는 것을 ⓑ통감하게 된다.

나 신문이 진실을 보도해야 한다는 것은 새삼스러운 설명이 필요 없는 당연한 이야기이다. 정확한 보도를 위해서는 문제를 전체적으로 보아야 하고, 역사적으로 새로운 가치의 편에서 봐야 하며, 무엇이 근거이고 무엇이 조건인가를 명확히 해야 한다고 했다. 그런데 이러한 ⓒ준칙을 강조하는 것은 기자들의 기사 작성 기술이 미숙하기 때문이 아니라, 이해관계에 따라 특정 보도의 내용이 달라지기 때문이다. 자신들에게 유리하도록 기사가 보도되게 하려는 외부 세력이 있으므로 진실 보도는 일반적으로 수난의 길을 걷게 마련이다. 양심적이고자 하는 언론인이 때로 ⓓ형극의 길과 고독의 길을 걸어야 하는 이유가 여기에 있다.

　신문은 스스로 자신들의 임무가 '사실 보도'라고 말한다. 그 임무를 다하기 위해 ⊙신문은 자신들의 이해관계에 따라 진실을 왜곡하려는 권력과 이익 집단, 그 구속과 억압의 논리로부터 자유로워야 한다.

– 송건호, 「신문과 진실」

10 (가), (나)의 특징으로 알맞지 <u>않은</u> 것은?

① 주장을 뒷받침하는 타당한 근거가 있어야 한다.
② 글 속에 갈등 관계가 뚜렷이 대비되어 나타나야 한다.
③ 글쓴이는 주관적이고 독창적인 의견을 제시해야 한다.
④ 논리 전개가 체계적이고 통일성 있게 이루어져야 한다.

11 ⊙의 의미로 가장 알맞은 것은?

① 이해관계를 위해 수난의 길을 걸을 수 있다.
② 신문은 이해관계에서 벗어나 진실을 보도해야 한다.
③ 현실에 대해 무조건 비판적인 태도를 지녀야만 한다.
④ 정확한 보도를 위해 근거와 조건을 명확히 해야 한다.

10
이 글은 논설문으로 글쓴이의 주장과 근거의 타당성을 파악하며 읽어야 한다. 갈등 관계의 대립을 보이는 것은 소설이나 희곡 등의 문학이다.

11
신문은 이해관계에 따라 진실을 왜곡하려는 권력이나 이익 집단의 억압으로부터 벗어나 진실을 보도해야 한다고 주장하고 있다.

ANSWER
10. ② 11. ②

12 ⓐ~ⓓ 뜻풀이로 옳지 <u>않은</u> 것은?

① ⓐ 자명 – 증명이나 설명이 필요 없이 그 자체만
으로 명백함

② ⓑ 통감 – 절실하게 느낌

③ ⓒ 준칙 – 준거할 기준이 되는 법칙이나 규칙

④ ⓓ 형극 – 말할 수 없는 두려움

ⓓ 형극 : 나무의 온갖 가시, 고난이나 장
애 등을 비유하여 이르는 말

ANSWER

12. ④

※ 다음을 읽고, 물음에 답하시오. (13~15)

네 소원이 무엇이냐 하고 하느님이 내게 물으시면, 나는 서슴지 않고,
"내 소원은 대한 독립이오."
하고 대답할 것이다. 그 다음 소원은 무엇이냐고 하면, 나는 또 / "우리나라의 독립이오."
할 것이요, 또 다음 소원이 무엇이냐 하면 세 번째 물음에도, 나는 더욱 소리를 높여
"나의 소원은 우리나라 대한의 완전한 자주독립이오."
하고 대답할 것이다.
독립이 없는 백성으로 칠십 평생에 설움과 부끄러움과 애탐을 받은 나에게는, 세상에서 가장 좋
은 것이, 완전하게 자주독립한 나라의 백성으로 살아 보다가 죽는 일이다. 나는 일찍이 ㉠우리 독
립 정부의 문지기가 되기를 원하였거니와, 그것은 우리나라가 독립국만 되면 나는 ㉡그 나라의
가장 미천한 자가 되어도 좋다는 뜻이다. 왜 그런고 하면 ㉢독립한 제 나라의 빈천이 ㉣남의 밑
에 사는 부귀보다 기쁘고 영광스럽고 희망이 많기 때문이다.
옛날 일본에 갔던 박제상이,
"내 차라리 ㉮계림의 개, 돼지가 될지언정 왜왕의 신하로 부귀를 누리지 않겠다."
한 것이 그의 진정이었던 것을 나는 안다.
나는 오늘날의 인류의 문화가 불완전함을 안다. 나라마다 안으로는 정치상, 경제상, 사회상으로
불평등, 불합리가 있고, 밖으로 국제적으로는 나라와 나라의, 민족과 민족의 시기, 알력, 침략, 그
리고 그 침략에 대한 보복으로 작고 큰 전쟁이 끊일 사이가 없어서 많은 생명과 재물을 희생하고
도, 좋은 일이 오는 것이 아니라 인심이 불안과 도덕의 타락은 갈수록 더하니, 이래 가지고 나라
인심의 불안과 도덕의 타락은 갈수록 더하니, 이래 가지고는 전쟁이 끊일 날이 없어, 인류는 마침
내 멸망하고 말 것이다. 그러므로 인류 세계에는 새로운 생활 원리의 발견과 실천이 필요하게 되
었다. 이것이야말로 ㉯우리 민족이 담당한 천직이라고 믿는다.
이러하므로 우리 민족의 독립이란 결코 삼천리 삼천만만의 일이 아니라, 진실로 세계 전체의 운
명에 관한 일이요, 그러므로 우리나라의 독립을 위하여 일하는 것이 곧 인류를 위하여 일하는 것
이다.

– 김구, 「나의 소원」

Part Ⅱ 읽기

13 이와 같은 글에 대한 설명으로 알맞은 것은?

① 글쓴이의 정서 전달을 목적으로 한다.

② 객관적이고 정확한 정보 전달을 목적으로 한다.

③ 글쓴이의 주장과 그에 따른 타낭한 근거를 제시힌디.

④ 현실 세계에 있음 직한 일을 작가의 상상력으로 재구성한다.

13
이 글은 글쓴이가 타당한 근거를 들어 자신의 주장이나 의견을 증명해 나가는 논설문이다.

14 ㉠~㉣ 중 ㉮와 문맥상 의미하는 바가 <u>다른</u> 것은?

① ㉠

② ㉡

③ ㉢

④ ㉣

14
㉠, ㉡, ㉢은 미천한 자가 되더라도 독립된 나라의 백성이 되고 싶다는 글쓴이의 염원이 담긴 의미이다.

15 ㉯가 의미하는 바로 가장 알맞은 것은?

① 새로운 생활 원리의 발견과 실천

② 침략에 대한 보복을 통해 민족 우월성 과시

③ 인류의 문화가 불완전함을 전 세계에 알리는 일

④ 전쟁 발생과 인류의 멸망 방지를 위해 힘센 나라와 손을 잡는 것

15
글쓴이는 인류의 불완전함을 해소하기 위해 새로운 생활 원리의 발견과 실천이 중요하다고 주장하고 있다.

ANSWER
13. ③   14. ④   15. ①

※ 다음 글을 읽고, 물음에 답하시오. (1~5)

[A]

글을 읽는 첫째 이유는 인간과 사회, 그리고 자연에 대해 새롭게 이해하고 그에 관한 지식을 얻기 위해서이다. 창문을 여는 이유가 밖을 내다보기 위해서이듯이, 글을 읽는 이유는 무엇인가 새로운 것을 찾기 위해서이다. 그것이 바로 지식이고 정보이다.

둘째로 사람들은 할 일이 없을 때에 심심풀이로 혹은 재미로 책을 읽는다. 글을 읽음으로써 일상의 지루함에서 벗어나 ㉠환상의 세계에 빠져 보기도 하고, 감동을 느끼기도 하면서 기쁨을 얻게 되는 것이다. 이런 글 읽기는 생활의 수단으로서 지식이나 정보를 얻는 읽기와 달리 인간의 본성을 되찾게 하는 읽기라고 할 수 있다. 독자는 이런 글 읽기를 통해서 다양한 마음의 ㉡정서와 감동을 느끼고 생활의 여유를 얻는다.

셋째로 느끼고 깨닫기 위해서, 즉 마음의 휴식을 얻기 위해서 글을 읽는다. 이런 읽기는 현대와 같은 지식 사회, 정보 사회에서 매우 중요한 역할을 하며, 점점 그 필요성이 커지고 있다. 지식과 정보가 절대시되고 과학의 발전과 경제 성장이 ㉢우선시되는 사회에서는 자칫 인간에 대한 관심이 ㉣소홀해지기 쉽다. 그렇기 때문에 다른 사람을 이해하고, 아름다움을 맛보고, 나와 이웃을 되돌아보는 읽기, 곧 느끼고 깨닫기 위한 읽기는 바로 이런 현대 사회에서 꼭 필요한 읽기가 되는 것이다. 이는 글 읽기가 인간에 대한 관심을 높이고 이웃에 대한 이해와 사랑을 싹트게 하는 마음의 밭이 되기 때문이다.

– 노명완, 「읽기란 무엇인가」

01 다음 중 이 글을 바르게 이해하지 <u>못한</u> 사람은?

① 윤서 – 현대 사회의 모습이 드러나 있어.

② 은미 – 현대 사회에서 읽기의 역할을 알 수 있어.

③ 남수 – 오늘날 글 읽기가 더 중요해진 이유를 알 수 있어.

④ 홍희 – 글쓴이의 주장을 뒷받침하는 세 가지 근거를 알 수 있어.

01

이 글은 정보를 제공하는 설명하는 글로, 글을 읽는 목적과 이유를 설명한 글이다. 그러므로 ④는 바르지 않은 내용이다.

ANSWER

01. ④

02 이 글의 중심 내용으로 가장 적절한 것은?

① 글 읽기의 효과
② 글 읽기의 태도
③ 글을 읽는 이유
④ 읽기와 사회와의 관계

03 [A]에 들어갈 말로 가장 적절한 것은?

① 글 읽기의 개념에 대해 구체적으로 알아보도록 하자.
② 글을 읽는 이유와 목적을 구체적으로 알아보도록 하자.
③ 현대 사회에서 글 읽기의 중요성에 대해 알아보도록 하자.
④ 글 읽기를 생활화할 수 있는 구체적인 방법에 대해 알아보자.

04 윗글을 참고할 때, 글을 읽는 이유로 알맞지 않은 것은?

① 지식을 얻기 위해서 읽는다.
② 지식을 뽐내기 위해서 읽는다.
③ 마음의 휴식을 얻기 위해서 읽는다.
④ 할 일이 없을 때 심심풀이로 읽는다.

05 밑줄 친 ㉠~㉣의 뜻이 바르지 않은 것은?

① ㉠ – 실제로 경험하지 않은 현상이나 사물에 대하여 마음속으로 그려 봄
② ㉡ – 사람의 마음에 일어나는 여러 가지 감정
③ ㉢ – 다른 것보다 중요하게 보거나 일차적인 것으로 여김
④ ㉣ – 대수롭지 아니하고 예사로움

※ 다음을 읽고, 물음에 답하시오. (6~8)

가 세계에서 가장 오래된 목판 인쇄물 "무구정광대다라니경" 두루마리. 석가탑 사리함 안 비단보에 싸여 있던 그 두루마리는 한지로 만들어졌다. 1966년에 발견되어 세상을 놀라게 했던 '무구정광대다라니경'의 제작 연대는 704~751년으로 알려져 있다. 자그마치 1,200년 남짓을 좀벌레에 시달리면서도 두루마리 일부만 닳아 떨어졌을 뿐 그 형체를 온전히 유지하고 있었다.

나 '한지(韓紙)'는 한국 고유의 종이를 이르는 말이다. 조히(종이), 조선종이, 창호지, 문종이, 참종이, 닥종이 등으로 불렸던 우리 종이가 한지로 불리기 시작한 것은 20세기 초·중반 서양 종이인 '양지(洋紙)'가 들어와 널리 알려지기 시작하면서부터였다.

다 한지의 우수성은 양지와 비교해 보면 금방 알 수 있다. 한지는 빛과 바람, 그리고 습기와 같은 자연 현상과의 친화력이 강해 창호지로 많이 쓰인다. 한지를 창호지로 쓰면 문을 닫아도 바람이 잘 통하고 습기를 잘 흡수해서 습도 조절의 역할까지 한다. 흔히 한지를 '살아있는 종이'라고 하는 이유도 여기에 있다. 반면 양지는 바람이 잘 통하지 않고 습기에 대한 친화력도 한지에 비해 약하다. 한지가 살아 숨 쉬는 종이라면, 양지는 뻣뻣하게 굳어 있는 종이라고 할 것이다.

라 한지의 질을 향상시킨 또 다른 요인은 식물성 풀에서 찾을 수 있다. 한지를 만들 때 섬유를 균등하게 분산시키기 위해서 독특한 풀을 사용하는데, 바로 '닥풀'이 그것이다. 닥풀의 뿌리에는 점액이 많기 때문에 닥풀을 사용하면 섬유가 빨리 가라앉지 않고 물 속에 고루 퍼지게 된다. 그에 따라 얇은 종이를 만드는 데 용이하고 여러 장이 겹쳐진 젖은 종이를 떨어지기 쉽게 한다.
　한지의 질을 향상시킨 조상들의 비법은 여기에 그치지 않는다. 한지 제조의 마무리 작업인 '도침(搗砧)'이 바로 그것이다. 도침이란 종이 표면을 매끄럽게 하기 위해 풀칠한 종이를 여러 장씩 겹쳐 놓고 방아로 골고루 내리치는 과정을 말한다. 이 도침 기술은 우리 조상들이 세계 최초로 고안한 종이의 표면 가공 기술이다.

－ 김형자, 「천 년을 가는 한지의 비밀」

06 (가)~(라)의 내용을 바르게 이해한 것은?

① 20세기 초부터 '양지'를 '한지'로 부르기 시작했다.
② 양지는 자연과의 친화력이 강해 습도 조절에 매우 용이하다.
③ "무구정광대다라니경"은 오랜 세월을 거치며 형체가 거의 사라졌다.
④ 한지의 질을 향상시킨 조상들의 비법으로 '닥풀' 사용과 '도침'이 있다.

06

(라) 글을 통해 ④의 내용을 확인할 수 있다.

07 윗글과 〈보기〉를 비교한 내용으로 가장 알맞은 것은?

07
(가)~(라)는 한지의 우수성을 설명하는 글이고, 〈보기〉는 전통 한지 문화의 계승과 발전을 주장하는 글이다.

> **보기**
>
> 문화는 만드는 사람의 것이라기보다는 그것을 사용하고 즐기는 사람의 것이라고 말할 수 있다. 한지도 마찬가지이다. 앞에서 말한 현실의 문제를 이겨내고 전통 문화를 이어받아 현대 사회에 맞도록 산업화시키면 우리의 한지 문화는 더 발전할 수 있다. 우리가 한지를 사랑하고 관심을 갖고 즐겨 사용해야만 우수한 한지 문화가 우리 후손에게까지 전해져 새로운 한지 문화를 만들어 나갈 수 있을 것이다.

① 윗글과 〈보기〉 모두 한지의 세계화를 주장하고 있다.

② 윗글은 한지에 대한 긍정적 태도가 드러나고, 〈보기〉는 부정적 태도가 드러난다.

③ 윗글은 한지의 우수성을 설명하는 글이고, 〈보기〉는 전통 한지 문화의 계승과 발전을 주장하는 글이다.

④ 윗글은 한지의 우수성을 세계에 알리자는 논설문, 〈보기〉는 전통 한지 문화의 특성을 제시한 설명문이다.

08 다음 중 (가), (나)의 역할에 대해 바르게 짝지어진 것은?

08
(가), (나)는 이 글의 '처음' 부분으로 ⓐ, ⓑ의 역할을 한다.
ⓒ는 설명문의 중간 부분인 (다), (라)의 역할에 해당한다.

> ⓐ 예시를 통해 독자의 호기심을 불러일으킨다.
> ⓑ 이 글에서 설명하고자 하는 대상을 소개한다.
> ⓒ 대상에 대한 구체적이고 자세한 설명이 시작된다.

① ⓐ, ⓑ

② ⓐ, ⓒ

③ ⓑ, ⓒ

④ ⓐ, ⓑ, ⓒ

ANSWER
07. ③   08. ①

※ 다음 글을 읽고, 물음에 답하시오. (9~13)

가 한옥에는 무궁무진한 지혜가 살아 숨 쉰다. ㉠'과학다움'도 그 가운데 하나이다. 옛날 집에 무슨 과학이냐 싶겠지만 그렇지 않다. 햇빛의 각도를 조절하고 지열을 다스리며 온돌로 난방을 하는 것처럼 현대의 과학 기술로도 흉내 내기 힘든 첨단 기술이 한옥의 곳곳에 스며 있다.

나 햇빛을 조절하는 방법은 두 가지이다. 하나는 처마를 적절히 돌출시키는 것이다. 이렇게 하면 여름에는 처마가 햇빛을 막아 주고 겨울에는 햇빛을 통과시킨다. 다른 하나는 방의 깊이를 조절하는 방법이다. 특히 추운 겨울, 처마를 통과해 방 안으로 들어오는 햇빛의 양을 조절하기 위해 방의 깊이를 얕게 짓는다. 덕분에 햇빛이 방 끝까지 기분 좋게 들어오고, 난방과 소독에도 도움을 준다.

다 ㉡한옥은 바람의 집이기도 하다. 한반도의 여름에는 남풍이, 겨울에는 북풍이 분다. 우리 조상들은 바람이 절실히 필요한 여름을 위해 한옥에 남동 방향으로 바람길을 만들었다. 바람길은 시원하고 '통(通)' 크게 나 있다. 약간의 인색함도, 머뭇거림도 없이 집의 끝에서 끝까지 일직선으로 뚫려 있다. 바람에게 돌아 가라거나 쉬라거나 꺾어 가라거나 하는 따위의 실례를 범하는 법이 절대 없다.

라 한옥의 동선은 매우 과학적이다. 이쪽에서 저쪽으로 옮겨 가는 동선이 여러 개라는 사실은 이동 과정에서 느끼는 경험의 종류가 다양하다는 것을 의미한다. 시간에 따라, 기분에 따라, 계절에 따라 길을 골라 가는 재미가 있다. 이 중에는 발걸음 수를 많게 하는, 돌아가는 길도 분명 있지만 단걸음에 갈 수 있는 지름길도 있다. 한옥에서 발걸음 수가 많다고 느끼는 까닭은 지름길을 모르기 때문이다.

마 이상에서 살펴본 것처럼 한옥에는 처마와 대청, 창과 문, 댓돌, 온돌, 동선 등 여러 면에서 우리 조상들의 하늘같은 지혜가 녹아 있다. 우리는 편리함만을 추구하는 것에서 벗어나야 한다. 한옥 속에 담겨 있는 조상의 지혜를 발굴하고 계승하여 현재의 집에 창조적으로 활용해야 할 것이다.

– 임석재, 「지혜가 담긴 집, 한옥」

09 (가)~(마)의 내용과 일치하지 <u>않는</u> 것은?

① 한옥은 처마를 적절히 돌출시켜 햇빛을 조절한다.
② 바람이 필요한 여름을 대비해 한옥에 바람길을 만들었다.
③ 한옥은 다른 건축물에 비해 동선이 매우 길어 발걸음 수가 많다는 단점이 있다.
④ 한옥 속에 담긴 조상의 지혜를 발굴하고 계승하여 현재의 건축에 활용해야 한다.

09
(라)에서 한옥의 동선은 발걸음 수를 많게 하는 것도 있지만 지름길도 있다고 제시한다.

ANSWER
09. ③

10 윗글의 핵심 내용으로 가장 알맞은 것은?

① 한옥의 바람길의 특징

② 한옥의 햇빛 조절 방법

③ 계절에 따른 한옥의 특성

④ 한옥에 담긴 조상들의 과학적 지혜

10
이 글은 한옥에 담긴 우리 조상들의 과학적 지혜, 즉 한옥의 과학다움에 대해 설명하는 글이다.

11 ㉠의 내용으로 알맞지 <u>않은</u> 것은?

① 한옥의 동선은 매우 과학적이다.

② 현대의 첨단 과학 기술에 해당한다.

③ 한옥에는 바람길이 막힘없이 나 있다.

④ 한옥에는 적절하게 햇빛을 조절하는 방법이 있다.

11
한옥의 '과학다움'은 우리 조상들의 오랜 경험에서 비롯된 것으로, 현대 첨단 과학 기술에 해당하지 않는다.

12 ㉡의 이유로 가장 알맞은 것은?

① 바람길이 막힘없이 나 있기 때문에

② 겨울에만 시원한 바람이 불기 때문에

③ 여름과 겨울의 바람길 방향이 같기 때문에

④ 바람의 방향이 서로 교차되거나 꺾이기 때문에

12
한옥의 바람길은 꺾이지 않고 막힘없이 나 있다.

13 (마)의 역할로 가장 알맞은 것은?

① 독자에 대한 글쓴이의 당부

② 글쓴이의 경험과 교훈 제시

③ 독자의 호기심과 흥미 유발

④ 새로운 설명 대상을 독자에게 제시

13
(마)는 글의 끝부분으로 전체 내용을 요약·정리하며 독자에 대한 당부로 마무리되고 있다.

ANSWER
10. ④ 11. ② 12. ① 13. ①

※ 다음 글을 읽고, 물음에 답하시오. (14~17)

가 한 나라에 사는 사람들끼리 방언 때문에 서로 의사소통이 안 된다거나 오해가 생긴다면 문제가 아닐 수 없다. 그래서 나라에서는 특정 시대, 특정 지역, 특정 계층에서 사용하는 말을 정하여 모든 국민이 배우고 쓸 수 있게 하는데, 이런 말을 표준어라고 한다.

우리나라에서는 "표준어는 교양 있는 사람들이 두루 쓰는 현대 서울말로 정함을 원칙으로 한다."고 규정하고 있다. 여기에서 '교양 있는 사람들'이라는 말은 계급적 조건을 나타내는 것으로서, '교양 없는 사람들'의 말은 표준어가 될 수 없음을 의미한다.

나 방언은 특정한 지역이나 계층의 사람끼리 사용하므로, 그것을 사용하는 사람들 사이에 친근감을 느끼게 해 준다. 예를 들어, "흔저 옵서예."라고 말할 때에 이 방언을 사용하는 사람들은 "＿＿＿⊙＿＿＿."라는 뜻을 금방 알 수 있으며, "잘 가입시다."라고 할 때에 그 방언을 사용하는 사람들은 "안녕히 가십시오."라는 의미로 잘 알아듣는다. 이런 말들은 다른 지방 사람들은 이해하기 어렵지만, 같은 지방 사람들끼리 사용하면 그만큼 친근감을 느낄 수 있다.

다 사회 방언은 언어의 사회적 요인에 의한 변이가 나타난 것인데, 대체로 계층, 세대, 성별, 학력, 직업 등이 중요한 사회적 요인이다. 사회 방언의 예를 들면, '물개'는 군인들이 '해군'을 의미하는 말로 쓰며, '낚다, 건지다'는 신문이나 방송에 종사하는 사람들이 '(좋은) 기사를 취재하다'라는 의미로 사용한다.

– 성낙수, 「표준어와 방언」

14 윗글의 내용과 일치하지 <u>않는</u> 것은?

① 우리나라는 표준어를 제정하였다.
② 방언을 사용하면 다른 지방 사람들과의 의사소통이 쉬워진다.
③ 교양 없는 사람들의 말은 표준어가 될 수 없다.
④ 같은 지방 사람들끼리 방언을 사용하면 친근감을 느낀다.

15 (가)에 사용된 설명 방법으로 알맞은 것은?

① 대상에 대해 구체적으로 예를 설명하고 있다.
② 어떤 대상들을 공통점이나 차이점에 따라 묶거나 나누어 설명하고 있다.
③ 어떤 대상 또는 용어의 뜻을 '무엇은 무엇이다'의 형식으로 규정하고 있다.
④ 같은 범주 내의 다른 대상을 견주어 공통점이나 유사점을 밝혀 설명하고 있다.

14
(나)를 참고하면 방언은 같은 지역 사람들끼리 친근감을 느끼지만 다른 지역 사람들은 이해하기 어렵다.

15
(가)에서 표준어에 대해 정의하고 있다.
① 예시, ② 분류, 구분,
③ 정의, ④ 비교

ＡＮＳＷＥＲ
14. ② 15. ③

16 (나)~(다)를 참고할 때, 다음 중 성격이 <u>다른</u> 하나는?

① 임금님의 수라   ② 너무 짱난다.

③ 기사를 낚다   ④ 혼저 옵서예

17 ㉠에 들어갈 내용으로 가장 알맞은 것은?

① 혼자 오세요.   ② 어서 오십시오.

③ 지금 오십니까?   ④ 오늘 오십시오.

16
① 계층에 의한 방언 → 사회 방언
② 세대 차이에 의한 방언 → 사회 방언
③ 직업에 의한 방언 → 사회 방언
④ 제주 방언 → 지역 방언

17
"혼저 옵서예."는 제주 방언으로 "어서 오십시오."의 의미이다.

ⒶⓃⓈⓌⒺⓇ
16. ④   17. ②

※ 다음 글을 읽고, 물음에 답하시오. (18~20)

아프리카 고릴라는 핸드폰을 미워해

가 콜탄을 정련하면 나오는 금속 분말 '탄탈룸(Tantalum)'은 고온에 잘 견디는 성질이 있다. 이 성질때문에 탄탈룸이 핸드폰과 노트북, 제트 엔진 등의 원료로 널리 쓰이게 되면서 콜탄은 귀하신 몸이 되었다. 전 세계 첨단 제품 시장에서 탄탈룸의 수요가 갑자기 늘어나자, 불과 몇 달 만에 1kg당 2만 5000원이던 콜탄 가격이 50만 원으로 폭등(暴騰)하는 일이 벌어지기도 했다.

나 ㉠그런데 이로 인해 여러 가지 부작용이 생겨나고 있다. 우선 콜탄 광산에서 일하는 인부들이 혹사(酷使)당하고 있다. 이들에게 주어지는 장비는 삽 한 자루뿐이다. 그밖에 사고를 예방할 아무런 장비도 갖추어져 있지 않다. 2001년에 갱도 붕괴 사고로 인부 100여 명이 사망했다. 그런데도 콜탄값이 수십 배나 뛰는 것을 목격한 농부들은 농사짓던 땅을 버리고 돈벌이를 하기 위해 광산으로 모여들고 있다. 그러나 아무리 뼈 빠지게 일해도 그들에게 돌아가는 몫은 쥐꼬리만 한 일당뿐이다. 힘 있는 중개상들이 막대한 이윤을 고스란히 가로채고 있기 때문이다.

다 값비싸게 팔리는 콜탄은 콩고민주공화국 동부의 세계 문화유산인 '카후지-비에가(Kahuzi-Biega)국립 공원'도 파괴하고 있다. 광부들은 에코나무의 껍질을 벗기고 줄기에 홈통을 만든 뒤, 이것을 이용하여 진흙에서 콜탄을 골라내고 있다. 두 개의 휴화산으로 둘러싸여 장관을 이루었던 공원의 숲은 이 작업으로 인해 황폐해졌다.

라 해발 2000~2500미터에 살고 있던 고릴라의 수도 점점 줄어들었다. 1996년에 28마리 정도가 살고 있었는데, 2001년에는 절반밖에 남지 않았다. ㉡그나마 얼마 남지 않은 고릴라들은 사람을 피해 이리저리 도망 다니는 처량한 신세가 되었다. 〈중략〉

마 카메라 기능과 MP3 기능이 욕심나서 우리가 최신형 핸드폰을 기웃거리는 동안, 아프리카에서는 고릴라가 보금자리를 잃고 멸종되고 있다. 그리고 순박한 원주민들은 혹사당하며 살고 있다. 우리가 핸드폰을 오랫동안 소중하게 쓰는 일은, 단지 통신비를 아끼고 물자를 절약하는 차원에서 그치는 것이 아니다. 지구 반대편의 소중한 생명들을 보호하는 거룩한 일이다. 나아가 지구촌에 진정한 평화가 찾아오게 만드는 위대한 일이기도 하다.

– 박경화, 「아프리카 고릴라는 핸드폰을 미워해」

18 윗글의 내용을 예측하며 읽은 것으로 옳지 <u>않은</u> 것은?

① 글 제목을 통해 핸드폰 때문에 고릴라들이 위험에 처해 있음을 예측해 볼 수 있어.

② 습관적으로 핸드폰을 바꿨던 경험이 있는데 이 글에선 그러한 행동을 지적하겠군.

③ ㉠ 뒤에는 콜탄의 긍정적인 효과가 이어지겠군.

④ 멸종 위기종에 대한 글을 읽은 적이 있는데 이 글에서도 고릴라 개체수의 감소를 언급하겠군.

19 윗글에 사용된 논증 방법에 대한 설명으로 가장 적절한 것은?

문제 상황	• 콜탄 광산에서 일하는 인부들이 혹사당하고 있다. • 세계 문화유산인 '카후지-비에가 국립 공원'이 파괴되고 있다. • 고릴라의 수가 점점 줄어들고 있다.

↓

주장	핸드폰을 오랫동안 소중하게 사용하여 원료인 콜탄의 무분별한 생산을 막자.

① 개별적인 사실에서 일반적인 법칙을 이끌어 내고 있다.

② 보편적인 법칙에서 구체적인 사실을 이끌어 내고 있다.

③ '모든 생명은 소중하다. 벌레도 생명이다. 그러므로 벌레도 소중하다.'의 논증 방식과 유사하다.

④ 다른 이의 말이나 글을 직접적·간접적으로 빌려 오고 있다.

18

글을 예측하며 읽을 때에는 제목이나 차례, 문맥, 독자의 경험과 배경지식 등을 통해 어떤 내용이 이어질지 생각해 본다. ㉠을 통해 콜탄의 무분별한 채취로 인한 부정적인 효과가 제시될 것을 예측할 수 있다.

19

개별적인 사실, 즉 콜탄의 무분별한 생산으로 인한 다양한 문제점(인부들의 노동력 착취, 세계 문화유산의 파괴, 고릴라 개체 수의 감소)을 통해 주장을 이끌어 내고 있으므로 '귀납'에 해당한다.
②·③은 연역, ④는 인용에 해당한다.

20 윗글을 읽고 요약할 때 바르게 해석하지 <u>못한</u> 것은?

① (가)는 서론, (나)~(라)는 본론, (마)는 결론에 해당한다.

② 주장과 근거를 중심으로 요약한디.

③ ⓛ은 이 글과 전혀 무관한 내용이므로 삭제한다.

④ 결론의 중심문장은 '환경 보호와 지구촌 평화를 위해 핸드폰을 오래 사용하자.'로 재구성할 수 있다.

20

요약하기의 방법으로는 선택, 삭제, 일반화, 재구성이 있으며, 주장하는 글은 주장과 근거를 중심으로 요약한다.
ⓛ은 이 글과 관련된 내용이므로 삭제할 필요가 없다.

NOTE

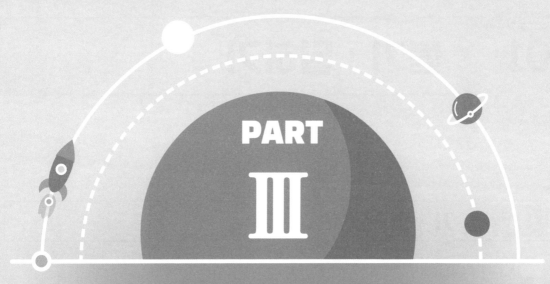

PART III

듣기 · 말하기 / 쓰기

Chapter 01 듣기 · 말하기
Chapter 02 쓰기
단원 마무리 문제

학습 point⁺

　듣기 · 말하기는 총체적으로 의미 공유 과정임을 이해하고 대화(공감), 면담(질문), 토의(문제 해결), 토론(논박), 청중 분석, 말하기 불안 대처, 발표, 비판하며 듣기, 매체 활용, 말하기 태도 등의 학습 요소를 배우고 익히도록 합니다.

　쓰기는 총체적으로 문제 해결 과정임을 이해하고 설명하는 글 쓰기, 보고서 쓰기, 주장하는 글 쓰기, 감동이나 즐거움을 주는 글 쓰기, 내용 선정하기, 통일성 갖추기, 개성적으로 표현하기, 매체 언어의 특성을 살려 표현하기, 고쳐 쓰기, 쓰기 윤리 등의 학습 요소를 배우고 익히도록 합니다.

01 듣기 · 말하기

01 듣기 · 말하기의 기초

1 의미 공유 과정으로서의 듣기 · 말하기

(1) 듣기 · 말하기의 개념

① 듣기 : 다른 사람의 말을 듣고, 그 내용을 자신의 생각으로 정리하여 이해하는 행위
이다.

② 말하기 : 자신의 생각을 정리하여 말로 표현하는 행위이다.

(2) 의미 공유 과정

① 화자와 청자가 음성 언어를 사용하여 정보나 의견, 감정 등을 주고받으며 의미를 공
유(협동)하는 과정을 의미한다.

② 화자가 청자가 되기도 하고, 청자가 화자가 되기도 한다.

	협력적 의미 공유	
말하는 사람(화자)	↔ 지식, 정보, 의견, 감정 등을 공유	듣는 사람(청자)

(3) 듣기에서 고려해야 할 요소

① 예의를 갖추며 듣기

② 말하는 내용을 판단하며 듣기

③ 중요한 내용을 메모하며 듣기

④ 상대방의 입장과 처지를 고려하며 듣기

⑤ 주의를 집중하고 배경지식을 활용하여 듣기

⑥ 의문점이 생겨도 중간에 끊지 말고 말하는 이의 이야기가 끝나기를 기다리기

(4) 말하기에서 고려해야 할 요소

① 말하는 상황을 고려하기

② 말을 듣는 사람(청자)을 고려하기 예 청자의 연령, 관심사, 지식 수준 등

③ 말하는 목적에 맞는지 고려하기

④ 말할 내용을 미리 계획하여 메모하기

2 준언어와 비언어

(1) 준언어적 · 비언어적 표현의 개념

준언어적 표현	목소리의 억양, 어조, 강약, 높낮이 등 의사소통에 도움을 주는 요소 예 • 화가 났을 때 : 크고 날카로운 목소리로 말하기 • 놀랐을 때 : 더듬거리거나 호들갑스러운 어조로 말하기 • 위로할 때 : 부드러운 어조와 낮은 목소리로 말하기
비언어적 표현	표정이나 몸짓, 손짓 등의 의사소통 방법 예 • 화가 났을 때 : 쏘아 보기 • 의문이 생길 때 : 고개를 갸웃하기 • 즐거울 때 : 박수 치기

(2) 준언어적 · 비언어적 표현의 효과

① 언어와 함께 준언어와 비언어적 표현을 적극적으로 활용하면 더욱 효과적으로 말하거나 들을 수 있다.

② 대화의 분위기를 좀 더 활기차게 만들 수 있다.

※ 청자를 존중하고 배려하는 언어, 준언어, 비언어를 사용해야 한다.

3 공감적 듣기 중요⁺

(1) 공감적 듣기의 개념

상대방의 감정을 깊이 있게 이해하고 상대방의 관점에서 문제를 바라보며 협력적으로 소통하기 위한 듣기이다. → '너 중심 듣기'

(2) 공감적 듣기의 종류

소극적 들어 주기	상대방과 눈을 맞추고 지속적인 관심과 공감을 표현하는 듣기 방식 예 • 관심 표현 : "계속 말해봐.", "그 다음은 어떻게 되었니?" • 공감 표현 : "듣고보니 그렇구나.", "네가 많이 속상하겠구나." • 기쁨 표현 : "정말 잘됐구나.", "멋진데."
적극적 들어 주기	단순한 공감을 넘어 대화 상대의 말을 요약 및 정리해 주며 반응하는 듣기 방식으로, 공감적 듣기에서는 무엇보다도 적극적 듣기가 중요함 예 "그러니까 네 말은 친구와 다퉈서 속상하기도 하고 친구가 화가 났을까 봐 걱정이 된다는 얘기구나."

(3) 공감적 듣기에서의 유의점

① 상대방을 함부로 평가하거나 비판하지 않는다.
② 상대방에게 자신의 생각을 강요하지 않는다.
③ 상대방의 입장과 감정을 고려한다.

4 비판적 듣기

(1) 비판적 듣기의 개념

말하는 이의 설득 전략을 분석하며 비판적으로 듣는 적극적인 듣기이다.

(2) 설득 전략 분석하기

이성적 설득	논리적이고 이성적인 방법으로 화자의 주장을 뒷받침하는 설득 방식
감성적 설득	청중의 욕망과 분노, 자긍심, 동정심 등과 같은 감정에 호소하여 청중의 마음을 움직이는 설득 방식
인성적 설득	화자의 사람 됨됨이를 바탕으로 하여 메시지에 신뢰를 갖게 하는 설득 방식

5 타당성을 판단하며 듣기

(1) 타당성을 판단하며 듣는 방법

① 근거와 주장 간에 연관성이 있는지 판단하며 듣는다.

② 근거로부터 주장을 이끌어 내는 과정에 오류는 없는지 판단하며 듣는다.

③ 근거로부터 주장을 이끌어 내는 과정에 영향을 미치는 다른 정보는 없는지 판단하며 듣는다.

(2) 타당성을 판단하며 듣기의 효과

① 들은 내용을 비판적으로 수용할 수 있다.

② 보다 적극적이고 능동적인 듣기 활동을 할 수 있다.

6 매체 자료의 효과를 판단하며 듣기

(1) 매체 자료의 개념

그림, 사진, 그래프, 표, 영상 등 말하려는 내용을 시각적으로 보여주는 자료를 의미한다.

(2) 매체 자료의 효과를 판단하며 듣는 방법

① 매체 자료가 전달하려는 목적과 관련이 있는지 판단하며 듣는다.

② 매체 자료가 내용을 이해하는 데 도움이 되는지 판단하며 듣는다.

③ 매체 자료가 청자의 관심과 흥미를 유발하는지 판단하며 듣는다.

④ 매체 자료가 적절한 부분에 사용되었는지 판단하며 듣는다.

✔ 바로바로 CHECK

밑줄 친 부분에 차례대로 들어갈 말로 바른 것은?

> 설득 전략으로는 말하는 이의 됨됨이를 바탕으로 하여 듣는 이에게 내용의 신뢰를 갖게 하는 _____ 설득 전략, 논리적이고 타당한 근거를 들어 주장을 뒷받침하는 _____ 설득 전략, 감정에 호소하여 마음을 움직이는 _____ 설득 전략이 있다.

① 이성적, 감성적, 인성적
② 인성적, 이성적, 감성적
③ 감성적, 인성적, 이성적
④ 감성적, 이성적, 인성적

정답 ②

7 배려하며 말하기

(1) 언어폭력의 개념

언어폭력이란 욕설이나 협박 따위의 공격적이고 폭력적인 말로, 심할 경우 개인의 인격을 파괴하고 심각한 사회문제가 되기도 한다.

(2) 상대방을 배려하는 말하기 방법

① 자기중심적인 생각에서 벗어나 상대방의 입장을 고려하여 말한다.
② 상대방을 존중하는 언어습관을 사용한다.
③ 부정적인 말보다는 긍정적인 말을 사용한다.

8 말하기 불안 대처하기

(1) 말하기 불안의 개념

여러 사람 앞에서 말을 할 때 경험하는 불안 증상을 의미한다.

(2) 말하기 불안이 나타나는 상황

① 말하기 준비를 제대로 하지 않았을 경우
② 공식적인 상황에 익숙하지 않을 경우
③ 상대방 혹은 말하기 과제에 대해 과도한 부담을 느낄 경우

(3) 말하기 불안의 해소 방법

① 말하기에 대해 자신이 느끼는 어려움이 무엇인지 점검한다.
② 말하기 불안을 자연스러운 것으로 이해하고 받아들인다.
③ '유창한 말하기'에 대해 가지고 있는 잘못된 생각을 바꾸도록 한다.
④ 철저한 준비와 연습을 통해 말하기에 자신감을 갖는다.
⑤ 심호흡을 하거나 스트레칭을 통해 몸의 긴장을 이완시킨다.
⑥ 불안을 이길 수 있도록 긍정적인 자기 암시를 한다.

02 목적에 따른 담화의 유형

1 대 화

(1) 대화의 개념

두 사람 이상이 마주 대하여 이야기를 나누는 의사소통 과정을 의미한다.

(2) 대화의 특성

① 대화는 일방적으로 이루어지는 것이 아니고, 듣는 이와 말하는 이가 내용을 함께 구성하고 공유하는 쌍방향적인 과정이다.

② 대화 참여자의 상황, 배경지식, 참여자들 간의 관계 등에 따라 대화의 방향이 결정된다.

(3) 대화의 태도

상대방의 감정에 공감하며 적절하게 반응해야 한다. → 공감적 듣기

2 면 담

(1) 면담의 개념

면담자와 면담 대상자가 만나 특정 주제에 대해 이야기나 의견을 나누는 대화 과정을 의미한다.

(2) 면담의 절차

① 면담 준비 : 면담 목적 정하기, 면담 대상자 섭외하기, 면담 대상자에게 질문할 내용 작성하기

② 면담 진행 : 면담 대상자에게 질문하고 답변 받기

② 면담 정리 : 면담 목적에 맞게 면담한 내용을 정리하기

(3) 면담에서 질문을 할 때 고려 사항

① 면담 목적에 맞는 질문인지 따져 본다.

② 면담 대상자가 대답하기 곤란하거나, 예의에 어긋나는 질문이 아닌지 살펴본다.

② 충분한 사전 조사를 통해 질문지를 만든다.

3 토 의

(1) 토의의 개념

집단적인 의사 결정 과정으로 어떤 문제에 대하여 협력하여 의사를 결정하고 문제를 해결해 가는 말하기이다. → 협력적 말하기

(2) 토의 참여자

① 사회자 : 토의 주제 소개, 토의 진행, 참여자들의 활발한 의견 교환을 장려

② 토의자 : 적극적인 의견 교환, 해결 방안 제시

(3) 토의의 절차

① 주제 선정 : 해결해야 하는 공동의 문제 정하기

② 내용 마련 : 문제의 원인과 해결방안을 생각하기

③ 토의 진행 : 토의 참여자들과 의견을 나누고 해결 방법을 선택하기

④ 토의 정리 : 토의를 정리하고 마무리하기

4 토 론 중요⁺

(1) 토론의 개념

집단적인 의사 결정 과정으로 어떤 문제에 대해 찬반의 의견이 분명한 사람들이 타당한 근거를 바탕으로 자신의 주장을 논리적으로 펼치는 말하기이다(논박). → 대립적 말하기

(2) 논 박

토론을 할 때 상대방의 주장과 근거의 신뢰성, 타당성, 공정성 등을 비판적으로 분석하여 논리적 허점 및 오류에 대해 근거를 들어 말하는 것을 의미한다.

신뢰성	제시된 정보나 자료가 신뢰할 만한가?
타당성	제시된 근거가 주장을 잘 뒷받침하는가?
공정성	말의 내용이나 주장이 정의롭고 공평한가?

(3) 토론의 조건

① 토론 주제 : 찬성이나 반대의 입장을 취할 수 있는 것이어야 한다.

> **예** 인터넷 용어를 국어사전에 올려야 하는가, 사형제도를 폐지해야 하는가

② 토론 참여자

　㉠ 사회자 : 토론 논제 제시, 중립적 진행, 토론 요약

　㉡ 토론자 : 찬성 측 / 반대 측으로 나뉘어 논박

③ 토론 규칙 : 발언 시간이나 순서 등을 공정하게 전개한다.

토론과 토의의 공통점 ▼	검색
집단적인 의사 결정 과정	

(4) 토론의 절차

① 논제 제시 : 토론 주제(논제)를 설명하고 토론 시작하기

② 입론 : 찬성 측과 반대 측이 각각 타당한 근거를 들어 주장을 내세우기

③ 반론 : 상대방의 주장과 근거의 허점을 지적하고 자신의 주장이 타당함을 증명하기

④ 평결 : 토론을 평가하고 판결하기

(5) 토론할 때의 유의점

① 사전에 철저하게 준비하고 토론 주제를 바르게 이해한다.

② 상대방의 생각을 존중하여 자신의 생각과 비교하고, 인신공격이나 감정적인 비판은 피한다.

③ 자신의 관점을 뚜렷이 말하되, 일방적으로 자신의 주장만을 펴지 않도록 한다.

> **✔ 바로바로 CHECK**
>
> **토론의 주제로 적절하지 <u>않은</u> 것은?**
> ① 조기 영어 교육을 해야 하는가?
> ② 학생들의 연예계 진출을 허용해야 하는가?
> ③ 도서관의 올바른 사용법은 무엇인가?
> ④ 학생들의 교내 휴대 전화 사용을 허용해야 하는가?
>
> 정답 ③

5 발 표

(1) 발표의 개념

어떤 주제에 대해 핵심 정보가 잘 드러나도록 내용을 구성하여 사람들 앞에서 자신의 생각을 이야기하는 말하기이다.

(2) 핵심 정보를 담은 발표하기

① 예상되는 청중의 관심과 요구를 고려한다. → **발표를 듣는 사람이 누구냐에 따라 발표 내용과 방법이 달라짐**

② 발표 목적과 주제에 따라 내용을 알맞게 조직한다.

> 예 대상 소개(대상의 생김새나 쓰임 등에 따라 내용 구성), 사건이나 현상 소개(시간 순서, 공간 이동, 인과관계에 따라 내용 구성)

③ 핵심 정보가 명료히 드러나는 매체 자료를 활용한다.

01 바람직한 말하기와 듣기의 방법으로 적절하지 <u>않은</u> 것은?

① 내용을 미리 계획하여 메모한 후 말한다.
② 듣는 이의 관심을 고려하여 말한다.
③ 한 가지 내용만을 자세히 메모하며 듣는다.
④ 주의를 집중하고 배경 지식을 활용하여 듣는다.

01
중요한 내용은 메모하며 듣는다.

02 다음 대화에서 삼촌이 고려했어야 할 점으로 가장 적절한 것은?

> 조카 : 삼촌, 자전이 뭐예요?
> 삼촌 : 음, 자전? 천체의 자전을 말하는 거니? 자전이란 천체가 그 내부를 지나는 축을 중심으로 회전하는 것을 말한단다.
> 조카 : 삼촌 말씀이 어려워서 이해가 잘 안 가요.

① 조카의 국적
② 조카의 성별
③ 조카의 가치관
④ 조카의 지식수준

02
화자는 청자의 지식수준, 나이, 가치관, 관심사 등을 고려해 이해하기 쉽도록 내용을 전달해야 한다. 삼촌이 사용한 '천체, 축' 등의 어휘는 조카의 지식수준에서는 이해가 어려운 어휘이다.

03 영수가 지민에게 말하는 의도로 적절한 것은?

> 영수 : 지민아, 창문 좀 닫아 주겠니?
> 지민 : 응, 알았어.

① 감사
② 설명
③ 요청
④ 위로

03
영수는 질문의 형식을 통해 지민에게 창문을 닫아줄 것을 '요청'하고 있다.

04 목소리의 억양이나 강약 등으로 의사소통에 도움을 주는 요소는?

① 준언어적 표현　　　② 비언어적 표현

③ 통신 언어　　　　　④ 언어적 표현

05 다음 중 듣기·말하기 과정에 대해 바르지 <u>못한</u> 설명은?

① 듣기 활동을 할 때는 배경지식을 활용하여 듣는다.

② 표정, 몸짓, 손짓 등의 의사소통 방법을 준언어적 표현이라고 한다.

③ 의미 공유 과정에서 화자와 청자의 관계는 끊임없이 바뀔 수 있다.

④ 듣기·말하기는 음성 언어를 사용하여 이루어지는 언어 행위이다.

06 토론에서 사회자의 역할로 적절하지 <u>않은</u> 것은?

기출

① 토론을 공정하고 원만하게 진행한다.

② 토론에 참여하여 자신의 주장을 내세운다.

③ 토론의 논제를 제시하고 토론 순서를 안내한다.

④ 토론자들의 발언을 요약하거나 보충 질문을 한다.

07 토론의 주제로 적절하지 <u>않은</u> 것은?

① 선의의 거짓말은 해도 되는가?

② 최저임금을 인상해야 하는가?

③ 동물을 이용하는 생체 실험을 해도 되는가?

④ 바람직한 학습 방법은 무엇인가?

04

준언어(반언어)는 억양, 어조, 강약, 높낮이 등으로 의사소통에 도움을 주며, 비언어는 표정, 몸짓, 손짓, 옷차림 등으로 의사소통에 도움을 준다.

05

② 비언어적 표현에 대한 설명이다.

06

사회자는 객관적이고 중립적인 자세로 토론을 원활하게 진행해야 하므로 자신의 주장을 내세우면 안 된다.

07

토론 주제는 찬성과 반대의 입장으로 명확히 나뉠 수 있는 것이어야 한다.

ANSWER

04. ①　05. ②　06. ②　07. ④

08 다음에 해당하는 말하기의 유형은?

기출

> 공동의 관심사인 어떤 문제에 대하여 여러 사람들이 협력하여 다양한 의견을 모으고 최선의 해결책을 찾는 말하기

① 강연하기　　　　② 소개하기
③ 토론하기　　　　④ 토의하기

09 ㉠과 같이 말한 의도로 가장 적절한 것은?

기출

'우리 학교 학생들의 언어 생활'에 대한 글을 쓰고 있는데 설문 조사 내용을 글로만 쓰면 이해가 안 될 것 같아. 진수야, ㉠ 어떤 방법이 좋을까?

표나 그래프 같은 시각 자료를 사용하면 괜찮을 것 같아.

① 문제를 해결하기 위해
② 친구를 소개하기 위해
③ 명령을 전달하기 위해
④ 자료를 구입하기 위해

10 ㉠에 들어갈 '공감하며 말하기'로 가장 적절한 것은?

기출

달리기 시합 하다가 넘어져서 너무 창피해.

㉠

① 너 정말 한심하구나.
② 나는 달리기 잘하는데.
③ 평소에 운동을 안 하니까 그렇지.
④ 정말 창피했겠구나. 다치진 않았니?

02 쓰 기

01 쓰기의 기초

1 문제 해결 과정으로서의 쓰기

(1) 쓰기의 개념

쓰기는 주제, 목적, 예상 독자, 매체 등을 고려하면서 글을 쓰는 과정에서 부딪히는 문제를 해결하는 과정이다.

(2) 글 쓰기 상황에서 부딪히는 문제 상황

① 화제와 관련된 배경지식이 부족한 경우 → 서적이나 인터넷 자료 등 다양한 매체를 활용하여 글의 주제와 내용에 맞는 자료를 선정함

② 떠올린 내용을 옮길 적절한 단어나 표현을 생성하기 어려운 경우 → 글의 주제와 예상 독자의 흥미, 수준 등을 고려하여 적절한 단어와 표현을 생성함

③ 문단을 적절하게 배열하기 어려운 경우 → 개요표를 작성하여 문단을 조직적으로 구성함

2 글 쓰기의 과정

(1) 통일성을 갖춰 글 쓰기

① 통일성의 개념 : 글의 의미가 내용상 일관된 흐름으로 연결되는 관계를 의미한다.

② 통일성을 갖춘 글 쓰기 방법

ㄱ 세부 내용이 글의 주제에 부합하는지 고려하여 글을 쓴다.

ㄴ 각 문단을 구성하는 문장들이 문단의 중심 내용을 잘 뒷받침하도록 글을 쓴다.

③ 일반적인 글 쓰기 단계

✔ 바로바로 CHECK

다음 글 쓰기 과정의 단계는?

• 내용 구조도를 만든다.
• 불필요한 내용은 삭제하고 필요한 내용을 추가한다.

① 내용 계획하기　② 내용 생성하기
③ 내용 조직하기　④ 표현하기

정답 ③

내용 계획하기	글의 목적, 주제, 예상 독자, 매체를 분석하는 과정(쓰기 맥락 분석) • 목적 : 글을 쓰는 목적이 무엇인지 정함 　예 정보 전달, 주장 및 설득, 감정 및 즐거움 표현 등 • 주제 : 글쓴이의 목적이 뚜렷하게 드러나는 주제를 정함 • 예상 독자 : 예상되는 독자의 나이, 관심사, 배경 지식 등을 점검함 • 매체 : 어떤 매체를 통해 글을 쓸 것인지 정함

↓

내용 생성하기	글을 쓸 내용을 구체화하고, 조사나 관찰 등을 통해 자료를 수집하는 과정

↓

내용 조직하기	통일성을 고려하여 내용을 조직하고 개요표(구조도)를 작성하는 과정 ※ 개요표의 필요성 : 글 전체의 방향을 잡아 주는 뼈대 구실을 하며, 내용의 중복이나 누락을 방지하고 글을 전개하는 데 도움을 줌

↓

글 쓰기(표현하기)	적절한 표현 방식과 문법으로 글을 써내려 가는 과정(초고 쓰기 단계)

↓

고쳐 쓰기	작성한 글을 전체 수준에서부터 단어 수준에 이르기까지 점검하고 수정하는 과정(스스로 점검하기, 상호 점검하기)

(2) 고쳐 쓰기 중요⁺

① 고쳐 쓰기의 원리

    ㉠ 글을 쓸 때 글의 목적, 주제, 예상 독자를 고려하여 적절하지 않거나 잘못된 부분을 고쳐 쓰는 것을 의미한다.

    ㉡ 글을 다 쓴 다음뿐만 아니라 글을 쓰는 과정에서도 끊임없이 고쳐 쓰는 과정이 이루어진다.

② 고쳐 쓰기의 단계

글 전체 수준	• 글의 주제나 목적이 분명하게 드러나는가? • 글의 제목은 적절한가? • 글의 흐름이 자연스러운가? • 보충하거나 삭제해야 할 부분이 있는가?

↓

문단 수준	• 문단과 문단의 연결이 자연스러운가? • 한 문단에 하나의 중심 생각이 들어가 있는가? • 문단의 길이가 적절한가?

↓

문장 수준	• 문장의 뜻이 분명한가? • 문장의 길이가 적당한가? • 문장의 표현 효과가 적절한가? • 문장의 호응 관계가 알맞은가? • 문장이 자연스럽게 이어지지 않은 부분이 있는가?

↓

단어(낱말) 수준	• 뜻이 정확하지 않거나 불필요한 단어가 있는가? • 단어가 문맥에 어울리는가? • 띄어쓰기 및 맞춤법이 올바른가?

3 매체언어의 특성을 살려 표현하기

학습자의 수준, 관심사를 고려하여 일상적인 경험이나 사회적인 사건, 쟁점 등에서 내용을 선정한 뒤 매체를 활용하여 표현하도록 한다.

(1) 영상 매체 활용하기

① 시각적 요소를 활용하여 장면을 구성한다.　예 카메라의 거리와 각도, 자막 등
② 청각적 요소를 활용하여 장면을 구성한다.　예 배경 음악, 효과음, 등장인물의 말(대사) 등

(2) 인터넷 매체 활용하기

① 온라인 대화, 인터넷 게시판, 전자 우편, 블로그, 사회 관계망 서비스 등을 활용하여 자신의 생각이나 느낌을 표현한다.
② 인터넷 매체 활용의 효과
　㉠ 시간과 장소에 구애받지 않고 의사소통할 수 있다.
　㉡ 실시간으로 빠르게 정보를 전달할 수 있다.
　㉢ 다양한 자료를 활용해 자신의 경험과 생각을 다른 사람과 쉽게 공유할 수 있다.

4 다양한 표현 활용하여 글 쓰기

(1) 다양한 표현

① 속 담
　㉠ 예로부터 전해져 오는, 교훈을 담고 있는 쉽고 짧은 말
　㉡ 우리말의 고유한 표현이 잘 나타나며, 풍자성, 교훈성이 강하다.
　　예 천리 길도 한 걸음부터, 까마귀 날자 배 떨어진다.
② 관용 표현(관용어)
　㉠ 둘 이상의 단어가 합쳐져 원래 뜻과는 전혀 다른 특별한 의미를 갖게 된 말
　　예 부자가 된 사촌을 보니 배가 아프다. / 좋은 분위기에 찬 물을 끼얹다.
　㉡ 합쳐진 단어는 하나의 낱말처럼 쓰이기 때문에 표현을 마음대로 바꿀 수 없다.
　　예 '배가 아프다'를 '머리가 아프다'라고 바꾸면 '남이 잘된 것을 보고 심술이 나다'라는 뜻이 사라짐
　㉢ 교훈성, 풍자성이 약하다.

③ 격언 : 오랜 생활 체험을 통하여 이루어진, 인생에 대한 교훈이나 경계 따위를 간결하게 표현한 짧은 글 **예** 실패는 성공의 어머니

④ 명언 : 유명인의 입에서 나와 널리 알려진, 사리에 맞는 훌륭한 말

> **예** 나는 생각한다. 고로 존재한다. — 데카르트

(2) 다양한 표현 활용의 효과

① 글쓴이의 생각, 느낌을 더 효과적으로 생생하게 표현할 수 있다.

② 독자의 관심과 흥미를 불러일으킬 수 있다.

5 쓰기 윤리를 지키며 글 쓰기

(1) 쓰기 윤리의 개념

쓰기 윤리란 글쓴이가 글을 쓰는 과정에서 준수해야 할 윤리적 규범을 의미한다.

(2) 쓰기 윤리를 지키는 방법

① 다른 사람이 생산한 아이디어나 자료, 글을 함부로 표절해서는 안 된다.

② 인용이 필요할 때는 반드시 출처를 밝히고 제시해야 한다.

③ 조사나 연구 결과를 과장, 축소, 변형, 왜곡해서는 안 된다.

02 목적에 따른 쓰기의 유형

1 설명하는 글 쓰기

(1) 설명하는 글의 개념

독자가 어떠한 대상을 잘 이해할 수 있도록 정보나 사실을 객관적·논리적으로 서술한 글을 의미한다. 예 설명문

(2) 설명하는 글을 쓰는 방법

① 정의   ② 예시   ③ 비교   ④ 대조   ⑤ 분류

⑥ 구분   ⑦ 분석   ⑧ 인과   ⑨ 인용

※ 209~210쪽 '(4) 설명 방법' 참고

(3) 설명하는 글을 쓸 때 유의점

① 예상 독자의 수준과 흥미를 고려하여 글을 써야 한다.

② 개인의 주관적인 경험과 생각은 자제하고 객관적이고 정확하게 글을 써야 한다.

2 보고하는 글 쓰기

(1) 보고하는 글의 개념

특정 주제에 대해 관찰·조사·실험한 절차와 결과가 드러나게 쓴 글을 의미한다.

예 관찰 보고서, 조사 보고서, 실험 보고서

(2) 보고하는 글을 쓰는 방법

① 관찰·조사·실험의 대상과 목적, 기간과 방법 등을 정하고 역할분담을 한다.

② 출처가 분명하고 객관적인 자료를 관찰·조사·실험의 방법을 통해 수집하고 분석한다.

  ※ 자료 수집방법 : 면담, 설문 조사, 영상이나 온라인 매체 조사, 책이나 신문 자료 조사 등

③ 분석한 내용을 바탕으로 객관성, 신뢰성, 체계성을 지켜 보고서를 작성한다.

④ 글을 쓰는 목적과 내용을 고려하여 그림, 사진, 도표 등의 매체 자료를 효과적으로 활용한다.

3 주장하는 글 쓰기

(1) 주장하는 글의 개념

특정 문제에 대해 글쓴이가 타당한 근거를 들어 자신의 주장을 논리적으로 쓴 글을 의미한다. 예 논설문

(2) 주장하는 글을 쓰는 방법

① 특정 문제 상황과 관련된 글쓴이의 주장과 입장을 정한다.
② 글쓴이의 주장을 뒷받침할 만한 타당하고 객관적인 근거를 준비하여 설득력을 높인다.
③ '본론 – 서론 – 결론'의 형식에 따라 글쓴이의 주장과 근거가 잘 드러나게 글을 쓴다.

> ✔ 바로바로 CHECK
>
> **주장하는 글을 쓰는 방법으로 옳지 <u>않은</u> 것은?**
> ① 예상되는 반대 의견에 대한 반박을 제시한다.
> ② 전문가의 말이나 객관적인 통계 자료 등을 제시하여 설득력을 높인다.
> ③ 서론에서는 타당하고 객관적인 근거를 통해 글쓴이의 주장을 내세운다.
> ④ 결론에서는 본론을 요약하여 주장을 강화하고 글을 마무리한다.
>
> 해설 본론에서는 타당하고 객관적인 근거를 통해 글쓴이의 주장을 내세운다.
>
> 정답 ③

4 삶과 경험이 담긴 글 쓰기

(1) 삶과 경험이 담긴 글의 개념

글쓴이가 자신의 삶과 경험을 바탕으로 독자에게 감동이나 즐거움을 주는 글을 의미한다. 예 수필

(2) 삶과 경험이 담긴 글을 쓰는 방법

① 자신의 경험, 추억, 생각 중에서 다른 사람과 나누고 싶은 의미 있는 글감을 정한다.
② 글감과 관련된 구체적인 내용을 떠올려 쓸 내용을 정한다.
③ 글쓴이의 개성과 삶과 경험이 생생하고 진솔하게 드러나도록 글을 쓴다.

01 다음 중 글 쓰기에 대한 설명으로 옳지 <u>않은</u> 것은?

① 쓰기는 글을 쓰는 과정에서 부딪히는 여러 문제를 해결해 가는 과정이다.

② 계획하기 단계에서는 예상 독자의 나이, 관심사, 배경지식 등을 분석한다.

③ 내용 생성하기 단계에서는 자료를 수집하고 글 쓸 내용을 마련한다.

④ 고쳐 쓰기 단계에서는 작성한 개요표를 바탕으로 초고를 작성한다.

01
표현하기(글 쓰기) 단계에서는 작성한 개요표를 바탕으로 초고를 작성하며, 고쳐 쓰기 단계에서는 작성한 글을 단어, 문장, 문단, 글 전체 수준에서 재점검하고 수정한다.

02 다음은 글을 쓰기 위해 작성한 개요표이다. ㉠~㉣ 중 적절하지 <u>않은</u> 것은?

제목	대중과 함께하는 팬 클럽 문화
처음	㉠ 팬 클럽 문화의 발생과 걸어온 길

중간	• 오늘날 팬 클럽 문화의 부정적인 모습
	   – ㉡ 세대 간의 공통적인 대중문화 공유
	   – 경쟁 연예인에게 악성댓글을 다는 문화 발생
	 • ㉢ 오늘날 팬 클럽 문화의 긍정적인 모습
	   – 사람들에게 다양한 대중문화 소개
	   – 연예인과 함께하는 기부 문화의 확산

끝	㉣ 대중문화로서 팬 클럽 문화가 나아가야 할 길

① ㉠

② ㉡

③ ㉢

④ ㉣

02
㉡ '세대 간의 공통적인 대중문화 공유'는 팬클럽 문화의 긍정적인 모습을 뒷받침하기에 적절한 근거이다.

※ 다음 글을 읽고 물음에 답하시오. (3~4)

> **칭찬 댓글 달기 캠페인을 제안합니다.**
>
> 작성자 은영
>
> 좋아요 · 댓글 달기 · 공유하기　　　공유 169개
>
> 　요즘 인터넷에서는 상대방을 비난하거나 비하하는 악성 댓글이 문제가 되고 있습니다. 그래서 ㉠우리 모임에서는 악성 댓글을 줄이기 위해 칭찬 댓글을 작성하는 캠페인을 진행하려고 합니다. ㉡서로의 좋은 점을 찾아주는 칭찬이 많아지면 악성 댓글도 사라지지 않을까요? ㉢그렇지만 너무 많은 칭찬은 자제해야 합니다. ㉣우리 모임의 게시판에 서로를 칭찬하는 댓글을 남겨 주세요.
>
> ---
>
> **댓글 4개**
> 유정　길거리의 쓰레기를 스스로 줍는 은석님을 칭찬합니다.
> 승진　넌 뭐니? 잘난 척하지 말고 너나 잘해.
> 순남　저는 일주일에 한 시간씩 홀로 사는 어르신을 위해 봉사하는 정란님을 칭찬합니다.
> 정란　칭찬 감사합니다. 저는 이 캠페인을 제안하신 은영님이 훌륭하다고 생각합니다.

03 ㉠~㉣ 중 글 전체의 내용을 고려할 때 삭제해야 할 부분으로 가장 적절한 것은?

① ㉠　　　　　　② ㉡
③ ㉢　　　　　　④ ㉣

04 윗글에서 캠페인의 취지에 어울리지 <u>않는</u> 댓글을 작성한 사람은?

① 유정　　　　　② 승진
③ 순남　　　　　④ 정란

03
제시된 글은 '칭찬 댓글 달기 캠페인 제안'과 관련된 내용이다. ㉢은 내용에서 벗어나 글의 통일성을 깨뜨리는 표현이다.

04
승진은 상대를 비하하는 댓글을 써서 '칭찬 댓글 달기' 캠페인의 취지에서 벗어났다.

ANSWER
03. ③　04. ②

※ 다음 글을 읽고 물음에 답하시오. (5~6)

〈조사 계획서〉	
구분	세부 내용
조사 목적	중학생의 여가 활동 실태를 알아보기 위하여
㉠	우리 학교 2학년 학생 300명
조사 기간	2017년 ○○월 ○○일~○○월 ○○일
조사 방법	(㉡)
역할 분담	• 설문 조사 : 김○○, 서○○ • 면담 자료 정리 : 이○○ • 조사 내용 정리 : 한○○ • 보고서 작성 : 전체 모둠원

05 ㉠에 들어갈 내용으로 가장 적절한 것은?

기출

① 조사 내용   ② 조사 과정
③ 조사 대상   ④ 조사 동기

06 '역할 분담'의 내용을 고려할 때 ㉡에 들어갈 내용으로 가장 적절한 것은?

기출

① 토의 및 발표
② 관찰 및 토론
③ 실험 및 협의
④ 면담 및 설문 조사

05
'우리 학교 2학년 학생 300명'은 조사 대상에 해당한다.

06
'역할 분담'에는 설문조사, 면담 자료 정리, 조사 내용 정리, 보고서 작성 등이 제시되어 있다. 이를 고려할 때 ㉡ '조사 방법'에는 면담 및 설문조사가 적절하다.

ANSWER
05. ③ 06. ④

07 보고서를 작성할 때 지켜야 할 쓰기 윤리로 가장 적절한 것은?

① 인용한 자료는 반드시 출처를 밝힌다.
② 조사 결과는 필요에 따라 과장할 수 있다.
③ 확인되지 않은 사실은 주관적으로 평가한다.
④ 다른 사람의 연구 결과를 수정해서 사용한다.

08 ㉠~㉣ 중 글의 통일성을 깨뜨리는 문장은?

> 물은 여러 가지로 이용된다. ㉠물은 요리, 목욕, 빨래 등 일상생활의 용수로 쓰인다. ㉡일상생활 하수는 수질 오염의 주된 원인이 되고 있다. ㉢저수지에 가둬 두었던 물은 농사를 짓는 데 이용된다. ㉣그리고 물은 높은 곳에서 떨어지는 힘으로 전기를 일으켜 우리 생활에 이용되기도 한다.

① ㉠   ② ㉡
③ ㉢   ④ ㉣

09 밑줄 친 부분이 관용어로 쓰이지 않은 것은?

① 바깥에 나갔다 오면 손을 씻으렴.
② 손자들이 재롱부리는 모습이 눈에 밟히네.
③ 문제 해결을 위해서 우리 모두 머리를 맞대자.
④ 폭설로 승객 6백여 명이 열차 안에서 발이 묶였다.

07
② 조사 결과는 과장하거나 왜곡하지 않아야 한다.
③ 확인되지 않은 내용이나 주관적 평가는 지양한다.
④ 타인의 연구 결과를 함부로 사용하지 않는다.

08
통일성은 전체적으로 하나의 주제에 따라 내용을 조직하는 것으로, 주제문과 뒷받침 문장 하나하나가 동일한 내용을 다루고 있어야 한다. 그러나 ㉡의 내용은 물의 쓰임과는 거리가 먼 내용이므로 통일성에서 어긋난 문장이 된다.

09
① 바깥에 나갔다 오면 손을 씻으렴. → (사전적) 의미
② 손자들이 재롱부리는 모습이 눈에 밟히네.
→ 잊히지 않고 자꾸 눈에 떠오르다. (관용어)
③ 문제 해결을 위해서 우리 모두 머리를 맞대자.
→ 어떤 일을 의논하거나 결정하기 위하여 서로 마주 대하다. (관용어)
④ 폭설로 승객 6백여 명이 열차 안에서 발이 묶였다. → 몸을 움직일 수 없거나 활동할 수 없는 형편이 되다. (관용어)

ANSWER
07. ①   **08.** ②   **09.** ①

단원 마무리문제

01 다음에서 말하기의 태도가 바르지 <u>않은</u> 것은?

> 재영 : 우리 청소 구역을 나누어서 하자.
> 진경 : 갑자기 왜? 그냥 하면 되잖아.
> 재영 : 항상 하는 사람만 하니까 그렇지. 또 시간도…….
> 수진 : 그래. 청소 시간에 노는 애들이 많아.
> 광수 : (재영이를 쳐다보며) 네가 하기 싫은 게지. 시간 끌지 말고 잠자코 청소나 해.

① 재영
② 진경
③ 수진
④ 광수

02 다음 중 비언어적 의사소통 방법에 해당하는 것은?

① 억양, 어조, 표정
② 표정, 몸짓, 손짓
③ 목소리의 강약
④ 목소리의 높낮이

03 공감적 듣기에 대한 설명으로 적절하지 <u>않은</u> 것은?

① 상대방의 말에 "저런.", "그렇구나."와 같이 맞장구치기
② 상대방의 말을 요약하여 정리해 주기
③ 상대방의 말의 문제점을 분석하고 해결방법을 제시해 주기
④ 상대방이 계속 말을 이어나갈 수 있도록 용기를 북돋아주기

04 ㉠에 들어갈 '공감적 듣기'의 자세로 적절하지 **않은** 것은?

> 우리 : 왜 그렇게 표정이 안 좋아?
> 지혜 : 고민되는 일이 있어서 그래.
> 우리 : 무슨 고민이야?
> 지혜 : 친구와 만나기로 한 날에 내가 꼭 보고 싶던 야구 경기가 열리게 됐거든.
> 우리 : ㉠＿＿＿＿＿＿＿.

① 정말 고민되겠구나.
② 저런, 하필 날짜가 겹치다니!
③ 친구와의 약속과 보고 싶던 경기 사이에서 갈등을 하고 있구나.
④ 그게 고민거리라고? 당연히 선약을 지켜야지.

04
공감적 듣기에는 적극적 들어 주기와 소극적 들어 주기가 있으며, 이 때 상대방의 말을 비판하거나 분석해서는 안 된다.

※ 다음을 읽고, 물음에 답하시오. (5~7)

> 발표자 : 안녕하세요? 저는 발표자 ○○○입니다. 저는 '우리나라의 고령화 실태'에 대해 발표하려고 합니다. 혹시 고령화 사회가 무슨 뜻인지 아시나요? 고령화 사회란 전체 인구에서 차지하는 고령자 비율이 높아지는 사회를 말합니다. 여러분처럼 젊은 세대에게는 고령화 사회라는 말이 크게 와닿지 않을 거예요. 하지만 고령화 사회가 진행될수록 생산 가능한 인구수가 적어지기 때문에, 그 경제적 부담은 젊은 세대가 고스란히 짊어지게 됩니다. ㉠강 건너 불구경할 일이 아니라는 거지요.
> 　여러분, 이 ㉡그래프를 보세요. 보시는 바와 같이 우리나라는 이미 2010년에 65세 이상의 고령 인구가 전체 인구의 7% 이상을 차지하는 고령화 사회에 진입했습니다. 또한 통계청에 따르면 2026년에는 무려 전체 인구의 20%가 65세 이상인 '초고령화 사회'에 도달한다고 합니다.

05 다음 발표에 대한 분석으로 옳지 **않은** 것은?

① 고령화 사회에 대한 핵심정보를 담고 있다.
② 청중의 배경 지식과 나이를 전혀 고려하지 않았다.
③ 청중의 이해를 돕기 위해 매체 자료를 활용하였다.
④ 질문을 통해 청중의 호기심을 유도하였다.

05
청중의 배경지식을 고려하여 고령화 사회의 의미를 풀이하고 있으며, 청중의 나이를 고려하여 고령화 사회의 가속화가 젊은 세대에게 어떤 영향을 미치는지 설명하고 있다.

ANSWER

04. ④　05. ②

06 ⊙의 의미로 옳은 것은?

① 여러 사람이 협동하면 이루지 못할 일이 없다는 뜻
② 자신의 허물은 생각하지 않고 타인의 허물만 비난 한다는 뜻
③ 자신과 관계없는 일을 무관심하게 방관한다는 뜻
④ 윗사람이 솔선수범해야 아랫사람이 보고 배운다 는 뜻

07 ⓒ에 대한 설명으로 옳지 <u>않은</u> 것은?

① 고령화 사회의 심각성을 시각적으로 드러내는 데 효과적인 자료이다.
② 주관적인 자료로 발표의 신뢰성을 떨어뜨리고 있다.
③ 우리나라의 고령화 비율이라는 핵심 정보를 담고 있다.
④ 우리나라는 이미 고령화 사회에 진입했음을 알 수 있게 해 준다.

08 토의가 갖추어야 할 일반적인 조건이 <u>아닌</u> 것은?

① 토의를 진행하고 의견 교환을 장려하는 사회자
② 공동의 문제 해결을 위해 협력하는 토의자
③ 긍정 또는 부정의 입장을 분명히 취할 수 있는 주제
④ 발언 시간이나 순서 등을 공평하게 정한 규칙

※ 다음을 읽고, 물음에 답하시오. (9~10)

> 발표자 : 어, 잠깐만요. 제가 좀 떨려서…. 학생 여러분, 요즘 전세계적으로 퍼지고 있는 유행병 때문에 걱정이 많으시죠? 세계보건기구(WHO)에 따르면 현재 전 세계 인구 중 고작 2~3%만이 이 유행병의 항체를 보유했다고 합니다. 이런 상황에서 혹시 '내 소중한 가족이 전염되면 어쩌지?'라는 불안감은 다들 경험해 보셨을 거예요. 음…. 그런 안타까운 사태를 막기 위해서는 올바른 생활 습관을 통해 감염을 예방해야 합니다. 어…. 첫째로, 귀찮으시더라도 외출 후에는 꼭 손을 씻어야만 합니다. 둘째로, 일상생활에서 적당한 사회적 거리를 유지하여 주세요. 셋째, 사람들이 많이 모인 장소는 가급적 피하세요. 이상입니다.

09 다음 발표의 목적으로 가장 적절한 것은?

① 유행병이 얼마나 심각한지 알리기 위해
② 귀찮아하는 생활 습관을 바꾸도록 하기 위해
③ 생활 속 실천을 통해 유행병을 예방하도록 하기 위해
④ WHO에 유행병의 예방안을 요구하기 위해

09

유행병을 예방하기 위한 생활 속 실천 방법 3가지(손 씻기, 사회적 거리두기, 사람이 많이 모인 장소 피하기)를 제시하면서 실천할 것을 요구하고 있다.

10 다음 발표를 바르게 이해하지 못한 사람은?

> 찬규 : '어, 잠깐만요. 제가 좀 떨려서….'나 '음….' 등을 보니 발표자가 말하기 불안을 겪고 있군.
> 유신 : 그러게. 말하기 불안은 철저한 준비와 연습을 통해 어느 정도 해소할 수 있어.
> 고동 : 발표자는 유행병에 대한 청중의 불안감, 가족에 대한 걱정에 호소하는 인성적 설득을 사용하고 있어.
> 연우 : 발표를 듣는 청중이 학생들임을 알 수 있어.

① 찬규
② 유신
③ 고동
④ 연우

10

발표자는 유행병에 대한 청중의 불안감, 가족에 대한 걱정 등에 호소하는 '감성적 설득'을 사용하고 있다.

ANSWER
09. ③   10. ③

11 다음과 관련 있는 글 쓰기의 과정으로 가장 적절한 것은?

> 완성한 글을 다시 읽어 보니 부족한 부분들이 눈에 보인다. 문맥에 맞는 낱말을 사용하고 띄어쓰기나 맞춤법을 재점검해야겠다. 지나치게 긴 문장은 쓰지 않는 것이 좋겠다. 문장이 매끄럽게 연결되지 않은 부분도 고쳐야겠다.

① 계획하기
② 표현하기
③ 개요 작성하기
④ 고쳐 쓰기

12 다음 중 쓰기 윤리로 바른 것은?

① 조사 결과가 예상과 다르게 나오면 사실을 왜곡해도 된다.
② 인터넷에서 검색한 내용을 모두 그대로 베껴 써도 된다.
③ 독자의 관심을 끌기 위해서 내용을 과장해도 된다.
④ 활용한 자료의 출처를 명확히 밝혀야 한다.

13 〈보기〉의 밑줄 친 상황에 맞는 속담으로 가장 적절한 것은?

> **보기**
> 연우 : 아르바이트를 한 개 더 늘리려고 해.
> 찬규 : 저런, 힘들겠다. 그럼 공부할 시간도 없는 것 아냐?
> 연우 : 요즘 지갑 사정이 좋지 않아서 <u>가릴 수 있는 처지가 아니야.</u>

① 개밥에 도토리
② 빛 좋은 개살구
③ 목구멍이 포도청
④ 약방에 감초

11
고쳐 쓰기 단계에서는 작성한 글(초고)을 전체 수준에서부터 단어 수준에 이르기까지 점검하고 수정하는 과정이 이루어진다.

12
글을 쓸 때에는 반드시 객관적인 자료와 조사 결과를 근거로 하여 글을 써야 하며, 남의 창작물을 출처 표시 없이 함부로 베끼거나 내용을 과장해서는 안 된다.

13
③ 포도청에 잡혀갈 것을 알아도 잘못을 저지를 수밖에 없듯이, 먹고 살기 어려움을 이름.
① 개는 도토리가 밥 속에 있어도 안먹는다는 뜻으로, 무리 속에서 어울리지 못하는 사람을 이름.
② 보기에만 먹음직스러운 개살구처럼, 겉만 번지르르하고 실속이 없음.
④ 약방에 감초는 늘 있듯, 어디에나 빠짐없이 참여하는 사람을 이름.

ANSWER
11. ④　12. ④　13. ③

14 다음 중 관용 표현이 사용되지 <u>않은</u> 문장은?

① 미림이는 간이 커서 조금도 놀라지 않았다.

② 그는 머리를 써서 일을 효율적으로 해결한다.

③ 그는 자기가 잘못해 놓고 시치미를 떼고 있다.

④ 오빠는 손이 커서 사탕을 많이 집을 수 있었다.

15 다음 글 쓰기 개요표의 ㉠~㉣에 들어갈 설명 방법으로 옳지 <u>않은</u> 것은?

설명 방법	설명 대상	내용
• 주제 : 멸종 위기의 동물에 대해 알아보자. • 글의 종류 : 설명하는 글(정보 전달)		
㉠	멸종위기종	멸종될 위기에 놓여 있는 생물종을 말함
㉡	멸종위기종의 종류	위급종, 위기종, 취약종
㉢	멸종위기종의 공통점과 차이점	• 공통점 : 멸종 가능성이 높은 종 • 차이점 – 위급종 : 멸종 가능성이 극도로 높은 종 – 위기종 : 멸종 가능성이 매우 높은 종 – 취약종 : 멸종 가능성이 높은 종
㉣	멸종 위기에 처한 원인	서식지 훼손, 기후 변화

① ㉠ 정의   ② ㉡ 구분

③ ㉢ 비교 및 대조   ④ ㉣ 인용

16 다음은 보고서 작성을 위한 메모의 일부이다. ㉠~㉢에 들어갈 내용으로 적절하지 <u>않은</u> 것은?

> ㉠ : 무형 문화재인 '봉산탈춤'에 대해 알아보기 위해
> ㉡ : 봉산탈춤의 의미, 유래, 연출 형식, 내용
> ㉢ : 2020년 ○○월 ○○일~○○월 ○○일
> ㉣ : – 도서관에서 '봉산탈춤'과 관련된 책을 찾아봄
>   – 인터넷을 검색하여 관련 내용을 조사함
>   – '봉산탈춤'에 대한 동영상을 시청함

① ㉠ 조사 목적   ② ㉡ 조사 동기
③ ㉢ 조사 기간   ④ ㉣ 조사 방법

16

㉡은 조사 내용에 해당한다.

17 다음은 백두산을 소재로 글을 쓰기 위해 작성한 메모이다. 조사 내용을 찾기 위한 자료로 적절하지 <u>않은</u> 것은?

> • 주제 : 백두산을 바르게 알자.
> • 조사 내용
> – 백두산의 명칭
> – 백두산의 지형
> – 백두산의 생물
> – 백두산의 광물 자원

① 백두산의 탄생 및 지질과 관련된 학술 자료
② 백두산에서 서식하는 식물 도감
③ 백두산의 지하에 매장된 연료 자원 조사 보고서
④ 매년 백두산을 방문하는 관광객 수 그래프

17

'백두산을 바르게 알자'라는 글 쓰기를 위해 조사할 내용에 방문객 수에 관한 내용은 제시되지 않았다.

18 〈조건〉을 모두 고려하여 만든 광고 문구로 가장 적절한 것은?

> **보기**
> • "에너지를 아껴 쓰자."라는 주제를 드러낼 것
> • 단어를 반복하고 명령형으로 표현할 것

① 당신의 공공예절은 몇 살입니까?
② 걷는 당신, 지구 사랑의 선구자입니다.
③ 실내 온도를 올리지 말고 옷 지퍼를 올리세요.
④ 오늘도 북극곰은 먹이를 찾아 헤매고 있습니다.

18
'실내 온도를 올리지 말고, 옷 지퍼를 올리세요.' → '올리세요' 명령형의 단어 반복 / 에너지 절약의 의미가 담김

※ 다음을 읽고, 물음에 답하시오. (19~20)

> ㉠금욜 저녁에 가족들과 저녁 식사를 했다. ㉡오랫만에 대학교 기숙사에 사는 언니도 집에 놀러왔기 때문에 다들 매우 기뻐하였다. 신이 나신 어머니는 노래를 부르시고 아버지는 기타를 연주하셨다. 나는 귤을 좋아하는 언니를 위해 열심히 귤 ㉢껍질을 까서 주었다. 저녁 식사는 정말 맛있었고 오가는 농담은 재밌었다. 오늘 저녁은 ㉣짱 좋은 추억이 될 것 같다.

19 윗글의 제목으로 가장 적절한 것은?
① 금요일에 일어난 사건
② 가족과의 행복한 저녁 식사
③ 내가 언니에게 귤을 준 이유
④ 어머니의 노래와 아버지의 기타 연주

19
가족과 함께 한 행복한 저녁 식사를 추억하기 위해 쓴 글이다.

20 ㉠~㉣을 맞춤법에 맞게 고쳐 쓴 것으로 알맞지 않은 것은?
① ㉠ : 금요일 　　② ㉡ : 오랫만에
③ ㉢ : 껍데기 　　④ ㉣ : 정말

20
'껍질'은 사과 껍질처럼 물체의 겉을 싸고 있는 단단하지 않은 물질을 의미하며, '껍데기'는 보통 달걀이나 조개 따위의 겉을 싸고 있는 단단한 물질을 의미한다.

ANSWER
18. ③　19. ②　20. ③

PART IV

문 법

Chapter 01 언어와 문화
Chapter 02 음운 · 단어 · 문장의 이해
단원 마무리 문제

학습 point⁺

　문법 영역에서는 다양한 문법 단위에 대한 이해와 탐구를 통해 총체적인 국어 능력을 기르는 데 중점을 둡니다. 따라서 이 장에서는 언어의 본질, 음운 체계와 특성, 단어의 표기와 발음 방법, 품사의 종류와 특성, 어휘의 체계와 양상, 문장의 짜임, 담화의 개념과 특성, 한글 창제의 원리, 통일 시대의 국어 등의 학습 요소를 배우고 익히도록 합니다.

01 언어와 문화

01 언어의 본질

(1) 자의성

언어의 기호(형식)와 의미(내용)의 결합은 필연적인 관련성이 없다.

> 예 • 한국어 → [나무]
> • 영어 → [트리]
> • 독일어 → [바움]

(2) 사회성

언어는 그 언어를 사용하는 사람들 사이의 약속이므로, 개인이 마음대로 바꾸어 쓸 수 없다. 예 어떤 사람이 '밥'을 '딸꾹'이라고 바꿔 부르면 의사소통이 되지 않는다.

(3) 역사성

언어는 시간의 흐름에 따라 음운이나 어휘 등의 측면에서 변화가 나타난다.

> 예 • 형태의 변화 : 나모 → 나무
> • 의미의 변화 : '어리다'의 의미가 '어리석다' → '나이가 적다'로 변함

(4) 창조성

인간은 상황에 따라 무한하게 많은 새말을 만들어 낸다.

> 예 "집에 간다."라는 문장을 사용할 줄 알면, "학교에 간다.", "극장에 간다." 등의 문장도 만들어 사용할 수 있다.

✔ 바로바로 CHECK

다음에서 설명하는 언어의 특징으로 적절한 것은?

> 과거에 '뫼'라는 말은 '산'을 뜻하는 우리 고유어였다. 그러나 '산'이라는 한자어가 들어오면서 점차 덜 쓰이게 되고, 현재는 쓰이지 않는 말이 되었다. 이와 같이 언어도 시간의 흐름에 따라 변화를 겪게 된다.

① 언어의 자의성　② 언어의 역사성
③ 언어의 사회성　④ 언어의 창조성

정답 ②

02 어휘의 체계와 양상

1 어휘의 체계

(1) 고유어

① 우리말에 본디부터 있던 낱말이나 그것을 바탕으로 새로 만들어진 말을 의미한다.
　예 사랑, 하늘, 땅, 아름답다
② 순우리말이라고도 하며, 우리 민족이 지닌 고유의 정서나 문화를 잘 표현한다.

(2) 한자어

① 한자를 바탕으로 하여 만들어진 말을 의미한다. 　예 시험, 합격, 학생, 선생
② 고유어보다 의미가 구체적이며, 고유어를 보완하는 역할을 한다.

(3) 외래어

① 다른 나라에서 들어와 우리말에 동화되어 마치 한국어처럼 쓰이는 말을 의미한다.
　예 커피, 토마토, 아파트, 침팬지
② 우리말의 어휘를 풍부하게 해 주지만, 남용될 경우 우리말의 정체성을 위협할 수 있다.
　※ 외국어 : 외국에서 들어온 말로, 아직 국어로 정착되지 않은 단어 　예 무비(영화), 밀크(우유)

2 어휘의 양상

(1) 표준어

① 표준어의 의미 : 한 나라에서 공용어로 쓰이는 규범으로서의 언어를 말한다.
② 표준어의 가치 : 다양한 지역의 사람들이 모인 자리나 공적인 상황에서 표준어를 통해 원활한 의사소통을 할 수 있다.

(2) 지역 방언

① 지역 방언의 의미 : 하나의 언어가 지역적 요인에 의해 분화되었을 때, 그 자체로 독립된 체계를 갖는 언어 공동체의 언어를 말한다.

② 지역 방언의 가치

㉠ 우리말을 풍부하게 만드는 언어 자원이다.

㉡ 표준어에서 사라진 말이 있어 국어 연구에 도움을 준다.

㉢ 다양한 문화, 전통, 역사, 지역의 독특한 정서가 배어 있다.

㉣ 같은 지역의 사람들끼리 사용하면 친밀감을 증대시키고 풍부한 정서나 감정을 정확하게 전달할 수 있다.

(3) 사회 방언

① 사회 방언의 의미 : 세대나 직업 등 사회적 요인에 따라 다르게 쓰이는 말로, 이를 사용하는 집단의 특성을 반영한다.

② 사회 방언의 종류

유행어	비교적 짧은 시기에 걸쳐 여러 사람의 입에 오르내리며 널리 쓰이는 말. 생명이 짧고 쉽게 변하며 인터넷 등의 매체에서 자주 쓰인다. 예 생파, 열공
전문어	특정 분야에서 전문 개념을 표현하기 위해 쓰이는 말. 의미가 정밀하고 다의성이 적으며, 한자어나 외래어로 된 단어가 많다. 일반인은 잘 모르기 때문에, 은어와 유사한 기능을 발휘하기도 한다. 예 변론, 심리
은 어	특정 계층이나 부류의 사람들이 자기네 구성원들끼리만 사용하여 다른 사람들은 잘 알아듣지 못하는 말. 비밀을 유지하기 위해 쓰이며 집단의식을 반영한다. 예 대, 삼패(청과물 시장 상인의 은어) / 채약꾼, 소장마니(산삼 채취인의 은어)

③ 사회 방언 사용의 효과와 문제점

구 분	효 과	문제점
유행어	• 재미와 쾌감을 준다. • 현실에 대한 비판과 풍자를 해학적으로 나타낸다. • 대화의 분위기를 재미있게 이끌 수 있다.	• 의사소통에 지장을 줄 수 있다. • 자주 사용하면 개성이 없고 진지하지 못하거나 예의 없게 느껴질 수 있다.
전문어	• 해당 분야의 지식을 효율적으로 습득할 수 있다. • 복잡하고 어려운 내용을 간결하고 정확하게 전달할 수 있다.	일반인들은 이해하기 어려운 경우가 많아 의사소통에 지장을 줄 수 있다.
은 어	• 집단의 이익을 유지할 수 있다. • 남들은 알아듣지 못하므로 쾌감을 느낄 수 있다. • 집단에 대한 소속감과 사용자 간의 동질감을 느끼게 한다.	• 은어를 알지 못하는 사람과의 의사소통에 지장을 준다. • 은어를 알지 못하는 사람에게 소외감, 이질감, 고립감을 느끼게 한다.

심화학습 은어와 비속어

1) 비속어는 격식이 낮고 속된 말이지만, 때로는 친밀한 사이에서 격의 없이 쓰이기도 한다.
2) 은어가 일반 사회에 공개되어 폐쇄성과 은비성이 사라지면 비속어로 분류되기도 한다.

✔ 바로바로 CHECK

다음 ( ) 안에 공통으로 들어갈 말은?

> 청소년들이 흔히 쓰는 '왕따'라는 말은, 처음에는 몇몇 학생들 사이에 은밀하게 사용되던 (　　)였다. 그러다가 '왕따' 현상이 사회적 문제가 되면서, 일반인들에게 널리 알려져 (　　)로서의 성격을 상실하였따. '후배, 부하'를 뜻하는 '잔챙이', '잘리'도 처음에는 (　　)였지만, 지금은 널리 알려져 (　　)로서의 기능을 잃게 되었다.

① 은어　　　　② 외래어
③ 비속어　　　④ 유행어

해설 은어 : 특정 집단, 계층 사회에서 다른 사람들이 알아듣지 못하게 비밀스럽게 쓰는 말

정답 ①

---

(4) 의미 관계에 따른 어휘의 양상

① 유의어 : 단어들의 의미가 서로 비슷한 관계에 놓여 있는 말을 의미한다.

② 반의어 : 단어들의 의미가 서로 짝을 이루어 대립하는 관계에 있는 말을 의미한다.

③ 상의어 : 의미상 한 단어가 다른 단어를 포함하는 말을 의미한다.

④ 하의어 : 의미상 한 단어가 다른 단어에 포함되는 말을 의미한다.

⑤ 동음이의어 : 소리는 같으나 의미가 서로 다른 말을 의미한다.

⑥ 다의어 : 하나의 단어가 두 가지 이상의 관련된 의미로 쓰이는 말을 의미한다.

심화학습 동음이의어와 다의어의 차이

동음이의어	우연하게 소리만 같을 뿐 의미는 전혀 다르다. 예 • 다리 1 : 사람이나 동물의 몸 아래에 붙어, 서거나 걷거나 뛰는 일을 맡는 부분 • 다리 2 : 물 또는 어떤 공간의 위로 건너서 다닐 수 있도록 만든 시설물
다의어	소리만 같을 뿐 아니라 의미에도 어느 정도 관련성이 있다(중심 의미와 주변 의미로 연결). 예 머리 ┌ 중심 의미 : 사람이나 동물의 목 위의 부분 └ 주변 의미 : 머리카락, 생각하고 판단하는 능력

03 담화의 개념과 특성

1 담 화

(1) 담화의 의미

담화란 말하는 이(화자)와 듣는 이(청자), 혹은 글쓴이(필자)와 읽는 이(독자)가 주고받는 발화(문장)의 연속체를 의미한다.

(2) 담화의 구성 요소

① 담화의 참여자(화자 – 청자, 필자 – 독자)

② 전달하고자 하는 내용

③ 맥락(상황 맥락, 사회·문화적 맥락)

2 맥 락

(1) 맥락의 의미

① 담화가 이루어지는 상황과 배경을 의미한다.

② 담화의 맥락은 고정되어 있지 않으며, 유동적인 상황 속에서 그 의미가 결정된다.

(2) 상황 맥락

① 상황 맥락의 의미 : 담화의 의미를 해석하는 데 영향을 미치는 상황(담화 참여자의 관계, 의도와 목적, 시간과 공간)을 말한다. → **담화에 직접적인 영향을 끼침**

② 상황 맥락의 예

담화 참여자의 관계	담화 참여자들의 관계와 배경지식, 상황, 처지 등이 어떠한지에 따라 말과 글의 의미가 다양하게 해석될 수 있다. 예 "식사하기에 불편한 점은 없으셨나요?" → (식당 주인이 손님에게) 식당 시설이나 음식의 맛 등에 개선할 점이 있을까요? → (치과 의사가 손님에게) 치아의 상태에는 문제가 없으셨나요?

담화 참여자의 의도와 목적	의도와 목적을 고려하여 말의 의미를 해석할 수 있다. 예 "날씨가 너무 춥네." → 상대방에게 단순히 날씨가 춥다는 사실을 알리려는 목적 → 상대방에게 열려 있는 창문을 닫아 줄 것을 요청하려는 목적
시간과 공간	시간과 공간을 고려하여 말의 의미를 해석할 수 있다. 예 "몇 분 남았어?", "3분 남았어." → (등굣길에 교문 앞에서) 3분밖에 남지 않았으니 서둘러야 한다는 의미 → (수업시간에 교실 안에서) 수업이 끝나려면 아직 3분이나 남았다는 의미

(3) 사회·문화적 맥락

① 사회·문화적 맥락의 의미 : 담화의 해석에 영향을 미치는 역사적·사회적 배경, 공동체 가치, 신념 등을 말한다. → 담화에 간접적인 영향을 끼침

② 사회·문화적 맥락의 예

지 역	같은 언어라 할지라도 지역에 따라 의미가 나뉘기도 한다. 예 제주도에서는 고생했다는 의미로 "속았져."라고도 함
세 대	연령에 따라 의미가 나뉘기도 한다. 예 젊은 세대는 주로 인터넷상에서 유행하는 줄임말, 유행어 등을 사용함
문 화	문화권에 따라 관습적인 언어 표현을 지니고 있다. 예 한국어에서는 뜨거운 국물을 마시며 '시원하다'라고 하지만, 외국인은 이를 잘 이해하지 못할 수 있다.

(4) 담화 상황에서 맥락을 고려해야 하는 이유

① 맥락에 따라 담화의 의미가 달라지므로 이를 고려해야 정확한 의사소통이 가능하다.

② 맥락을 고려하지 않을 경우 오해가 생기거나 의미 해석 자체가 불가능할 수 있다.

③ 맥락에 맞지 않게 표현할 경우 예의에 어긋나거나 상대방의 마음을 불편하게 할 수 있다.

> ✔ 바로바로 CHECK
>
> **사회·문화적 맥락에 대한 내용으로 적절하지 않은 것은?**
> ① 사회·문화적 맥락은 지역, 세대, 문화 등에 영향을 받는다.
> ② 어린 세대는 '대박', '얼짱'과 같은 인터넷 용어를 주로 사용하기도 한다.
> ③ 전라도에서 고구마를 '감재'라고 부르는 것은 세대의 차이에 의한 것이다.
> ④ '별 볼일 없는 실력입니다.'와 같은 한국인들의 겸양 표현은 외국인에게는 낯설 수 있다.
>
> *해설* ③ 지역의 차이에 의한 것이다.
>
> 정답 ③

04 통일 시대의 국어

(1) 남북한 언어의 동질성

남북한은 오랜 역사 동안 한 민족으로서 같은 역사적 배경을 가지며, 같은 언어(한국어)와 문자(한글)를 공유해 왔다.

(2) 남북한 언어의 이질성

① 남북한 언어 차이의 발생 원인

ㄱ 남한과 북한의 언어 정책이 다르다.

ㄴ 남한과 북한 사이의 교류가 중단되었다.

ㄷ 남한과 북한의 이념과 정치 체제가 다르다.

ㄹ 지역적 차이로 인한 방언의 차이가 존재한다.

ㅁ 남한과 북한으로 분단된 뒤, 오랜 세월이 흘렀다.

② 남북한 언어의 차이

ㄱ 표준어(남한) : 교양 있는 사람들이 두루 쓰는 현대 서울말

ㄴ 문화어(북한) : 북한이 표준말로 사용하고 있는 평양 중심의 말

구 분	표준어(남한)	문화어(북한)
맞춤법	• 말의 첫소리에 오는 자음을 제한하는 두음 법칙을 인정함 예 노동, 여자, 양심 • 사이시옷을 씀 예 냇물 • 의존 명사를 띄어 씀 예 아는∨것	• 두음 법칙을 인정하지 않음 예 로동, 녀자, 량심 • 사이시옷을 쓰지 않음 예 내물 • 의존 명사를 붙여 씀 예 아는것
억 양	대체로 낮은 억양	높은 데서 낮은 데로 떨어지는 억양
어 조	부드럽게 흘러가는 듯한 자연스러운 느낌을 줌	단어나 어절을 끊어서 말하는 경향이 있어서 명확하고 또박또박하며 강하고 드센 인상을 줌
어 휘	• 한자어를 많이 사용함 예 수유실, 녹차 • 외래어를 그대로 사용하는 경우가 많음 예 도넛, 투피스, 커튼	• 고유어를 많이 사용함 예 젖먹임칸, 푸른차 • 대체로 외래어를 우리말로 바꿔 사용함 예 가락지빵, 나뉜옷, 창가림

③ 남북한 언어 차이의 예

남 한	북 한	남 한	북 한
가위바위보	가위주먹	코너킥	구석차기
직선	곧은선	헤딩	머리받기
맷돌	망돌	골키퍼	문지기
원피스	달린옷	곡선	굽은선
투피스	나뉜옷	볼펜	원주필

(3) 남북한 언어의 이질성 극복 방안

① 남북한 통합 사전을 편찬한다.

② 남북한 언어 차이의 실상을 파악한다.

③ 남북한의 언어에 대한 연구 결과를 공유하고 꾸준히 학술적으로 교류한다.

④ 남북한 공동 연구를 통해 외래어 순화 및 어문 규범의 통일을 추진해야 한다.

심화학습 ┐ 한국어의 언어문화적 특성

1) 수식어가 피수식어 앞에 놓인다. **예** 아름다운 하늘
   _{수식어   피수식어}

2) 높임법의 발달 **예** 밥 – 진지, 나이 – 연세, 자다 – 주무시다.

3) 친족어의 발달 **예** 아버지의 동기(삼촌, 고모), 어머니의 동기(외삼촌, 이모)

4) 공동체를 강조하는 표현 발달 **예** 우리 엄마, 우리 학교, 우리나라

5) 감각을 표현하는 어휘가 발달 **예** 붉은색 → 빨갛다, 발갛다, 새빨갛다, 불긋하다, 발그무레하다

6) 의성어, 의태어의 발달 **예** 달랑달랑 – 덜렁덜렁 – 딸랑딸랑 – 떨렁떨렁

7) 외래어의 영향을 많이 받는다(한자어, 영어). **예** 학교(學校), 교실(敎室), 텔레비전(television)

01 ㉠에 해당하는 언어의 특성으로 가장 적절한 것은?

기출

> ㉠언어는 그 언어를 사용하는 사회 구성원들 사이의 약속이므로 개인이 마음대로 바꾸어 쓸 수 없다. 만일 어떤 사람이 '지우개'를 '타타하'라고 부르겠다고 정하고, 사람들에게 "타타하 좀 빌려 줘."라고 말한다면 어떻게 될까? 아무도 그 말을 이해하지 못할 것이고, '타타하'라는 말을 사용하는 사람은 다른 사람들과 의사소통하기가 어려울 것이다.

① 자의성 　　　　② 사회성
③ 역사성 　　　　④ 창조성

01

사회성 : 언어는 사회 구성원들 사이의 약속으로 개인이 마음대로 바꾸어 쓸 수 없다.

02 다음 설명에 해당하는 언어의 특성은?

기출

> 언어는 대상을 가리키는 말소리와 대상 사이에 직접적인 연관이 없다. '하늘'이라는 대상을 우리말에서는 '하늘[하늘]'로, 영어에서는 'sky[스카이]'로 표현하는 것처럼 각기 다른 말소리로 표현하는 것이 그 예이다.

① 규칙성 　　　　② 자의성
③ 정확성 　　　　④ 중의성

02

자의성 : 언어의 기호(형식)와 의미(내용)의 결합은 필연적인 관련성이 없다.

03 다음 상황에 어울리는 대답으로 알맞은 것은?

> (치과에서 의사가 환자에게)
> "식사하기에 불편한 점은 없으셨나요?"

① 이가 좀 시렸어요.
② 음식이 좀 짰어요.
③ 식탁이 좀 불편했어요.
④ 맛있게 먹었어요.

03

치과 의사는 치아의 상태에 대해 묻는 것이므로 ①의 대답이 어울린다.

ANSWER
01. ② 　02. ② 　03. ①

04 상황 맥락을 고려하지 않을 경우 생길 수 있는 문제점으로 알맞지 <u>않은</u> 것은?

① 의미 해석이 불가능할 수 있다.
② 예의에 어긋난 표현을 할 수 있다.
③ 말의 의미가 한 가지로만 전달된다.
④ 사람들 사이에 오해가 생길 수 있다.

05 다음 담화 상황에서 아들이 고려하지 <u>않은</u> 요소는?

> 아들 : 엄마, 버카충해야 되는데 용돈 좀 주세요.
> 어머니 : 뭐라고? 버카충이 뭐니?

① 세대
② 성별
③ 지역
④ 지식 수준

06 다음 대화의 의미를 파악할 수 없는 이유로 알맞은 것은?

> 예현 : 우리 지금 시작할까?
> 연우 : 그래. 지금쯤이면 시작해도 괜찮을 거야.
> 예현 : 시작하려니 조금 떨리긴 하다.

① 방언을 사용함
② 비유적인 표현이 사용됨
③ 상황 맥락을 알 수 없음
④ 전문 용어를 사용함

07 표준어와 지역 방언에 대한 설명으로 알맞지 <u>않은</u> 것은?

① 우리나라는 표준어를 제정하였다.
② 방언을 사용하면 의사소통이 쉬워진다.
③ 표준어는 교양 있는 사람들이 두루 쓰는 현대어이다.
④ 같은 지방 사람들끼리 방언을 사용하면 친근감을 느낀다.

04
의사소통을 할 때 상황 맥락을 고려해야 하는 이유
• 상황 맥락에 따라 담화의 의미가 달라지므로 이를 고려해야 정확한 의사소통이 가능하다.
• 상황 맥락을 고려하지 않을 경우 오해가 생기거나 의미 해석 자체가 불가능할 수 있다.
• 상황 맥락에 맞지 않게 표현할 경우 예의에 어긋나거나 상대방의 마음을 불편하게 할 수 있다.

05
아들은 어린 청소년들이 주로 사용하는 '버카충(버스카드 충전)'이란 줄임말을 사용함으로써 어머니의 연령(세대)을 고려하지 못하고 있다.

06
제시된 대화에는 구체적인 상황 맥락이 제시되지 않아서 무엇을 시작하려고 하는 것인지 대화의 내용을 파악할 수 없다.

07
방언은 같은 지방 사람들끼리 사용하면 친근감을 느끼지만 다른 지방 사람들은 이해하기 어려울 수도 있다.

ANSWER
04. ③ 05. ① 06. ③ 07. ②

08 지역 방언이 가지는 가치로 알맞지 <u>않은</u> 것은?

① 우리말을 풍부하게 만드는 언어 자원이다.
② 옛말이 남아 있어 국어 연구에 도움을 준다.
③ 같은 지역에서는 정서나 감정을 정확하게 전달할 수 있다.
④ 서로 다른 지역 방언으로 대화할 경우 친밀감이 증대된다.

08
④ 같은 지역의 사람들끼리 사용하면 친밀감이 증대된다.

09 남북한 언어 차이를 바르게 해석하지 <u>못한</u> 사람은?

유 형	표준어	문화어
㉠	동무(뜻 : 친하게 어울리는 사람)	동무(뜻 : 로동계급의 혁명위업을 이룩하기 위해 함께 싸우는 사람)
㉡	커튼	창가림막
㉢	거위	게사니(함경 방언)

① 우리 : 북한의 문화어는 남한의 표준어에 해당하는군.
② 찬규 : ㉠은 같은 단어지만 이념에 따라 뜻이 달라진 유형이군.
③ 연우 : ㉡은 남한에서 외래어를 순우리말로 다듬은 사례로군.
④ 유신 : 북한은 ㉢처럼 지역 방언을 문화어로 인정하기도 했군.

09
북한은 '커튼(외래어)'을 '창가림막(순우리말)'으로 다듬었다.

10 남한과 북한의 언어 차이를 표로 정리한 내용 중 알맞지 <u>않은</u> 것은?

	남한	북한
①	표준어	문화어
②	서울말을 공통어로 삼음	평양말을 공통어로 삼음
③	두음 법칙을 인정하지 않음	두음 법칙을 인정함
④	대체로 낮은 억양으로 말함	높은 데서 낮은 데로 떨어지는 억양을 사용함

10
남한은 두음 법칙을 인정하고, 북한은 인정하지 않는다.

ANSWER
08. ④ 09. ③ 10. ③

NOTE

02 음운·단어·문장의 이해

01 한글의 창제 원리

1 한글의 창제

(1) 한글의 창제 배경
① 예부터 우리말은 존재했으나, 이를 표기할 고유한 문자가 없었다.
② 지배층은 한자를 사용했으나, 백성들은 한자의 수가 너무 많고 어려워 사용할 수 없었다.
③ 한자로는 우리말을 표현하는 데 한계가 있었다.

(2) 한글의 창제 정신
① **자주 정신** : 중국말을 따르지 않고, 우리나라 말을 따른 우리 글자를 만들었다.
② **애민 정신** : 어린 백성들이 말하고자 하는 바가 있어도 제 뜻을 표현하지 못함을 가엾게 여겼다(군주로서 백성을 사랑하는 정신).
③ **창조 정신** : 모방이 아닌 창조적 의지로 스물여덟 글자를 새로 만들었다.
④ **실용 정신** : 누구나 쉽게 익혀서 쓸 수 있도록 하였다.

(3) 자음의 제자 원리

① 상형의 원리 : 발음 기관의 모양을 본떠 기본자 'ㄱ, ㄴ, ㅁ, ㅅ, ㅇ'을 만들었다.

② 가획의 원리 : 기본자에 획을 하나씩 더하여 새로운 글자를 만들었다(기본자보다 소리가 세짐).

※ 이체자 : 'ㆁ(옛이응), ㄹ, ㅿ(반치음)'은 획을 더해도 소리가 세지지 않는다.

구 분	기본자		가획자	이체자
어금닛소리 자 [아음]		혀의 뿌리가 목구멍을 닫는 모양을 본뜸	ㄱ	ㅋ	ㆁ (옛이응)
혓소리 자 [설음]		혀끝이 윗잇몸에 붙는 모양을 본뜸	ㄴ	ㄷ, ㅌ	ㄹ (반설음)
입술소리 자 [순음]		입의 모양을 본뜸	ㅁ	ㅂ, ㅍ	—
잇소리 자 [치음]		이의 모양을 본뜸	ㅅ	ㅈ, ㅊ	ㅿ (반치음)
목구멍소리 자 [후음]		목구멍의 모양을 본뜸	ㅇ	ㆆ, ㅎ	—

(4) 모음의 제자 원리

① 상형의 원리 : 만물을 구성하는 세 가지 요소인 '하늘, 땅, 사람'의 모양을 본떠 기본자 '·, ㅡ, ㅣ'를 만들었다.

② 합성의 원리 : 기본자끼리 합성하여 초출자와 재출자를 만들었다.

기본자			초출자	재출자
하늘 천(天) → ●	둥근 하늘의 모양을 본뜸	·	ㅗ ㅏ ㅜ ㅓ	ㅛ ㅑ ㅠ ㅕ
사람 인(人) → ┃	사람이 일자로 서 있는 모양을 본뜸	ㅣ		
땅 지(地) → ▬	땅의 평평한 모양을 본뜸	ㅡ		

2 한글의 우수성

(1) 한글의 특성

① 제자원리가 과학적이고 체계적이며 배우기 쉽다.

② 음절 단위로 모아쓰기를 한다.

※ 모아쓰기 : 자음, 모음을 묶어서 하나의 글자처럼 쓰는 방식

> 예 로마자의 경우 Apple(사과)이라고 쓰지만, 한글은 'ㅅㅏㄱㅗㅏ'로 쓰지 않고 '사과'로 모아 쓸 수 있다.

(2) 정보화 시대에 부각되는 한글의 우수성

① 소리를 글로 표현하는 데 뛰어나기게 번역이나 음성 인식 컴퓨터를 사용할 때 유용하다.

② 컴퓨터나 휴대폰 자판을 이용할 때 문자 입력하는 속도가 한자 등 다른 외국어에 비해서 빠르다.

✔ 바로바로 CHECK

다음 중 훈민정음의 창제에 대한 내용으로 적절하지 <u>않은</u> 것은?

① 백성을 위하는 애민 정신이 깃들어 있다.
② 백성들의 문자 생활에 많은 어려움을 주었다.
③ 한글은 많은 지식과 정보를 쉽고 빠르게 전달할 수 있다.
④ 우리 사회는 한글 덕분에 정보화 분야에서 크게 발전하였다.

정답 ②

02 음운의 체계와 특성

1 음 운

(1) 음운의 의미

말의 뜻을 구별해 주는 소리의 최소 단위이다.

(2) 음운의 종류

자음 (19개)	허파에서 나오는 공기의 흐름이 목 안 또는 입 안의 어떤 자리에서 장애를 받고 나오는 소리 예 ㄱ, ㄴ, ㄷ, ㄹ, ㅁ, ㅂ, ㅅ, ㅇ, ㅈ, ㅊ, ㅋ, ㅌ, ㅍ, ㅎ, ㄲ, ㄸ, ㅃ, ㅆ, ㅉ
모음 (21개)	허파에서 나오는 공기의 흐름이 장애를 받지 않고 순조롭게 나오는 소리 예 ㅏ, ㅐ, ㅓ, ㅔ, ㅗ, ㅚ, ㅜ, ㅟ, ㅡ, ㅣ, ㅑ, ㅕ, ㅛ, ㅠ, ㅒ, ㅖ, ㅘ, ㅙ, ㅝ, ㅞ, ㅢ

2 자음 체계

(1) 소리 나는 위치에 따른 분류

입술소리(순음)	ㅂ, ㅃ, ㅍ, ㅁ
잇몸소리(치조음)	ㄴ, ㄷ, ㄸ, ㅌ, ㄹ, ㅅ, ㅆ
센입천장소리(경구개음)	ㅈ, ㅉ, ㅊ
여린입천장소리(연구개음)	ㄱ, ㄲ, ㅋ, ㅇ
목청소리(후음)	ㅎ

(2) 발음하는 방식에 따른 분류

① 목청의 울림 여부에 따른 분류

울림소리	발음할 때 입 안이나 목청이 떨려 울리면서 나는 소리 (ㄴ, ㅁ, ㅇ, ㄹ) 　비음　유음
안울림소리	ㄴ, ㅁ, ㅇ, ㄹ 이외의 모든 소리

② 소리를 내는 방식에 따른 분류

파열음	공기의 흐름을 잠시 막았다가 그 막은 자리를 터뜨리면서 내는 소리 (ㄱ, ㄲ, ㅋ, ㄷ, ㄸ, ㅌ, ㅂ, ㅃ, ㅍ)
마찰음	입 안이나 목청 사이의 통로를 좁혀 그 틈 사이로 공기를 내보내어 마찰을 일으키며 내는 소리(ㅅ, ㅆ, ㅎ)
파찰음	공기의 흐름을 막았다가 서서히 터뜨리면서 마찰을 일으켜 내는 소리 (ㅈ, ㅉ, ㅊ)

③ 소리의 세기에 따른 분류

예사소리	순하고 부드러운 느낌(ㄱ, ㄷ, ㅂ, ㅅ, ㅈ)
된소리	강하고 단단한 느낌(ㄲ, ㄸ, ㅃ, ㅆ, ㅉ)
거센소리	크고 거친 느낌(ㅋ, ㅌ, ㅍ, ㅊ)

(3) 국어의 자음 분류표

소리 내는 방법 \ 소리 내는 위치			입술소리 (순음)	잇몸소리 (치조음)	센입천장소리 (경구개음)	여린입천장소리 (연구개음)	목청소리 (후음)
안울림 소리	파열음	예사소리	ㅂ	ㄷ		ㄱ	
		된소리	ㅃ	ㄸ		ㄲ	
		거센소리	ㅍ	ㅌ		ㅋ	
	파찰음	예사소리			ㅈ		
		된소리			ㅉ		
		거센소리			ㅊ		
	마찰음	예사소리		ㅅ			ㅎ
		된소리		ㅆ			
울림 소리	비음(콧소리)		ㅁ	ㄴ		ㅇ	
	유음(흐름소리)			ㄹ			

3 모음 체계

(1) 단모음과 이중모음

① 단모음 : 발음할 때 입술 모양이나 혀의 위치가 변하지 않는다(ㅏ, ㅐ, ㅓ, ㅔ, ㅗ, ㅚ, ㅜ, ㅟ, ㅡ, ㅣ).

② 이중 모음 : 발음할 때 입술이나 혀가 움직이며 변한다(ㅑ, ㅒ, ㅕ, ㅖ, ㅘ, ㅙ, ㅛ, ㅝ, ㅞ, ㅠ, ㅢ).

(2) 단모음의 분류

① 입술 모양에 따른 분류

원순 모음	입술을 둥글게 하여 소리 내는 모음(ㅗ, ㅚ, ㅜ, ㅟ)
평순 모음	입술을 납작하게 하여 소리 내는 모음(ㅏ, ㅐ, ㅓ, ㅔ, ㅡ, ㅣ)

② 혀의 최고점의 위치에 의한 분류

전설 모음	혀의 최고점이 앞쪽에 있을 때 소리 나는 모음(ㅣ, ㅔ, ㅐ, ㅟ, ㅚ)
후설 모음	혀의 최고점이 뒤쪽에 있을 때 소리 나는 모음(ㅡ, ㅓ, ㅏ, ㅜ, ㅗ)

③ 혀의 높낮이에 의한 분류

고모음	입이 조금 열려서 혀의 위치가 높은 모음(ㅣ, ㅟ, ㅡ, ㅜ)
중모음	입이 더 열려서 혀의 위치가 중간인 모음(ㅔ, ㅚ, ㅓ, ㅗ)
저모음	입이 크게 열려서 혀의 위치가 낮은 모음(ㅐ, ㅏ)

(3) 국어의 단모음 분류표

혀의 최고점의 위치 / 입술 모양 / 혀의 높이	앞(전설 모음)		뒤(후설 모음)	
	둥글지 않은 입술 모양 (평순 모음)	둥근 입술 모양 (원순 모음)	둥글지 않은 입술 모양 (평순 모음)	둥근 입술 모양 (원순 모음)
높음(고모음)	ㅣ	ㅟ	ㅡ	ㅜ
중간(중모음)	ㅔ	ㅚ	ㅓ	ㅗ
낮음(저모음)	ㅐ		ㅏ	

심화학습 음 절

'음절'이란 한 번에 소리 낼 수 있는 소리마디를 뜻한다.
1) '모음' 단독으로 된 음절 **예** 아, 야, 어, 여……
2) '자음+모음'으로 된 음절 **예** 가, 나, 다, 라……
3) '모음+자음'으로 된 음절 **예** 앙, 영, 언, 얼……
4) '자음+모음+자음'으로 된 음절 **예** 각, 단, 달, 먼……

03 단어의 정확한 발음과 표기

1 표준 발음법(단어의 발음 원리)

제1항 표준 발음법은 표준어의 실제 발음을 따르되, 국어의 전통성과 합리성을 고려하여 정함을 원칙으로 한다.

(1) 어말 또는 자음 앞에서 받침의 발음

① 홑받침의 발음

㉠ 우리말은 받침소리로 'ㄱ, ㄴ, ㄷ, ㄹ, ㅁ, ㅂ, ㅇ'의 7개 자음만 발음한다.

㉡ 이 밖의 받침이 올 경우에는 7개의 대표음 중 하나로 바꾸어 발음한다.

ㄱ, ㄲ, ㅋ	[ㄱ]으로 발음한다. 예 밖[박], 부엌[부억]
ㄷ, ㅅ, ㅆ, ㅈ, ㅊ, ㅌ, ㅎ	[ㄷ]으로 발음한다. 예 옷[온], 낮[낟], 윷[윧], 밭[받], 히읗[히읃]
ㅂ, ㅍ	[ㅂ]으로 발음한다. 예 잎사귀[입싸귀]

② 겹받침의 발음

㉠ 첫 번째 받침의 대표음으로 발음하는 경우

ㄳ	[ㄱ]으로 발음한다. 예 몫[목], 삯[삭]
ㄵ	[ㄴ]으로 발음한다. 예 앉다[안따], 앉다[안따]
ㄼ, ㄽ, ㄾ	[ㄹ]로 발음한다. 예 짧다[짤따], 곬[골], 핥다[할따]
ㅄ	[ㅂ]으로 발음한다. 예 없다[업따]

※ 예외 : '밟-'은 자음 앞에서는 [밥]으로 발음한다. 예 밟다[밥따]
　　　　'넓적하다[넙쩍하다]', '넓둥글다[넙뚱글다]'의 경우는 겹받침을 [ㅂ]으로 발음한다.

㉡ 두 번째 받침의 대표음으로 발음하는 경우

ㄺ	[ㄱ]으로 발음한다. 예 닭[닥], 맑다[막따]
ㄻ	[ㅁ]으로 발음한다. 예 앎[암ː]
ㄿ	[ㅂ]으로 발음한다. 예 읊다[읍따]

※ 예외 : 용언의 어간 말음 'ㄺ'은 'ㄱ' 앞에서 [ㄹ]로 발음한다. 예 맑게[말께], 읽고[일꼬]

(2) 모음 앞에서 받침의 발음

구 분	뒤에 오는 모음이 실질적인 의미가 있는 경우	뒤에 오는 모음이 실질적인 의미가 없는 경우
앞말이 홑받침인 경우	대표음으로 바꾸어서 뒤에 오는 음절의 첫소리로 발음한다. **예** 옷 안[오단]	원래 소리값을 뒤에 오는 음절의 첫소리로 발음한다. **예** 옷을[오슬]
앞말이 겹받침인 경우	겹받침 중에서 하나만 뒤에 오는 음절의 첫소리로 발음한다. **예** 값있다[가빋따]	앞의 받침은 남겨 두고, 뒤의 받침은 뒤에 오는 음절의 첫소리로 발음한다. **예** 흙이[흘기]

(3) 이중모음의 발음

ㅢ	• 첫소리가 자음인 음절의 'ㅢ'는 [ㅣ]로 발음한다. **예** 희망[히망] • 단어의 첫음절 이외의 '의'는 [ㅣ]로 발음함도 허용한다. **예** 주의[주의/주이] • 조사 '의'는 [ㅔ]로 발음함도 허용한다. **예** 나의[나의 / 나에]
ㅕ	용언의 활용형에 나타나는 '져, 쪄, 쳐'는 [저, 쩌, 처]로 발음한다. **예** 가져[가저], 쪄서[쩌서], 다쳐[다처]
ㅖ	• '예, 례'에 쓰이는 'ㅖ'는 [ㅖ]로 발음한다. **예** 예의[예의], 차례[차례] • '예, 례' 이외의 'ㅖ'는 [ㅔ]로도 발음할 수 있다. **예** 계절[계절/게절]

2 한글 맞춤법(단어의 표기 원리)

(1) 맞춤법의 의미

맞춤법이란 말을 글자로 적을 때 지켜야 할 약속으로 소리를 글자로 적을 때 낱말의 형태, 띄어쓰기, 문장 부호 등을 통틀어 말한다.

(2) 낱말의 형태

제1항   한글 맞춤법은 표준어를 소리대로 적되, 어법에 맞도록 함을 원칙으로 한다.

① 소리대로 적는다. → **표준어의 발음 형태대로 적음** **예** 짐군(×) → 짐꾼(○)

② 어법에 맞게 적는다. → **뜻을 파악하기 쉽게 형태소의 본래의 모양을 밝혀 적음**
     예 해도지(×) → 해돋이(○)

심화학습 ─ 띄어쓰기

1) 조사는 앞말에 붙여 쓴다.   예 꽃이, 꽃을

2) 의존 명사는 띄어 쓴다.   예 아는 것이 힘이다.

3) 단위를 나타내는 명사는 띄어 쓴다.   예 꽃 한 송이

4) 수를 적을 때에는 '만(萬)' 단위로 띄어 쓴다.   예 13억 675만 8950

5) 두 말을 이어 주거나 열거할 때 쓰이는 말들은 띄어 쓴다.   예 국장 겸 과장

6) 보조 용언은 띄어 씀을 원칙으로 하되, 경우에 따라 붙여 씀도 허용한다.
   예 도와 드리다(도와드리다)

7) 성과 이름, 성과 호 등은 붙여 쓰고, 이에 덧붙는 호칭어, 관직명 등은 띄어 쓴다.
   예 채영신, 김미숙 선생님

✔ 바로바로 CHECK

01 다음 중 받침의 발음이 나머지와 다른 것은?

① 꽃   ② 못
③ 잎   ④ 밭

해설 ③ '잎[입]'의 받침은 [ㅂ]으로 발음하고, 나머지는
    모두 [ㄷ]으로 발음한다.
    ① 꽃[꼳], ② 못[몯], ④ 밭[받]

02 다음을 맞춤법에 맞게 고치시오.

① 깍뚜기   ➡ _____
② 깨끗히   ➡ _____
③ 내가 만들어 줄께. ➡ _____
④ 그러면않되요. ➡ _____

정답 01. ③   02. ① 깍두기 ② 깨끗이 ③ 내가 만들어 줄게. ④ 그러면∨안∨돼요.

04 품사의 종류와 특성

1 품사의 의미와 분류 기준

(1) 품사의 의미 : 단어를 공통된 문법적 성질에 따라 나누어 놓은 갈래이다.

(2) 품사의 분류 기준

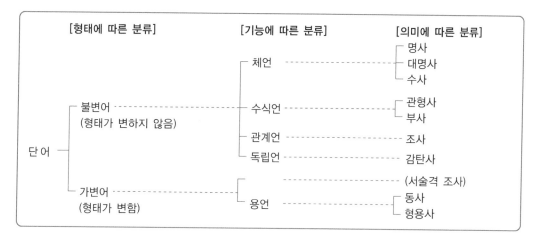

2 품사의 종류와 특성 중요⁺

(1) 체 언

① 문장에서 주로 주성분으로 쓰인다.
② 형태가 변하지 않는다.
③ 조사가 붙는다.

명 사	구체적이거나 추상적인 대상의 이름을 나타내는 단어 예 영희, 행복, 사과 등
대명사	사람, 사물, 장소의 이름을 대신하여 가리키는 단어 예 나, 무엇, 저기
수 사	물건의 양이나 순서를 가리키는 단어 예 하나, 둘, 일, 이

✔ 바로바로 CHECK

다음 단어들의 공통적인 특성으로 적절한 것은?

> 나, 자네, 이것, 저기

① 수량이나 순서를 나타낸다.
② 사람이나 사물의 이름을 나타낸다.
③ 사람이나 사물의 움직임을 나타낸다.
④ 사람, 사물, 장소의 이름을 대신하여 나타낸다.

해설 ① 수사, ② 명사, ③ 동사, ④ 대명사

정답 ④

(2) 용 언

① 문장에서 주로 서술어로 쓰인다.

② 형태가 변한다. – 활용

동 사	사람이나 사물의 움직임을 나타내는 단어 예 먹다, 달리다
형용사	사람이나 사물의 상태나 성질을 나타내는 단어 예 예쁘다, 착하다

✔ 바로바로 CHECK

다음의 특성을 가진 단어가 <u>아닌</u> 것은?

> 사람이나 사물의 움직임을 나타낸다.

① 먹다 ② 웃다
③ 파랗다 ④ 달리다

 정답 ③

(3) 수식언

① 다른 성분을 꾸며 주는 역할을 한다.

② 형태가 변하지 않는다.

관형사	문장 속에서 '어떠한'의 방식으로 명사, 대명사, 수사를 꾸며 주는 단어 예 새, 헌
부 사	문장 속에서 '어떻게'의 방식으로 주로 동사, 형용사를 꾸며 주는 단어 예 매우, 일찍

(4) 관계언

① 주로 체언 뒤에 붙어 쓰인다.

② 서술격 조사 '–이다'를 제외하고는 활용하지 않는다.

조 사	체언 뒤에 붙어서 다른 말과의 문법적 관계를 나타내거나 특별한 뜻을 더해 주는 역할을 하는 단어 예 –가, –을, –도, –이다

(5) 독립언

① 문장에서 독립적으로 쓰인다.

② 문장에서 어느 곳에나 놓일 수 있다.

③ 형태가 변하지 않고 조사가 붙지 않는다.

감탄사	감정을 넣어 말하는 사람의 놀람, 느낌, 부름이나 대답을 나타내는 단어 예 앗, 어머나, 네

심화학습 단어의 짜임

1) 형태소 : 뜻을 가진 가장 작은 말의 단위
   ① 자립성의 유무에 따라

자립 형태소	홀로 쓰일 수 있는 형태소 예 엄마, 사과
의존 형태소	반드시 다른 말에 의존하여 쓰이는 형태소 예 -가, -를, 먹-, -는-, -다

   ② 의미와 기능에 따라

실질 형태소	실질적인 의미를 가진 형태소 예 엄마, 사과, 먹-
형식 형태소	문법적인 의미를 지닌 형태소 예 -가, -를, -는-, -다

2) 단어 : 분리하여 자립적으로 쓸 수 있는 말이나 그 말의 뒤에 붙어서 문법적 기능을 나타내는 말(조사) 예 엄마, -가, 사과, -를, 먹는다

   ```
            ┌ 단일어 : 하나의 어근으로 이루어진 단어  예 하늘, 봄, 나무
   단어 ─┤              ┌ 합성어 : 어근 + 어근  예 봄바람, 밤나무
            └ 복합어 ─┤
                          └ 파생어 : 어근 + 접사 / 접사 + 어근  예 햇밤, 맨손
   ```

   ※ • 어근 : 단어를 형성할 때 실질적인 의미를 나타내는 부분 예 개살구, 넓이
   　• 접사 : 어근에 붙어 그 뜻을 제한하는 부분 예 햇나물, 날고기, 집게, 베개

05 문장의 짜임과 양상

1 문장의 구조

(1) 문장의 구조 분석

① 주어부 : 풀이의 대상이 되는 말과 그것을 꾸며 주는 말
② 서술부 : 풀이하는 말과 그것을 꾸며 주는 말

노란 들국화가 (주어부)	아름답게 피었다. (서술부)

(2) 문장의 기본 구조

① 누가 / 무엇이 + 무엇이다(체언 + ─이다) 예 민주는 학생이다.
② 누가 / 무엇이 + 어찌하다(동사) 예 바람이 분다.
③ 누가 / 무엇이 + 어떠하다(형용사) 예 하늘이 푸르다.

2 문장 성분 중요⁺

(1) 주성분 : 문장을 이루는 데 꼭 필요한 성분

① 주어 : 설명하고자 하는 대상 예 오빠가 책을 주었다.
② 목적어 : 서술어의 동작이나 행위의 대상 예 오빠가 책을 주었다.
③ 서술어 : 대상에 대한 설명 예 오빠가 책을 주었다.
④ 보어 : 서술어 '되다 / 아니다'의 앞에서 서술어를 보충해 주는 말
　　예 오빠가 선생님이 되었다.

(2) 부속 성분 : 문장에서 주성분을 꾸며 주는 성분

① 관형어 : 설명하는 대상 앞에서 이를 꾸며 주는 역할을 하는 말
　　예 언니가 새 옷을 입었다.
② 부사어 : 주로 서술어를 꾸며 주는 말 예 하늘이 매우 높다.

(3) **독립 성분** : 다른 성분들과 직접적인 관계를 맺지 않고 독립적으로 쓰이는 문장 성분

　① **독립어** : 부름, 감탄, 응답

　　예 아아, 드디어 방학이다.

> **✔ 바로바로 CHECK**
>
> **다음 문장에서 밑줄 친 부분의 문장 성분은?**
>
> ┌─ 보기 ─────────────────────┐
> 　철수가 <u>부지런히</u> 길을 걷고 있다.
> └──────────────────────────┘
>
> ① 주어　　　　　② 보어
> ③ 목적어　　　　④ 부사어
>
> **해설** 철수가 <u>부지런히</u> 길을 걷고 있다.
> 　　　주어　　부사어　목적어　　서술어
>
> 정답 ①

3 서술어의 자릿수

(1) **한 자리 서술어** : 주어 하나만 필요로 하는 서술어　예 <u>심청이는 착하다.</u>
　　　　　　　　　　　　　　　　　　　　　　　　　주어　　서술어

(2) **두 자리 서술어** : 주어와 함께 또 하나의 필수적인 문장 성분을 필요로 하는 서술어

　　예 <u>심청이는 왕비가 되었다.</u>
　　　　주어　　보어　서술어

(3) **세 자리 서술어** : 주어를 포함하여 세 개의 필수적인 문장 성분을 필요로 하는 서술어

　　예 <u>심청이는 심봉사에게 밥을 주었다.</u>
　　　　주어　　　부사어　목적어 서술어

4 문장의 종류

(1) **홑문장과 겹문장**

　① **홑문장** : '주어 + 서술어'의 관계가 한 번만 이루어진 문장

　　예 엄마가 얼굴에 미소를 띠었다.

　② **겹문장** : 두 개 이상의 홑문장이 합쳐져서 이루어진 문장으로, 이어진문장과 안은문장으로 나뉜다.

　　예 나는 극장에 갔고, 은주는 은행에 갔다.　　　－ 이어진문장

　　　　나는 시내에 은행이 많다는 것을 알았다.　　　－ 안은문장

(2) 이어진문장과 안은문장

① 이어진문장 : 홑문장이 여러 개 이어진문장

대등하게 이어진문장	앞 절과 뒤 절이 '나열, 대조, 선택' 등의 의미 관계를 가짐 예 낮말은 새가 듣고, 밤말은 쥐가 듣는다.
종속적으로 이어진문장	앞 절과 뒤 절의 의미가 독립적이지 못하고 종속적인 관계(이유, 조건, 의도, 결과)를 가짐 예 봄이 오니 날씨가 따뜻하다.

② 안은문장 : 한 홑문장이 다른 홑문장을 하나의 문장 성분처럼 안고 있다. 이때 안은 문장의 성분으로 쓰이는 홑문장이 '안긴 문장'이며, '절'이라고도 표현한다.

명사절	주어와 목적어, 보어 등 다양한 기능을 하는 절 예 나는 비가 오기를 기다리고 있어.
관형절	관형어의 기능을 하는 절 예 나는 귀가 큰 당나귀를 보았다.
부사절	부사어의 기능을 하는 절 예 그는 내게 소리도 없이 다가왔다.
서술절	서술어의 기능을 하는 절 예 철수는 키가 크다.
인용절	다른 사람의 말을 인용한 것이 절의 형식으로 안김 예 영화 보러 가자고 민수가 말했다.

심화학습 〉 중의적 표현

1) **중의적 표현의 의미** : 하나의 표현이 둘 이상의 의미로 해석되는 것

2) **중의적 표현의 종류**
    ① **어휘적 중의성** : 한 단어의 뜻이 두 가지 이상의 의미로 해석되는 경우
        예 • 손이 크다 → 신체 일부인 '손' / 씀씀이
            • 말이 많다 → 언어[言] / 동물[馬]
    ② **구조적 중의성** : 문장 구조 특성상 두 가지 이상의 의미로 해석되는 경우
        예 • 똑똑한 민아의 친구 → 민아가 똑똑하다. / 민아의 친구가 똑똑하다.
            • 학생들이 다 오지 않았다. → 학생들이 모두 오지 않았다. / 학생들 중 일부만 왔다.
            • 나는 언니와 너를 기다리고 있어. → 나는 언니와 함께 너를 기다리고 있어 /
                                    나는 혼자서 언니와 너를 기다리고 있어.
    ③ **비유적 중의성** : 비유에 쓰인 보조 관념이 두 가지 이상의 의미로 해석되는 경우
        예 민수는 표범이다. → 민수는 표범처럼 빠르다. / 민수는 표범처럼 생겼다.

3) **중의성 해결 방법** : 단어의 순서를 정확하게 쓰고, 문장의 뜻이 분명해지도록 풀어서 쓰도록 한다. 또한 반점 등을 사용하여 수식 관계를 분명히 하고, 의미를 한정하는 상황이나 문맥을 제시한다.
        예 • 이것이 아버지의 그림이다. → 이것이 아버지가 그린 그림이다.
            • 나는 형과 동생을 찾아다녔다. → 형과 나는 동생을 찾아다녔다.
            • 귀여운 소녀의 인형 → 귀여운, 소녀의 인형(인형이 귀엽다.) /
                            귀여운 소녀의, 인형(소녀가 귀엽다.)

01 다음 중 입술소리로만 연결된 것은?

① ㅅ - ㅆ   ② ㅈ - ㅉ

③ ㄱ - ㄲ   ④ ㅂ - ㅃ

01
① 잇몸소리
② 센입천장 소리
③ 여린입천장 소리

02 밑줄 친 부분 중, 거센소리가 쓰인 것은?

기출 ① 나는 바닥을 솔로 <u>빡빡</u> 문질렀다.

② <u>깜깜</u>한 밤하늘에 무수한 별들이 반짝였다.

③ <u>탄탄</u>하지 못한 출입문이 <u>삐걱</u>대며 흔들렸다.

④ 그는 비탈길을 <u>종종걸음</u>으로 내려가고 있었다.

02
소리의 세기에 따른 자음의 분류
• 안울림 예사소리 : ㄱ, ㄷ, ㅂ, ㅅ, ㅈ
• 안울림 된소리 : ㄲ, ㄸ, ㅃ, ㅆ, ㅉ
• 안울림 거센소리 : ㅋ, ㅌ, ㅍ, ㅊ

03 다음 밑줄 친 단어의 발음이 옳은 것은?

① 이 곳에 <u>앉지[안찌]</u> 마세요.

② 책을 <u>읽고[익꼬]</u> 독후감을 썼다.

③ 달이 참으로 <u>밝다[발따]</u>!

④ 내 동생은 <u>여덟[여덥]</u> 살이다.

03
② 읽고[일꼬], ③ 밝다[박따]
④ 여덟[여덜]

04 다음 밑줄 친 부분 중, 발음과 표기가 동일한 것은?

① <u>장미꽃</u>처럼 아름다운 사랑

② 그것 정말 <u>좋은</u> 생각이구나.

③ 어린 아이에게 사탕 <u>다섯</u> 개를 주었다.

④ 밥을 먹었으면 <u>설거지</u>도 해야지.

04
① 장미꽃[장미꼳], ② 좋은[조은]
③ 다섯[다섣]

ANSWER
01. ④ 02. ③ 03. ① 04. ④

05 다음 글에서 알 수 있는 훈민정음의 창제 정신으로 가장 적절한 것은?

기출

> 우리나라 말이 중국과 달라 한자와는 서로 통하지 아니한다. 이런 까닭으로 글을 모르는 백성이 말하고 자 하는 바가 있어도 마침내 제 뜻을 펴지 못하는 사 람이 많다. 내가 이것을 가엾게 생각하여 새로 스물여 덟 글자를 만드니, 모든 사람이 쉽게 익혀서 날마다 쓰는 데 편하게 하고자 할 따름이다.
> ─ 「훈민정음(訓民正音) 언해본」

① 새 글자는 한자의 모양을 참고하여 만들어야 한다.
② 글자를 몰라도 백성들이 사는 데는 큰 문제가 없다.
③ 누구나 새 글자를 쉽게 익혀 편하게 사용해야 한다.
④ 새 글자를 만드는 것은 외국과 소통하기 위해서이다.

06 다음 단어들의 공통점으로 적절한 것은?

기출

> 구름   나무   물

① 수량이나 순서를 나타낸다.
② 대상의 움직임을 나타낸다.
③ 대상의 상태나 성질을 나타낸다.
④ 사람이나 사물의 이름을 나타낸다.

07 다음 단어들의 공통점으로 적절한 것은?

기출

> 기쁘다   부드럽다   아름답다

① 사람이나 사물의 이름을 나타낸다.
② 사물의 수량이나 순서를 나타낸다.
③ 사람이나 사물의 움직임을 나타낸다.
④ 사람이나 사물의 상태나 성질을 나타낸다.

05

훈민정음 창제 정신
• 자주정신 : 우리나라 말이 중국과 다르다.
• 애민정신 : 글을 몰라 제 뜻을 펼치지 못 하는 백성을 가엾게 여기다.
• 창조정신 : 새로 스물여덟 글자를 만들다.
• 실용정신 : 모든 사람이 쉽게 익혀 편하게 하고자 할 따름이다.

06

④ 사람이나 사물의 이름을 나타낸다.
→ 명사 **예** 구름, 나무, 물
① 수량이나 순서를 나타낸다.
→ 수사 **예** 하나, 둘, 셋
② 대상의 움직임을 나타낸다.
→ 동사 **예** 달리다, 먹다, 보다
③ 대상의 상태나 성질을 나타낸다.
→ 형용사 **예** 기쁘다, 슬프다

07

기쁘다, 부드럽다, 아름답다 → 형용사
④ 사람이나 사물의 상태나 성질을 나타 낸다. → 형용사
① 사람이나 사물의 이름을 나타낸다.
→ 명사
② 사물의 수량이나 순서를 나타낸다.
→ 수사
③ 사람이나 사물의 움직임을 나타낸다.
→ 동사

ANSWER
05. ③ 06. ④ 07. ④

08 다음 설명을 참고할 때, 밑줄 친 부분 중 주성분이 <u>아닌</u> 것은?

> 문장을 이루는 데 꼭 필요한 주어, 서술어, 목적어, 보어를 주성분이라고 한다.

① 강아지는 <u>집에서</u> 논다.
② 우리는 <u>점심을</u> 먹는다.
③ 친구가 <u>소방관이</u> 되었다.
④ 착한 <u>사람이</u> 복을 받는다.

09 밑줄 친 부분의 예로 적절한 것은?

> 둘 이상의 홑문장이 연결 어미로 이어진 겹문장을 이어진문장이라고 한다.

① 동생이 그림책을 본다.
② 비가 소리 없이 내린다.
③ 바람에 꽃잎이 떨어진다.
④ 산은 푸르고 하늘은 높다.

10 밑줄 친 부분의 예로 적절한 것은?

> 안은문장은 홑문장을 하나의 문장 성분으로 포함하는 전체 문장을 말한다.

① 우리는 집에 도착했다.
② 오빠는 운동을 아주 잘한다.
③ 나는 친구가 오기를 기다렸다.
④ 그는 밥을 먹고, 그녀는 빵을 먹는다.

08
① 강아지는 집에서 논다.(부사어)
② 우리는 점심을 먹는다.(목적어)
③ 친구가 소방관이 되었다.(보어)
④ 착한 사람이 복을 받는다.(주어)

09
④ 산은 푸르고 하늘은 높다. → 이어진 문장(대등)
① 동생이 그림책을 본다. → 홑문장
② 비가 소리 없이 내린다. → 안은문장 (부사절)
③ 바람에 꽃잎이 떨어진다. → 홑문장

10
③ 안은문장(명사절)
① 홑문장
② 홑문장
④ 이어진문장(대등)

ANSWER
08. ① 09. ④ 10. ③

01 다음에서 설명하는 언어의 특성은?

> 언어는 시간의 흐름에 따라 소리와 의미가 변하며, 새 언어가 만들어지거나 있던 언어가 없어진다.

① 사회성   ② 기호성

③ 역사성   ④ 자의성

02 ㉠에서 설명하는 언어의 특성은?

> 그림 문자는 어떤 대상을 관찰한 뒤에 이를 묘사하거나 이와 관련되는 의사를 표현한 것이다. 이런 경우, 그 대상을 있는 그대로 묘사하기보다는 약간의 추상화 과정을 거쳐 독자적인 부호를 사용한다. 그러나 이것이 문자로서의 의미를 지니기 위해서는, ㉠대부분의 주변 사람들이 이를 하나의 약속으로 인정하는 과정이 필요하다.

① 역사성   ② 사회성

③ 법칙성   ④ 창조성

03 다음 중 올바르지 않은 설명은?

① 유행어는 비교적 짧은 시기에 걸쳐 많은 사람들의 입에 오르내리는 말이다.

② 전문어, 은어, 유행어를 살펴보면 그 언어가 사용되던 사회의 모습을 알 수 있다.

③ 전문어는 전문 분야의 지식을 나타내기 위하여 그 분야의 전문가들이 즐겨 사용하는 말이다.

④ 전문어, 은어, 유행어는 특정 집단이나 계층에서 주로 사용하는 말이므로 대화 상대방을 고려할 필요가 없다.

01

① 사회성 : 언어는 그 언어를 사용하는 사람들 사이의 약속이므로, 개인이 마음대로 바꿔 쓸 수 없다.

② 기호성 : 언어는 전달하고자 하는 '내용'을 일정한 '형식'으로 나타내는 기호 체계이다.

④ 자의성 : 언어의 기호(형식)와 의미(내용)의 결합은 필연적인 관련성이 없다.

02

사회성 : 언어는 그 언어를 사용하는 사람들 사이의 약속이므로, 개인이 마음대로 바꾸어 쓸 수 없다.

03

전문어, 은어, 유행어는 대화 상대방이나 상황을 고려하여 의사소통에 장애가 되지 않도록 적절히 사용해야 한다.

ANSWER

01. ③   02. ②   03. ④

04 다음 ( ) 안에 들어갈 알맞은 말은?

> ( )는 상당히 우리말처럼 느껴져 다른 나라에서 온 말이라는 것을 쉽게 느낄 수 없는 말이다. '빵, 담배, 버스, 컴퓨터'와 같은 말이 그 예이다.

① 은어　　　　　　　② 외래어
③ 유행어　　　　　　④ 비속어

05 밑줄 친 '손'이 중심 의미로 쓰인 것은?

① 손을 씻고 밥을 먹어야 한다.
② 이번 기회에 그와 손을 잡기로 했다.
③ 나는 어려서 할머니의 손에서 자랐다.
④ 여름철 농번기에는 손이 매우 모자란다.

06 상황 맥락을 고려한 대화로 적절하지 않은 것은?

① 종원 - 생일 축하해. 이건 내가 준비한 선물이야.
　　성진 - 와, 정말 멋진 선물이다. 고마워.
② 연우 - 오늘 연극 보러 가지 않을래?
　　예현 - 미안해. 오늘 엄마를 도와 드리기로 했어.
③ 수민 - 오늘 너희 집에 가서 숙제 같이 해도 돼?
　　성진 - 그러자. 서로 도움이 될 수 있을 거야.
④ 선생님 - 이 녀석, 지금 몇 시야? 너 매일 지각이구나.
　　민준 - 네, 선생님. 밥 먹고 왔습니다.

07 다음 담화 상황에서 밑줄 친 말에 담긴 의미로 적절한 것은?

> 찬규 : 오늘 영화보러 갈래?
> 연우 : <u>어제 잠을 거의 못 잤어.</u>

① 제안
② 동의
③ 거절
④ 명령

08 북한의 언어에 대한 설명으로 알맞은 것은?

① 외래어를 많이 사용한다.
② 두음 법칙을 인정한다.
③ 한자어를 많이 사용한다.
④ 평양 지역의 언어를 공용어로 정하여 '문화어'로 지칭한다.

09 다음 중 단어의 발음이 옳은 것은?

① 꽃[꼿]이 참 예쁘구나!
② 저 옷은[오든] 내가 살 거야.
③ 그것은 희망[희망]일 뿐이야.
④ 푸른 잎을[이플] 보아라.

10 밑줄 친 부분이 문장 속에서 바르게 쓰인 것은?

① 우리 아버지는 담배를 <u>않</u> 피우셔.
② 내가 맛있는 빵을 만들어 <u>줄게.</u>
③ 민수는 <u>거름</u>이 매우 빠르다.
④ 지수는 우체국에서 우표를 <u>부쳐</u> 편지를 보냈다.

07
어제 잠을 거의 못 잤기 때문에 영화를 보러 갈 수 없다는 거절의 의미가 담겨 있다.

08
북한 언어는 두음 법칙을 인정하지 않고, 고유어의 사용이 많다.

09
① 꽃[꼳], ② 옷은[오슨], ③ 희망[히망]

10
① 않 → 안
③ 거름 → 걸음
④ 부쳐 → 붙여

ANSWER
07. ③ 08. ④ 09. ④ 10. ②

11 다음 중 맞춤법에 <u>어긋난</u> 것은?

① 깍두기   ② 쓸쓸하다

③ 설겆이   ④ 먹으려고

12 밑줄 친 낱말을 바르게 사용한 것은?

① 목욕탕에서 신발을 <u>잊어버렸다</u>.

② 어머니께서 나에게 우산을 <u>바쳐</u> 주셨다.

③ <u>학생으로서</u> 그런 행동을 할 수 없을 것이다.

④ 동생은 <u>김치찌게</u>를 먹겠다고 졸랐다.

13 다음 중 〈보기〉와 같은 제자 원리에 의해 만들어진 것은?

> ┌보기┐
> '초출자'는 모음의 기본자인 'ㅡ, ㅣ'에 'ㆍ'를 한 번 합성하여 만들었다.

① ㅗ   ② ㅑ

③ ㅕ   ④ ㅠ

14 〈보기〉를 읽고 한글의 표기 방식에 대해 해석한 것으로 옳지 <u>않은</u> 것은?

> ┌보기┐
> ㉠ An apple is delicious.
> ㉡ ㅅㄱㅘㄱㅏ ㅁㅏㅅㅇㅣㅆㄷㅏ.
> ㉢ 사과가 맛있다.

① ㉠과 ㉢은 표기 방식이 다르다.

② ㉡처럼 풀어서 쓸 경우, 의미를 한 눈에 파악하기 어렵다.

③ 한글은 ㉢에서처럼 풀어쓰기를 한다.

④ 한글을 이용하면 컴퓨터 자판에 문자를 빠르게 입력할 수 있다.

11

③ 설겆이 → 설거지

12

① 잊어버렸다 → 잃어버렸다
② 바쳐 → 받쳐
④ 김치찌게 → 김치찌개

13

〈보기〉는 초출자에 대한 설명으로, 'ㅗ'는 'ㆍ'와 'ㅡ'를 한 번 합성하여 만들었다.
②, ③, ④는 재출자에 해당된다.

14

한글은 모아쓰기 방식으로 표기하여 읽기 편하고 단어의 뜻을 한 눈에 파악하기 쉽다.

ANSWER

11. ③　12. ③　13. ①　14. ③

15 다음 낱말들의 공통점을 바르게 설명한 것은?

> 높다   예쁘다   착하다   아프다

① 사람이나 사물의 움직임을 나타내는 말
② 사람이나 사물의 상태나 성질을 나타내는 말
③ 사람, 사물, 장소의 이름을 대신해서 쓰는 말
④ 구체적이거나 추상적인 대상의 이름을 나타내는 말

16 다음 밑줄 친 말 중 명사를 대신하여 가리키는 단어는?

① 사과 열 <u>개</u>를 샀다.
② 고양이가 부엌<u>으로</u> 들어갔다.
③ 이제야 <u>겨우</u> 숙제를 끝냈다.
④ 우정, <u>그것</u>은 친구 사이의 기본 도리이다.

17 밑줄 친 부분의 문장 성분은?

> • 지혜는 장미꽃을 <u>좋아한다</u>.
> • 준수는 중학생이 <u>되었다</u>.

① 주어   ② 보어
③ 목적어   ④ 서술어

18 밑줄 친 말의 문장 성분이 <u>다른</u> 하나는?

① <u>철수가</u> 밥을 먹는다.
② <u>바람이</u> 세게 불었다.
③ <u>저기에</u> 개미가 기어간다.
④ <u>흥부는</u> 놀부의 동생이다.

19 다음 중 홑문장이 <u>아닌</u> 것은?

① 하늘이 매우 맑다.

② 아이들이 운동장에서 뛴다.

③ 아버지가 새 자전거를 사셨다.

④ 햇볕이 강하면 빨래가 잘 마른다.

20 다음 중 겹문장인 것은?

① 나무가 아주 크다.

② 강이 매우 푸르다.

③ 나는 산을 좋아한다.

④ 하늘은 구름이 헤엄치는 바다 같다.

19

햇볕이 강하면 빨래가 잘 마른다.
　주어　서술어　주어 부사어 서술어

①, ②, ③은 주어와 서술어의 관계가 한 번만 형성되는 홑문장이다.

20

'구름이 헤엄치다'가 관형절로 안겨 있는 겹문장이다.

ANSWER

19. ④　20. ④

NOTE